Y Gymraeg a Gweithle'r Gymru Gyfoes

I Pete, am dy gefnogaeth a'th gariad di-ben-draw

I Llion, am dy ffydd ynof

Y Gymraeg a Gweithle'r Gymru Gyfoes

Golygwyd gan

Rhianedd Jewell a Rhiannon Heledd Williams

Gwasg Prifysgol Cymru
2022

Hawlfraint © Y Cyfranwyr, 2022

Cedwir pob hawl. Ni cheir atgynhyrchu unrhyw ran o'r cyhoeddiad hwn na'i gadw mewn cyfundrefn adferadwy na'i drosglwyddo mewn unrhyw ddull na thrwy unrhyw gyfrwng electronig, mecanyddol, ffotogopïo, recordio, nac fel arall, heb ganiatâd ymlaen llaw gan Wasg Prifysgol Cymru, Cofrestrfa'r Brifysgol, Rhodfa'r Brenin Edward VII, Caerdydd CF10 3NS.

www.gwasgprifysgolcymru.org

Mae cofnod catalogio'r gyfrol hon ar gael gan y Llyfrgell Brydeinig.

ISBN   978-1-78683-880-3
e-ISBN   978-1-78683-881-0

Datganwyd gan y Cyfranwyr eu hawl foesol i'w cydnabod yn awduron ar y gwaith hwn yn unol ag adrannau 77 a 78 Deddf Hawlfraint, Dyluniadau a Phatentau 1988.

Cysodwyd gan Eira Fenn Gaunt, Pentyrch, Caerdydd, Cymru
Argraffwyd gan CPI Antony Rowe, Melksham, Y Deyrnas Gyfunol

Cynnwys

Diolchiadau	vii
Rhestr o'r Ffigyrau	ix
Y Cyfranwyr	xvi

Cyflwyniad: y Gymraeg a'r gweithle cyfoes   1
    Rhianedd Jewell a Rhiannon Heledd Williams

Y Galw a'r Gwendidau

Sefydlu cwmni recriwtio dwyieithog   17
    Alun Gruffudd
Gwasanaethau Cymraeg Bwrdd Iechyd Prifysgol   35
    Betsi Cadwaladr
    Eleri Hughes-Jones
Dysgu Cymraeg yn y gwaith neu ar gyfer y gwaith?   55
    Ifor Gruffydd
Cyfieithu cyfiawn? Cyfieithu ar y pryd yn llysoedd Cymru   81
    Rhianedd Jewell, Catrin Fflûr Huws a Hanna Binks

Y Datrysiadau a'r Cynlluniau

Meithrin iaith: y Gymraeg yn y blynyddoedd cynnar   111
    Gwenllian Lansdown Davies ac Angharad Morgan
Cymraeg gwaith   129
    Helen Prosser
Y mentrau iaith a Chymraeg yn y gweithle   143
    Iwan Hywel
Mwy na hyfforddiant: cyfieithu a chyfrifoldeb   157
    Mandi Morse

Y Polisïau a'r Safonau

Cynyddu'r defnydd o'r Gymraeg mewn sefydliadau cyhoeddus
    yng Nghymru: effaith Safonau'r Gymraeg
    Aled Roberts 1962–2022   177

Gweithredu Safonau'r Gymraeg ym Mhrifysgol Aberystwyth:
   y dyddiau cynnar
   Mari Elin Jones   197

Cynnig dros ysgwydd? Y Gymraeg, y prifysgolion a'r
   gweithle dwyieithog
   R. Gwynedd Parry   217

Y sŵn yn y Senedd: profiad a phryder aelodau o'r Senedd
   am wneud cyfraniadau trwy'r iaith Gymraeg
   Delyth Jewell   255

Mynegai   277

Diolchiadau

Diolch i'r Coleg Cymraeg Cenedlaethol am noddi'r gynhadledd 'Cymraeg yn y gweithle', sef sail y gyfrol hon, Prifysgol De Cymru am ddarparu lleoliad ar gyfer y gynhadledd, ac yn enwedig i fy nghydweithwyr Angharad Lewis, Cyril Jones, Cris Dafis, Judith Dacey a Gwawr Jones am eu holl gefnogaeth. Yn bennaf, diolch i fy chwaer Annes Fflur a fy nith Cadi Fflur, ac yn arbennig i Llion am fy nghynnal.

Rhiannon Williams

Hoffwn ddiolch yn fawr i'r Coleg Cymraeg Cenedlaethol, Cronfa Syr David Hughes Parry a Chronfa HEFCW am gyllido'r cyhoeddiad hwn. Rwy'n ddiolchgar iawn i'm cydweithwyr, Bleddyn Huws, T. Robin Chapman, Cathryn Charnell-White a Simon Rodway am roi cyfle a chartref imi yn Aberystwyth, ac rwy'n ddiolchgar i Peadar Ó Muircheartaigh, Eurig Salisbury, Mandi Morse, Mererid Hopwood, Rhian Haf Davies ac Amanda Jones am eu holl gefnogaeth yn y rôl hon. Hoffwn ddiolch yn bennaf i'm gŵr, Pete, fy mab, Heulyn, fy chwaer, Delyth, a'm rhieni, Anthony a Siân, am eu cefnogaeth ym mhob ffordd bosibl.

Rhianedd Jewell

Rhestr o'r Ffigyrau

Ffigur 1. Monitro a pherfformiad

Ffigur 2. Tarddiad y dogfennau a werthuswyd

Ffigur 3. Natur y cyhoeddiad a werthuswyd

Ffigur 4. Monitro cynnydd – adborth gan y cyflogwyr

Ffigur 5. Disgwyliadau ar y dysgwyr i ddefnyddio'r sgiliau Cymraeg a ddysgwyd yn y gwaith

Ffigur 6. Data Mudiad Meithrin 2019

Ffigur 7. Trosolwg cyllid y Mentrau Iaith 2019–20

Ffigur 8. Trosolwg staffio y Mentrau Iaith 2019–20

Y Cyfranwyr

Rhianedd Jewell
Ieithydd ac academydd yw Dr Rhianedd Jewell sy'n gweithio fel uwch ddarlithydd mewn Cymraeg Proffesiynol ym Mhrifysgol Aberystwyth. Astudiodd hi BA mewn Ieithoedd Modern (Ffrangeg ac Eidaleg) ym Mhrifysgol Rhydychen cyn cwblhau MSt a DPhil mewn llenyddiaeth Eidaleg yno. Mae hi'n arbenigo ym maes astudiaethau cyfieithu, ac mae ei hymchwil yn archwilio cyfieithu llenyddol, cyfieithu ar y pryd ac awduron Cymru a'r Eidal. Yn 2018 enillodd ei chyfrol, *Her a Hawl Cyfieithu Dramâu: Saunders Lewis, Samuel Beckett a Molière*, Wobr Syr Ellis Griffith ac fe enillodd hi Fedal Dillwyn y Celfyddydau Creadigol a'r Dyniaethau gan Gymdeithas Ddysgedig Cymru yn yr un flwyddyn.

Rhiannon Heledd Williams
Derbyniodd Dr Rhiannon Heledd Williams radd dosbarth cyntaf yn y Gymraeg gan Brifysgol Aberystwyth cyn mynd ymlaen i astudio MA mewn Newyddiaduraeth ym Mhrifysgol Caerdydd. Cwblhaodd ddoethuriaeth ar y wasg Gymraeg yn America yn y bedwaredd ganrif ar bymtheg ym Mhrifysgol Bangor. Bu'n swyddog datblygu'r Gymraeg ar gyfer y Coleg Cymraeg Cenedlaethol ac yn uwch ddarlithydd ac arweinydd gradd Cymraeg byd gwaith ym Mhrifysgol De Cymru. Ers 2017 mae hi'n gweithio yn Nhŷ'r Cyffredin, fel arbenigwr materion Cymreig i ddechrau ac erbyn hyn fel rheolwr cydlynu'r berthynas gyda'r Undeb Ewropeaidd. Mae hi wedi cyhoeddi dau lyfr, *Cyfaill Pwy o'r Hen Wlad* a *Cymraeg yn y Gweithle*.

Y Cyfranwyr

Alun Gruffudd
Bu Alun Gruffudd yn gweithio fel ymgynghorydd gwleidyddol, gyda dros bymtheg mlynedd o brofiad ym maes polisi a materion cyhoeddus gan reoli perthynas gyda chleientiaid o'r sectorau cyhoeddus, preifat a'r trydydd sector. Bu'n aelod bwrdd a chyfarwyddwr cwmni materion cyhoeddus ac yn ymddiriedolwr o elusen Cyngor ar Bopeth leol gyda dealltwriaeth a phrofiad o gynllunio busnes ac ariannol, a rheoli newid. Bu Alun yn bartner yng nghwmni recriwtio Swyddle am dros bum mlynedd. Ar hyn o bryd, mae'n rheolwr gwasanaethau gyda Cyngor ar Bopeth Cymru ac hefyd wedi gweithio fel hyfforddwr i'r gwasanaeth sifil ac yn diwtor Cymraeg i oedolion gyda Phrifysgol Caerdydd.

Eleri Hughes-Jones
Graddiodd Eleri Hughes-Jones yn y Gymraeg ym Mhrifysgol Cymru, Bangor cyn ennill gradd MA mewn polisi a chynllunio ieithyddol gyda'r Brifysgol. Mae ganddi hefyd ddiploma uwch mewn rheoli ac arweinyddiaeth yn y gweithle. Cyn ymuno â'r gwasanaeth iechyd, gweithiodd i bapur newydd y *Caernarfon & Denbigh Herald*, ac yng Nghyngor Gwynedd yn arwain ar brosiectau mewnol. Daeth Eleri i weithio i'r gwasanaeth iechyd yn 2007 fel cyfieithydd a swyddog iaith i Ymddiriedolaeth GIG Gogledd Orllewin. Bellach hi yw pennaeth Gwasanaeth Cymraeg Bwrdd Iechyd Prifysgol Betsi Cadwaladr. Mae hi'n gyfrifol am dîm sy'n sicrhau cydymffurfiaeth ddeddfwriaethol, datblygu'r gweithlu ac annog a chynyddu'r ystod o ddarpariaeth ddwyieithog a gynigir ar draws y sefydliad.

Ifor Gruffydd
Mae Ifor Gruffydd yn gyfarwyddwr Dysgu Cymraeg y Gogledd-Orllewin ym Mhrifysgol Bangor; un o'r 11 darparwr dysgu Cymraeg i oedolion dan ofal y Ganolfan Dysgu Cymraeg Genedlaethol. Cafodd ei fagu a'i addysgu ar Ynys Môn cyn mynd i Brifysgol Abertawe i raddio yn y Gymraeg ac i ennill gradd MA mewn Cymdeithaseg Iaith. Mae ei ddiddordeb ymchwil a maes ei ddoethuriaeth

o Brifysgol Bangor ym maes rheolaeth strategol o gaffaeliad iaith yn y gweithle. Cyn symud i faes Cymraeg i oedolion yn 2002, bu'n gweithio ym maes llywodraeth leol yn Ynys Môn ac mewn addysg uwch ym Mhrifysgol Caerdydd mewn swyddi a oedd yn ymwneud â pholisi iaith.

Catrin Fflûr Huws
Uwch ddarlithydd yn Adran y Gyfraith a Throseddeg Prifysgol Aberystwyth yw Dr Catrin Fflûr Huws, sy'n arbenigo ar faterion yn ymdrin â dehongli deddfwriaeth, gyda phwyslais arbennig ar ddadansoddi deddfwriaeth ddwyieithog. Mae hi hefyd yn arbenigo ar faterion yn ymwneud â statws cyfreithiol y Gymraeg o fewn y gyfundrefn gyfreithiol, cyfraith ddatganoledig, a deallusrwydd artiffisial a'r gyfraith.

Hanna Binks
Mae Dr Hanna Binks yn seicolegydd ac ieithydd sydd ag arbenigedd ym maes dwyieithrwydd. Ar ôl cwblhau doethuriaeth ym Mhrifysgol Bangor, ymunodd â'r Adran Seicoleg ym Mhrifysgol Aberystwyth fel darlithydd. Prif ffocws ei hymchwil yw unigolion sy'n caffael systemau gramadegol y Gymraeg a rôl y ffactorau ieithyddol ychwanegol sy'n cymedroli hyfedredd iaith. Y tu hwnt i hyn, mae ei diddordebau ymchwil eraill yn cynnwys y Gymraeg yng nghyd-destun gofal iechyd a'r gyfraith.

Gwenllian Lansdown Davies
Astudiodd Dr Gwenllian Lansdown Davies Ffrangeg a Sbaeneg yn Rhydychen a byw am gyfnod yn Galisia a Brwsel, cyn cwblhau gradd MScEcon a doethuriaeth mewn Athroniaeth Wleidyddol ym Mhrifysgol Caerdydd ble bu hefyd yn diwtor gwleidyddiaeth. Ar ôl cael ei hethol i gynrychioli ward Glanyrafon ar Gyngor Sir Caerdydd yn 2004, gweithiodd fel rheolwr swyddfa Leanne Wood AS cyn cael ei phenodi'n brif weithredwr Plaid Cymru yn 2007. Yn 2011, fe'i penodwyd i'r Coleg Cymraeg Cenedlaethol ym

Mhrifysgol Aberystwyth fel swyddog cyhoeddiadau a chynorthwyydd golygyddol y cyfnodolyn ymchwil, *Gwerddon*. Cychwynnodd ar ei swydd fel prif weithredwr Mudiad Meithrin ym mis Medi 2014.

Angharad Morgan

Mae Angharad Morgan yn dod o Bontypridd yn wreiddiol, ac wedi ymgartrefu gyda'i theulu yn Aberystwyth ers dod yno 'dros dro' i'r brifysgol. Astudiodd Ffrangeg ac Ieithyddiaeth ym Mhrifysgol Aberystwyth a byw yn Lausanne a Montréal am gyfnod. Cwblhaodd gwrs TAR cyn mynd i addysgu Ffrangeg a Chymraeg, ac yna cwblhau tystysgrif ôl-radd mewn polisi a chynllunio iaith yn 2016. Cychwynnodd ei gyrfa gyda Mudiad Meithrin yn 2010 fel swyddog iaith cenedlaethol ac yna gweithiodd fel cyfarwyddwr iaith, cyn cael ei phenodi yn rheolwr polisi yn 2015.

Helen Prosser

Mae Helen Prosser yn gweithio fel cyfarwyddwr dysgu ac addysgu yn y Ganolfan Dysgu Cymraeg Genedlaethol. Yn y rôl hon, mae hi wedi bod yn gyfrifol am gyflwyno cyfres o lyfrau cwrs newydd sy'n cael eu defnyddio ar draws Cymru. Mae'n gweithio'n gyson fel tiwtor dysgu Cymraeg ac fel hyfforddwr ar gyfer tiwtoriaid Cymraeg.

Iwan Hywel

Ymunodd Iwan â Mentrau Iaith Cymru fel swyddog hyfforddiant yn 2015, cyn symud i fod yn arweinydd tîm yn 2017. Cyn ymuno â MIC, bu'n gynghorydd gyrfa i Gyrfa Cymru ac yn y rôl honno bu'n gweithio gyda phobl ifanc ddi-waith ac mewn ysgolion yn ardal Arfon. Cynyddu defnydd o'r iaith Gymraeg y tu hwnt i addysg yw ei ddiddordeb mwyaf. Cred fod modd gwneud hyn drwy ddatblygu cydweithio rhwng endidau, proffesiynoli'r gweithlu a chreu mwy o gyfleoedd i bobl ddefnyddio'r iaith drwy ddenu a chefnogi cynulleidfaoedd penodol.

Y Cyfranwyr

Mandi Morse
Ar ôl ennill gradd BA Cymraeg o Brifysgol Caerdydd aeth Mandi Morse ymlaen i hyfforddi'n athrawes Gymraeg, cyn ymuno â'r llywodraeth i weithio ym maes cyfieithu a golygu. Fel cyfieithydd llawrydd, yn ogystal â chyfieithu'n gyffredinol, mae Mandi hefyd wedi cyfieithu ac addasu llyfrau i blant ac oedolion. Bu hefyd yn datblygu, comisiynu a golygu adnoddau cenedlaethol gyda CBAC cyn treulio cyfnod fel darlithydd Cymraeg ym Mhrifysgol Abertawe. Ers nifer o flynyddoedd bellach mae'n ddarlithydd Cymraeg ym Mhrifysgol Aberystwyth ac yn gyfrifol am y cwrs Astudiaethau Cyfieithu Proffesiynol.

Aled Roberts 1962–2022
Cafodd Aled ei eni a'i fagu yn ardal Rhosllannerchrugog ger Wrecsam, cyn astudio'r Gyfraith ym Mhrifysgol Cymru Aberystwyth. Gweithiodd fel cyfreithiwr yn ardaloedd Wrecsam, Rhuthun a'r Wyddgrug am nifer o flynyddoedd. Bu'n cynrychioli ardal Rhos a'r Ponciau ar Gyngor Wrecsam, a chafodd ei ethol yn arweinydd Cyngor Bwrdeistref Sirol Wrecsam yn 2005. Bu'n arwain y cyngor nes cael ei ethol yn Aelod Cynulliad dros ranbarth Gogledd Cymru yn 2011. Yn y Senedd, Aled oedd llefarydd y Democratiaid Rhyddfrydol ar addysg, plant a phobl ifanc ac ar y Gymraeg. Wedi gwasanaethu am dymor yn y Senedd, cynhaliodd adolygiad annibynnol o gynlluniau strategol y Gymraeg mewn addysg ar ran Llywodraeth Cymru a chadeirio'r bwrdd oedd yn gyfrifol am weithredu argymhellion yr adolygiad. Dechreuodd yn ei swydd fel Comisiynydd y Gymraeg ar 1 Ebrill 2019.

Mari Elin Jones
Bu Dr Mari Elin Jones yn rheolwr Canolfan Gwasanaethu'r Gymraeg, Prifysgol Aberystwyth rhwng 2005 a 2019. Yn ystod y cyfnod hwnnw bu'n gyfrifol am waith yr uned gyfieithu a gweinyddu cangen y Brifysgol o'r Coleg Cymraeg Cenedlaethol ynghyd â rhoi gofynion y Cynllun Iaith Gymraeg ar waith. Cyfrannodd at y broses o sefydlu strwythurau i alluogi'r Brifysgol i gydymffurfio

â Safonau'r Gymraeg a chafodd gyfle i gydweithio i ddatblygu strategaeth sgiliau dwyieithog y Brifysgol a'r polisi defnydd mewnol o'r Gymraeg. Bellach, mae Mari yn gweithio fel pennaeth Cyfieithu Testun a Chyfieithu ar y Pryd yng Ngwasanaeth Cyfieithu Llywodraeth Cymru.

R. Gwynedd Parry

Mae Richard Gwynedd Parry yn academydd ac yn fargyfreithiwr cymwysedig sydd ar hyn o bryd yn Athro ac yn Bennaeth Adran y Gymraeg ym Mhrifysgol Abertawe. Mae ei ddiddordebau academaidd yn cwmpasu'r gyfraith, hanes a diwylliant mewn perthynas â Chymru â'r Gymraeg. Dyfarnwyd iddo Wobr Hywel Dda gan y Ganolfan Uwchefrydiau Cymreig a Cheltaidd yn 2020 am ei gyfrol, *Y Gyfraith yn ein Llên*. Mae'n is-gadeirydd bwrdd academaidd y Coleg Cymraeg Cenedlaethol, ac yn Gymrawd o Gymdeithas Ddysgedig Cymru ac o'r Gymdeithas Hanesyddol Frenhinol.

Delyth Jewell

Aelod o'r Senedd ydy Delyth Jewell, sy'n cynrychioli Dwyrain De Cymru ers 2019 ar ran Plaid Cymru. Ers 2021, mae Delyth yn cadeirio'r Pwyllgor Diwylliant, Cyfathrebu, y Gymraeg, Chwaraeon a Chysylltiadau Rhyngwladol. Cwblhaodd Delyth BA mewn Iaith a Llenyddiaeth Saesneg a gradd MSt mewn Astudiaethau Celtaidd ym Mhrifysgol Rhydychen. Ar ôl graddio, gweithiodd Delyth fel ymchwilydd yn San Steffan. Yn 2014, enillodd hi Wobr Ymchwilydd y Flwyddyn i gydnabod ei gwaith a arweiniodd at greu deddfwriaeth newydd ar stelcio a thrais yn y cartref. Gweithiodd wedyn i Gyngor ar Bopeth ac Action Aid, cyn cymryd ei sedd yn y Senedd.

Cyflwyniad: y Gymraeg a'r gweithle cyfoes

Cymraeg proffesiynol

'Ni jyst yn gorfod memorizo poems a pethe'

Wedi ei fynegi mewn gwahanol ffyrdd, dyma ganfyddiad nifer o bobl ifanc o'r Gymraeg fel pwnc ysgol, ac i raddau, fel maes addysg uwch. Daw'r dyfyniad uchod o waith ymchwil Rhiannon Williams fel swyddog datblygu'r Gymraeg fel pwnc gradd ar ran y Coleg Cymraeg Cenedlaethol. Yn y rôl hon, ymchwiliodd Rhiannon i'r rhesymau y tu ôl i'r cwymp nodweddiadol yn nifer y disgyblion ysgol sy'n dewis parhau â'r Gymraeg y tu hwnt i lefel TGAU, heb sôn am arbenigo yn y pwnc ar lefel prifysgol. Prif ganfyddiad yr ymchwil oedd bod disgyblion yn ystyried y Gymraeg yn bwnc heb ddyfodol, pwnc na fyddai'n cynnig gyrfa lewyrchus a diddorol gan mai llenyddiaeth a gramadeg oedd yr unig bethau a ddysgir.

Er gwaethaf rhagdybiaethau'r disgyblion hyn, mae disgyblaeth y Gymraeg yn cwmpasu ystod eang o feysydd sy'n mynd y tu hwnt i'r ffiniau ieithyddol a llenyddol y cysylltir â hi yn draddodiadol. Mae ysgolheigion y Gymraeg yn archwilio i bynciau megis cynllunio ieithyddol, astudiaethau cyfieithu, ieithyddiaeth a chymdeithaseg iaith gan ehangu gorwelion y ddisgyblaeth. Mae'r Gymraeg hefyd wedi datblygu cyfeiriad newydd dros y degawd diwethaf a hynny mewn ymateb i ddatblygiadau polisi sy'n effeithio ar weithleoedd ar draws Cymru, ac enw'r maes newydd hwn yw Cymraeg Proffesiynol. Gwelir yr enw ar gyrsiau prifysgol niferus ac mae elfen ohoni yn gynwysiedig ar y cwricwlwm Safon Uwch erbyn hyn, ond beth yn union yw Cymraeg Proffesiynol?

Mae Cymraeg Proffesiynol yn cyfuno sgiliau ieithyddol a dadansoddol astudio iaith a llenyddiaeth Gymraeg â sgiliau trosglwyddadwy gwerthfawr ar gyfer gweithio mewn sefydliad dwyieithog. Mae'r cyrsiau hyn hefyd yn cyflwyno'r ystod eang o yrfaoedd sydd ar gael i raddedigion yn y Gymraeg. Er bod galw mawr am athrawon Cymraeg a chyfieithwyr o hyd, nid dyma'r unig swyddi posibl i raddedigion yn y maes ac mae'r cynlluniau hyn yn darparu'r hyfforddiant angenrheidiol i fyfyrwyr weithio mewn meysydd megis cyhoeddi, golygu, marchnata, cynllunio ieithyddol a pholisi iaith, yn ogystal â'r cyfryngau, y gwasanaeth sifil neu'r byd gwleidyddol. Dysgir dealltwriaeth o hawliau'r Gymraeg mewn gweithleoedd yng Nghymru yn ogystal â sgiliau arwain, cydweithio, cyflwyno, gweinyddu ac ysgrifennu proffesiynol ar gyfer pob math o gyd-destunau. Mae Cymraeg Proffesiynol, felly, yn rhoi blas ar y byd gwaith Cymraeg gan amlygu'r galw clir am weithwyr dwyieithog o safon uchel a welir ar draws Cymru. Penodwyd y ddwy ohonom fel darlithwyr yn y maes newydd hwn yn ystod y degawd diwethaf. Darlithiodd Dr Rhiannon Williams mewn Cymraeg Byd Gwaith ym Mhrifysgol De Cymru o 2013 ymlaen, ac fe benodwyd Dr Rhianedd Jewell fel darlithydd mewn Cymraeg Proffesiynol yn 2013 i gydlynu cynllun Prifysgol Aberystwyth dan nawdd y Coleg Cymraeg Cenedlaethol.

Er gwaethaf y datblygiadau pwysig yn y ddisgyblaeth, teimlai'r ddwy ohonom rwystredigaeth am y prinder deunydd yn y maes cymharol newydd hwn. Mae astudiaethau niferus o statws y Gymraeg o safbwynt hawliau, y gyfraith, hanes a datblygiadau polisi, ond ni roddir sylw penodol i'r Gymraeg yng nghyd-destun y gweithle.[1] Beth yw effaith y polisïau ieithyddol hyn ar weithleoedd o bob math yng Nghymru? Pa heriau y mae gweithwyr a chyflogwyr yn eu hwynebu? A beth y gallwn ni ei ddysgu gan yr hyfforddwyr, y gweithwyr a'r arweinwyr sy'n wynebu'r heriau hyn yn ddyddiol? Os bwriedir sicrhau gweithlu dwyieithog ffyniannus ym mhob sector o'r wlad, mae angen trafodaethau agored am anghenion gweithleoedd wrth iddynt geisio darparu gwasanaethau dwyieithog a datblygu cyfleoedd i'w gweithwyr ymarfer a datblygu eu Cymraeg. Dyma ydy sail y gyfrol hon, a'r hyn sy'n gwneud y casgliad hwn yn arloesol ac yn wreiddiol ydy'r

Cyflwyniad

cyfuniad o leisiau o'r byd academaidd a'r byd proffesiynol sy'n ei ffurfio.

Penderfynwyd, felly, wneud cais am nawdd gan y Coleg Cymraeg Cenedlaethol i drefnu cynhadledd ar y pwnc 'Cymraeg yn y gweithle', gan lwyddo i ennill y grant yn sgil ymrwymiad y Coleg i ddatblygu'r ddisgyblaeth hon o fewn y llwybr gradd mwy traddodiadol yn y Gymraeg. Cynhaliwyd cynhadledd undydd yn haf 2017 a archwiliodd y defnydd o'r Gymraeg yn y gweithle yn y Gymru gyfoes. Mynychwyd y gynhadledd gan dros 80 o bobl, cymysgedd o academyddion a chynrychiolwyr gwahanol weithleoedd yn y sectorau preifat a chyhoeddus. Cafwyd adborth gan nifer o'r mynychwyr bod angen rhagor o bontio fel hyn rhwng y gweithle a'r byd academaidd, gan gadarnhau ein canfyddiad fod y byd gwaith yng Nghymru a'r Gymraeg fel disgyblaeth yn esblygu yn sgil y galw cynyddol am weithwyr proffesiynol â sgiliau dwyieithog.

Seilir y gyfrol hon yn rhannol ar gynnyrch y gynhadledd honno, gyda chyfraniadau eraill gan weithwyr yn y sectorau cyhoeddus a phreifat sy'n gweithio gyda'r Gymraeg. Mae'n gyfrol ryngddisgyblaethol ei natur sy'n cyfuno gwaith ym meysydd polisi iaith, Cymraeg Proffesiynol a'r gyfraith, gan bontio sawl maes, sefydliad a sector. Amcan y gyfrol yw archwilio arwyddocâd a rôl y Gymraeg mewn gweithleoedd yn y Gymru gyfoes, ymateb y sectorau addysg a recriwtio i anghenion gweithwyr a sefydliadau, a rôl gwneuthurwyr polisi yn natblygiad yr iaith mewn cyd-destun proffesiynol. Ystyrir cwestiynau megis: sut mae gwella sgiliau dwyieithog gweithwyr? Er gwaethaf ewyllys da nifer o sefydliadau, a yw sgiliau Cymraeg eu gweithwyr yn cael eu cymhwyso? Beth yw buddiannau'r Gymraeg i weithleoedd a beth yw'r heriau y maen nhw'n eu hwynebu wrth weithredu a chynnig eu gwasanaethau'n ddwyieithog? Beth yw rôl y llywodraeth a Chomisiynydd y Gymraeg yn y datblygiadau hyn? Yn fras, felly, gofynnir sut mae polisïau, cyfreithiau a Safonau'r Gymraeg yn effeithio ar y gweithle cyfoes yng Nghymru?

Dyma faes newydd ac arwyddocaol yn y Gymraeg a fydd yn derbyn sylw cynyddol wrth i bolisïau iaith ar lefel sefydliadol a chenedlaethol ddylanwadu ar weithleoedd Cymru. Er mai cynnyrch cyfnod penodol yw'r gyfrol hon sy'n adlewyrchu sefyllfa sawl sefydliad adeg cyhoeddi'r gwaith, y gobaith yw y bydd y cyfraniadau yn ysgogi trafodaethau pellach mewn maes a fydd yn parhau i esblygu gyda rôl cynyddol bwysig y Gymraeg yng ngweithleoedd Cymru. O ran hynny, mae'r gwaith yn ystyried yn arbennig effaith Safonau'r Gymraeg Comisiynydd y Gymraeg a tharged Llywodraeth Cymru i gyrraedd miliwn o siaradwyr Cymraeg erbyn 2050. Felly, cyn troi at y gweithleoedd a'r cynlluniau penodol sydd dan sylw yn y gyfrol hon, dyma gyflwyno cyd-destun bras sefyllfa ieithyddol swyddogol y sefydliadau hyn yng Nghymru.

Safonau'r Gymraeg

Sefydlodd Mesur y Gymraeg (Cymru) 2011 fframwaith gyfreithiol i osod dyletswydd ar sefydliadau cyhoeddus a statudol yng Nghymru i gydymffurfio â safonau yn ymwneud â'r iaith Gymraeg. Eu nod oedd disodli Cynlluniau Iaith Gymraeg, gan bennu cyfres o ofynion cyfreithiol i wella'r gwasanaethau dwyieithog sydd ar gael i'r cyhoedd a chynyddu hawliau siaradwyr Cymraeg i ddefnyddio'r iaith yn eu bywydau bob dydd. Cyflwynwyd datganiadau i'r sefydliadau hyn yn nodi sut y dylent weithredu o ran yr iaith Gymraeg, gan restru cyfrifoldebau penodol wrth gynllunio a chynyddu'r defnydd o'r iaith. Mae'r dyletswyddau yn golygu na ddylai'r sefydliadau hyn drin yr iaith Gymraeg yn llai ffafriol na'r Saesneg, a bod angen hybu a hwyluso'r defnydd o'r iaith er mwyn galluogi pobl i ddefnyddio'r Gymraeg. Darparodd Comisiynydd y Gymraeg hysbysiadau cydymffurfio i wahanol sefydliadau yn cynnwys rheoliadau perthnasol i'r sefydliad hwnnw. Mae cyfanswm o 123 o sefydliadau wedi gweithredu'r safonau ers 2016.

Er mwyn hwyluso cynllunio ieithyddol yn y gweithle, mae'r safonau hefyd yn rhoi dyletswydd ar sefydliadau i gyflwyno adroddiad monitro blynyddol. Mae'r safonau yn nodi'r angen i asesu sgiliau Cymraeg eu staff, cadw cofnod o nifer y staff sydd â sgiliau Cymraeg (a'u lefel sgiliau pan fo hynny'n wybyddus); a chyhoeddi nifer y staff sydd â sgiliau Cymraeg yn adroddiad

Cyflwyniad

blynyddol y sefydliad. Gallai cyrsiau israddedig Cymraeg Proffesiynol felly chwarae rôl allweddol wrth arfogi israddedigion â'r gallu i ymdrin â thasgau penodol yn y byd gwaith.

Mae'r safonau hefyd yn gofyn i sefydliadau ddarparu cyfleoedd i staff gael gwersi Cymraeg sylfaenol ac o bosib ddarparu cyfleoedd pellach i ddysgu neu wella sgiliau Cymraeg fel modd i ehangu'r gwasanaethau sydd ar gael yn Gymraeg a chynyddu'r defnydd o'r Gymraeg yn y gweithle. Noda'r Comisiynydd nad oes digon o staff yn siarad Cymraeg ar hyn o bryd, ac felly mae angen datblygu medrau Cymraeg staff y sefydliad, yn enwedig rhuglder staff sy'n ymgysylltu â'r cyhoedd. Mae hyn eto'n adlewyrchu'r galw am gyrsiau Cymraeg sydd wedi eu teilwra'n benodol i ymdrin â sefyllfaoedd sy'n codi yng nghyd-destun gweithle neilltuol. Mae gan weithrediad y safonau felly oblygiadau i'r gweithle cyfoes yng Nghymru, nid yn unig ym maes recriwtio. Gall hyn olygu darparu hyfforddiant iaith Gymraeg, hyfforddiant ymwybyddiaeth iaith ac asesiad sgiliau iaith Gymraeg.

Strategaeth Cymraeg 2050 Llywodraeth Cymru

Deddfwriaeth arall sydd â goblygiadau pellgyrhaeddol i'r defnydd o'r Gymraeg yn y gweithle yw'r strategaeth hirdymor Cymraeg 2050 a gyflwynwyd gan Lywodraeth Cymru yn 2017, gyda'r bwriad o gyrraedd targed o filiwn o siaradwyr Cymraeg erbyn canol y ganrif hon. Mae'n cydnabod rôl y gweithle o ran darparu cyfle i ddefnyddio, ymarfer a dysgu'r Gymraeg:

> Mae'r ddeddfwriaeth bresennol wedi darparu fframwaith i sicrhau bod cyrff y mae'n rhaid iddynt gydymffurfio â Safonau'r Gymraeg yn darparu gwasanaethau dwyieithog i gwsmeriaid. Golyga hyn fod y cyrff dan sylw wedi gorfod gwella'r ffordd y maent yn cynllunio eu gweithlu dwyieithog a nodi swyddi lle mae sgiliau Cymraeg yn ddymunol neu'n hanfodol. Mae hyn, yn ei dro, wedi darparu mwy o gyfleoedd i unigolion gydnabod, gwella neu ddysgu sgiliau Cymraeg yn y gweithle. Mae rhai cyrff eisoes yn arwain y ffordd yn hyn o beth ac yn defnyddio'r Gymraeg fel iaith gweinyddu mewnol, gan gynyddu'r galw am sgiliau Cymraeg a chyfleoedd i'w

defnyddio. Fel prif gyflogwyr gwasanaethau rheng-flaen cyhoeddus yng Nghymru, bydd cynyddu'r defnydd o'r Gymraeg o fewn gweithleoedd llywodraeth leol a'r sector iechyd a gofal yn hynod bwysig yn hyn o beth.[2]

Un nod a amlinellir yn y strategaeth yw cynyddu cyfleoedd i ddefnyddio'r Gymraeg yn y gweithle ar draws pob sector, ac nid yn unig y cyrff sy'n cael eu cynnwys yn y ddeddfwriaeth. Mae tystiolaeth o arolwg defnydd iaith 2013–15 yn awgrymu bod mwy o siaradwyr yn defnyddio'r Gymraeg gyda'u cydweithwyr os yw eu cyflogwr yn cefnogi'i defnydd yn y rhan fwyaf o'r agweddau ar waith y busnes. Mae'r strategaeth yn pwysleisio'r angen am 'arweinyddiaeth gref ac amlwg' er mwyn sefydlu egwyddor dwyieithrwydd fel elfen naturiol yn y gweithle.[3] Mae'n argymell 'newid mewn diwylliant' wrth ystyried cynllunio ieithyddol yn y gweithle er mwyn cydnabod manteision dwyieithrwydd:

> Mae angen i ni ddatblygu a rhannu ein dealltwriaeth o sgiliau dwyieithog fel rhan o'r broses o gynllunio'r gweithlu, gan gynnwys rhagweld y galw am sgiliau penodol a'r cyflenwad o sgiliau, recriwtio a chadw staff, cynnal archwiliadau sgiliau a dadansoddi bylchau, er mwyn cynyddu ein gweithlu dwyieithog.[4]

Mae'r strategaeth felly yn rhoi pwyslais ar y gweithle fel 'lleoliad strategol ar gyfer hybu a hwyluso cynnydd yn y defnydd o'r Gymraeg', gan nodi camau gweithredu:

> I gyflawni hyn, bydd angen llwybr mwy didrafferth i bobl ifanc allu symud ymlaen o'r system addysg i weithluoedd sy'n rhoi gwerth ar sgiliau dwyieithog fel elfen graidd o'r broses o gyflawni nodau busnes. Byddwn yn annog amrywiaeth eang o hyfforddiant iaith Gymraeg yn y gweithle er mwyn helpu siaradwyr Cymraeg ar bob lefel i gynyddu eu hyder a sicrhau eu bod yn gallu defnyddio eu sgiliau wrth eu gwaith. Byddwn hefyd yn canolbwyntio ar wella ymwybyddiaeth iaith ymhlith rheolwyr, arweinwyr a pherchnogion busnes.[5]

Cyflwyniad

Mae'r strategaeth hefyd yn cyfeirio at bwysigrwydd technoleg ac adnoddau Cymraeg er mwyn codi hyder defnyddwyr y Gymraeg yn y gweithle. Noda'r strategaeth eu bwriad i wneud y Gymraeg yn fwy hygyrch drwy annog defnyddio technolegau iaith newydd i hwyluso cyfathrebu dwyieithog ymysg y gweithlu, gan gefnogi arweinwyr a rheolwyr i gyflawni unrhyw newidiadau. Mae Llywodraeth Cymru fel cyflogwr hefyd yn amlinellu eu bwriad i 'arwain drwy esiampl' drwy hybu a hwyluso'r defnydd o'r Gymraeg ymysg eu gweithlu.

Mae *Cymraeg 2050: cynllun gweithredu strategaeth y Gymraeg 2019 i 2020* yn nodi'r amcanion canlynol ar gyfer cynyddu'r defnydd o'r Gymraeg yn y gweithle ar gyfer pob sector:

- sicrhau bod Llywodraeth Cymru yn arwain drwy esiampl drwy hybu a hwyluso cynnydd yn y defnydd a wneir o'r Gymraeg gan ein gweithlu ein hunain

- parhau i lunio rheoliadau Safonau'r Gymraeg o fewn cwmpas y ddeddfwriaeth er mwyn cynyddu nifer y gweithleoedd sy'n cynnig cyfleoedd i ddefnyddio sgiliau Cymraeg

- datblygu a chyflwyno fframwaith cymorth cenedlaethol fel rhan o raglen newydd i hybu'r Gymraeg er mwyn annog busnesau a sefydliadau'r trydydd sector i groesawu dwyieithrwydd yn y gweithle a chymryd camau i wneud hynny'n realiti

- lansio rhaglen hyfforddi genedlaethol – Deall Dwyieithrwydd – i sefydlu ymwybyddiaeth o'r iaith a chynllunio'r gweithlu fel rhan annatod o wasanaeth y sector cyhoeddus

- ehangu cyfleoedd hyfforddi Cymraeg yn y gweithle i gyrff sector cyhoeddus a phreifat er mwyn gwella sgiliau Cymraeg yn y gweithle, gan roi pwyslais penodol ar y gweithlu iechyd a gofal cymdeithasol.[6]

Y galw am y Gymraeg

Mae'r newidiadau polisi hyn ar lefel genedlaethol wedi effeithio ar sefydliadau a gweithleoedd ar draws Cymru mewn sawl ffordd. Yn y lle cyntaf, gwelwyd galw cynyddol am weithwyr proffesiynol â sgiliau dwyieithog o'r safon uchaf. Cynhaliodd Llywodraeth Cymru arolwg o dros 4,000 o gyflogwyr yng Nghymru mewn wyth sector yn 2014. Mae'r adroddiad yn awgrymu bod ychydig dros draean y cyflogwyr a holwyd yn credu bod cyflogi staff â sgiliau Cymraeg yn eu sefydliad yn bwysig iawn (18 y cant) neu'n weddol bwysig (17 y cant).[7] Roedd y ffigwr yn uwch ymhlith cyflogwyr yn y sectorau gofal plant, bwyd-amaeth a gofal cymdeithasol. Roedd gan ddau draean (66 y cant) o'r cyflogwyr staff â sgiliau Cymraeg, a dywedodd ychydig dros draean ohonynt fod y Gymraeg yn cael ei defnyddio yn y gweithle (35 y cant). Ar sail amcangyfrif y cyflogwyr, roedd gan bron chwarter yr holl staff sgiliau Cymraeg ar ryw lefel neu'i gilydd, ac roedd 14 y cant o'r holl staff yn defnyddio'r Gymraeg yn y gwaith. Roedd y defnydd o'r Gymraeg yn y gwaith yn uwch yn y sector gofal plant (59 y cant), y sector creadigol (39 y cant) a'r sector bwyd-amaeth (25 y cant). Un o'r canfyddiadau mwyaf arwyddocaol oedd bod dros chwarter y sefydliadau (28 y cant) yn credu y byddai'n fanteisiol cyflogi rhagor o staff sy'n gallu cyfathrebu yn y Gymraeg, neu ragor o staff yn meddu ar lefel uwch o sgiliau Cymraeg.

Yn ôl *Arolwg Sgiliau Cyflogwyr* a gynhaliwyd yn 2019 ymysg cyflogwyr yng Nghymru, roedd 19 y cant o swyddi gwag lle'r oedd prinder sgiliau yn deillio, o leiaf yn rhannol, o ddiffyg sgiliau Cymraeg llafar.[8] Roedd y ffigwr cyfatebol ar gyfer sgiliau ysgrifenedig yn 17 y cant. Roedd y diffyg sgiliau Cymraeg yn uwch ymysg cyflogwyr Cymraeg yn y sectorau iechyd a gofal cymdeithasol ac addysg. Dyma felly danlinellu pwysigrwydd addysg uwch wrth arfogi graddedigion â sgiliau Cymraeg wrth iddynt wynebu byd gwaith dwyieithog.

Adlewyrchir y galw clir am fyfyrwyr sydd â sgiliau uwch yn y Gymraeg gan lwyddiannau graddedigion y Gymraeg ar draws prifysgolion Cymru. Dengys yr ystadegau diweddaraf fod rhwng 88 a 95 y cant o raddedigion yn y Gymraeg mewn gwaith neu addysg bellach o fewn 15 mis iddynt raddio.⁹ Ac eto, nid yw'r galw am weithwyr dwyieithog yn sicrhau bod digon ohonynt ar gael i lenwi'r bylchau newydd hyn. Mae'r Gymraeg fel disgyblaeth wedi wynebu heriau sylweddol dros y degawdau diwethaf, a hynny ar lefel addysg uwch ac ar lefel ysgolion uwchradd. Gwelwyd cwymp nodweddiadol yn nifer y disgyblion a ddewisodd astudio Safon Uwch mewn Cymraeg fel iaith gyntaf neu fel ail iaith dros y degawd diwethaf, ac a o ganlyniad cafwyd cwymp cyfatebol yn achos cyrsiau prifysgol. Yn arholiadau haf 2011 safodd 917 o ddisgyblion arholiadau Safon Uwch yn y Gymraeg.¹⁰ Erbyn haf 2020 roedd y ffigwr hwnnw bron wedi'i hanneru gyda dim ond 469 o ddisgyblion yn sefyll arholiad yn y pwnc. Gwelir y cwymp mwyaf nodweddiadol yn nifer y disgyblion ail iaith dros y blynyddoedd diwethaf. Dewisodd 333 o ddisgyblion ail iaith y Gymraeg fel pwnc Safon Uwch yn 2017, sef nifer fwy na'r rhai iaith gyntaf (233), ond disgynnodd hyn i 209 erbyn 2020.¹¹

O ystyried arwyddocâd Safonau'r Gymraeg a tharged Llywodraeth Cymru o filiwn o siaradwyr erbyn 2050 i weithleoedd Cymraeg, pam na welir cynnydd yn y niferoedd hyn ers eu cyflwyno? Dangosodd adroddiad Rhiannon Williams yn 2012 nad oedd y mwyafrif o'r darpar fyfyrwyr a holwyd yn ystyried y Gymraeg fel dewis doeth i'w astudio ar lefel prifysgol gan mai dysgu oedd yr unig lwybr gyrfa posibl ar ôl graddio. Yn hytrach na gweld y Gymraeg fel adnodd ieithyddol a roddai sgiliau eang i unigolyn eu cymhwyso mewn unrhyw waith a gweithle, cysylltid y pwnc yn hytrach â dysgu barddoniaeth ar eich cof, ac felly dim ond wrth ddysgu sylabws i ddisgyblion uwchradd y byddai'r wybodaeth hon yn ddefnyddiol.

Mae'r Coleg Cymraeg Cenedlaethol yn parhau i geisio ateb y cwestiwn hwn gyda'u gwaith ymgyrchu a marchnata dros y pwnc a'u gwaith ymchwil mewn ysgolion. Yn ddiddorol, dengys 'Adroddiad Ymchwil Astudio'r Gymraeg fel Pwnc' a gynhaliwyd gan y Coleg yn 2019 nad ydy'r neges am werth sgiliau Cymraeg yn y gweithle yn cyrraedd disgyblion ysgol o hyd. Nodir:

> Yn gyffredinol, roedd dealltwriaeth disgyblion o gyfleoedd byd gwaith sy'n deillio o astudio'r Gymraeg yn isel, ac wedi ei gyfyngu

i swyddi dysgu a swyddi yn y cyfryngau yn unig. Roedd yn drawiadol cyn lleied o'r disgyblion a holwyd oedd yn ystyried astudio'r Gymraeg i lefel gradd – gyda thuedd cryf at astudio pynciau 'proffesiynol' gyda llwybrau gyrfa clir yn arferol. Yn gyffredinol, nid oedd disgyblion yn credu y byddai astudio Cymraeg ar lefel Prifysgol yn eu harwain at gael swydd dda.[12]

Eleni, felly, lansiodd y Coleg Cymraeg ymgyrch newydd o'r enw 'Troi'r Trai mewn Tri Deg Mlynedd'. Modiwl ar-lein ydy hwn sy'n ceisio cynyddu dealltwriaeth a gwerthfawrogiad disgyblion ysgol o werth cymwysterau Cymraeg wrth chwilio am gyflogaeth ar ôl graddio a'u hannog, felly, i barhau â'r pwnc ar ôl gorffen eu TGAU.[13]

Serch hynny, nid ar lefel ysgol yn unig y mae angen cychwyn llenwi'r bylchau mewn diwydiannau Cymraeg, ac ni welir unrhyw fudd o'r cynlluniau hyn am ddegawd neu ragor. Ymddengys fod gweithleoedd yn ymateb i ofynion y safonau mewn dwy ffordd: cynnig hyfforddiant Cymraeg i weithwyr cyfredol, fel y nodir uchod, a chynyddu'r defnydd o wasanaethau cyfieithu. Yn sgil y safonau mae cynnydd nodweddiol wedi bod yn y galw am waith cyfieithu rhwng y Gymraeg a'r Saesneg mewn gweithleoedd yng Nghymru. Gan fod disgwyl i weithleoedd gynnig gwasanaethau a deunyddiau yn y ddwy iaith swyddogol, mae pwysau ychwanegol ar unedau cyfieithu lle nad oes gweithlu o staff cwbl ddwyieithog.

Ers 2003 mae Cymdeithas Cyfieithwyr Cymru yn cynnig cydnabyddiaeth broffesiynol i gyfieithwyr o safon sy'n gweithio yn y Gymraeg a'r Saesneg trwy 'gynnal, sicrhau a hyrwyddo safonau cyfieithu proffesiynol, a gwella, cynyddu a datblygu sgiliau a gwybodaeth cyfieithwyr'.[14] Mae'r Gymdeithas wedi gweld cynnydd yn ei haelodaeth a all adlewyrchu'r pwysau newydd ar y diwydiant: ar 21 Mawrth 2012 roedd gan y Gymdeithas 352 aelod, ac erbyn 31 Mawrth 2020 cynyddodd hyn i 411 aelod.[15] Cafwyd cynnydd yn nifer aelodau cyfieithu ar y pryd y Gymdeithas hefyd gan fod 59 ar 31 Mawrth 2012 a 76 ar 31 Mawrth 2021. Y datblygiad mwyaf arwyddocaol o bosibl yw sefydliad ail gategori o aelodaeth cyfieithu ar y pryd gan y Gymdeithas yn 2017–18 mewn ymateb i ofynion y safonau, sef cyfieithu ar y pryd i'r Gymraeg. Awgryma'r datblygiad hwn fod sefydliadau yn gweld yr angen i sicrhau'r cyfle i weithwyr ddefnyddio'r Gymraeg ym mhob agwedd ar eu gwaith.

Cynnwys y gyfrol

Rhennir y gyfrol yn dair adran. Edrychir yn gyntaf ar y galw a'r gwendidau sy'n bodoli mewn gweithleoedd wrth geisio darparu gwasanaethau dwyieithog. Yn ail, cyflwynir nifer o'r datrysiadau a'r cynlluniau sy'n bwriadu cyflenwi anghenion gweithleoedd a gweithwyr Cymraeg o safbwynt sgiliau ieithyddol proffesiynol. Mae'r adran olaf yn dadansoddi effaith polisïau a Safonau'r Gymraeg ar weithleoedd gan ystyried yn benodol cyd-destun prifysgolion a'r Senedd.

Mae'r gyfrol yn cychwyn drwy graffu ar y newidiadau a welwyd yn y byd gwaith yng Nghymru dros y blynyddoedd diwethaf o achos y galw cynyddol am weithwyr dwyieithog. Cwmni recriwtio dwyieithog ydy Swyddle, a ffurfiwyd yn 2014, i alluogi sefydliadau i ddod o hyd i'r staff dwyieithog gorau a darparu ystod eang o adnoddau iaith. Yn y bennod hon mae Alun Gruffudd, un o gyd-sefydlwyr Swyddle, yn amlinellu datblygiad y cwmni mewn ymateb i'r newidiadau a welwyd ar draws y sectorau cyhoeddus, gwirfoddol a phreifat yng Nghymru. Cyflwynir ymdrechion y cwmni i ateb a chynnal y galw am weithwyr dwyieithog yn wyneb heriau byd gwaith sy'n gynyddol ddwyieithog.

Canolbwyntia'r ail bennod ar y galw a welir mewn maes penodol a hynod o bwysig yng Nghymru, sef y gwasanaeth iechyd. Pennaeth Gwasanaethau Cymraeg Bwrdd Iechyd Prifysgol Betsi Cadwaladr yw Eleri Hughes-Jones, ac mae ei phennod yn trafod y rhesymau pam bod cynnig gwasanaethau iechyd dwyieithog mor hanfodol yn ogystal â'r cynlluniau strategol sydd ar waith ym Mwrdd Iechyd Prifysgol Betsi Cadwaladr, y sefydliad iechyd mwyaf yng Nghymru, i fodloni anghenion eu cleifion Cymraeg. Amlinellir hefyd yr heriau a'r rhwystrau sy'n wynebu'r maes y mae angen ymateb iddynt er mwyn sicrhau diogelwch a lles siaradwyr Cymraeg.

Mae pennod Ifor Gruffydd, cyfarwyddwr canolfan iaith, yn asesu effeithiolrwydd ac effeithlonrwydd hyfforddiant yn yr iaith

Gymraeg a ddarperir gan weithloedd yn y sector cyhoeddus yng Nghymru. Yng ngoleuni'r galw am staff â sgiliau galwedigaethol allweddol yn y Gymraeg, dadansodda'r bennod sut mae cyrff cyhoeddus yng ngogledd Cymru yn cynllunio hyfforddiant mewn caffael sgiliau Cymraeg i'w staff di-Gymraeg. Trwy graffu ar ddarpariaeth, llwyddiant a chymhwysiad yr hyfforddiant hwn, mae'r bennod yn amlygu gwendidau nodweddiadol yn y ffordd y mae gweithleoedd yn ei gynllunio. Ymddengys fod gwaith pellach i'w wneud ar sawl lefel er mwyn sicrhau gallu gweithleoedd i ateb gofynion deddfwriaethol am y Gymraeg.

Nodwyd eisoes fod cyfieithu papur a chyfieithu ar y pryd yn chwarae rhan hollbwysig wrth i weithleoedd weithredu a darparu gwasanaethau dwyieithog. Ystyried hynny mewn cyd-destun cyfreithiol y mae'r bennod nesaf, a hynny ar ffurf gwaith ymchwil rhyngddisgyblaethol sy'n archwilio effaith cyfieithu ar y pryd ar y llysoedd. Mae gwaith Rhianedd Jewell, Catrin Fflûr Huws a Hanna Binks, academyddion o Brifysgol Aberystwyth, yn dadansoddi canlyniadau ffug achos llys lle rhoddwyd cyfle i gyfieithwyr a chyfreithwyr proffesiynol, ynghyd â ffug reithgor o aelodau'r cyhoedd, fynegi eu barn am effaith cyfieithu ar y pryd ar eu profiadau. Mae'r gwaith yn awgrymu gwendidau arwyddocaol yn y system bresennol sy'n golygu nad ydy cyfieithwyr yn cael cyfle i gyflawni eu gwaith i'r safon uchaf ac nad ydy'r rheini sy'n defnyddio'r gwasanaeth bob amser yn cael cyfiawnder ieithyddol. Mae goblygiadau'r gwaith hwn yn berthnasol i faes cyfieithu ar y pryd yng ngweithleoedd Cymru yn ehangach, ac o ystyried y cynnydd a welir mewn gwaith cyfieithu ar y pryd rhwng y ddwy iaith, anogir y darllenydd i ystyried gwir effaith a phwysigrwydd cyfieithu ar y pryd yn y Gymru ddwyieithog gyfoes.

A throi at yr ail adran, mae'r pedair pennod nesaf yn amlinellu cynlluniau sy'n cynnig hyfforddiant a chyfleoedd i weithwyr wella a defnyddio'u sgiliau Cymraeg yn y gweithle. Dechreua'r daith ieithyddol honno yn aml gyda phlant, wrth reswm, a dyna a drafodir ym mhennod Gwenllian Lansdown Davies ac Angharad Morgan, rheolwr gyfarwyddwr a rheolwr polisi Mudiad Meithrin. Mae'r bennod yn amlinellu gwaith y Mudiad Meithrin wrth sicrhau cyfleoedd i blant o aelwydydd Cymraeg a di-Gymraeg gaffael yr iaith a hynny mewn modd sy'n cefnogi eu datblygiad emosiynol, corfforol a deallusol. Trafodir rôl allweddol gweithlu'r mudiad mewn gwireddu ei amcanion a'r heriau sy'n ei wynebu wrth gynnal y gweithlu hwnnw.

Un ffordd o fagu hyder gweithwyr yn y Gymraeg, wrth gwrs, yw cynnig hyfforddiant yn yr iaith yn benodol ar gyfer cyd-destun y gweithle. Dyma ydy ffocws pennod Helen Prosser, cyfarwyddwr y Ganolfan Dysgu Cymraeg Genedlaethol, sy'n amlinellu'r cynllun Cymraeg Gwaith, sef cwrs Cymraeg i oedolion sydd wedi'i addasu i wella hyder ieithyddol yn y byd gwaith. Mae'r bennod yn mynd i'r afael â'r gwendidau yn y disgrifyddion iaith safonol o safbwynt defnyddioldeb yr iaith yn y gweithle, a sut y caiff y cyrsiau eu teilwra i gynorthwyo cyflogwyr wrth ddeall lefel Cymraeg eu gweithwyr ac i geisio ateb anghenion amrywiaeth eang o weithleoedd proffesiynol.

Canolfannau sy'n hybu ac yn cefnogi'r Gymraeg yn y gymuned yw'r mentrau iaith, ac mae pennod Iwan Hywel, arweinydd tîm i fentrau iaith Cymru, yn archwilio sut y mae'r sefydliadau hyn yn cefnogi gweithwyr sy'n datblygu sgiliau Cymraeg yn y sector preifat. Trwy graffu ar brosiectau penodol y mae'r mentrau wedi'u cefnogi, amlygir rôl werthfawr y mentrau iaith wrth gynnig cyfleoedd i gwmnïau cyfrwng Cymraeg newydd ddatblygu a ffynnu, a hynny yn aml mewn ardaloedd lle nad ydy'r Gymraeg ar ei chryfaf yn y gymuned.

Trafodwyd eisoes y pwysau ychwanegol sydd ar y diwydiant cyfieithu yng Nghymru, ac mae pennod Mandi Morse yn amlinellu fel yr ymatebwyd i ofynion y diwydiant drwy lansio cwrs hyfforddi newydd, sef MA mewn Astudiaethau Cyfieithu Proffesiynol. Fel cydlynydd y cynllun hwnnw, esbonia Mandi Morse sut mae'r galw am weithwyr dwyieithog yn effeithio'r diwydiant cyfieithu a sut y dyluniwyd hyfforddiant newydd yn y maes i gefnogi anghenion y diwydiant hwnnw. Pwysleisir rôl hanfodol cyfieithwyr wrth gynnal gweithlu dwyieithog ac wrth sicrhau statws i'r iaith Gymraeg mewn gweithleoedd ar draws Cymru.

Mae adran olaf y gyfrol yn ffocysu ar weithredu safonau, polisïau iaith a strategaethau dwyieithog mewn sefydliadau yng Nghymru. Yn gyntaf, mae pennod Aled Roberts, Comisiynydd y Gymraeg, yn rhoi trosolwg o amcan Safonau'r Gymraeg a sut y bwriedir iddynt gynyddu'r defnydd o'r Gymraeg yn y gweithle. Edrychir ar adroddiadau diweddar y Comisiynydd yn ogystal ag adroddiadau blynyddol sefydliadau gan ddadansoddi'r gallu i gydymffurfio â'r safonau, y problemau ymarferol sy'n codi a'r camau nesaf at y dyfodol. Trafodir hefyd yr hyfforddiant a gynigir i staff ar lefel sefydliadol er mwyn gwella'u sgiliau Cymraeg a'r dulliau recriwtio a fabwysiedir er mwyn creu gweithlu sydd â sgiliau ieithyddol addas.

Mae pennod Mari Elin Jones yn dadansoddi effaith y safonau hyn ar weithle penodol, sef Prifysgol Aberystwyth. Trafodir rôl y sefydliad wrth weithredu a pherchnogi'r safonau gan geisio sicrhau bod gan y Brifysgol weithlu dwyieithog effeithiol. Drwy graffu ar broblemau a gododd wrth lansio'r strategaethau newydd yn ogystal â'r llwyddiannau wrth gyflwyno a monitro'r gwasanaethau dwyieithog, cyflwynir argymhellion defnyddiol sy'n berthnasol i sefydliadau dwyieithog eraill ar draws Cymru.

Amcan Safonau'r Gymraeg, wrth gwrs, yw sicrhau hawliau ieithyddol i weithwyr ac i ddefnyddwyr gwasanaethau sy'n dymuno cyfathrebu yn Gymraeg. Prifysgolion unwaith eto yw ffocws pennod R. Gwynedd Parry sy'n bennaeth Adran y Gymraeg Prifysgol Abertawe, ond hawliau ieithyddol y myfyrwyr yw'r canolbwynt y tro hwn, sef gweithlu dwyieithog y dyfodol. Yn dilyn trosolwg o hawliau ieithyddol o safbwynt theoretig, hanesyddol a chyfreithiol, mae'r bennod yn ystyried i ba raddau y mae'r safonau yn creu hawliau yng nghyd-destun addysg uwch cyfrwng Cymraeg i staff a myfyrwyr. Trafodir y disgwyliadau sydd ar brifysgolion o ran cyflogi staff a chyflenwi gwasanaethau dwyieithog i'w myfyrwyr, pwysigrwydd cefnogi ymchwil cyfrwng Cymraeg, yn ogystal ag effaith y cwymp yn y niferoedd sy'n astudio yng Nghymru a thrwy gyfrwng y Gymraeg ar y gallu i recriwtio gweithwyr dwyieithog.

Yn olaf, mae pennod yr Aelod Seneddol dros Ddwyrain De Cymru, Delyth Jewell, yn dadansoddi'r defnydd o'r Gymraeg yn y Senedd gan drafod y ffactorau sy'n rhwystro Aelodau Seneddol sy'n siarad neu'n dysgu Cymraeg rhag gwneud defnydd amlycach ac amlach o'r iaith yn eu gweithle nhw. O ystyried arwyddocâd targed miliwn o siaradwyr y llywodraeth i'r Senedd, disgwylir i'r

Cyflwyniad

Senedd weithredu fel patrwm o weithle dwyieithog ond wyneba Aelodau Seneddol gyfres o rwystrau amrywiol wrth ddefnyddio'r Gymraeg. Drwy gyfweld â chroestoriad o aelodau ar draws prif bleidiau'r Senedd sy'n siarad neu'n dysgu Cymraeg, llwydda Delyth Jewell i amlygu nifer o'r problemau ymarferol sy'n cyfyngu'r defnydd o'r Gymraeg yn ogystal â'r rhesymau proffesiynol a phersonol sy'n pennu dewis iaith Aelodau Seneddol.

Gobeithiwn y bydd y gyfrol hon yn ysbrydoli ac yn ysgogi trafodaethau pellach am ddyfodol y Gymraeg yn y gweithle. Mae problemau i'w datrys o hyd o ran strategaethau a pholisïau cenedlaethol a sefydliadol, ond mae amrywiaeth y penodau dan sylw yn dangos bod cryn frwdfrydedd a chefnogaeth i'r defnydd o'r Gymraeg yn y gweithle ar draws sawl sector a maes. Gyda chyfran uwch o siaradwyr Cymraeg ar y gorwel erbyn 2050, mae hi'n hollbwysig ein bod ni'n cynllunio, yn cefnogi ac yn cyflenwi gweithleoedd dwyieithog Cymraeg yn y ffyrdd mwyaf effeithiol posibl, a gobeithiwn mai dyma fydd y cam cyntaf ar y daith honno.

Gwnaed cyfraniad pwysig iawn i'r gyfrol hon gan Gomisiynydd y Gymraeg, Aled Roberts, a fu farw ym mis Chwefror 2022 cyn cyhoeddi'r gwaith. Carem gydnabod yn y fan hon ei ymroddiad diflino a'i gyfraniad mawr i gynyddu defnydd o'r Gymraeg mewn gweithleoedd ledled Cymru. Roedd yn amlwg yn gweld y gweithle yn bau allweddol i ganolbwyntio arni er mwyn gwireddu'i weledigaeth o Gymru lle gall pobl ddefnyddio'r Gymraeg yn eu bywydau bob dydd. Estynnwn ein cydymdeimlad dwysaf i'w deulu, ei ffrindiau a'i gydweithwyr ar eu colled lem.

Nodiadau

[1] Gwion Lewis, *Hawl i'r Gymraeg* (Tal-y-bont, Ceredigion: Y Lolfa, 2008); Gwilym Prys Davies, 'Statws Cyfreithiol yr Iaith Gymraeg yn yr Ugeinfed Ganrif', yn Geraint H. Jenkins a Mari A. Williams (goln), *Eu Hiaith a Gadwant? Y Gymraeg yn yr Ugeinfed Ganrif* (Caerdydd: Gwasg Prifysgol Cymru, 2000), tt. 207–38; Geraint H. Jenkins (gol.), *Gwnewch Bopeth yn Gymraeg: Yr Iaith Gymraeg a'u Pheuoedd 1801–1911* (Caerdydd: Gwasg Prifysgol Cymru, 1999); Colin H. Williams, *Language Revitalization:*

     Policy and Planning in Wales (Caerdydd: Gwasg Prifysgol Cymru, 2000).
2. Llywodraeth Cymru, *Cymraeg 2050* (Caerdydd: Llywodraeth Cymru, 2017), t. 49.
3. Llywodraeth Cymru a Chomisiynydd y Gymraeg, *Defnydd o'r Gymraeg yng Nghymru 2013–15* (26 Tachwedd 2015).
4. Llywodraeth Cymru, *Cymraeg 2050*, t. 50.
5. Llywodraeth Cymru, *Cymraeg 2050*.
6. Llywodraeth Cymru, *Cymraeg 2050: cynllun gweithredu strategaeth y Gymraeg 2019 i 2020* (Caerdydd: Llywodraeth Cymru, 2019).
7. D. Vivian, M. Winterbotham, B. Gunstone a J. H. Hewitt, *Anghenion o ran Sgiliau Cymraeg mewn Wyth Sector* (Caerdydd: Llywodraeth Cymru, 2014).
8. Llywodraeth Cymru, *Arolwg Sgiliau Cyflogwyr* (Caerdydd: Llywodraeth Cymru, 2019).
9. Llywodraeth Cymru, *Arolwg Sgiliau Cyflogwyr*.
10. *https://www.jcq.org.uk/wp-content/uploads/2018/11/JCQ-RESULTS-18-08-11.pdf*.
11. *https://www.jcq.org.uk/wp-content/uploads/2020/09/A-Level-and-AS-Results-Summer-2020.pdf*.
12. 'Adroddiad Ymchwil Astudio'r Gymraeg fel Pwnc' (2019), *https://www.colegcymraeg.ac.uk/cy/ycoleg/grantiauachefnogiprosiectau/ymchwil/* (cyrchwyd 10 Mawrth 2022), t. 18.
13. *https://www.porth.ac.uk/en/collection/troi-r-trai-mewn-trideg-mlynedd-pwysigrwydd-y-gymraeg-yn-y-gymru-fodern* (cyrchwyd 10 Mawrth 2022).
14. *https://www.cyfieithwyr.cymru/cy/amdanom-ni* (cyrchwyd 10 Mawrth 2022).
15. Gwelwyd cwymp i 399 aelod erbyn 31 Mawrth 2021 ond mae hi'n bosibl mai pandemig COVID-19 sy'n rhannol gyfrifol am hyn. Er mwyn ymaelodi rhaid llwyddo yn arholiadau aelodaeth testun neu brawf cyfieithu ar y pryd y gymdeithas ond nid yw'r gymdeithas wedi gallu cynnal y rhain ers cychwyn y cyfnod clo cyntaf.

1

Sefydlu cwmni recriwtio dwyieithog

Alun Gruffudd

Mae'r bennod hon yn trafod sefydlu cwmni recriwtio Cymraeg (dwyieithog) ym mis Awst 2014 ac yn archwilio'r galw am sgiliau dwyieithog yn y gweithle, beth sy'n gyrru'r galw hwnnw a sut i ymgymryd â'r her o ateb a chynnal y galw hwnnw. Bydd y bennod yn disgrifio cefndir sefydlu Swyddle fel cwmni, y cymhelliant a'r achos busnes, y cyd-destun recriwtio Cymraeg ac ehangach, gan gynnwys fframwaith Mesur y Gymraeg a swyddogaeth technoleg gwybodaeth. Bydd y bennod yn disgrifio patrwm y galw am recriwtio dwyieithog pwrpasol yn ôl profiad Swyddle, gan gynnwys astudiaethau achos. Mae'r adran olaf yn gosod yr heriau sy'n wynebu'r gwaith o gynnal a datblygu gweithlu dwyieithog Cymru ac yn cynnig datrysiadau ymarferol a strategol ar gyfer cynnal gweithle dwyieithog sy'n gynaladwy i'r dyfodol.

Y galw am sgiliau dwyieithog ac yn sgil hynny, gwahanol lefelau o Gymraeg, yn enwedig ar lafar ac yn ysgrifenedig, oedd prif gynsail sefydlu cwmni recriwtio Swyddle. Sefydlwyd y cwmni gyda Dafydd Henry, brodor o'r Felinheli. Dyma ddau ffrind a fu'n mynychu ysgolion cynradd ac uwchradd Cymraeg (yng Ngwynedd a Chaerdydd) ers canol yr 1980au ac a fynychodd Brifysgol Cymru i astudio gradd yn cynnwys modiwlau trwy gyfrwng y Gymraeg. Mae'r ddau ohonom hefyd yn dod o deuluoedd lle roedd y Gymraeg naill ai'n unig iaith y cartref neu'n brif iaith (lle roedd un rhiant o ogledd Lloegr wedi dysgu'r iaith). Rydym ni hefyd wedi bod yn ffodus o gael swyddi yn y sector cyhoeddus, gwirfoddol a phreifat lle roedd defnydd y Gymraeg yn rhan fawr o'n swyddi – gweision sifil, cyfathrebu gwleidyddol, addysg a darlledu.

Sefydlwyd Swyddle er mwyn darparu gwasanaethau recriwtio a busnes dwyieithog arbenigol, gyda'r prif nod o alluogi sefydliadau i ennill mantais fasnachol, cyfalaf cymdeithasol a manteisio ar y farchnad ddwyieithog drwy ddod o hyd i'r staff dwyieithog gorau a darparu ystod eang o adnoddau iaith. Cafodd Dafydd y syniad o sefydlu'r cwmni wedi gweithio ym maes recriwtio addysg, lle y gwelodd gyfle unigryw yn y farchnad ddwyieithog gyffredinol y tu hwnt i'r maes addysg. Gan ein bod wedi byw ein bywydau yn gyfan gwbl ddwyieithog yn academaidd, yn gymdeithasol ac yn broffesiynol, ym meysydd recriwtio a chyfathrebu strategol, roeddem wedi datblygu rhwydwaith eang o gysylltiadau ar draws Cymru a fyddai'n fantais i gleieintiaid gyd-gysylltu â'r gymdeithas Gymraeg. Mae'r cwmni i bob pwrpas yn cynnig gwasanaethau recriwtio traddodiadol, gan gynnwys recriwtio parhaol a chontractau, darparu staffio dros dro a gwasanaeth hysbysebu swyddi, ond mae'n gwmni recriwtio sydd wedi datblygu rhwydwaith ledled Cymru o siaradwyr Cymraeg proffesiynol a chronfa ddata o siaradwyr Cymraeg sydd wedi'u hasesu o ran sgiliau iaith a sgiliau perthnasol i'w swyddi.

Yn 2019–20 roedd gan y cwmni ddau aelod staff craidd, cymorth gweinyddol a chontractwyr i gynorthwyo gydag elfennau marchnata a chymedroli ar y cyfryngau cymdeithasol, ynghyd â gweithwyr dros dro. Mae'r cwmni yn gweithredu ar draws bob sector, ac yn 2019 roedd y cwmni yn recriwtio ar gyfartaledd ar gyfer 2–3 swydd y mis gyda'r rhan fwyaf yn y sector preifat neu wirfoddol.

Rhoddodd Deddf Iaith 1993 gynsail i alw systematig am sgiliau dwyieithog o fewn y gweithle yng Nghymru gyda gofynion rhwymedig i'r cynlluniau iaith statudol a gwirfoddol. Yn ogystal, rhoddodd cyd-destun democrataidd Cynulliad Cenedlaethol Cymru (Senedd Cymru erbyn hyn) sbardun pellach i'r agenda dwyieithrwydd am amrywiaeth o resymau. Yn gyntaf rhoddwyd mwy o blatfform sifig i'r Gymraeg o ran datblygu polisïau mewn fforwm cyhoeddus a daeth yr iaith yn llawer mwy gweledol ar y llwyfan gwleidyddol, o fewn gweithdrefnau'r Cynulliad a chyfathrebu'r llywodraeth, gyda phrif weinidigion ac aelodau'r cabinet yn medru ac yn defnyddio'r Gymraeg. Ymhellach, clymblaid Cymru'n Un rhwng Llafur a Phlaid Cymru a alluogodd i Fesur y Gymraeg (2011) roi fframwaith statudol a sifig i'r syniad o weithle dwyieithog a hynny drwy sicrhau statws cyfartal swyddogol i'r iaith a thribiwnlys y Gymraeg yn rhan o'r fframwaith hwnnw. Cyflwynwyd yr hawl i dderbyn gwasanaethau dwyieithog gan y sefydliadau hynny sy'n gweithredu Safonau'r Gymraeg ac a fydd yn gweithredu'r safonau iaith – o leiaf fel y maent yn eu ffurf bresennol – a'r syniad o'r gweithle fel rhan ganolog o gynllunio ieithyddol.

Y gobaith yw y gwelwn dwf systematig yn y galw am sgiliau dwyieithog, a hynny i'r graddau na ellir ei hepgor dros y genhedlaeth nesaf. Deillia'r gobaith o'r ffaith bod 350,000 o holl drigolion Cymru dros dair blwydd oed yn siarad Cymraeg yn ddyddiol;[1] ac mae 82 y cant o siaradwyr Cymraeg yn fwy tebygol o ddefnyddio gwasanaethau neu ddeunydd gan gwmni dwyieithog,[2] gydag 83 y cant o siaradwyr Cymraeg yn dweud y byddant yn aros yn ffyddlon os bydd sefydliadau'n darparu gwasanaeth dwyieithog.[3]

Mae'n bosib y bydd galw cynyddol am wasanaethau dwyieithog llawn yn y dyfodol gan fod canran y sawl sy'n siarad Cymraeg ar ei uchaf ymysg y rhai sydd rhwng 3–15 mlwydd oed (mor uchel â 50 y cant).[4] Mae ewyllys da hefyd wedi tyfu o fewn y boblogaeth gyfan, gyda thua dwy filiwn o bobl yng Nghymru yn credu ei bod hi'n bwysig cynnig gwasanaeth dwyieithog.[5]

Mae rhagor o dystiolaeth fod darparu gwasanaethau dwyieithog yn cael ei weld fel ateb busnes a masnachol. Mae galw cynyddol amlwg am wasanaethau dwyieithog fel y dull arferol o weithredu gan sefydliadau a busnesau sy'n gweithredu yng Nghymru. Er enghraifft, mae ymchwil diweddar gan Gomisiynydd y Gymraeg am agweddau cwsmeriaid a barn arweinwyr busnes o ran gwasanaethau Cymraeg yn awgrymu bod y rhan fwyaf o fusnesau yn gweld yr iaith Gymraeg fel mantais i'r busnes. Dywedodd 79 y cant o fusnesau fod ganddynt staff sy'n gallu siarad Cymraeg a'u bod yn gallu darparu rhai gwasanaethau yn y Gymraeg a dywed 72 y cant fod 'defnyddio'r iaith Gymraeg gyda chwsmeriaid a chleientiaid yn wasanaeth allweddol sy'n gweithio'n dda iddynt'.[6] Awgryma adroddiad arall gan y Comisiynydd ar agweddau cwsmeriaid at ddefnydd o'r Gymraeg gan archfarchnadoedd fod agweddau yn normaleiddio ar lefel y cwsmer – gyda 68 y cant o banel a holwyd yn cytuno gyda'r datganiad 'Rwy'n hoffi gweld y Gymraeg yn cael ei defnyddio gan archfarchnadoedd yng Nghymru', a 59 y cant yn cytuno gyda'r datganiad 'Rwy'n meddwl y dylai archfarchnadoedd ddefnyddio'r Gymraeg yng Nghymru fel mater o arfer'.⁷ Roedd ffigwr cadarn o 66 y cant yn anghytuno gyda'r datganiad 'Rwy'n meddwl ei fod yn afresymol disgwyl i archfarchnadoedd ddefnyddio'r Gymraeg', ac roedd 'tuedd i ymatebwyr rhwng 16 a 34 oed fod yn fwy cefnogol i'r Gymraeg, gyda 74% yn dweud eu bod yn hoffi gweld archfarchnadoedd yn defnyddio'r Gymraeg'.⁸

I fusnesau, mae'r cynnydd hwn yn rhoi'r cyfle i ddenu rhagor o gwsmeriaid drwy wahaniaethu ar sail dwyieithrwydd neu nodwedd Gymraeg gref, ac i sefydliadau statudol ac anstatudol sy'n darparu gwasanaethau i'r cyhoedd mae meithrin sgiliau dwyieithog yn gyfle i ddatblygu hunaniaeth ddwyieithog a diwallu anghenion cymunedau lleol yn well. Gyda'r dystiolaeth hon gellid dadlau felly ein bod yn dynesu at normaleiddio'r iaith ar lefel y gweithle lle bo modd i unigolion gyfathrebu â'i gilydd fwyfwy yn y Gymraeg, yn ogystal ag ymdrîn â chwsmeriaid a'r cyhoedd.

Cyd-destun recriwtio Cymraeg

Mae ymateb y diwydiant recriwtio wedi adlewyrchu'r galw cynyddol am sgiliau dwyieithog, yn enwedig yn ystod y pymtheg mlynedd diwethaf, gyda recriwtwyr addysg yn cyflwyno desgiau Cymraeg fel rhan o'u ceisiadau i ennill contractiau fframweithiau recriwtio Llywodraeth Cymru, er enghraifft, contractiau darparu athrawon cyflenwi ar gyfer ysgolion cynradd ac uwchradd. Mae cwmnïau recriwtio wedi bod yn fodd i gynnal gweithlu yng Nghymru yn y maes dwyieithog neu uniaith Saesneg ers peth amser, gan gynnwys fframweithiau caffael ar gyfer darparu gweithwyr dwyieithog. Mae fframweithiau caffael yn rhan o gyfundrefn y Gwasanaeth Caffael Cenedlaethol lle mae nifer o wasanaethau a swyddogaethau'r sector cyhoeddus yn cael eu darparu gan gontractwyr drwy broses dendro gystadleuol ac agored. Mae'r rhain yn cynnwys prynu a llogi cerbydau, cynnal a chadw, ynghyd â gwasanaethau proffesiynol megis cyngor cyfreithiol, cyfieithu a recriwtio dros dro.

Rydym hefyd wedi gweld recriwtwyr corfforaethol mawr ar lefel Prydeinig yn cyflogi recriwtwyr dwyieithog er mwyn iddynt ganfod Cymry Cymraeg ar gyfer swyddi lle mae'r Gymraeg yn hanfodol neu'n ddymunol pan fyddant yn codi. Mae hyn hefyd yn eu cynorthwyo i wasanaethu cytundebau recriwtio sefydliadau cyhoeddus megis prifysgolion ac adrannau Llywodraeth y Deyrnas Unedig, ond prin fyddai'r swyddi hynny fel canran o'u busnes cyffredinol.

Hefyd, cyflwynwyd hysbysfyrddau dwyieithog er mwyn denu cynulleidfa Gymraeg mewn dull mwy uniongyrchol, yn gyntaf fel gwefan ar gyfer swyddi dwyieithog ac yn ail fel rhan o blatfform gwerthu gwasanaethau ar sail cyfeirlyfr busnesau ar-lein gan gynnwys marchnata ar y cyfryngau cymdeithasol.

Serch hynny, nid oedd cwmni pwrpasol yn cynnig recriwtio Cymraeg yn unig fel gwasanaeth a hynny ar gyfer swyddi cytundebau parhaol, tymor penodol neu ar sail cytundebau dros dro. Roedd Swyddle yn gyfle i elwa ar y bwlch yn y farchnad drwy gynorthwyo sefydliadau i ateb gofynion Safonau'r Gymraeg a chynnig gwasanaeth recriwtio gweithwyr dwyieithog fel y modd mwyaf cost effeithiol a chynaliadwy o ateb y gofynion hynny, ac ar yr un pryd yn cynnig gwasanaeth i gwmnïau a oedd yn gweld gwerth i'r Gymraeg yn gyffredinol y tu hwnt i'r fframwaith statudol. Roedd modd i Swyddle gynnig gwasanaeth arbenigol *boutique* am nifer o resymau. Roeddem wedi magu perthynas â rhwydwaith eang o ymgeiswyr gan asesu gallu ieithyddol pob unigolyn, yn enwedig ar lafar, cyn cyflwyno ymgeiswyr. Yn aml iawn nid oedd yn bosib i fusnesau recriwtio mwy gynnig y fath wasanaeth am y rheswm syml nad oedd siaradwyr Cymraeg yn cyfrannu at swmp eu gweithwyr cofrestredig. Roedd modd inni hefyd sicrhau ansawdd iaith yn fwy effeithlon yn ychwanegol i'r sgiliau cymwys eraill ar gyfer swyddi.

Cyd-destun ehangach

Ym mlynyddoedd cynnar Swyddle bu cymaint o ddiddordeb gan gleientiaid yn y sector preifat ag a fu yn y sector cyhoeddus. Gwelwyd bod marchnad amlwg i recriwtio dwyieithog o fewn y sector cyhoeddus, gan gynnwys gwasanaethau sy'n cael eu darparu yn y trydydd sector drwy gyfrwng ariannu cyhoeddus gan eu bod yn gorfod gweithredu Safonau'r Gymraeg. Serch hynny, er nad yw'n orfodaeth i'r rhan fwyaf o endidau preifat gydymffurfio â chynllunio ieithyddol mae'r ymateb gan y sector preifat wedi bod yn galonogol gan eu bod yn gweld y gall darparu gwasanaethau Cymraeg fod yn fantais gystadleuol – yn Bwynt Gwerthu Unigryw iddynt ac yn gyfle i ddatblygu hunaniaeth brand dwyieithog a thargedu cwsmeriaid newydd. I raddau helaeth maent wedi adlewyrchu canfyddiadau'r ymchwil gan y Comisiynydd y cyfeiriwyd atynt uchod.

Mae oes newydd Safonau'r Gymraeg statudol a chydymffurfiaeth â'r safonau hynny yn golygu y bydd gan gontractwyr gontractau gwasanaethau cyhoeddus. Y safonau sy'n cael eu gosod ar gyfer cyflenwi gwasanaethau a hybu a hwyluso'r iaith yw'r rhain yn bennaf, er enghraifft pan fydd angen darparu gweithwyr dros dro neu gynhyrchu deunydd marchnata neu gynnal gweithgareddau mewn sioeau cyhoeddus. Rydym yn rhagweld mwy a mwy o gontractwyr yn manteisio ar y cyfle i recriwtio siaradwyr Cymraeg, yn enwedig cwmnïau sydd wedi'u lleoli yng Nghymru yn rhannol neu'n gyfan gwbl, a hynny gan y bydd yn cryfhau eu sefyllfa i gadw tendrau pan fyddant yn eu hadnewyddu.

Technoleg gwybodaeth

Mae oes technoleg gwybodaeth symudol hefyd wedi dod â chyddestun ehangach i'r Gymraeg fel iaith fasnachol ac iaith broffesiynol. Mae'r Gymraeg wedi gallu manteisio ar y we fyd eang fel iaith sy'n hawdd cael mynediad iddi ar lefel fydol oherwydd y modd y mae'n hygyrch i bobl sydd â diddordeb mewn diwylliannau ac ieithoedd lleiafrifol, ond hefyd fel adnodd i Gymry sydd am ailgynnau eu gallu yn yr iaith ers gadael y wlad. Dengys ymchwil Comisiynydd y Gymraeg fod angen mwy o help ar 27 y cant o fusnesau i ddefnyddio'r iaith Gymraeg fel rhan o dechnoleg sy'n datblygu'n gyflym ac ar y llwyfannau cyfryngau cymdeithasol.[9]

Mae technoleg hefyd wedi gwneud yr iaith yn llawer mwy gweledol ym maes recriwtio. Mae'n dod â manteision o ran recriwtio dwyieithog gan fod modd defnyddio peiriannau chwilio a phlatfformau hysbysebu er mwyn cysylltu'r gweithiwr dwyieithog â'r swyddi a hefyd i ganfod yr unigolion â'r sgiliau perthnasol. Oherwydd bod y farchnad recriwtio dwyieithog yng Nghymru yn farchnad *niche*, mae Swyddle wedi esblygu i fod yn gwmni hybrid sy'n cynnig hysbysebu i gyflogwyr, recriwtio'n uniongyrchol a chynnig gweithwyr dros dro, gan ei wneud yn gwmni anghyffredin o'i gymharu â chwmnïau recriwtio eraill. Mae hefyd yn golygu y gall fanteisio ar y dechnoleg berthnasol. Mae platfformau sy'n crafu a chronni hysbysebion ar draws tudalenau gwe, megis Indeed ac Adzuna, wedi bod yn fodd o gyrraedd cynulleidfaoedd llawer ehangach o ran recriwtwyr a'u cleientiaid, ac mae hyn hefyd yn wir o ran recriwtio dwyieithog. Mae'r rhain yn aml iawn yn wefannau byd-eang, yn gwmnïau mawr sydd hefyd yn berthnasol i'r diwydiant recriwtio Cymraeg.

Patrwm y galw

O edrych ar gleientiaid Swyddle ers ei sefydlu, mae'r galw am swyddi dwyieithog ar draws ein gwasanaethau yn y tri sector yng Nghymru wedi cael ei arwain gan y sector cyhoeddus yn bennaf, a'r rheiny'n sefydliadau ac elusennau sy'n cael eu hariannu gan Lywodraeth Cymru neu Lywodraeth y Deyrnas Gyfunol. Serch hynny, gellir dadlau bod y galw o ran recriwtio wedi ei arwain gan y trydydd sector. Mae hyn yn rhannol oherwydd bod natur y swyddi yn ei gwneud hi'n anos recriwtio ar eu cyfer, megis swyddi arbenigol o fewn maes cynghori neu swyddi sy'n gofyn am ddealltwriaeth o waith cymunedol neu fframweithiau statudol, ond hefyd gan nad yw'r isadeiledd marchnata cyfatebol er mwyn denu'r unigolion dwyieithog cywir gan y sector hwn o'i gymharu â'r sector cyhoeddus. Mae sefydliadau megis Cyngor Gweithredu Gwirfoddol Cymru wedi creu adnoddau canolog i gynorthwyo gyda recriwtio fel platfform hysbysebu pwrpasol, ond byddai cydweithredu ar sail strategol â chwmnïau megis Swyddle yn gam mawr pellach i gefnogi dyhead y sector i weithredu'n ddwyieithog. O ran y math o swyddi, y prif gategorïau yw'r rhai sy'n ymwneud â chyfathrebu dwyieithog, a hynny o ran y diffiniad mwy eang o gyfathrebu. Mae'r diffiniad yn cynnwys gwasanaethau cwsmer, swyddi cyfathrebu a marchnata (yn enwedig marchnata digidol a thechnolegol o ran cynnwys gwefannau), swyddi gweinyddol a swyddi cydlynol o ran rheoli prosiectau neu bobl. Mae hefyd galw o ran swyddi technegol ym maes cynhyrchu'r cyfryngau Cymraeg.

Bu llai o alw, er galw cyson o ran hynny, am swyddi mwy technolegol, ond yn nodedig bu galw am nifer o swyddi arbenigol megis swyddi cyllid, gan gynnwys cyfarwyddwyr cyllid, cyfreithwyr ym maes cyflogaeth, cynghorwyr ar faterion ariannol a chynghorwyr ar ddyled. Yn wir, ym maes y gwasanaethau proffesiynol traddodiadol megis y maes cyfreithiol ac ariannol, gwelwyd datblygiadau o ran cynnig gwasanaeth Cymraeg ledled Cymru, ac mae gwefan *Cyfreithwyr.com* yn enghraifft o'r proffesiwn hwnnw yn ateb y galw ond hefyd yn adeiladu masnach 'fewnol' i'r gyfraith drwy gyfrwng y Gymraeg. I raddau gellir dadlau hefyd bod hyn yn batrwm sy'n lled adlewyrchu'r gwahaniaethu yng nghyfundrefn gyfreithiol Cymru yn sgil datganoli megis y tribiwnlysoedd. Mae hefyd yn adlewyrchu'r twf yn y nifer o bobl sy'n hawlio gwasanaethau cyfreithiol Cymraeg mewn meysydd eraill, er enghraifft cyfraith fasnachol a llywodraeth leol.

Yn nodedig, ni fu cymaint o alw o ran swyddi adnoddau dynol â'r disgwyl (trwy ddefnyddio Swyddle) er bod y swyddi hyn yn rhai sy'n cyfateb i ofynion y safonau, a gellir dadlau y bydd hwn yn faes caled i'w ddiwallu oherwydd natur y swydd, y math o gymwysterau a gofynion o ran rheoli pobl o fewn fframwaith cyfraith cyflogaeth a'r nifer o siaradwyr Cymraeg sydd yn y farchnad yn gyffredinol.

Fframweithiau caffael recriwtio dros dro

Un her bwysig a chuddiedig i gwmnïau llai fel Swyddle yw'r gallu i gynnig eu gwasanaethau arbenigol o fewn fframweithiau caffael mawr y sector cyhoeddus. Er bod hyn yn wir o ran nifer o wahanol feysydd y tu hwnt i recriwtio gan fod staffio dwyieithog yn rhan mor hanfodol o strategaeth y Gymraeg, mae Swyddle wedi gweld enghreifftiau lle bo'r fframweithau o bosib yn mynd yn groes i amcanion Mesur y Gymraeg. Mae'r safonau a gyflwynwyd i sefydliadau cyhoeddus o ganlyniad i Fesur y Gymraeg yn gofyn iddynt roi adnoddau yn eu lle i'w galluogi i gynnig gwasanaethau dwyieithog ar sail gyfartal yn y ddwy iaith. Yn aml iawn yr unig ffordd o gyflawni hyn yw drwy sefydlu swyddi lle mae'r Gymraeg yn hanfodol, ac mae'n ofynnol i gwmnïau recriwtio sy'n ennill contractau o fewn fframweithiau caffael gyflenwi'r gweithwyr addas. Cynigiodd Swyddle weithiwr i sefydliad mawr yng Nghaerdydd yn ystod un o'r blynyddoedd cynharaf, a fu'n ddelfrydol i'r rheolwr dan sylw gan nad oedd gweithiwr addas wedi cael ei gyflwyno gan ddarparwyr y fframwaith. Bu Swyddle hefyd yn hysbysebu swyddi dros dro yn ne Cymru a gafodd eu hail-gategoreiddio'n rhai lle bo'r Gymraeg yn 'ddymunol' oherwydd prinder darparu siaradwyr Cymraeg gan gwmnïau mawr fel rhan o'r fframweithiau hynny.

Astudiaethau achos recriwtio

Y sector bancio
Rydym yn byw mewn cyfnod lle mae'r iaith nid yn unig yn derbyn statws cydradd i'r Saesneg yn gyfreithiol ond hefyd yn gynyddol yn dod yn iaith ddewisol yn nhermau cynllunio masnachol a gweithdrefnau busnes. Er enghraifft, canfu gwaith ymchwil gan Gomisiynydd y Gymraeg ar werth y Gymraeg i'r sector bwyd a diod yng Nghymru fod 'brand a hunaniaeth Gymraeg y cwmnïau hyn o fantais fasnachol iddynt', nad yw defnyddio'r Gymraeg yn 'rhwystro'r busnesau rhag ehangu eu masnach' ac y 'ceir teimlad bod defnyddio'r Gymraeg yn gysylltiedig â thwf a llwyddiant busnes'.[10] Mae hyn yn wir yn nhermau gwasanaethau cwsmer, ac rydym wedi gweld darpariaeth Gymraeg yn y byd masnachol yn dod yn hawl i'r defnyddiwr a'r staff (hawl sydd gan gwsmeriaid gwasanaethau statudol fel awdurdodau lleol a sefydliadau defnyddwyr megis Cyngor ar Bopeth[11]), er enghraifft yn y sector bancio. Yn hyn o beth, mae Comisiynydd y Gymraeg ei hun wedi creu pwyllgor cynghori'r sector ariannol sydd yn bartneriaeth ystyrlon yn gwthio

am fynediad cyfartal i wasanaethau yn y Gymraeg, ac rydym wedi gweld newidiadau go iawn yn ymarferol, yn enwedig ar linellau ffôn. Yr enghraifft ddiweddaraf o'r patrwm hwn yw inni weld cwmni Metro Bank yn derbyn cymorth gan Gomisiynydd y Gymraeg i gynnig gwasanaethau dwyieithog ymarferol yn eu cangen gyntaf, arloesol yn y brifddinas ac sydd erbyn hyn yn cynnig gwasanaeth sy'n cynnwys *drive thru* cyntaf Cymru ar ail safle yng Nghaerdydd.[12]

Derbyniodd Swyddle gais gan ddau fanc o'r stryd fawr i gynorthwyo gyda swyddi penodol – un yn eu cangen stryd fawr yn y brifddinas a'r llall yn eu canolfan alwadau a fyddai'n derbyn galwadau ar draws y DU. Cynorthwyodd Swyddle'r banc hwnnw mewn sawl cylch recriwtio (dros gyfnod o ddwy flynedd) a hynny ar gyfer hyd at ddeuddeg unigolyn dwyieithog ar y tro. Roedd yr ymgyrch hon yn enghraifft o ganolbwyntio ar sgiliau ieithyddol ar lafar gan fwyaf gan mai defnyddio systemau cofnodi galwadau a gweithdrefnau cydymffurfio Saesneg yr oedd y staff.

I'r perwyl hwnnw, a'r ffaith mai cyflog ar lefel gychwynnol oedd y swydd, roedd y swydd yn agored i ystod eang o ymgeiswyr, yn benodol y rheiny oedd newydd adael yr ysgol ac yn meddu ar brofiadau gwasanaeth cwsmer yn y maes manwerthu ac arlwyo, ond hefyd y rheiny a oedd yn gweithio i gwmnïau adnabyddus eraill yn y de-ddwyrain ond yn dyheu am swydd lle roedd mwy o gyfle i ddefnyddio'r iaith yn ddyddiol. Mae'r gwaith gyda'r banc penodol hwn wedi dangos bod cyfleoedd go iawn yn y sector preifat i unigolion sy'n meddu ar sgiliau siarad Cymraeg (ar lefel 3 y dangosyddion ieithyddol traddodiadol, sef hyfedredd ieithyddol sy'n effeithiol ar lefel weithredol megis siarad â chwsmer), ac mae'n gyfraniad pwysig i oroesiad a datblygiad yr iaith fel iaith broffesiynol.

Mae dangosyddion iaith yn fframwaith er mwyn sgorio neu roi meincnod i allu ieithyddol unigolion yn yr iaith dan sylw ac mae'r fframwaith wedi ei gysoni gan sefydliadau rhyngwladol megis yr Association of Language Testers in Europe (ALTE). Erbyn heddiw mae'r broses a gafodd ei datblygu yn wreiddiol gan Gydbwyllgor Addysg Cymru wedi esblygu i'r Gwiriwr Lefel Dysgu Cymraeg gan y Ganolfan Ddysgu Genedlaethol. Mae'n declyn diagnostig sy'n gallu cynnig dangosydd i'r defnyddiwr o'i lefel yn y Gymraeg. Ynddo, ceir pedair adran ar gyfer asesu'r pedair sgil iaith – gwrando, siarad, darllen ac ysgrifennu. Y gobaith yw y bydd hwn yn cael ei ddefnyddio'n eang a chyson gan gyflogwyr ar draws Cymru a fydd yn hwyluso'r broses ar gyfer cynllunio gweithleoedd dwyieithog a recriwtio dwyieithog. Roedd y ffaith bod gwasanaeth Cymraeg y banc hwn yn dilyn patrwm Llun i Gwener hefyd yn denu ymgeiswyr. Gwerth nodi ymhellach fod cyrsiau hyfforddi anwytho yn cael eu darparu ar gyfer dechreuwyr Cymraeg eu hiaith ac yn cael eu harwain gan Gymry Cymraeg o fewn y cwmni eisoes, yn fwy na dim er mwyn sicrhau bod corff o staff newydd yn ei le i ateb y galw gan gadarnhau dilyniant i'r gwasanaeth.

Cwmni technoleg gwybodaeth yn ne Cymru

Yn ail flwyddyn Swyddle, gweithiodd y cwmni gyda BCCIT am y tro cyntaf (yn wreiddiol, Blaenachddu Computer Centre oedd enw'r cwmni), cwmni sy'n darparu systemau technoleg gwybodaeth (cyfrifiadurol) a gwasanaeth cynnal a chadw a desgiau cymorth i gyd-fynd â hwy. Mae'n gwmni sy'n darparu cymorth o'r dechrau i'r diwedd mewn gwerthiant a chymorth technoleg gwybodaeth yn yr iaith Gymraeg, gyda gwefan hollol ddwyieithog a ffrydiau cyfryngau cymdeithasol dwyieithog gan sicrhau bod cyfran helaeth o'u marchnata'n ddwyieithog. Fel cwmni, mae BCCIT yn deall eu cymuned leol a phwysigrwydd dwyieithrwydd fel modd o gadw eu cwsmeriaid yn ffyddlon ac o ddenu busnes newydd.

Dros yr wyth mlynedd ar hugain diwethaf, mae BCCIT wedi tyfu portffolio amrywiol o gleientiaid, gan gynorthwyo sawl math o fusnes a sefydliad o bob maint, gan gynnwys asiantaethau eiddo i awdurdodau lleol, cyfreithwyr i asiantaethau teithio, garejis, deintyddion, elusennau a gweithfeydd gweithgynhyrchu. Maent yn cael eu hystyried yn bartneriaid strategol TG i sefydliadau megis Canolfan Cydweithredol Cymru, Hafan Cymru, Asiantaeth Eiddo John Francis, Golwg, Princess Gate, y Coleg Cymraeg Cenedlaethol, Ymddiriedolwyr Adeiladu Cymunedau a Bwyd Anifeiliad Anwes Cambrian. Cafodd y cyfarwyddwr, Hywel Ifans, ei gydnabod fel

'Arweinydd Technoleg y Flwyddyn' yn noson wobrwyo uchel ei pharch Wales Technology Awards yn 2018.[13]

Hysbysebodd BCCIT eu swydd 'person gwerthu dwyieithog' (*sales account manager*) am gryn amser ond nid oeddent yn gallu denu digon o ymgeiswyr addas. Roedd eu profiad hwy yn un cyffredin i bobl a oedd yn dibynnu ar declynnau cyfyngedig hysbysebu lleol gyda phlatfformau traddodiadol o ddefnyddio'r wasg leol neu hysbysfyrddau eraill. Roeddem felly yn gorfod ymateb yn gyflym, fel sy'n digwydd yn aml i gwmnïau recriwtio arbenigol, ond wedi ymgyrch fer canfu Swyddle y person addas ar gyfer y swydd drwy ddefnyddio dulliau canfod mwy pwrpasol a manteisio ar rwydwaith broffesiynol y cwmni yn yr ardal. Dengys hyn nad yw bob amser yn hawdd i gwmnïau ddenu'r unigolion cywir, hyd yn oed gyda'r enw da a'r gydnabyddiaeth oedd gan BCCIT, ac mae'n aml yn fwy cost effeithlon ac yn gyflymach defnyddio gwasanaeth recriwtio proffesiynol, yn enwedig i fusnesau bach a chanolig sy'n gorfod symud yn gyflym.

Heriau (o brofiad a barn Swyddle)

Yr elfennau pwysicaf i unrhyw strategaeth ar gyfer gweithlu dwyieithog fyddai creu diwylliant ac economi ddwyieithog – sef amgylchedd gadarnhaol o fewn sefydliadau sy'n meithrin defnydd gweledol, clywedol ac ar lafar o'r Gymraeg gymaint â phosibl. I gyd-fynd â hyn dylid creu cyfleoedd yn syth i ddisgyblion sy'n gadael yr ysgol a meithrin yr ymwybyddiaeth o gyfleoedd gyrfaol dwyieithog, o bosib cyn iddynt wneud eu dewisiadau TGAU, yn yr 'ysgol ganol'. Yn aml, pan fu Swyddle'n rhoi cyflwyniadau ar y cyfleoedd i ddilyn gyrfa ddwyieithog i ddisgyblion TGAU a chweched dosbarth, roedd eu sylw'n codi wrth sôn am y cyflog cyfartaledd uwch oedd ar gael i'r rheiny a oedd yn medru sgiliau Cymraeg ar lafar ac yn ysgrifenedig.[14] Mae angen ymgyrch neilltuol i godi ymwybyddiaeth o fewn y fframwaith ddysgu. Mewn un o'i areithiau cyntaf, soniodd y diweddar Gomisiynydd Aled Roberts am yr angen i'r Gymraeg gael lle amlwg yn y pontio rhwng yr ysgol a'r gweithle oherwydd gall y sgil ddiflannu yn gyflym iawn:

yn aml does yna prin ddim defnydd iddi; does dim digon o alw amdani yn y byd gwaith, dim digon o gyfleoedd i'w defnyddio'n gymdeithasol a dim defnydd ohoni gyda'r teulu gan fod y mwyafrif yn dod o gartrefi di-Gymraeg. Pan gwrddais i â chriw o gynddisgyblion pedair ar bymtheg oed, roedden nhw wedi neu yn y broses o golli'r hyder i siarad Cymraeg. Dyna faint mae'n gymryd i golli iaith os nad ydych chi'n ei defnyddio hi'n rheolaidd – 3 blynedd, tua'r un faint ag mae'n ei gymryd i'w dysgu.[15]

Yn Swyddle, roeddem yn colli cyfrif o'r adegau pan fyddem yn siarad â phobl oedd yn difaru colli eu gallu yn y Gymraeg ac yn methu ei rhoi fel cymhwyster ar eu CV ac yn dyheu am y cyfle i'w hail-ddysgu er mwyn ei defnyddio yng nghyd-destun y gwaith. Soniodd y Comisiynydd hefyd am gryfhau'r cyswllt rhwng ysgolion, addysg ôl-16 a'r byd gwaith yn lleol fel bod y cyflenwad yn ateb y galw, ac rydym wedi galw am hyn ers sefydlu'r cwmni.[16] Cam calonogol oedd datblygu cyswllt strwythurol rhwng y Coleg Cymraeg Cenedlaethol â'r sector addysg bellach, ac mae cynyddu darpariaeth modiwlau mewn pynciau galwedigaethol, gan gynnwys prentisiaethau er enghraifft, yn gam mawr ymlaen wrth annog y pontio hwn. Gwelir hefyd arwyddion cadarnhaol bod menter Cymraeg Gwaith yn dwyn ffrwyth, gyda dros 2,500 o weithwyr yn derbyn hyfforddiant ar draws ystod eang o weithleoedd yn 2018–19.[17]

Cafodd yr awgrym hwn ei sbarduno gan ddadl yn Siambr y Cynulliad yn ystod Gorffennaf 2017 a gyflwynwyd gan Blaid Cymru yn galw am normaleiddio'r iaith, yn enwedig drwy ei gosod fel rhan annatod o gynllunio economaidd, a hefyd clymu'r sector preifat i gyfundrefn Safonau'r Gymraeg.[18] Un o brif ganlyniadau'r ddadl oedd nodi bwriad Llywodraeth Cymru i gyhoeddi Papur Gwyn at ddibenion ymgynghori ar y ddarpariaeth ar gyfer Bil y Gymraeg newydd, gan awgrymu newid sylfaenol i weithredu strategol yr iaith. Ar hyd yr un trywydd, cafwyd erthygl ddiddorol gan Ifan Morgan Jones yn *Nation.Cymru* yn dadlau bod angen mwy na chryfhau addysg Gymraeg i sicrhau goroesiad yr iaith gan alw am greu rôl bwrpasol i'r iaith yn y maes diddanu – a hynny ar sail masnachol hefyd – er mwyn sicrhau iaith berthnasol, fyw a modern a ddefnyddir gan bobl ifanc y tu hwnt i iard yr ysgol ac yn eu bywyd o ddydd i ddydd yn y dyfodol.[19]

Rydym hefyd o'r farn fod Safonau'r Gymraeg yn arf bwysig fel rhan o gasgliad o fesurau i annog defnydd dyddiol o'r iaith. Mae'r cyfnod a gollwyd yn trafod Bil y Gymraeg yn 2018 wedi golygu colli'r momentwm o ran cyflwyno'r safonau a osodwyd yn wreiddiol, ond da yw gweld ail-gydio yn y cyflwyniadau, gan gynnwys cwmïau dŵr. Mae'r gwahanol ffactorau sydd wedi eu trafod eisoes o ran amlygrwydd yr iaith yn yr economi a'r disgwyliad cynyddol o'r normalrwydd dwyieithog hwn yn golygu y dylai'r llywodraeth a'r Comisiynydd fwrw ymlaen yn hyderus at gyflwyno'r safonau i'r cyflenwyr nwy a thrydan, gwasanaethau rheilffyrdd a chwmnïoedd bysiau.

Serch hynny, mae'r her i gynnau'r diwylliant economaidd dwyieithog o fewn y sector preifat yn mynd i fod yn dalcen caled, a bydd angen cyplysu unrhyw gynlluniau o ran cyflwyno safonau ymhellach i'r sector hwn gyda chefnogath ymarferol pwrpasol, yn enwedig i fusnesau micro a busnesau bach a chanolig. Er hynny, gwelwyd camau cadarnhaol yn ystod y blynyddoedd diweddar. Un enghraifft yw'r modd y mae Ffederasiwn y Busnesau Bach yng Nghymru wedi bod yn bont rhwng gwaith Llywodraeth Cymru a'r mentrau iaith, gan feithrin arferion da a newydd ym maes dwyieithrwydd. Mae arolygon barn o blith eu haelodau wedi dangos cefnogaeth eang i'r iaith yn gyffredinol.[20] Yn ymarferol, maent wedi darparu ystod o ddogfennau telerau ac amodau cyflogaeth Cymraeg i aelodau ar eu gwefan ers peth amser, ac mae'r ffederasiwn wedi chwarae rhan ganolog yng ngwaith Menter a Busnes er mwyn sicrhau bod y gwasanaeth a'r adnoddau dwyieithog ar gael i'w haelodau. Maent hefyd wedi bod yn ganolog i waith gwasanaeth Cymraeg Byd Busnes drwy sicrhau bod eu haelodau yn ymwybodol o'r gefnogaeth sydd ar gael, a hefyd wedi gweithio'n eang gyda mentrau iaith Cymru ar draws yr awdurdodau lleol drwy gydlynu digwyddiadau rhwydweithio, hysbysebu i aelodau a'u denu i'r digwyddiadau ynghyd â gosod siaradwyr dwyieithog ar ran byd busnes yn y digwyddiadau hyn. Ymhellach, maent yn ddiweddar wedi gweithio gyda menter Helo Blod gan hyrwyddo eu hadnoddau yn benodol i aelodau ac yn gyffredinol ar y cyfryngau cymdeithasol. Mae hi wedi bod yn bolisi gan y ffederasiwn yng Nghymru i gynnal ymgyrchoedd dwyieithog ar y cyfan ers peth amser, ac i'r graddau eu bod wedi cyflwyno gwobrau penodol o ran y Gymraeg mewn busnes yn eu gwobrau blynyddol, un y bu Swyddle'n ddigon lwcus i'w hennill yn 2018.

Rydym fel cenedl yn dal i frwydro yn erbyn agweddau'r ugeinfed ganrif tuag at y Gymraeg mewn nifer o fusnesau ar hyd a lled y wlad ac anwybodaeth o ran hawliau cyfartal y Gymraeg, hyd yn oed mor ddiweddar â haf 2019, lle dyfarnodd y Comisiynydd fod cwmni Leggett & Platt Automotive wedi ymyrryd â rhyddid gweithwyr i siarad Cymraeg.[21] Gwelir agweddau tebyg gan gwmnïau adnabyddus megis Sports Direct a orfododd staff Cymraeg eu hiaith yn eu siop ym Mangor i beidio â siarad Cymraeg â'i gilydd yn y gweithle, digwyddiad a atgyfnerthodd yn gyhoeddus mai eu polisi oedd Saesneg fel unig iaith swyddogol y cwmni a bod 'rhai aelodau staff wedi bod yn siarad â'i gilydd mewn ieithoedd ac eithrio Saesneg', heb gydnabod statws swyddogol y Gymraeg yng Nghymru.[22]

Mae'n sicr fod angen cynnig mwy o ymyrraeth na chynnig sylfaenol megis cyfieithu a brandio dwyieithog a chyd-gysylltu elfen o farchnata drwy'r mudiadau iaith. Gellir adeiladu ar y cynnig hwn drwy ymyrraeth ddyfnach busnes i fusnes (B2B) lle y gellid ei fodelu i raddau helaeth ar wasanaethau busnesau arloesol yn y maes megis ATEB a NICO, sef cwmnïau ag arbenigwyr sydd wedi meithrin blynyddoedd o brofiad ym maes cyfieithu, cynllunio ieithyddol a chydymffurfiaeth, cyfathrebu a marchnata dwyieithog.[23] Gellid mynd ati i deilwra'r ddarpariaeth ar gyfer y sefydliad dan sylw yn ymarferol a chynaliadwy, boed yn fusnes neu'n sefydliad cyhoeddus.

Ceisiodd cwmni arall o'r enw Lles osod achrediad ar gyfer y Gymraeg o fewn busnesau a fyddai wedi bod yn feincnod o safon dwyieithrwydd y busnes o safbwynt y defnyddiwr. Awgrym pellach fyddai cynnwys cwestiynau yn Arolwg Blynyddol y Boblogaeth yn ymwneud â'r Gymraeg yn y gweithle ar draws pob sector a fyddai'n rhoi data mwy empiraidd yn hytrach nag ymchwil benodol, gan gynnig set o ddangosyddion i'r llywodraeth o ran targedu adnoddau, polisi a deddfwriaeth.

Mae yna le hefyd i ddatblygu diwydiant cefnogol ar lefel broffesiynol sy'n mynd y tu hwnt i gyfieithu traddodiadol gan gynnig gwasanaethau neu rith-wasanaethau ar gyfer gweithdrefnau dydd i ddydd, megis ateb e-byst a galwadau ffôn (ar ffurf cynorthwywyr neu frandio corfforaethol dwyieithog yng ngwir ystyr y gair). Byddai'n ddiddorol gweld a fydd hyn yn esblygu yn y dyfodol agos y tu hwnt i'r cynigion unigol (megis cyfieithu, cyfieithu ar y pryd, gwasanaethau gweinyddol Cymraeg rhithiol, recriwtio) sydd ar gael ar hyn o bryd.

Datrysiad pellach o ran maes busnes yn nghyd-destun contractio a chaffael fyddai creu elfen o sgorio'r cynnig Cymraeg pan fydd busnesau yn cystadlu am dendrau'r sector cyhoeddus. Byddai hyn nid yn unig yn rhoi mantais i'r cwmnïau hynny sydd eisoes wedi ymdrechu i gynnig gwasanaethau dwyieithog ond hefyd yn annog cwmnïau i ddatblygu'r ddarpariaeth hon fel rhan o'u cynnig arferol. Byddai hwn yn rhoi hwb pellach i wasanaethau dwyieithog heb or-reoleiddio. Elfen arall sy'n berthnasol i heriau busnesau llai yn gyffredinol fyddai agor fframweithiau caffael, megis fframweithiau y diwydiant gwasanaethau i fod yn fwy 'cyfeillgar' i gwmnïau llai, yn enwedig cwmnïau sy'n cynnig elfen Gymraeg, fel Swyddle. Mae'n galonogol fod pwyslais wedi bod yn ddiweddar ar annog cwmnïau i geisio ar y cyd am dendrau, a byddai'n hwb pellach i edrych ar ymarferoldeb cyflwyno system sgorio i asesu tendrau llai eu gwerth o ran caffael cyhoeddus.

Rydym wedi cyrraedd croesffordd wironeddol yn nyfodol yr iaith a'r dealltwriaeth bod yn rhaid bwrw ati o ddifrif y tu hwnt i'r datrysiadau traddodiadol, statudol a chyfundrefnol er mwyn sicrhau goroesiad yr iaith, ac mae hynny'n cynnwys y gweithle fel rhan ganolog o'r datrysiad hwnnw. Y gobaith yw drwy gyflwyno'r mesurau hyn y gwelwn o'r diwedd gyrraedd pennod newydd, esblygol o ran hybu dyfodol y Gymraeg, sy'n cwmpasu gweithredu pwrpasol ac ystyrlon yn y maes economaidd a masnachol.

Nodiadau

1. Llywodraeth Cymru a Chomisiynydd y Gymraeg, *Defnydd o'r Gymraeg yng Nghymru 2013–15* (26 Tachwedd 2015).
2. Hefyd ar gael yn Gymraeg: Cyngor ar Bopeth, *Deall y defnydd a'r diffyg defnydd o wasanaethau Cymraeg* (2015), https://www.citizensadvice.org.uk/Global/Migrated_Documents/corporate/hefyd-ar-gael-yn-y-gymraeg--mawrth-2015.pdf.
3. Cyngor ar Bopeth, *Deall y defnydd a'r diffyg defnydd o wasanaethau Cymraeg.*
4. Llywodraeth Cymru a Chomisiynydd y Gymraeg, *Defnydd o'r Gymraeg yng Nghymru 2013–15.*
5. Canolfan Ymchwil Busnes a Gwybodaeth y Farchnad, 'Defnydd o'r Iaith Gymraeg yn y Sector Preifat, Astudiaethau Achos', Y Ganolfan Rheolaeth: Prifysgol Bangor (2008).
6. Comisiynydd y Gymraeg, *Defnyddio'r Gymraeg – yr achos busnes* (Caerdydd: Comisiynydd y Gymraeg, 2018).
7. Comisiynydd y Gymraeg, *Y Gymraeg yn y fasged siopa: agweddau cwsmeriaid at ddefnydd o'r Gymraeg gan archfarchnadoedd* (Caerdydd: Comisiynydd y Gymraeg, 2016).
8. Comisiynydd y Gymraeg, *Y Gymraeg yn y fasged siopa.*
9. *https://www.comisiynyddygymraeg.cymru/media/yomo4b1a/defnyddior-gymraeg-yr-achos-busnes.pdf.*
10. Comisiynydd y Gymraeg, *Gwerth y Gymraeg i'r sector bwyd a diod yng Nghymru* (Caerdydd: Comisiynydd y Gymraeg, 2014).
11. *https://www.citizensadvice.org.uk/cymraeg/* (cyrchwyd 18 Ionawr 2021).
12. *http://www.comisiynyddygymraeg.cymru/Cymraeg/Newyddion/Pages/Banc-newydd-yn-cyflwyno%E2%80%99r-Gymraeg-o%E2%80%99r-cychwyn.aspx* (cyrchwyd 18 Ionawr 2021); *https://www.metrobankonline.co.uk/about-us/press-releases/news/metro-bank-opens-wales-first-drive-thru-bank/* (cyrchwyd 18 Ionawr 2021).
13. *https://www.bccit.co.uk/cymru/latest-news/awarded-technology-leader-of-the-year/* (cyrchwyd 18 Ionawr 2021).
14. Mae pobl sy'n deall Cymraeg yn ennill 60c. yn rhagor bob awr (9 y cant). Gall pobl sy'n gallu ysgrifennu Cymraeg, ar gyfartaledd ennill 75c. yn rhagor bob awr (11 y cant): Trywydd Cyf., 'Manteision y Gymraeg yn y Byd Gwaith: Papur Cefndir ac Astudiaethau Achos', *https://www.careerswales.com/prof/upload/doc/Adroddiad_Dewis_Da_Cymraeg.doc* (cyrchwyd 11 Mawrth 2022).
15. Gweledigaeth Comisiynydd y Gymraeg, Eisteddfod Genedlaethol (5 Awst 2019), *http://www.comisiynyddygymraeg.cymru/Cymraeg/Rhestr%20Cyhoeddiadau/Gweledigaeth%20Comisiynydd%20y%20Gymraeg%205%20Awst%202019.pdf.*

16 *http://www.comisiynyddygymraeg.cymru/Cymraeg/Newyddion/Pages/Comisiynydd-y-Gymraeg-am-ganolbwyntio-ar-bontio-addysg-a-byd-gwaith.aspx* (cyrchwyd 18 Ionawr 2021).
17 Llywodraeth Cymru, *Adroddiad Blynyddol Strategaeth Cymraeg 2050 2018–19* (Caerdydd: Llywodraeth Cymru, 2020).
18 NDM6356 – Dadl Plaid Cymru, *https://busnes.senedd.cymru/ieIssueDetails.aspx?IId=19410&Opt=3* (cyrchwyd 18 Ionawr 2021).
19 'Education alone won't save the Welsh language – we need entertainment too' (4 Gorffennaf 2017), *www.nation.cymru* (cyrchwyd 18 Ionawr 2021).
20 Mae Ffederasiwn y Busnesau bach yng Nghymru wedi dechrau ffurfioli eu gwybodaeth ar ddefnydd a deunydd yr iaith Gymraeg yn eu haelodaeth yn ystod y blynyddoedd diweddar. Mae'r ffynonellau mwyaf diweddar yn cynnwys arolwg mawr 'FSB Survey 2010' (drwy gwmni Research by Design) am yr iaith. Roedd hwn yn rhoi sail i'w gwaith am y blynyddoedd nesaf. Maent hefyd wedi defnyddio holiadur Comisiynydd y Gymraeg fel data mwy awdurdodol ers 2015. Cydnabuwyd bod ganddynt fwlch cyfredol mewn data ar yr iaith Gymraeg (ynghyd â meysydd eraill o bwys) ac o ganlyniad wedi ei gynnwys yn holiadur gwaith maes 'Our Business is Wales Survey/Ein Busnes yw Cymru' ym mis Tachwedd 2020 gan Mark Diffley Partnership. Y bwriad yw defnyddio'r data ar yr iaith Gymraeg ar gyfer gwaith penodol sydd eto i'w gyhoeddi.
21 'Comisiynydd yn dyfarnu fod penaethiaid ffatri yn Rhydaman wedi ymyrryd â rhyddid gweithwyr i siarad Cymraeg', Gwefan Comisiynydd y Gymraeg (18 Tachwedd 2019).
22 'Sports Direct yn amddiffyn "gwahardd y Gymraeg"', Gwefan Golwg 360 (Awst 2017).
23 *https://www.atebcymru.wales/cy/* (cyrchwyd 18 Ionawr 2021); *www.nico.wales* (cyrchwyd 18 Ionawr 2021).

2

Cynllunio'n strategol er mwyn cryfhau gwasanaethau dwyieithog yn y gweithle: gwasanaethau Cymraeg Bwrdd Iechyd Prifysgol Betsi Cadwaladr

Eleri Hughes-Jones

Pwysigrwydd y Gymraeg yn y maes iechyd

Trafodir y pwnc hwn mewn cyfnod arwyddocaol yn y maes iechyd, cyfnod o bosibl nas gwelwyd ei debyg ers sefydlu'r Gwasanaeth Iechyd Gwladol (GIG) yn 1948. Mae iechyd yn faes y mae'r rhan fwyaf o unigolion yn dod i gysylltiad ag ef ar wahanol gyfnodau mewn bywyd. Mae'n faes cymhleth, gyda'r gweithlu'n cynnwys gweithwyr proffesiynol arbenigol o fewn meysydd clinigol o bob cwr o'r byd. Clywir am ddatblygiadau gwyddonol yn ddyddiol ond yn greiddiol i'r gwasanaeth, ac un elfen sydd byth yn newid, yw'r angen am gyfathrebu effeithlon rhwng y claf a'r gofalwr: 'We clinicians are better educated and more scientific than ever before, but ... sometimes do not communicate as effectively with our patients or with their families.'[1]

Mae'r pwyslais ar 'gyfathrebu'n effeithiol' yn hanfodol mewn gofal iechyd. Er mwyn sicrhau bod defnyddwyr yn gallu mynegi eu hunain yn hawdd a bod gwybodaeth yn cael ei throsglwyddo'n effeithiol, mae'n hollbwysig bod defnyddwyr yn gallu defnyddio eu hiaith eu hunain. Mewn achosion cymhleth neu ddyrys, mae defnydd iaith yn allweddol bwysig, oherwydd nid mater syml o fod â dwy iaith gyfartal yw dwyieithrwydd; mae cymaint yn dibynnu ar gyd-destun a difrifoldeb y sefyllfa, ar deimladau, ar salwch neu ar iechyd.[2] Wrth gydnabod amlieithrwydd fel rhywbeth cyffredin, mae effaith camddealltwriaeth traddodiadol am natur meddwl y siaradwr dwyieithog yn dod yn glir:

> Mae perygl o drin person sy'n siarad Cymraeg fel petai'n ddau berson mewn un – yn rhywbeth od. Gellid osgoi camsyniadau sylfaenol trwy ddeall sut mae gwybodaeth o ddwy iaith oddi mewn i berson cyflawn ac integredig yn cael ei rheoli. Mae ystyried un o'r ieithoedd fel ffactor niwsans yn anghydnaws â thrin y cleient fel person cyflawn ac integredig.[3]

Felly i drin claf yn gyflawn, ni ellir hepgor pwysigrwydd sgiliau dwyieithog ac, yn wir, mae cymhlethdod y maes yn fwy o reswm fyth am yr angen i gael y sgiliau hynny a'u datblygu.

Mae'n bwysig cadw hyn mewn cof wrth ddarparu gwasanaethau iechyd. Mae pobl yn dewis cael gwasanaethau iechyd yn y Gymraeg oherwydd dyna sydd orau ganddynt. I bobl eraill, fodd bynnag, mae'n fwy na mater o ddewis, mae'n fater o angen. Mae hyn yn arbennig o wir am gleifion bregus megis pobl hŷn, pobl sydd â dementia neu bobl sydd wedi cael strôc, neu blant ifanc sy'n siarad dim ond Cymraeg. Gellir dadlau fodd bynnag bod pob claf sy'n dod i gysylltiad â'r gwasanaeth iechyd yn 'fregus' gan eu bod mewn sefyllfa ddieithr neu bryderus. Mewn sefyllfa o'r fath, efallai nad yw unigolion yn teimlo y gallant ddatgan neu fynnu dewis iaith, ac felly mae'r cyfrifoldeb ar ysgwyddau'r gwasanaeth i gynnig gofal yn y Gymraeg, heb i gleifion orfod gofyn amdano. Mae'n hanfodol felly bod y cysyniad o 'Gynnig Rhagweithiol' (sef darparu gwasanaeth yn newis iaith y claf, heb i'r claf orfod gofyn amdano) yn rhan annatod o'r gofal a ddarperir.[4] Efallai bod gan sawl un ohonoch sy'n darllen y gyfrol hon brofiad personol o ddefnyddio gwasanaethau iechyd ac yn dyst uniongyrchol i'r pwysigrwydd hwn.

Mae gan iaith ddwy brif rôl o fewn y gwasanaeth iechyd, sef sicrhau asesiad teg o broblem a sicrhau triniaeth a/neu ofal teg a phwrpasol. Mae Altarriba a Santiago-Rivera wedi creu model o daith y claf drwy'r broses o adnabod problem hyd ei drin. Dônt i'r canlyniad canlynol: mae triniaeth a gofal yn cael eu dylanwadu gan yr hyn y mae'r claf yn ei ddweud, a sut caiff ei ddweud neu ei fesur mewn asesiad; mae anymwybyddiaeth o wahaniaethau ieithyddol yn arwain at asesiadau anghywir; mae asesiadau anghywir yn arwain at driniaeth a gofal aneffeithiol; nid yw triniaeth a gofal aneffeithiol yn cael gwared â'r broblem.[5]

Mae toreth o waith ymchwil rhyngwladol pellach wedi ei wneud dros y blynyddoedd ar bwysigrwydd iaith o fewn gofal iechyd, ond un o'r astudiaethau ymchwil mwyaf cynhwysfawr am y Gymraeg yw adroddiad Cyngor Defnyddwyr Cymru, *Y Gymraeg yn y Gwasanaeth Iechyd* gan Andrew Misell yn 2000. Dyma adroddiad arloesol, y cyntaf o'i fath i gasglu ynghyd yr holl dystiolaeth a oedd ar gael ar y pryd ar sefyllfa'r Gymraeg yn y gwasanaeth iechyd. Yr hyn a wnaeth yr adroddiad hwn mor flaengar oedd ei fod hefyd yn plethu lleisiau defnyddwyr a gweithwyr proffesiynol. Dyfynna Misell un nyrs brofiadol sy'n cydnabod anhawster cyfathrebu mewn iaith nad yw'n naturiol i'r unigolyn: 'Mae rhai pethau na allwch byth â chyfieithu. Allwch byth â chyfieithu teimladau pobl ... Ych chi'n gwybod beth ych chi'n feddwl yn eich iaith eich hunan.'[6]

Rhwystrau a phryderon o fewn y maes

Mae'n bosibl edrych ar sefyllfa'r Gymraeg o fewn y gwasanaeth iechyd mewn dwy ffordd. Gellir olrhain y datblygiadau sydd wedi bod eisoes yn nhermau darpariaeth Gymraeg o fewn y sector gan fapio lle mae'r gwasanaeth wedi cyrraedd a sut y cyrhaeddwyd yno. Neu, gellir edrych ar sefyllfa bresennol y Gymraeg o fewn y sector iechyd gan ofyn a oes diffygion yn bodoli a beth yw'r camau i'w cymryd er mwyn gwella.

Mae astudiaeth Roberts et al. yn edrych ar un elfen sy'n arwain at rwystr iaith, sef ymwybyddiaeth gweithwyr proffesiynol o'r Gymraeg mewn gofal iechyd. Adroddwyd bod cyfran fawr o ymarferwyr yn dangos agweddau cadarnhaol tuag at y Gymraeg ac yn hwyluso dewis iaith, ond bod yna hefyd gyfran yr un mor fawr yn dangos agweddau niwtral. Gall diffyg ymwybyddiaeth fod yn dalcen caled wrth gyflunio gwasanaethau Cymraeg, lle nad yw pob aelod o'r gweithlu yn deall bod iaith yn fater o ddiogelwch i'r claf.[7]

Cri gyffredin ymysg gweithleoedd ydy diffyg hyder i siarad Cymraeg, ac yn benodol diffyg hyder i ddefnyddio'r Gymraeg wrth eu gwaith. Cadarnhawyd hyn mewn darn o waith ymchwil cynradd yn dilyn cwyn gan aelod o'r cyhoedd am ddiffyg gwasanaeth therapi iaith a lleferydd cyflawn drwy gyfrwng y Gymraeg:

> Mewn un sesiwn therapi nes i ofyn i'r therapydd os oedd o'n siarad Cymraeg a dyma fo'n dweud, yn Saesneg, bod o ddim yn gallu siarad llawer o Gymraeg a bod safon ei Gymraeg o yn wael iawn. Wedyn dyma fo'n dweud ei fod o'n deall pob gair o Gymraeg ac na dim hyder oedd ganddo fo i siarad Cymraeg, yn enwedig yn y gwaith.[8]

Gwelwyd nad oes gan staff yr hyder i ddefnyddio eu sgiliau Cymraeg mewn cyd-destun proffesiynol, lle bo rhai yn gyndyn o ddefnyddio'r Gymraeg yn gyfan gwbl, a dyma un o'r arfau mwyaf gwerthfawr sy'n bodoli.

Rhwystr cyffredin arall sy'n dod i'r amlwg ydy diffyg cynllunio strategol fel sylfaen i adeiladu arno. Er nad yw cynllunio ieithyddol yn ffenomen newydd, eglura Kaplan ei fod yn ffurf newydd ar ddisgyblaeth: 'This acceleration of language change problems has gradually supported the emergence of a new discipline – *Language Planning*.'[9] Wrth ddwyn ynghyd nifer o ffactorau diwylliannol a sefydliadol, mae'n bosibl gosod sawl amcan os yw strategaethau cynllunio'n cael eu perchnogi a'u gweithredu.

Mynd i'r afael â'r rhwystrau a'r pryderon

Wrth drafod sut mae un sefydliad penodol wedi mynd ati i fabwysiadu'r ffenomenon o gynllunio'n strategol i fynd i'r afael â'r rhwystrau a'r pryderon hyn, rhoddir cefndir yn gyntaf i'r sefydliad hwnnw, sef Bwrdd Iechyd Prifysgol Betsi Cadwaladr (y Bwrdd Iechyd). Dyma'r sefydliad iechyd mwyaf yng Nghymru. Mae ei gyllideb yn £1.3 biliwn ac mae ganddo dros 17,000 aelod o staff. Mae'n darparu gwasanaethau cychwynnol, cymuned, iechyd meddwl ac ysbytai llym i boblogaeth gogledd Cymru. Yn ogystal

Cynllunio'n Strategol

â thri phrif safle ysbyty, sef Ysbyty Gwynedd ym Mangor, Ysbyty Glan Clwyd ym Modelwyddan ac Ysbyty Maelor Wrecsam, mae'r Bwrdd Iechyd yn gyfrifol am ysbytai cymuned, canolfannau iechyd, clinigau, unedau iechyd meddwl a lleoliadau timau cymuned, meddygfeydd a gwasanaethau eraill y GIG sy'n cael eu darparu gan ddeintyddion, optegwyr a fferyllwyr.

Mae'r galw am wasanaethau iechyd drwy gyfrwng y Gymraeg yn cynyddu, a chyda thro ar fyd yn dilyn datblygiadau deddfwriaethol newydd yn sgil Mesur y Gymraeg (Cymru) 2011, aethpwyd ati i ail-strwythuro gwasanaethau Cymraeg y Bwrdd Iechyd i gyd-fynd â'r galw cynyddol hwn ac i ddiwallu gofynion y ddeddfwriaeth newydd.[10] Mae'r gwasanaeth yn canolbwyntio ar:

(i) Gydymffurfio â deddfwriaeth
Sicrhau cefnogaeth gadarn i'r sefydliad i fodloni ei rwymedigaethau yn unol â Mesur y Gymraeg (Cymru) 2011, wedi'i hwyluso gan Swyddog Cydymffurfio â Safonau'r Gymraeg.

(ii) Hybu ac ymgysylltu
Sicrhau ymagwedd ragweithiol i gynnig gwasanaethau ac i sbarduno prosiectau a chynlluniau i gynnig gwasanaeth effeithiol i gleifion, wedi'i hwyluso gan swyddogion iaith.

(iii) Darpariaeth hyfforddiant
Sicrhau datblygiad sefydliadol yn unol â strategaethau'r gweithlu, wedi'i hwyluso gan diwtor y Gymraeg a swyddog cefnogi hyfforddiant y Gymraeg (yr ail swydd wedi'i hariannu yn sgil cytundeb gyda'r Ganolfan Dysgu Cymraeg Genedlaethol).

(iv) Gwasanaethau cyfieithu
Sicrhau bod y sefydliad yn cynnig gwybodaeth i gleifion yn eu dewis iaith, yn cynnwys cyfieithu ar y pryd er mwyn hwyluso dewis iaith mewn lleoliadau clinigol a chorfforaethol.

Mae hyn yn cadarnhau'r pwyslais ar y Gymraeg o fewn gweledigaeth y Bwrdd Iechyd ac yn sicrhau bod gofal a lles cleifion, yn ogystal â datblygu'r gweithlu, yn cael ei brif-ffrydio i nodau strategol y sefydliad:

- gwella iechyd a lles i bawb a lleihau anghydraddoldeb iechyd
- gweithio mewn partneriaeth i gynllunio a chyflawni rhagor o ofal yn agosach i'r cartref
- gwella diogelwch a chanlyniadau gofal i gyd-fynd â goreuon y GIG
- parchu unigolion a chynnal urddas mewn gofal
- gwrando a dysgu o brofiadau unigolion
- cefnogi, hyfforddi a datblygu ein staff i ragori
- defnyddio adnoddau'n ddoeth, gan drawsnewid gwasanaethau drwy arloesedd ac ymchwil.

Fel sefydliad cyhoeddus bu'r Bwrdd Iechyd yn gweithio o fewn fframwaith Cynllun Iaith Gymraeg o dan Ddeddf yr Iaith Gymraeg 1993, gan ganolbwyntio ar gynllunio gwasanaethau dwyieithog ar gyfer y cyhoedd.[11] Fodd bynnag, ers 30 Mai 2019, mae'r sefydliad bellach yn gweithredu dan Reoliadau Safonau'r Gymraeg (Rhif 7) yn unol â Mesur y Gymraeg (Cymru) 2011. O dan y safonau mae'n ofynnol i sefydliadau iechyd feithrin sgiliau Cymraeg eu staff, darparu hyfforddiant ymwybyddiaeth iaith ac asesu'r angen am sgiliau Cymraeg wrth hysbysebu swyddi. Canolbwyntir hefyd ar ddarpariaeth fewnol o'r Gymraeg yn ogystal â chyflunio cynllun hirdymor yn nodi i ba raddau y gallant gynyddu eu gallu i gynnig ymgynghoriadau clinigol trwy gyfrwng y Gymraeg.

Mae'r gwasanaeth iechyd yng Nghymru hefyd yn gweithredu o fewn fframwaith strategol ar gyfer gwasanaethau Cymraeg mewn iechyd a gofal cymdeithasol, sef *Mwy na geiriau*. Lansiodd Llywodraeth Cymru y strategaeth tair blynedd cyntaf yn 2012, gyda'r fframwaith dilynol yn cael ei lansio yn 2016.[12] Roedd i'r fframweithiau hyn gynlluniau gweithredu tair blynedd yn cynnwys camau i'w cyflawni yn ystod y cyfnodau hynny. Mae'r fframweithiau yn canolbwyntio ar:

Cynllunio'n Strategol

- ymateb i anghenion ieithyddol y boblogaeth
- adnabod sgiliau iaith y gweithlu a defnyddio'r wybodaeth i gynllunio gwasanaethau
- sicrhau cyfleoedd i ddatblygu sgiliau Cymraeg y gweithlu
- sefydlu prosesau i adnabod dewis iaith cleifion a gweithredu'n rhagweithiol ar sail y wybodaeth
- comisiynu a chontractio gwasanaethau, yn cynnwys gofal cychwynnol
- rhannu arferion da.

Wrth gyhoeddi cynllun gweithredu ar gyfer 2019–20, noda'r llywodraeth fod diweddariadau ar weithredu fframwaith strategol olynol *Mwy na geiriau* wedi dangos cynnydd a phocedi o arferion da, gan nodi:

> Un peth sydd wedi dod i'r amlwg yw'r cynnydd a fu yn yr ymwybyddiaeth o'r angen i gynnig gwasanaethau yn y Gymraeg, ac mae mwy o ddealltwriaeth erbyn hyn hefyd. Wrth ystyried gwerth darparu gwasanaethau yn y Gymraeg, a'r angen sydd i wneud hynny, nid 'pam' yw'r prif gwestiwn sydd gan ddarparwyr iechyd a gofal cymdeithasol yng Nghymru yn awr. Yn hytrach, gofynnant 'sut' y gallant gynllunio a datblygu'r seilwaith, capasiti a'r gallu i ddarparu gofal yn y Gymraeg.[13]

A dyna y mae'r Bwrdd Iechyd wedi ei wneud drwy lunio cynllun strategol y Gymraeg.

Ym mhapur trafod y Seminar Weinidogol ar y Gymraeg mewn Gofal Iechyd yn 2010, a gyhoeddwyd ar drothwy ailstrwythuro'r GIG ar draws Cymru, nodwyd bod y newid hwn yn ei strwythur wedi bod yn gyfle gwych i sicrhau bod yr arferion gorau ar y pryd o safbwynt darpariaeth ddwyieithog yn cael eu cynnal a'u datblygu: 'Er mwyn troi'r gwaith polisi yn waith ymarferol strwythuredig mae angen, mewn rhai achosion, mynd ati i gyflunio gwasanaethau Cymraeg yn wahanol i'r gwasanaeth cyfrwng Saesneg prif ffrwd, gan roi sylw canolog i gyfrwng iaith y gwasanaeth.'[14]

Yn y cynllun strategol, amlinellir cyfeiriad ac ymagwedd tair blynedd o fewn fframwaith cadarn i sicrhau perchnogaeth ac ymgysylltu ar draws y sefydliad cyfan. Mae'r cynllun yn chwarae ei ran i sicrhau cydymffurfiaeth ddeddfwriaethol, gwireddu amcanion *Mwy na geiriau* a chefnogi gweledigaeth Llywodraeth Cymru yn ei strategaeth *Cymraeg 2050: Miliwn o siaradwyr*, oll gyda'r amcan o gynyddu'r defnydd o'r Gymraeg wrth ddarparu gwasanaethau iechyd.[15]

Er mwyn sicrhau'r cynllunio hwn, gosodwyd tri dimensiwn clir yn sylfaen i adeiladu arni (gweler ffigur 1 yn yr adran liw):

- **Ymyrraeth strategol.** Mae'r dimensiwn hwn yn gosod gweledigaeth i'r Bwrdd Iechyd o ran y Gymraeg. Mae'n cyflwyno eglurder o ran yr ymrwymiad sydd ei angen ar lefel arwain uwch gan wreiddio'r Gymraeg mewn cynllunio gweithredol.
- **Newid ymddygiad.** Mae'r dimensiwn hwn yn creu cyd-destun sy'n annog staff i ddefnyddio eu sgiliau iaith. Mae'n hanfodol ennyn newid diwylliannol ar bob lefel i greu amgylchedd lle mae ymwybyddiaeth o'r Gymraeg o'r pwys mwyaf.
- **Perfformiad a llywodraethu.** Mae'r dimensiwn hwn yn sicrhau bod y cynllun yn parhau i fod yn ddarn gweithredol o waith. Trwy osod camau gweithredu a'u monitro, galluogir adrodd clir a thystiolaeth o gydymffurfiaeth. Er mwyn sicrhau bod perfformiad yn cael ei fesur yn drylwyr, gosodwyd ffrydiau gwaith o dan y tri dimensiwn. Mae'r ffrydiau yn cyd-fynd ag amcanion *Mwy na geiriau* a gofynion rheoliadau Safonau'r Gymraeg.

Eir ymlaen i ymhelaethu ar y camau a gymerwyd o fewn y dimensiynau hyn i wireddu'r weledigaeth.

Ymyrraeth strategol

Un elfen hanfodol o gynllunio'n strategol wrth edrych ar fodel sefydliad-gyfan yw cynllunio'r gweithlu. Lluniwyd *Polisi Sgiliau Dwyieithog* i alluogi cynllunio gweithlu effeithiol a recriwtio staff i sicrhau cyflawni gwasanaethau dwyieithog drwy gyfrwng y Gymraeg a'r Saesneg, yn unol â dewis unigolion ac anghenion y boblogaeth yn yr ardal. Y weledigaeth o fewn y polisi yw darparu gwasanaeth sy'n bodloni anghenion siaradwyr Cymraeg a'u teuluoedd neu eu gofalwyr, trwy sicrhau eu bod yn gallu derbyn gwasanaethau yn eu hiaith eu hunain trwy gydol y llwybr gofal. Er mwyn gweithredu hyn, mae i'r polisi bedair prif ffrwd waith i gefnogi'r amcan o sicrhau bod sgiliau Cymraeg addas ar gael o fewn y gweithlu i ddarparu gwasanaeth dwyieithog:

- adnabod sgiliau Cymraeg y gweithlu presennol a'u cofnodi ar gofrestr electronig staff
- asesu anghenion gwasanaeth Cymraeg
- canfod bylchau mewn sgiliau o fewn gwasanaethau a thimau
- cynllunio'r gweithlu gan recriwtio ar sail penderfyniadau strategol.

Mae gofynion sgiliau Cymraeg yn cael eu hasesu fel rhan o ffurflen gais am swyddi gwag y Bwrdd Iechyd. Mae hyn yn cynorthwyo rheolwyr i benderfynu a ddylid hysbysebu swyddi fel rhai sydd â'r Gymraeg yn sgil hanfodol neu ddymunol. Mae'r teclyn yn sicrhau bod rheolwyr recriwtio yn dilyn fformiwla sy'n edrych ar anghenion ieithyddol y boblogaeth, cymysgedd sgiliau cyfredol a bylchau mewn sgiliau o fewn y tîm. Mae hyn yn galluogi gwasanaethau i sicrhau bod unigolion â'r lefel ofynnol o allu yn y Gymraeg yn cael eu recriwtio.

O ran gofynion iaith swyddi, diweddarwyd metrics sgiliau Cymraeg y Bwrdd Iechyd er mwyn darparu canllaw clir o'r hyn a olygir gan 'Gymraeg hanfodol', gan nodi hefyd a oes angen sgiliau cyfathrebu a sgiliau ysgrifenedig penodol ar gyfer y swydd. Mae hyn yn hwyluso'r gweithlu ac ymgeiswyr gan gynnig eglurder yn ystod y broses recriwtio. Darperir rhaglen datblygu'r Gymraeg ar gyfer unigolion nad ydynt yn hyderus neu'n rhugl yn y Gymraeg fel rhan o'r broses arfarnu perfformiad ac adolygu datblygiad unigolyn.

Mae pob polisi a menter a ddatblygir gan y Bwrdd Iechyd yn destun i asesiad effaith cydraddoldeb, sy'n cynnwys asesiad effaith ieithyddol. Mae gweithdrefnau asesu effeithiau polisi'r Bwrdd Iechyd gyda chyfeiriad penodol at Safonau'r Gymraeg yn y *Polisi Rheoli Polisïau*. Er mwyn atgyfnerthu'r camau strategol hyn, mae'r Bwrdd Iechyd wedi llunio *Gweithdrefn Bwrdd Iechyd Cyfan ar Ddefnyddio'r Gymraeg yn Fewnol*, sy'n ddilyniant naturiol i gefnogi'r datblygiadau eraill ac i fynd gam yn nes at normaleiddio'r Gymraeg o fewn y sector.

Mae cofnodi dewis iaith cleifion yr un mor bwysig â chofnodi gallu ieithyddol staff i sicrhau bod prosesau yn eu lle sy'n gwneud y mwyaf o'r wybodaeth sydd ar gael. Mae systemau technoleg gwybodaeth yn hanfodol i sicrhau gweithredu prosesau i nodi dewis iaith cleifion a bod y systemau hyn yn cael eu defnyddio'n rhagweithiol i drefnu gwasanaethau Cymraeg. Mae Gwasanaeth Gwybodeg y Bwrdd Iechyd wedi datblygu system lle caiff gwybodaeth am gleifion ei gosod ar fwrdd gwyn electronig sy'n caniatáu i staff gael mynediad hawdd ato. Mae'r gwasanaeth wedi diwygio'r system fel y caiff logo 'Cymraeg' oren ei arddangos yn ymyl enwau'r cleifion Cymraeg eu hiaith. Mae'r wybodaeth yma wedyn yn cael ei defnyddio i roi cynllun dewis iaith ar waith, gyda'r logo Cymraeg yn cael ei arddangos uwch ben gwelyau cleifion sy'n ei gwneud yn haws i staff adnabod pa gleifion sy'n dymuno derbyn eu gofal drwy gyfrwng y Gymraeg.

Newid ymddygiad

Mae'n hanfodol bod sefydliadau yn creu amgylchedd sy'n croesawu ac yn annog unigolion i wneud defnydd o wasanaethau Cymraeg. Lansiodd y Bwrdd Iechyd ymgyrch arloesol *Defnyddiwch eich Cymraeg/Use your Welsh* er mwyn codi ymwybyddiaeth o'r gwasanaethau Cymraeg sydd ar gael gan annog cleifion i wneud defnydd ohonynt. Datblygwyd deunyddiau hyrwyddo er mwyn hysbysebu a hybu'r ymgyrch a defnyddiwyd sianeli cyfathrebu megis y cyfryngau cymdeithasol a'r wasg genedlaethol er mwyn cyfleu'r neges. Bu'r ymgyrch hefyd yn fodd o dargedu staff, boed yn siaradwyr Cymraeg rhugl, yn ddysgwyr, neu'n siaradwyr Cymraeg dihyder.

Wrth fesur effaith y gwaith, gwelwyd ffrwyth llafur yr ymgyrch gyda newid mewn ymddygiad ac agweddau tuag at y Gymraeg,

Cynllunio'n Strategol

gyda nifer cynyddol o staff yn cofrestru ar gyrsiau Cymraeg mewnol. Yn dilyn y llwyddiant hwn, y flwyddyn ganlynol ail-lansiwyd yr ymgyrch gyda gogwydd newydd: *Defnyddiwch eich Cymraeg ... yn y Gwaith/Use your Welsh ... at Work*, gyda phwyslais ar gynyddu'r defnydd a wneir o'r Gymraeg yn fewnol. Roedd y neges hon yn fodd ymarferol o atgyfnerthu y *Weithdrefn Bwrdd Iechyd Cyfan ar Ddefnyddio'r Gymraeg yn Fewnol*.

Yn ei nod o ymgysylltu ymhellach â'r gweithlu er mwyn codi ymwybyddiaeth o Safonau'r Gymraeg a'r goblygiadau i aelodau unigol o staff, fel rhan o sesiynau ymwybyddiaeth iaith gofynnir i staff brofi eu hymwybyddiaeth o'r gofynion yn ogystal â chael cipolwg gwerthfawr i weld a yw'r wybodaeth a gyflwynir fel rhan o'r sesiynau yn cyfrannu at eu hymagweddau cyffredinol a'u dealltwriaeth o ddarpariaeth ddwyieithog.

Un esiampl yw'r sesiynau a gynhaliwyd gyda'r Gwasanaeth Ymddaliad a Symudedd ar draws gogledd Cymru. Dosbarthwyd holiadur a ffurflen adborth ar ddiwedd pob sesiwn er mwyn gwerthuso effeithiolrwydd a gwerth y sesiynau.

Cwestiwn	√	X
A oeddech yn ymwybodol o ddeddfwriaeth y Gymraeg cyn y sesiwn?	41%	59%
A wnaeth cynnwys y cyflwyniad gyfrannu at eich dealltwriaeth o'r pwnc?	96%	4%
A ydych yn teimlo eich bod yn fwy ymwybodol o'r Gymraeg yn dilyn y sesiwn?	75%	25%
A ydych yn bwriadu ymddwyn yn wahanol yn y gweithle ar ôl y sesiwn?	82%	18%

Pan ofynnwyd pa dri pheth yr oeddent wedi'u dysgu, roedd y themâu cyffredin yn cynnwys:

- ei bod yn bwysig ystyried pethau o safbwynt y claf a bod galluogi'r claf i ddefnyddio ei iaith gyntaf yn bwysig (yn enwedig) gan y gallai fod o dan straen

- pwysigrwydd gallu cynnig gwasanaeth Cymraeg i blant bach, pobl hŷn, defnyddwyr gwasanaethau iechyd meddwl ac anableddau dysgu
- sut i ddefnyddio'r Gymraeg yn y gweithle a beth i'w wneud mewn sefyllfaoedd gwahanol.

Un o rannau pwysicaf y sesiwn oedd a fyddai'r wybodaeth a ddarparwyd yn cael effaith ar eu ffordd o weithio o ddydd i ddydd. Wrth drafod pa beth unigol y byddent yn mynd ag ef yn ôl i'r gweithle, y prif themâu a ddaeth i'r amlwg oedd:

- Rydw i'n mynd i ddysgu mwy o Gymraeg ac i'w defnyddio'n amlach
- Rydw i'n mynd i roi'r 'cynnig rhagweithiol' ar waith
- Rydw i'n mynd i gofio am ofyn i gleifion beth yw eu hiaith gyntaf
- Byddaf yn ceisio siarad Cymraeg pan fydd angen gwasanaeth Cymraeg ac i wneud hyn yn haws, byddaf yn gwneud popeth o fewn fy ngallu i wella fy hyder.

Mae cyflwyno sesiynau o'r fath a'u gwerthuso wedi dangos bod rhannu gwybodaeth ar y lefel hon wedi gwneud gwahaniaeth i'r staff sy'n gweithio ar y rheng flaen, gan gyflawni prif nodau'r sesiwn, a chyfrannu'n helaeth at y dimensiwn o newid ymddygiad.

Perfformiad a llywodraethu

Er mwyn monitro perfformiad y sefydliad yn erbyn ei gynllun strategol, mae atebolrwydd a llywodraethu yn hanfodol. Mae Fforwm Strategol y Gymraeg y Bwrdd Iechyd yn sefydlu trefniadau llywodraethu mewnol. Mae'r cylch gorchwyl yn llywio ei ogwydd strategol, ac mae'r aelodaeth yn cynnwys uwch arweinwyr ac arweinwyr gweithredol sy'n gallu gyrru gofynion yn eu blaenau. Mae'r fforwm yn adrodd i bwyllgor o'r bwrdd sy'n gosod llwybr craffu clir ynghyd â threfniadau i ddwysáu unrhyw faterion o bwys.

Cynllunio'n Strategol

Mae'n hanfodol bod y Bwrdd Iechyd yn cydnabod meysydd risg posibl mewn perthynas â'r Gymraeg ac mae ganddo gofrestr risg bwrpasol ar waith. Gosodir prif risgiau sy'n cynnwys bodloni anghenion Mesur y Gymraeg (Cymru) 2011, rhoi egwyddor y 'cynnig rhagweithiol' ar waith a gweithredu'r *Polisi Sgiliau Dwyieithog*. Mae gan bob risg gyfradd benodol gyda rheolyddion ar waith i fynd i'r afael ag unrhyw faterion dyrys ac i benderfynu ar gamau pellach sydd eu hangen er mwyn cyflawni'r targed risg. Caiff Cofrestr Risg Gwasanaethau'r Gymraeg ei monitro bob chwarter, ac adroddir arni ddwywaith y flwyddyn i Fforwm Strategol y Gymraeg.

Er mwyn ceisio sicrwydd o berfformiad mewnol, dechreuwyd Cynllun Monitro Gwasanaethau Dwyieithog i graffu ar argaeledd ac ansawdd gwasanaethau Cymraeg ar draws y Bwrdd Iechyd. Trwy ddefnyddio cyfuniad o ymweliadau safle ac arolygon siopwr cudd, mae'r cynllun parhaus hwn yn canolbwyntio ar gydymffurfiaeth sefydliadol â gofynion allweddol Safonau'r Gymraeg. Mae hyn yn cynnwys arddangos arwyddion, parhaol a thros dro, a darparu gwasanaethau derbynfa a ffôn ar safleoedd amrywiol. Caiff nifer o ysbytai cymuned, gwasanaethau llym prif ysbytai a meddygfeydd dan reolaeth y Bwrdd Iechyd eu harolygu bob blwyddyn. Fel rhan o'r broses caiff adroddiadau archwilio unigol eu cyflwyno i reolwyr y gwasanaethau hynny sy'n cynnwys trosolwg o'r darganfyddiadau yn ogystal â'r camau sydd eu hangen er mwyn sicrhau lefel o gydymffurfiaeth.

Ond mae'n bwysig hefyd ein bod ni'n dathlu'r arferion da, ac yn dysgu eu hefelychu a'u rhannu mewn gwasanaethau eraill. Mae nifer o enghreifftiau o arfer da sy'n bodoli eisoes wedi dod i'r amlwg, ac fel rhan o'r cynllun monitro, caiff y rhain eu rhannu gyda safleoedd, meddygfeydd ac adrannau eraill. Mae'r broses hon wedi caniatáu darganfod ac unioni tueddiadau ehangach, ochr yn ochr â materion mwy lleol.

Wrth gwrs, yr hyn sydd bwysicaf oll gydag unrhyw gynllunio ieithyddol ydy sicrhau bod strategaethau'n cael eu gweithredu ar lawr gwlad a bod y geiriau'n cael eu gwireddu.

O'r strategol i'r ymarferol – gwireddu'r geiriau ar lawr gwlad

Er mwyn cyflawni'r cynllun strategol, mae'n hanfodol rhoi'r geiriau ar waith yn ymarferol gan weithredu yn rhagweithiol yn hytrach nag yn adweithiol. Dyma rai enghreifftiau o'r ffordd y mae'r Bwrdd Iechyd wedi mynd ati'n benodol i wneud hynny.

Cynllun hyfforddiant y Gymraeg
Nodwyd hyfforddiant Gymraeg fel blaenoriaeth allweddol o fewn y Bwrdd Iechyd i sicrhau gallu digonol i ddarparu gwasanaethau'n ddwyieithog. Mae darparu'r cyfle i ddatblygu sgiliau Cymraeg yn angen sefydliadol ac yn ei dro wedi ei nodi ym *Mholisi Absenoldeb Astudio*'r Bwrdd Iechyd. I gwrdd â'r gofynion hyn, cyflogwyd tiwtor y Gymraeg i arwain y gwaith.

Mae'r rôl hon wedi galluogi'r Bwrdd Iechyd i deilwra cyrsiau arloesol i staff ym mhob adran, o ran lefel ieithyddol a'r math o waith y maen nhw'n ei wneud yn ddyddiol. Mae rhai cyrsiau wedi eu llunio'n benodol i gefnogi staff i allu cynnal asesiadau meddygol drwy gyfrwng y Gymraeg, tra bo cyrsiau eraill yn canolbwyntio ar ymateb i gleifion gwasanaethau gofal yr henoed. Mae cyrsiau penodol hefyd wedi eu llunio ar gyfer staff rheng flaen yn cynnwys staff sy'n gweithio mewn derbynfeydd, yn ogystal â chyrsiau ar sut i ddelio ag ymholiadau dros y ffôn mewn canolfannau apwyntiadau galw.

Mae darparu hyfforddiant yn agwedd allweddol ar ddatblygu sefydliadol ac yn rhan greiddiol o'r *Polisi Sgiliau Dwyieithog*, ac mae'n elfen o'r polisi sy'n esblygu'n gyson.

Integreiddio gwasanaethau
Mae cydweithio rhwng y sector iechyd a'r sector gofal yn hanfodol wrth i fwy o bwyslais gael ei roi ar integreiddio gwasanaethau iechyd a gofal cymunedol. Mae'r Bwrdd Iechyd a Chyngor Gwynedd wedi sefydlu perthynas waith o fewn y gwasanaeth integredig ar gyfer plant anabl yng Ngwynedd, sef Derwen. Lluniwyd canllawiau iaith i sicrhau cydweithio wrth ddatblygu gwasanaeth cwbl ddwyieithog. Mae'r canllawiau'n canolbwyntio ar:

- gyflwyno a darparu gwasanaeth
- darparu gwybodaeth
- recriwtio staff
- cefnogi ac annog ein staff presennol
- cyfarfodydd.

Mae plant anabl ymysg y mwyaf bregus yn ein cymuned ac yn awr yn derbyn gwasanaeth Cymraeg ym mhob rhan o'u llwybr gofal. Drwy gofnodi dewis iaith a gweithredu arno, gellir sicrhau bod asesiadau yn cael eu cynnal yn y Gymraeg gyda phecynnau cymorth dwyieithog yn cael eu darparu i'r rhieni.

Cynllun dewis iaith
Sefydlwyd y cynllun dewis iaith y cyfeiriwyd ato eisoes er mwyn hwyluso'r broses o gynnig dewis iaith i gleifion heb iddynt orfod gofyn amdano yn unol â chysyniad y 'cynnig rhagweithiol'. Gofynnir i gleifion a ydynt yn siarad Cymraeg ac a ydynt yn dymuno cael eu hadnabod felly drwy osod magned 'Cymraeg' oren uwch ben eu gwelyau. Golyga'r cynllun fod aelodau'r gweithlu, boed yn nyrs, yn ffisiotherapydd neu'n weithiwr gofal, yn gwybod bod y claf hwnnw'n siarad Cymraeg ac yn gallu dechrau sgwrs yn syth â nhw.

Un ysbyty cymuned sydd wedi gweld llwyddiant y cynllun yw Ysbyty Alltwen. Mae'r ysbyty, yn ogystal â'r cleifion, wedi defnyddio'r cynllun yn llawn ac mae 100 y cant o'r cleifion sy'n siarad Cymraeg wedi derbyn y cynnig. Er mwyn mesur effaith a gwerth y cynllun, cynhaliwyd astudiaeth achos gyda staff yr ysbyty a'r cleifion a ddewisodd gymryd rhan. Roedd y newidiadau cadarnhaol o ganlyniad i'r cynllun yn cynnwys:

- hwyluso amserlennu a gwelliant mewn dyrannu staff
- ffurfioli di-dor i'r broses
- y gallu i baru staff Cymraeg eu hiaith â chleifion sy'n siarad Cymraeg
- newid arferion gwaith
- galluogi staff i fod yn ymwybodol ar unwaith o ddewis iaith y claf

- osgoi gorfod ail-ofyn y cwestiwn a yw cleifion yn siarad Cymraeg
- mae'r holl dîm amlddisgyblaethol yn ymwybodol o ddewis iaith y claf
- gwell perthynas rhwng y staff gofal iechyd proffesiynol a'r claf.

Un thema a nodwyd yn amlwg o ganlyniad i'r cynllun yw bod cleifion yn gallu esbonio a thrafod eu symptomau a'u teimladau'n haws yn eu mamiaith. Thema arall a amlygwyd yw bod staff yn fwy ymwybodol o ddewis iaith y claf a phwysigrwydd gweithredu ar y wybodaeth hon hyd eithaf eu gallu.

Enghraifft arall lle mae'r cynllun ar waith yw uned y newydd-anedig yn Ysbyty Glan Clwyd. Mae'r uwch nyrs staff yn amlinellu ei phrofiad hi o arwain ar weithredu'r cynllun:

Beth yw'r manteision i chi sydd ynghlwm wrth roi'r cynllun ar waith?
Mae staff yn yr uned wedi dod yn fwyfwy ymwybodol o anghenion penodol/unigol pob teulu. Mae'r magnedau'n caniatáu i ni weld a yw rhieni newydd yn medru'r Gymraeg, heb i ni orfod gofyn.
A yw'r cynllun wedi caniatáu i chi baru staff Cymraeg eu hiaith â chleifion sy'n medru'r Gymraeg?
Do. Pan fydd aelodau o staff Cymraeg eu hiaith ar ddyletswydd yn yr uned, cânt eu paru â siaradwyr Cymraeg eu hiaith erbyn hyn.
Ydy'r cynllun wedi gwneud gwahaniaeth i'r teulu?
Gan fod ein staff hefyd yn gwisgo logo 'Dw i'n siarad Cymraeg' ar eu gwisg, mae'r cynllun yn gweithio'r ddwy ffordd gan fod rhieni hefyd yn gweld pa aelodau staff sy'n medru'r Gymraeg heb orfod gofyn. Mae hyn yn sicrhau eu bod yn teimlo'n fwy cyffordus, gan eu bod yn gallu cyfathrebu â'r aelodau hynny o staff yn eu hiaith gyntaf.

Cynllunio'n Strategol

Ond a yw'r cynllun hwn wedi gwneud gwahaniaeth i'r claf a'u teuluoedd? Fel rhan o'r cynllun, cynhelir awdit misol i gasglu gwybodaeth o ran niferoedd sydd wedi dewis bod yn rhan o'r cynllun, ond hefyd i weld a yw wedi gwneud gwahaniaeth i'r claf. Ward ar gyfer unigolion sy'n byw â dementia yw Ward Glaslyn yn Ysbyty Gwynedd ac mewn sawl achos, yn ddibynnol ar gyflwr y claf, y teulu sy'n gyfrifol am wneud penderfyniadau ar eu rhan. Dyma ymateb un teulu: 'Mae'r cynllun hwn wedi gwneud i'n perthynas fod yn dawelach ei feddwl ac yn fwy cartrefol ac mae wedi golygu ei fod wedi deall cwestiynau syml na fyddai wedi eu deall yn Saesneg efallai.' A dyma ymateb un claf a ddewisodd fod yn rhan o'r cynllun yn Ysbyty Alltwen:

> Yn ystod fy arhosiad yn Ysbyty Alltwen, mi wnes i ddewis bod yn rhan o'r cynllun iaith, a gosododd y staff y magned 'Cymraeg' uwch fy mhen, fel eu bod yn gwybod ei bod hi'n well gennyf siarad Cymraeg. Mae'n syniad gwych, ac mae'n galluogi'r staff i gyfathrebu'n well gyda'r cleifion y mae'n well ganddynt siarad Cymraeg, sy'n helpu i ddarparu hyd yn oed gwell gofal.

Dyma yw gwerth y gwaith a wneir i gynllunio gwasanaethau a gweithredu arno.

Felly, trwy ei gynllunio strategol, mae gan y Bwrdd Iechyd weledigaeth glir ar gyfer y dyfodol gyda ffocws allweddol ar ddatblygu'r meysydd gwasanaeth canlynol ymhellach:

- cyflwyno Safonau'r Gymraeg ar draws y sefydliad
- cynllunio'r gweithlu drwy roi'r *Polisi Sgiliau Dwyieithog* ar waith
- hybu a gweithredu egwyddor y 'cynnig rhagweithiol' yn unol â fframwaith strategol Llywodraeth Cymru *Mwy na geiriau*
- datblygu gwasanaethau gofal cychwynnol dwyieithog a'u cryfhau
- darparu gwasanaeth cyfieithu cynhwysfawr i'r sefydliad cyfan

Mae'n rhaid cofio mai'r arf gryfaf gan unrhyw sefydliad yw ei weithlu ac mae cynllun strategol y Bwrdd Iechyd wedi'i lunio â'r staff, yn ogystal â chleifion, yn ganolog iddo. Y bobl sy'n gwneud gwahaniaeth yw'r staff ar lawr gwlad, y nyrsys, y gweithwyr iechyd, y meddygon, y bydwragedd. Y rhain sy'n gwneud gwahaniaeth i greu gweithlu sy'n wirioneddol ddwyieithog.

Nodiadau

1. P. Tumulty, 'What is a Clinician and What Does He Do?', *New England Journal of Medicine* (1970), 22.
2. A. Misell, *Y Gymraeg yn y Gwasanaeth Iechyd: Ehangder, Natur a Digonolrwydd Darpariaeth Gymraeg yn y Gwasanaeth Iechyd Gwladol yng Nghymru* (Caerdydd: Cyngor Defnyddwyr Cymru, 2000), t. 12.
3. Rh. Huws Williams, H. Williams ac E. Davies, *Gwaith Cymdeithasol a'r Iaith Gymraeg, Cyngor Canolog Addysg a Hyfforddiant mewn Gwaith Cymdeithasol* (Caerdydd: Llywodraeth Cynulliad Cymru, 1994), t. 31.
4. Llywodraeth Cymru, *Mwy na geiriau ... Fframwaith Strategol ar gyfer Gwasanaethau Cymraeg mewn Iechyd, Gwasanaethau Cymdeithasol a Gofal Cymdeithasol* (Caerdydd: Llywodraeth Cymru, 2012).
5. Jeanette Altarriba, 'Cognitive Approaches to the Study of Emotion-Laden and Emotion Words in Monolingual and Bilingual Memory', yn Aneta Pavlenko (gol.), *Bilingual Minds: Emotional Experience, Expression and Representation* (Clevedon: Multilingual Matters, 1994), tt. 232–56.
6. Misell, *Y Gymraeg yn y Gwasanaeth Iechyd*, t. 19.
7. G. Roberts, F. Irvine, P. Jones, L. Spencer, C. Baker a C. Williams, *Adroddiad am Astudiaeth o Ymwybyddiaeth o'r Gymraeg yn y Ddarpariaeth Gofal Iechyd yng Nghymru* (Caerdydd: Llywodraeth Cynulliad Cymru, 2004).
8. E. Hughes, 'A yw'r gwasanaeth iechyd yn rhagweithiol ynteu'n adweithiol wrth ddarparu gwasanaethau drwy gyfrwng y Gymraeg?' (traethawd MA heb ei gyhoeddi, Prifysgol Bangor, Bangor, 2013), 51.
9. Robert B. Kaplan a Richard B. Baldauf Jr., *Language Planning from Practice to Theory* (Clevedon: Multilingual Matters, 1997), t. X; pwyslais yr awdur.
10. *Mesur y Gymraeg (Cymru) 2011* (Caerdydd: Llywodraeth Cymru, 2011).
11. *Deddf yr Iaith Gymraeg 1993* (Llundain: Gwasanaeth ei Mawrhydi, 1993).

12 Llywodraeth Cymru, *Mwy na geiriau ... Fframwaith Strategol ar gyfer Gwasanaethau Cymraeg mewn Iechyd, Gwasanaethau Cymdeithasol a Gofal Cymdeithasol*; Llywodraeth Cymru, *Mwy na geiriau ... Fframwaith strategol dilynol ar gyfer Gwasanaethau Cymraeg mewn Iechyd, Gwasanaethau Cymdeithasol a Gofal Cymdeithasol* (Caerdydd: Llywodraeth Cymru, 2016).

13 Llywodraeth Cymru, *Mwy na geiriau ... Cynllun Gweithredu 2019–2020* (Caerdydd: Llywodraeth Cymru, 2019), t. 2.

14 Llywodraeth Cynulliad Cymru, *Seminar Weinidogol ar y Gymraeg mewn Gofal Iechyd: Papur Trafod 8 Gorffennaf 2010* (Caerdydd: Llywodraeth Cynulliad Cymru, 2010), t. 27.

15 Llywodraeth Cymru, *Cymraeg 2050: Miliwn o siaradwyr* (Caerdydd: Llywodraeth Cymru, 2017).

4

Dysgu Cymraeg yn y gwaith neu ar gyfer y gwaith?

Ifor Gruffydd

Cyflwyniad

Ers 2006, pan sefydlwyd canolfannau Cymraeg i oedolion rhanbarthol (chwech trwy Gymru), rhoddwyd pwyslais strategol cynyddol gan Lywodraeth Cynulliad Cymru (LlCC), yn ei gyfarwyddyd cynllunio ar gyfer y canolfannau Cymraeg i oedolion newydd. Roedd y pwyslais hwn yn cynnwys datblygu a chynyddu hyfforddiant iaith yn y gweithle, a hyn oherwydd pwysigrwydd a photensial y maes penodol hwn, ond hefyd oherwydd yr argraff a'r teimlad cyffredinol gan LlCC nad oedd yr hyfforddiant hwn mor effeithiol ag y dylai fod. Roedd rhan o'r cyfarwyddyd hwn yn cynnwys 'gwneud dadansoddiad o'r cyrsiau Cymraeg yn y Gweithle ... er mwyn cael gwybodaeth ar gyfer cynllunio'.[1]

    Mae'r bennod hon yn seiliedig ar astudiaeth a gynhaliwyd yn ystod cyfnod trosiannol yn achos cynllunio ieithyddol yng Nghymru (2009–17) a hynny oherwydd diflaniad Bwrdd yr Iaith Gymraeg (ByIG) a sefydliad Comisiynydd y Gymraeg (CyG), ond hefyd oherwydd trosglwyddo cyfrifoldeb am hyfforddiant iaith o Lywodraeth Cymru (LlC) i'r Ganolfan Dysgu Cymraeg Genedlaethol (CDCG). Awgrymir mai gwerth mawr yr astudiaeth hon fel astudiaeth hydredol yw ei bod yn dadansoddi'r shifft polisi, strategol a gweithredol o ddiwedd cyfnod ByIG i ddechrau cyfnod CyG. Mae'n edrych yn fanwl ar yr hyfforddiant iaith mewn ystod o gyrff cyhoeddus (gweler manylion pellach o dan y pennawd

'Methodoleg' isod) yn y cyfnod hwn i werthuso'r rheolaeth strategol sefydliadol ar yr hyfforddiant hwn. Yr hyn a olygir wrth reolaeth strategol yn y cyd-destun hwn yw adnabyddiaeth arweinwyr neu reolwyr y cyrff cyhoeddus o'u hamcanion hyfforddiant iaith hirdymor a'r modd y maent yn gweithredu'r amcanion hynny. Mae rheolaeth strategol effeithiol yn gosod cyfeiriad er mwyn cyflawni'r amcanion hynny trwy sefydlu polisïau neu gynlluniau cefnogol, a chyllid priodol i'w gweithredu. Nid yw'n wyddor statig ac mae adolygu a gwerthuso llwyddiant yn barhaus yn hollbwysig yn y broses sy'n galluogi arweinwyr i wneud y penderfyniadau cywir er mwyn perffromio'n well, boed wrth reoli hyfforddiant iaith neu wrth reoli cydymffurfiaeth â Safonau'r Gymraeg yn ehangach.

Mae'r astudiaeth yn canolbwyntio ar gyd-destun cynllunio a pholisi cyrff ar lefel macro (cyrff gwladwriaethol fel LlC, ByIG a CyG) ac ar lefel meicro (cyrff cyhoeddus is-wladwriaethol). Ar y lefel macro, golyga hyn y gwaith cynllunio ac arwain sy'n digwydd ar lefel genedlaethol a gall hyn olygu canllawiau ByIG i gyrff cyhoeddus ynghylch ffurf a chynnwys eu cynllun iaith Gymraeg (CIG);[2] datganiad polisi gan LlCC ar ffurf *Iaith Pawb* (a osododd nod o gynyddu nifer y siaradwyr Cymraeg 5 pwynt canran);[3] *Cymru'n Un* lle cafwyd ymrwymiad clir 'i sicrhau y gall rhagor o bobl, yn hen ac yn ifanc, ddysgu Cymraeg a'i helpu i ffynnu fel iaith fyw mewn cymunedau lu ledled Cymru';[4] neu Fesur yr Iaith Gymraeg 2011 a esgorodd ar safonau iaith statudol.[5] Ar y lefel meicro, ar y llaw arall, edrycha'r astudiaeth ar ddylanwad y canllawiau, y datganiadau polisi a'r gofynion statudol hyn ar y modd y mae sefydliadau ar lefel leol fel awdurdodau lleol, byrddau iechyd neu gyrff amrywiol sy'n derbyn nawdd cyhoeddus gan y llywodraeth, yn rheoli a chynllunio ar lefel cyd-destunol eu maes, er enghraifft trwy weithredu CIG neu Safonau'r Gymraeg yn lleol.

Elfen ganolog o hyn yw gwerthuso effeithiolrwydd y cyrff gwladwriaethol hyn i ddatblygu dulliau cynllunio caffael iaith effeithiol a'u gweithredu. Elfen ganolog arall yw ceisio mesur sut y mae cyrff cyhoeddus is-wladwriaethol wedi ymateb i ofynion y cyrff gwladwriaethol, boed y rheiny ar ffurf strategaeth, polisi neu ganllaw.

Edrychwyd yn fanwl ar agweddau strategol cyfannol yr hyfforddiant, gan gynnwys y cynllunio, y darparu, y monitro, y cymhwyso a'r cefnogi. Yn y cyd-destun hwn, mae'r astudiaeth yn cynnwys gwerthuso'r effaith a gafodd ByIG, a'i CIG, ar hyfforddiant iaith yn y cyfnod hwn, ac yn cynnig argymhellion i'w hystyried yng nghyd-destun hyfforddiant iaith effeithiol, ar gyfer y dyfodol ac ar gyfer Safonau'r Gymraeg LlC o hyn ymlaen.

Cynllunio caffael iaith

Mae cynllunio ieithyddol yn gasgliad o syniadau, deddfwriaethau, rheoliadau, daliadau neu weithgareddau sydd ar waith er mwyn cyflawni newid bwriadol yn nefnydd iaith benodol.[6] Mae'n wyddor sy'n ymwneud â newid bwriadol i ddyfodol iaith mewn cyd-destun cymdeithasol ac mae'n ymdrech i newid neu addasu ymddygiad ieithyddol cymuned ieithyddol am reswm penodol.[7]

Cydnabyddir tri phrif fath o gynllunio ieithyddol, sef (i) cynllunio statws (sicrhau defnydd iaith mewn peuoedd penodol o fewn cymdeithas gyda'r nod o godi ei statws), (ii) cynllunio corpws (cynllunio newidiadau i'r iaith ei hun, er enghraifft strwythur, geirfa, orgraff, cywair neu arddull) a (iii) cynllunio caffael (trefn i gynyddu siaradwyr trwy gyfrwng addysg, a hynny'n aml fel ffordd o gefnogi adfywio ieithyddol er mwyn atal shifft ieithyddol).[8] Mae'r gwaith yn yr astudiaeth hon yn ymwneud â'r trydydd math, sef cynllunio caffael. Mae'n bosibl rhannu cynllunio caffael yn is-ganghennau o'r maes cynllunio ieithyddol i gynnwys cynllunio addysg feithrin, cynllunio trosglwyddo iaith ar yr aelwyd, cynllunio addysg statudol, cynllunio ail-gaffael iaith a chynllunio addysg oedolion. Mae'r astudiaeth hon yn canolbwyntio ar yr is-gangen olaf, sef cynllunio ieithyddol o safbwynt caffael iaith fel oedolyn, a manylir ar hyn mewn un cyd-destun penodol, sef y gweithle.[9]

Y cyd-destun polisi

Mae'r angen i gyrff cyhoeddus ddarparu hyfforddiant iaith i'w staff yn nodwedd sydd wedi bodoli bellach ers tua ugain mlynedd, a hynny'n bennaf oherwydd ymyrraeth ar lefel genedlaethol (yn seiliedig ar ddeddfwriaeth iaith) yn hytrach na dyhead sefydliadol digymell. Ar y sail bod cynllunio ieithyddol meicro yn gwbl gysylltiedig â chynllunio ieithyddol macro,[10] un o nodau creiddiol yr ymchwil hwn oedd gwerthuso effaith yr ymyrraeth cenedlaethol gan LlC, ByIG ac yn fwy diweddar gan CyG a CDCG, ar ffurf cyfuniad o ddeddfwriaeth, polisi, strategaethau a chanllawiau cenedlaethol, ar lefel sefydliadol. Dadansoddwyd dogfennau a oedd yn ymwneud â hyfforddiant iaith yn benodol, neu lle'r oedd hyfforddiant iaith yn rhan amlwg o'r ddogfen, neu lle cafwyd cyfeiriad mewn rhyw fodd at hyfforddiant iaith yn y gweithle o fewn polisïau ehangach.

	HMSO	Llywodraeth Cymru	Bwrdd yr Iaith Gymraeg	LlC a ByIG ar y cyd
Nifer	2	13	7	1

Ffigur 2. Tarddiad y dogfennau a werthuswyd.

Yng nghyd-destun yr ymchwil hwn, mae'n ddiddorol edrych ar darddiad y dogfennau hyn ac mae ffigur 2 yn amlygu pa gorff oedd yn gyfrifol am lunio'r dogfennau amrywiol. Ymhellach na hynny mae ffigur 3 yn crynhoi natur y cyhoeddiad, boed nhw'n ddeddfwriaeth, yn strategaeth neu'n ganllaw.

	Deddfwriaeth	Strategaeth	Polisi	Canllaw	Adroddiad
Nifer	2	10	4	4	3

Ffigur 3. Natur y cyhoeddiad a werthuswyd.

Cyhoeddwyd y dogfennau dan sylw yn ystod yr ugain mlynedd ddiwethaf ac maent yn cynnwys strategaethau o bwys megis *Ein Hiaith: Ei Dyfodol, Iaith Pawb, Iaith Fyw: Iaith Byw a Cymraeg 2050: Miliwn o siaradwyr*.[11]

Effaith fwyaf y deddfwriaethau Deddf yr Iaith Gymraeg 1993 a Mesur y Gymraeg (Cymru) 2011 ar hyfforddiant Cymraeg yn ystod yr ugain mlynedd ddiwethaf oedd gorfodi sefydliadau cyhoeddus i gyhoeddi CIG a oedd yn cynnwys, *inter alia*, ymrwymiad i sicrhau hyfforddiant iaith i'w staff.[12] Cyn hyn, roedd yr arfer hwn yn gwbl wirfoddol ac yn gyfyngedig i gyrff cyhoeddus yn yr ardaloedd Cymreiciaf. Mae Mesur y Gymraeg (Cymru) 2011 yn mynd â hyn gam ymhellach trwy osod dyletswydd gyfreithiol ar sefydliadau cyhoeddus i gydymffurfio â chyfres o safonau penodol. Mae dwy o'r safonau hyn yn ymwneud ag hyfforddiant iaith ond mae'n rhy gynnar i werthuso effaith a llwyddiant y safonau hyn ar hyn o bryd.

Mae dogfennau yr edrychwyd arnynt yn cynnwys cyhoeddiadau gan ByIG sy'n cynnig cyngor ac arweiniad i gyrff cyhoeddus ar sut i weithredu'r CIG a threfnu a gweithredu cynllun hyfforddi i'w staff. Mae nifer o'r cyhoeddiadau hyn, boed yn rhai sy'n ymwneud â hyfforddiant iaith yn benodol, neu'n rhai lle mae hyfforddiant iaith yn rhan o strategaeth ehangach, yn cynnig cyngor a chanllawiau defnyddiol i reolwyr o fewn y gweithle. Gwelwyd y cyhoeddiadau hyn fel proses gynyddol o geisio ffurfioli hyfforddiant iaith yn y sector cyhoeddus, ond mae angen gofyn faint o oruchwyliaeth neu orfodaeth sydd wedi bod, hyd yma, mewn gwirionedd? Un o nodau'r ymchwil oedd ceisio rhoi sylw i'r cwestiwn hwn.

Er gwaethaf hyn, realiti'r sefyllfa yw bod diffyg grym cyfreithiol i fynnu gweithredu'r cynlluniau yn briodol wedi arwain at golli cyfle da i roi sgiliau iaith ychwanegol i weithlu Cymru. Ceir llawer iawn o rethreg yn nogfennau LlCC a LlC ynghylch cefnogi'r Gymraeg a chreu gwlad ddwyieithog. Yn amlwg, byddid yn disgwyl bod gan hyfforddiant iaith le amlwg yn y weledigaeth hon, ond cynigir mai'r hyn a welwyd ers *Strategaeth ar gyfer yr Iaith Gymraeg* yn 1996 yw cyfres o ddyheadau heb ymyrraeth gwirioneddol.[13] Yn hytrach, yr hyn a gafwyd (o safbwynt hyfforddiant iaith yn benodol) oedd arweiniad gwirfoddol lle nad oedd y rheoleiddio mor gadarn nac effeithiol ag y gallasai fod (safbwynt a gyflwynwyd gan gyn-brif weithredwr ByIG). A fyddai hynny felly'n dylanwadu ar ymddygiad gweithleoedd wrth ddarparu hyfforddiant iaith? Diben yr ymchwil empirig oedd edrych ar sut yr oedd hyfforddiant iaith yn y gweithle yn cael ei reoli ar lefel strategol yng nghyd-destun yr ymyrraeth ar lefel macro.

Methodoleg

Er mwyn cyflawni'r nod o ymchwilio i sut y mae hyfforddiant iaith yn cael ei gynllunio a'i roi ar waith mewn cyrff cyhoeddus, penderfynwyd cynnal astudiaeth anwythol[14] gyda'r bwriad o gynnig argymhellion newydd o ganfyddiadau empirig y gwaith. Er mwyn bod mewn sefyllfa i wneud hyn y gobaith oedd casglu data dilys a dibynadwy fel bod corff o dystiolaeth amrywiol y gellid ei dadansoddi'n drylwyr a seilio barn gadarn arni. Penderfynwyd defnyddio dulliau cymysg er mwyn casglu'r dystiolaeth hon mewn ffyrdd amrywiol at ddibenion gwahanol, ac er mwyn medru gwirio, dilysu a chroesgyfeirio canfyddiadau.[15] Yn ogystal, penderfynwyd defnyddio dulliau ymchwilio meintiol ac ansoddol er mwyn cyflawni hyn. Gwnaed hyn trwy ddefnyddio holiaduron, cyfweliadau lled-ffurfiol strwythuredig dros y ffôn, grwpiau ffocws a chyfweliadau wyneb yn wyneb. Cyflawnwyd hyn fel rhan o astudiaeth hydredol empirig dros gyfnod o wyth mlynedd er mwyn sicrhau tystiolaeth amrywiol ac er mwyn cryfhau sail a swmp y dystiolaeth honno a fyddai yn ei thro yn cryfhau canfyddiadau a chasgliadau'r astudiaeth.

Y cam cyntaf oedd casglu corff o ddata meintiol gan sampl o 108 o weithleoedd fel sail gychwynnol i'r astudiaeth. Roedd y sampl hwn yn cynrychioli pob corff cyhoeddus a oedd â CIG, a oedd yn weithredol yng ngogledd Cymru. Adeiladwyd ar hyn trwy gasglu data meintiol ac ansoddol manylach gan ddeuddeg o gyrff o blith y sampl gwreiddiol hwn, sef pob un o'r 108 a oedd mewn sefyllfa i gyfrannu ymhellach. Roedd hwn yn ddull dau-gam[16] lle'r oedd yr ail gam yn egluro ac yn adeiladu ar y canfyddiadau cychwynnol. Defnyddiwyd holiadur a chyfweliadau gyda ByIG hefyd fel rhan o'r ail gam hwn gyda'r nod o gofnodi safbwynt y corff llywodraethol a oedd yn gyfrifol am CIG ac ychwanegwyd at y corff o dystiolaeth trwy gynnal tair astudiaeth achos gyda sefydliadau mawr, ond amrywiol o ran maint, diwylliant ieithyddol a lleoliad. Yn yr astudiaethau achos hyn casglwyd y data gan ddysgwyr yn hytrach na chan y rheolwyr, a hynny er mwyn cael persbectif gwahanol, sef gan ddefnyddiwr y gwasanaeth (hyfforddiant Cymraeg), gan gasglu data o fwy nag un ffynhonnell. Gwnaed hynny'n bennaf trwy holiadur. Cwblhawyd y gwaith empirig trwy gynnal cyfweliadau lled-strwythuredig gyda CyG a LlC (a CDCG i raddau llai) er mwyn trafod y canfyddiadau gyda nhw a chywain eu barn am y materion hynny. Y nod trwy ddefnyddio'r dulliau amrywiol hyn oedd sicrhau tystiolaeth amlochrog, gyflawn a chytbwys.

Y canfyddiadau

Fel y nodwyd uchod, oherwydd y fethodoleg amrywiol a ddefnyddiwyd, llwyddwyd i gasglu data a thystiolaeth eang iawn sy'n cynnig cronfa wybodaeth gynhwysfawr am y modd y cynllunnir ac y darperir hyfforddiant iaith o fewn y gweithle. O ran ymarferoldeb, diben yr erthygl hon felly yw canolbwyntio ar y canfyddiadau a ystyrir fel y rhai pwysicaf, a'r rhai sy'n sail i brif argymhellion yr ymchwil. Gellir crynhoi'r prif ganfyddiadau hyn fel a ganlyn:

- roedd cymhelliant i dderbyn hyfforddiant yn deillio o'r aelodau staff eu hunain yn bennaf yn hytrach na chan reolwyr o ganlyniad i angen strategol
- ym mwyafrif yr achosion, nid oedd rheolwyr yn gosod nod penodol i'w staff ennill sgiliau iaith ar gyfer diben penodol
- roedd lefel monitro cynnydd a llwyddiant staff i ennill sgiliau iaith yn hynod o isel
- roedd disgwyliadau cyflogwyr ar eu staff i ddefnyddio'u sgiliau iaith newydd yn arbennig o isel

- prin iawn oedd y trefniadau ffurfiol a sefydlwyd er mwyn cefnogi'r dysgwr/dysgwraig i ddefnyddio'i sgiliau iaith newydd yn y gweithle.

Cefndir strategol
Y cam cyntaf oedd edrych ar ddogfennaeth strategol cyflogwyr, yn ychwanegol at eu CIG, a fyddai'n sail ar gyfer cynllunio hyfforddiant a hynny'n seiliedig ar gyngor ByIG:

> Er mwyn llwyddo i gyflawni'r amcan o ddatblygu gweithle ar gyfer gwella gwasanaeth dwyieithog i'r cyhoedd cred y Bwrdd y dylai cyrff cyhoeddus mawr [ni cheir diffiniad] fabwysiadu Strategaeth Sgiliau Iaith fel dogfen weithredol ar wahân i'w gynllun iaith.[17]

Gwelwyd patrwm clir lle'r oedd gan bob sefydliad CIG oherwydd gofyniad ByIG, ond dim ond 58 y cant oedd â strategaeth sgiliau iaith (SSI) a 66 y cant â chynllun hyfforddi. Oherwydd nad oedd digon o fanylder yn y CIG am hyfforddiant iaith roedd ByIG yn ddibynnol ar yr SSI a'r cynllun hyfforddi am fanylder yr hyn a oedd yn cael ei gynllunio a'i ddarparu. Fodd bynnag, oherwydd absenoldeb y dogfennau hyn gan ganran arwyddocaol o'r gweithleoedd yn y sampl cynigir mai sail wan oedd gan ByIG er mwyn monitro hyfforddiant iaith ar lefel elfennol. Yn ychwanegol at hyn, roedd absenoldeb strwythur parod a chyson i gynllunio hyfforddiant iaith gan ganran arwyddocaol o'r cyflogwyr yn golygu bod cynllunio hyfforddiant iaith yn anorfod o bosibl, yn mynd yn fwyfwy mympwyol ac ar hap.

Cefndir cynllunio
Rhan greiddiol a phwysig o'r astudiaeth hon oedd edrych ar y broses gynllunio ar gyfer hyfforddiant y gweithlu ac edrych wyd ar yr agweddau canlynol o ddechrau'r broses hyd at ei diwedd:

Dysgu Cymraeg yn y gwaith neu ar gyfer y gwaith

(i) Cymell yr hyfforddiant

Y cam cyntaf a gymerwyd oedd holi cyflogwyr am fanylion pwy sy'n cymell yr hyfforddiant i'w staff. Roedd staff, mewn mwy na hanner yr achosion (54 y cant, n=46) yn cael eu cymell i ddysgu gan y cyflogwr (e.e. anogaeth rheolwr llinell, cyfle yn cael ei gynnig gan adnoddau dynol neu un o ofynion y swydd) ac roedd 45 y cant (n=39) yn deillio o ddymuniad personol yr aelod staff unigol. Holwyd y dysgwyr am yr un agwedd a'r hyn a oedd yn arwyddocaol oedd cynifer o staff a oedd yn dysgu oherwydd rhesymau neu ddymuniadau personol (rhwng 85 ac 89 y cant ar draws y tri sefydliad lle holwyd dysgwyr); sef cyfran sydd bron ddwbl yr hyn a fynegodd y cyflogwyr. Awgryma'r canfyddiadau hyn nad oedd mwyafrif y staff a oedd yn dysgu yn y gweithle yn gwneud hynny am resymau strategol, a chynigir efallai bod hyn yn arwydd o ddiffyg strategaeth a gweledigaeth o ran swyddogaeth hyfforddiant iaith wrth gyflawni gwaith cynllunio ieithyddol ehangach wrth weithredu CIG. Yn wir, mae'n awgrymu'n gryf nad oedd llyw corfforaethol cadarn ar yr hyfforddiant iaith, a bod y mwyafrif llethol yn dysgu oherwydd eu dyhead personol, ac mai prin mewn gwirionedd oedd y flaenoriaeth a roddwyd i hyfforddi staff a oedd yn delio â'r cyhoedd yn rheolaidd neu i hyfforddi staff lle'r oedd bwlch sgiliau dwyieithog.

(ii) Gosod nod

Un o'r agweddau pwysicaf wrth drefnu hyfforddiant, gellid dadlau, yw gosod nod neu darged i staff, fel bod yr hyfforddiant yn cael ei ddarparu i bwrpas penodol. Oni wneir hyn, mae perygl i staff a rheolwyr ystyried yr hyfforddiant fel rhywbeth cwbl ynysig, bron yn agwedd bersonol, sy'n ddigyswllt â swydd unigolyn penodol neu swyddogaeth benodol mewn gweithle. Yn ogystal, mae perygl y gwelir llai o ffocws a phwysigrwydd sefydliadol ar yr hyfforddiant, a gall hynny arwain at fuddsoddiad amser ac arian aneffeithiol. Gosodiadau damcaniaethol yw'r rhain yn hytrach na ffeithiau sy'n seiliedig ar ymchwil flaenorol, ond un o nodau'r astudiaeth oedd canfod a oedd sail i'r gosodiadau hyn.

Yn achos y cyflogwyr gwelwyd bod dwy ran o dair ohonynt yn y sampl (64 y cant, n=30) wedi nodi nad oeddynt yn gosod nodau dysgu i'w staff wrth gefnogi hyfforddiant iaith. Roedd hyn eto'n codi cwestiynau ynghylch rheolaeth strategol yr hyfforddiant a rhesymeg y buddsoddiad oni osodir nodau clir ar y dechrau. Cadarnhawyd y canfyddiad hwn pan holwyd y staff eu hunain gyda 61 y cant (n=43) ohonynt wedi gosod nod personol i ddysgu'r Gymraeg yn hytrach na dyhead proffesiynol i ddysgu sgiliau penodol ar gyfer y gweithle. Cynigir mai'r hyn a welir yma yw diwylliant o fewn gweithleoedd lle mae hyfforddiant iaith yn *wirfoddol* ei naws a bod cynllunio bwriadus yn brin. Cafwyd tystiolaeth yn y tri sefydliad (lle holwyd y sampl o staff) fod cyrsiau Cymraeg yn cael eu hyrwyddo, ac awgrymir bod hyn o bosibl yn adlewyrchiad o gefnogaeth ddiffuant tuag at y Gymraeg (ar ei orau) neu'n adlewyrchiad o'r cyfle i 'dicio blwch' y CIG (ar ei waethaf). Waeth beth oedd y cymhelliad i gefnogi staff heb osod nod ar gyfer eu hyfforddiant, yn anad dim arall awgrymir bod hyn yn adlewyrchu ymarfer busnes gwan.

(iii) Monitro cynnydd

Fel rhan o'r astudiaeth, unwaith yr oedd yr hyfforddiant wedi dechrau, roedd diddordeb gweld sut oedd cynnydd y staff yn cael ei fesur neu ei fonitro. Wrth gynllunio'r ymchwil hwn, ystyriwyd monitro cynnydd staff yn nodwedd bwysig fel rhan o'r cynllunio cyfannol yn yr un modd ag yr oedd gosod nodau i staff ar ddechrau'r hyfforddiant. Dangosodd adborth y cyflogwyr mai ychydig dan hanner y gweithleoedd (48 y cant) oedd yn monitro cynnydd eu staff, sy'n codi cwestiwn pwysig am effeithlonrwydd y buddsoddiad amser ac ariannol ac am y graddau y cymerir hyfforddiant iaith o ddifrif gan y cyflogwr.

O holi'r cyflogwyr ymhellach am y nodwedd hon, prin iawn oedd unrhyw dystiolaeth a gafwyd am drefniadau ffurfiol ac roedd yr amrywiol drefniadau anffurfiol y cafwyd gwybod amdanynt yn gwbl annigonol. Ar sail data ansoddol credir bod lefel y monitro ystyrlon a wnaed yn sylweddol is na'r lefel a ddynodwyd yn wreiddiol gan y cyflogwyr. Yn ogystal, gan fod y dadansoddiad yn ffigur 4 (gweler yr adran liw) yn cynnwys nodweddion fel Adroddiadau'r Tiwtor, Ennill Credydau a Holi'r Dysgwr – nodweddion nad ydynt fel arfer yn gyson â dulliau o fonitro cynnydd dysgwr yn ffurfiol – mae'n bur debyg fod categori Dim Monitro Ffurfiol yn uwch na'r 48 y cant. Yn wir, efallai fod y gwir ffigur yn nes at y gyfradd a fynegwyd gan y dysgwyr eu hunain am yr agwedd hon, a oedd yn 91 y cant.

Cynigir bod y sefyllfa hon yn rhwym o arwain at weithdrefnau hyfforddi sy'n cynnig allbynnau llawer iawn llai pendant a gwerth gwael am arian i'r cyflogwyr. Gall hyn gynnwys:

- anallu cyflogwr i gynllunio defnydd iaith gan y dysgwr yn y gweithle
- anwybodaeth ynghylch a yw'r sgiliau iaith yn cael eu cymhwyso i'r gweithle
- y posibilrwydd o ddifaterwch a/neu ddiffyg cymhelliant gan y dysgwr
- anwybodaeth am sut mae'r gwasanaeth cyhoeddus a gofal cwsmer yn gwella.

Cymhwyso
Y cam olaf yr edrychwyd arno o safbwynt cynllunio'r hyfforddiant oedd cymhwyso'r hyn a ddysgwyd yn y gweithle; hynny yw, ydy'r sgiliau a enillwyd yn cael eu defnyddio yn y gweithle? Gellid dadlau mai dyma yw prif ddeilliant disgwyliedig y cam o fuddsoddi mewn hyfforddiant i staff yn y lle cyntaf. O holi'r cyflogwyr, canfuwyd bod 81 y cant yn disgwyl i'w staff ddefnyddio'u sgiliau Cymraeg newydd fel y medrant a nododd 13 y cant nad oedd yna unrhyw ddisgwyliadau ar eu staff i ddefnyddio'u sgiliau iaith newydd. Dim ond 6 y cant oedd yn disgwyl i'w staff ddefnyddio'r Gymraeg ar ôl cyflawni cerrig milltir penodol yn eu hyfforddiant.

Fel y gwelir yn y gymhariaeth yn ffigur 5 (gweler yr adran liw), roedd y sefyllfa o du'r staff, fodd bynnag, yn bur wahanol i'r ymateb a dderbyniwyd gan y cyflogwyr. Dim ond 31 y cant o'r staff nododd fod disgwyl iddynt ddefnyddio'r Gymraeg a ddysgwyd ganddynt 'fel y medrent'. Roedd y 69 y cant arall i gyd wedi nodi nad oedd disgwyl iddynt ddefnyddio'u sgiliau Cymraeg yn y gweithle.

Ymddengys o ganfyddiadau'r astudiaeth hon, felly, nad oedd cyrff cyhoeddus yn gyffredinol yn disgwyl allbwn mesuradwy a phendant ar ôl buddsoddi mewn hyfforddiant i staff; er enghraifft, byddai disgwyl i staff sy'n derbyn hyfforddiant mewn meddalwedd cyfrifiadurol oherwydd bod angen ei ddefnyddio yn eu swyddi gymhwyso'r hyn a ddysgwyd yn eu gwaith wedi'r hyfforddiant. Yn yr un modd, byddai disgwyl i staff sy'n derbyn hyfforddiant ar sut i reoli perfformiad eu gweithwyr ddefnyddio'r sgiliau a ddysgwyd yn eu gwaith wrth werthuso staff. Cynigir mai'r hyn a welwyd yn yr astudiaeth hon, fodd bynnag, oedd tuedd i drefnu hyfforddiant i rai aelodau staff heb strategaeth glir ar gyfer defnyddio'r sgiliau y buddsoddwyd ynddynt.

Methwyd â chanfod unrhyw dystiolaeth neu ddata o weithiau ymchwil neu adroddiadau blynyddol neu fonitro (CIG) amrywiol eraill a fyddai'n dangos sut yr oedd cyflogwyr yn disgwyl i'w gweithwyr ddefnyddio eu sgiliau ieithyddol newydd. Cynigir bod hyn yn golygu felly bod canllawiau ByIG (1996) wedi cael eu diystyru i raddau helaeth. Awgrymir felly mai prin yw'r ymrwymiad fel yr un canlynol a welwyd yng nghynllun iaith Cyngor Sir Ynys Môn: 'bydd y Cyngor yn mabwysiadu Strategaeth Sgiliau Ieithyddol er mwyn sicrhau bod y swyddogion hynny y mae'n rhesymol disgwyl iddynt ddelio gyda'r cyhoedd yn medru gwneud hynny yn newis iaith y cyhoedd'.[18]

Cefnogaeth staff ar ffurf mentor

Un agwedd arall yr edrychwyd arni fel rhan o broses dysgu'r Gymraeg oedd y gefnogaeth a roddwyd i staff ar ffurf mentor Cymraeg; hynny yw, a benodwyd cydweithiwr/wraig rhugl ei G/Chymraeg i gefnogi'r aelod staff i ddefnyddio'r Gymraeg yn y gweithle, boed hynny mewn cyd-destun ffurfiol neu anffurfiol? Yr hyn yr edrychwyd arno oedd p'un a oedd trefniant wedi'i roi ar waith gan y gweithle i gefnogi dysgwyr yng nghyd-destun y gweithle i hwyluso cymhwyso dysgu.

O holi'r cyflogwyr, nododd 40 y cant ohonynt fod ganddynt drefniadau mentora yn eu lle ar gyfer dysgwyr, gyda'r 60 y cant arall yn dweud nad oedd ganddynt drefniadau o'r fath. O droi at y staff, cafwyd darlun pur debyg gyda 47 y cant yn nodi fod trefn fentora yn bodoli a'r 53 y cant arall yn datgan nad oedd trefn o'r fath ar eu cyfer. Fodd bynnag, o holi'r dysgwyr hyn yn fanylach, canfuwyd mai trefniadau anffurfiol oedd y rhain ym mwyafrif llethol yr achosion. Dim ond yn 3 y cant o'r achosion nodwyd fod trefn fentora ffurfiol yn ei lle ac mae hyn yn rhoi gwedd cwbl wahanol ar y sefyllfa ac ar y gefnogaeth a drefnwyd yn ffurfiol i staff a oedd yn dysgu Cymraeg.

Wedi dweud hynny, roedd rhai o'r enghreifftiau o arfer da o blith yr achosion o gefnogaeth anffurfiol y clywyd amdanynt. Dyma nodi tair enghraifft:

> My service manager pretty much only speaks Welsh to me as well as my administrator. They are both very patient in letting me take my time and respond in Welsh.

Dyma enghraifft o drefn bwrpasol lle mae rheolwr a chydweithiwr wedi gwneud penderfyniad penodol i gefnogi hyfforddiant iaith yr aelod staff dan sylw, a hynny i'r graddau o siarad Cymraeg y rhan fwyaf o'r amser. Byddai hyn yn amlwg yn atgyfnerthu'r dysgu ffurfiol yn fawr iawn. Mae'r ddau gydweithiwr hefyd yn ymwybodol o bwysigrwydd rhoi amser i'r aelod staff ymateb yn ei amser ei hun a pheidio ei r(h)uthro neu ateb drosto/i.

> Various work colleagues who are first language Welsh and are supportive/encouraging.

Yn debyg i'r enghraifft gyntaf, cawn sefyllfa lle mae cydweithwyr yn ymwybodol o'r angen i gefnogi ac annog staff sy'n dysgu. Nid yw'n gefnogaeth mor ddwys â'r enghraifft gyntaf, ond y pwynt pwysig yma ydy'r gefnogaeth sy'n bodoli'n anffurfiol o fewn y gweithle i ddysgwr/ddysgwraig.

> Nobody in my office speaks Welsh, however I am often in touch with another colleague on the phone where I can practise my spoken Welsh. I occasionally also email colleagues in Welsh.

Mae'r dysgwr/ddysgwraig yn yr achos hwn yn manteisio ar gefnogaeth un cydweithiwr/cydweithwraig benodol ynghyd â staff eraill sy'n siarad Cymraeg yn achlysurol. O'r sylwadau a gyflwynwyd, ymddengys mai'r dysgwr/dysgwraig ei hun sydd wedi cymell y gefnogaeth er mwyn medru ymarfer. Efallai y gallasai'r cyflogwr yn yr achos hwn fod yn rhagweithiol er mwyn ffurfioli cefnogaeth mewn cyd-destun lle nad oes cefnogaeth ar gael o fewn y swyddfa.

Mae'r tair enghraifft hon yn dangos yr hyn sy'n bosib ei wneud i gefnogi staff sy'n dysgu Cymraeg o fewn y gweithle, ond yn yr achosion hyn oherwydd anffurfioldeb y drefn a diffyg cynllunio bwriadus i sicrhau cefnogaeth cydweithiwr/wraig fel mentor, yr hyn a welwyd oedd bwlch yn y trefniadau cefnogi dysgwyr a oedd yn effeithio ar y graddau y gellid cymhwyso'r hyn a ddysgwyd i'r gweithle. Gwerth mentor yw rhoi cyfle i staff ymarfer eu sgiliau newydd ond hefyd i godi hyder y staff a all fod yn gyndyn iawn i ddefnyddio sgiliau Cymraeg newydd rhag gwneud camgymeriad, yn arbennig ymysg staff iau.

Y 'rheoleiddwyr'

Amcan sylfaenol yr ymchwil hwn oedd canfod sut yr oedd y sector cyhoeddus yng ngogledd Cymru yn mynd ati i sicrhau bod staff di-Gymraeg yn ennill sgiliau galwedigaethol pwysig er mwyn medru cyfrannu at wasanaeth cyhoeddus penodol. Fel y gwelwyd uchod, mae'r ymchwil yn edrych yn fanwl ar agweddau strategol cyfannol yr hyfforddiant, gan gynnwys y cynllunio, y monitro, y cymhwyso a'r cefnogi.

Hyd yma, fodd bynnag, edrychwyd ar gasglu data trwy fethodolegau amrywiol gan y cyflogwyr eu hunain a chan y cyflogeion (y dysgwyr) gan edrych felly ar un wedd o'r hyfforddiant a datblygu darlun unochrog o bosibl. Teimlwyd bod angen cydbwysedd yn nadansoddiad y data a phenderfynwyd gwneud hynny trwy sicrhau mewnbwn ByIG yng nghanol cyfnod yr ymchwil, a LlC a CyG ar ddiwedd y gwaith. Y rheswm dros ddewis y cyrff hyn oedd oherwydd y rôl oedd ganddynt mewn datblygu deddfwriaeth, strategaethau a pholisïau a oedd/sy'n berthnasol i faes hyfforddiant iaith, ac oherwydd y rôl gyfreithiol a moesol (yn achos y LlC, yn yr ystyr ei fod yn gorff cenedlaethol gyda'r cyfrifoldeb a'r dyhead i warchod lles a ffyniant y Gymraeg) sydd ganddynt i'w fonitro ac i ymyrryd yn gadarnhaol ynddo. Y bwriad, o'u cynnwys, oedd sicrhau'r cyfle i'r sefydliadau dylanwadol hyn fedru ymateb i rai o ganfyddiadau'r ymchwil; canfyddiadau cadarnhaol a negyddol a oedd yn gysylltiedig â'u rôl dros yr ugain mlynedd ddiwethaf. Dylid nodi bod CyG yn endid cymharol newydd a ddaeth i rym o ganlyniad i ddarpariaethau Mesur y Gymraeg (Cymru) 2011, gan ddisodli ByIG (yn 2012) a ddiddymwyd o ganlyniad i'r Mesur hwn.

Ymateb ByIG i ganfyddiadau cynnar yr ymchwil

Yn gyffredinol, roedd canfyddiadau'r ymchwil a gynhaliwyd gyda staff ByIG yn cadarnhau canlyniadau'r ymchwil empirig cychwynnol a wnaed gyda chyflogwyr sector cyhoeddus a oedd yn gweithredu CIG. Tra bo'r rhain yn adlewyrchu'n wael ar ByIG o safbwynt ei reolaeth strategol ar elfen hyfforddiant iaith oddi mewn i'r CIG, gwerthfawrogwyd gonestrwydd y sefydliad a gynorthwyodd yr ymchwilydd i sicrhau barn a darlun clir a gwrthrychol. Gellir crynhoi'r sefyllfa yn daclus gyda'r farn ganlynol gan ByIG:

> dwi'n meddwl ei bod hi'n deg i ddweud fod y system ddim yn gweithio ar hyn o bryd, ac mae'n siŵr fod gennym ni [ByIG] ran i chwarae yn y methiant hwnnw, ond mae o hefyd yn rhan o fethiant mwy cyfannol dwi'n meddwl o gynllunio pwrpasol.[19]

Y tu draw i hynny, gellir crynhoi'r prif ganfyddiadau fel a ganlyn:

- Nid oedd sylw'n cael ei roi i sicrhau bod strwythurau priodol ac effeithiol yn eu lle i hwyluso prosesau caffael iaith o fewn y gweithle.
- Roedd diffygion elfennol o du ByIG gan nad oedd yn mesur nac yn monitro llwyddiant trefniadau hyfforddiant iaith mewn cyrff cyhoeddus mewn ffordd ystyrlon (oherwydd diffyg arbenigedd, cyllid a staff i wneud hyn).

- Roedd yr unig fesurydd o'r holl fuddsoddiad mewn hyfforddiant iaith yn flynyddol, sef Dangosydd yr Iaith Gymraeg 4 (nifer a chanran y staff a oedd yn derbyn hyfforddiant iaith o fewn y gweithle), yn aneffeithiol a bach iawn oedd ei werth gweithredol a strategol.
- Wrth gydnabod diffyg pwerau a hawliau cyfreithiol ByIG i fynnu bod cyrff yn gweithredu trefniadau hyfforddiant iaith cadarnach, gallasai ByIG fod wedi hyrwyddo modelau gwaith neu arferion da yn llawer iawn mwy grymus ond teimlwyd nad oedd ewyllys i wneud hynny.

Ymateb LlC a CyG i ganfyddiadau terfynol yr ymchwil

Cafwyd trywyddau ymholi penodol ar gyfer LlC ar y naill law ac i CyG ar y llall a oedd yn adlewyrchu cyfrifoldeb a swyddogaeth y ddau sefydliad. Fodd bynnag, yr un thema ganolog a oedd yn destun sylw gan LlC a CyG oedd *monitro*. Yr hyn a oedd yn ddiddorol, ond awgrymir hefyd yn destun pryder, oedd y gwahaniaeth barn ynghylch pa gorff neu gyrff sydd, ac a fydd, yn gyfrifol am fonitro. Cododd hyn mewn mwy nag un achos. Er bod LlC a CyG yn gytûn y gallasai'r ffaith bod Safonau'r Gymraeg yn rhai statudol arwain at newid ymddygiad mewn cymhariaeth â chyfundrefn y CIG, roedd LlC o'r farn bod llwyddiant cyfundrefn y safonau yn ddibynnol ar drylwyredd monitro gan CyG. Roedd pryder gan LlC nad oedd modd, hyd yma, gael data gwerthusol llawnach am hyfforddiant iaith mewn gweithleoedd (yn hytrach na data am y dangosydd perfformiad syml yn unig) gan nad oedd ByIG (gynt) a CyG (bellach) yn gofyn amdano. O'r herwydd, roedd LlC o'r farn bod angen monitro trylwyrach gan CyG. Cydnabu CyG bod angen monitro mwy na dim ond dangosyddion perfformiad meintiol fel sydd wedi ei wneud hyd yma. Fodd bynnag, yn gwbl groes i farn LlC, roedd CyG yn glir nad swyddfa CyG fyddai'n monitro gweithrediad Safonau'r Gymraeg ond y sefydliadau eu hunain sydd/a fydd yn destun y safonau (er nad oes manylion am sut y bydd hyn yn cael ei gyflawni eto). Nododd CyG yn gwbl ddiamwys hefyd nad CyG fyddai'n mesur effeithiolrwydd y safonau hyfforddiant iaith, ond y gweithleoedd eu hunain, a bod newid diwylliant yn dechrau digwydd ymysg nifer fawr o gyflogwyr i alluogi hynny. Awgrymodd CyG fod y newid diwylliant hwn o ganlyniad i ddyhead ymysg nifer o weithleoedd am weithlu sy'n medru darparu gwasanaethau yn ddwyieithog a bod hyfforddiant iaith yn cael ei weld fel rhan bwysig o hyn. O ganlyniad, awgrymodd CyG y bydd cyflogwyr yn cymryd mwy o berchnogaeth o hyfforddiant iaith a byddant yn disgwyl cael gwerth arian am eu buddsoddiad. Roedd pwyslais cryf gan CyG ar gyflogwyr i gymell newid mewnol yn hytrach na bod CyG yn 'rheoleiddio' yn yr ystyr eu bod yn cadw golwg ar ymddygiad gweithleoedd ac yn gofyn am newidiadau lle gwelir gwendidau neu ddiffyg gweithredu.

Amlygwyd y gwahaniaeth barn yma hefyd wrth gyfeirio at arolwg a gomisiynwyd gan LlC a edrychodd ar anghenion sgiliau Cymraeg gwahanol sectorau.[20] Roedd LlC yn amddiffynnol o'r canfyddiadau negyddol a amlygwyd yn yr astudiaeth hon (yng nghyswllt hyfforddiant iaith), gan nodi mai cyfrifoldeb CyG oedd monitro beth oedd yn digwydd o fewn y gweithleoedd sector cyhoeddus. Roedd CyG yn cydnabod y gwendidau a amlygwyd o fewn y gweithleoedd ond yn nodi bod nifer o'r rheiny bellach yn cymryd y mater yn fwy o ddifrif oherwydd yr angen am adnoddau dynol dwyieithog arnynt – a nodwyd y byddai'r gweithleoedd eu hunain yn monitro'r cynnydd. Mae'r enghraifft hon yn cynnig cipolwg cryno o'r gwahaniaeth barn clir a welwyd am gyfrifoldebau monitro.

Yn syml, yr hyn a glywyd oedd safbwynt CyG nad oedd cyfrifoldeb ganddynt i fonitro gweithrediad y safonau, a barn glir LlC mai CyG ddylai wneud. Ar y pwynt hwn, dygwyd chwaraewr arall i'r maes, sef y Ganolfan Dysgu Cymraeg Genedlaethol (CDCG) (a sefydlwyd yn 2016). Mynegodd LlC yn glir y dylai CDCG ddarparu arweiniad a chyngor i weithleoedd wrth iddynt weithredu'r safonau.

Roedd LlC a CyG yn gweld bod gan CDCG swyddogaethau penodol wrth fonitro llwyddiant hyfforddiant iaith yn fwy cyffredinol gan fod ganddi rôl ariannu, rôl ymgynghorol a rôl darparu'r hyfforddiant. Cynhwyswyd CDCG yn yr ymchwil ar y pwynt hwn a thra oedd hi'n derbyn ei rôl i gynghori a chefnogi gweithleoedd o ran yr hyfforddiant, nid oedd yn cytuno bod rôl ganddi i fonitro llwyddiant yr hyfforddiant iaith.

Wrth ystyried gwerth am arian hyfforddiant iaith yn y gweithle, nid oedd LlC yn gweld bod ganddi rôl i fonitro defnydd effeithiol o arian (yng nghyd-destun hyfforddiant iaith) ond o sefydlu CyG a CDCG, bellach mae ganddi reoleiddiwr a hyrwyddwr i gyflawni'r gwaith hwn drosti. O ddweud hyn, tybed a yw LlC yn cydnabod ei diffygion ei hun yn y gorffennol o wneud ychydig iawn i werthuso gwerth am arian ac effeithiolrwydd ei buddsoddiad yn flaenorol?

Casgliadau ac argymhellion

Oherwydd mai hon oedd yr astudiaeth gyntaf ym maes hyfforddiant iaith yn y Gymraeg, mae'n torri tir newydd ac yn cynnig canfyddiadau cwbl unigryw i faes cynllunio ieithyddol yng Nghymru. Mae'r gwaith yn ehangu ein gwybodaeth a'n dealltwriaeth am sut y mae hyfforddiant iaith yn cael ei reoli'n strategol ar y lefel meicro mewn gweithleoedd yn y sector cyhoeddus, ac yn wir am ba mor effeithiol ac effeithlon yw'r hyfforddiant hwnnw. Yn wyneb y pwyslais cynyddol sydd yna o sawl cyfeiriad (e.e. strategaeth miliwn o siaradwyr, prosiect *Cymraeg Gwaith*[21] CDCG a Safonau'r Gymraeg), hyderir y bydd y canfyddiadau o gymorth amserol ac ymarferol i gyfranddeiliaid amrywiol y maes.

Awgrymir mai gwerth a phwysigrwydd pennaf yr astudiaeth hon yw bod y dulliau meintiol ac ansoddol a ddefnyddiwyd ar gyfer casglu tystiolaeth o sawl ffynhonnell wahanol wedi cynnig gwybodaeth gynhwysfawr ac eang, sydd yn hollol newydd ym maes cynllunio ieithyddol yng Nghymru.

Cynllunio meicro v. macro
Cafwyd tystiolaeth glir yn yr astudiaeth hon i gadarnhau'r syniadaeth bod y broses gynllunio ieithyddol yn digwydd ar lefel sefydliadol a lleol (y lefel meicro) yn ogystal ag ar y lefel lywodraethol, genedlaethol (y lefel macro).[22] Fodd bynnag, yr hyn a ganfuwyd oedd er bod enghreifftiau o arfer da, bod y broses gynllunio gyfannol yn ddiffygiol ac aneffeithiol ar y cyfan.

Cyflwynwyd tystiolaeth (yng nghyd-destun hyfforddiant iaith) am sut yr oedd deddfwriaeth, polisïau, strategaethau a chanllawiau wedi cael eu creu ar lefel macro i'w gweithredu ar lefel meicro. Yn gyffredinol, fodd bynnag, cyfyngedig iawn oedd gweithrediad cynnwys y cynnyrch hwn ar y lefel meicro (sefydliadol) a phrin oedd dylanwad y sefydliadau hyn (e.e. o ran arfer da), ar y sefydliadau cenedlaethol (yn groes i'r hyn a ddisgrifia Liddicoat a Baldauf).[23] Yn ogystal, amlygwyd anallu ac aflwyddiant ByIG a CyG i sicrhau bod cynllunio ieithyddol ar y lefel macro (e.e. canllawiau ar sut i gynllunio hyfforddiant iaith, dulliau monitro hyfforddiant iaith, mesuryddion hyfforddiant iaith) yn cael ei weithredu ar y lefel meicro (y sefydliadau).

Yn ychwanegol at hynny, cyflwynwyd tystiolaeth yn yr astudiaeth hon nad oedd ByIG a CyG yn monitro rheolaeth hyfforddiant iaith mewn gweithleoedd ar sail canllawiau cenedlaethol yr oedd ByIG ei hun yn gyfrifol am eu llunio. Mae hyn yn groes i'r hyn y mae arbenigwyr fel Baldauf yn ei ddisgrifio fel y norm, a chynrychiola hyn ddiffyg amlwg yn y cylch a'r model cynllunio lle mae sefydliad lefel macro yn gosod canllawiau a disgwyliadau ar gyfer sefydliadau lefel meicro ond nad yw'n gweithredu ar sail y canllawiau hyn eu hunain.[24]

Prif argymhellion

Gellir rhannu'r argymhellion hyn i ddwy garfan:

Ar gyfer pwy	**Yr argymhelliad**
Gweithleoedd	• Cyn dechrau ar y gwaith cynllunio, dylai gweithleoedd fod yn glir ynghylch y rhesymau strategol dros fuddsoddi mewn hyfforddiant iaith a bod yn gwbl glir ynghylch y defnydd a fydd yn cael ei wneud o'r sgiliau iaith.
	• Eglurder ynghylch nodweddion megis gwerth am arian, goblygiadau amser hyfforddi, yr angen i ryddhau staff i ddysgu ac i ariannu hyfforddiant, dewis hyfforddiant addas a chefnogaeth allgyrsiol.
	• Mae'n allweddol bod y gweithle yn sefydlu nod clir a mesuradwy, ar lefel unigolyn, ar gyfer yr hyfforddiant a drefnir, a hynny er mwyn sicrhau bod yr hyfforddiant yn ateb gofynion penodol y cyflogai a'r cyflogwr, ac fel bod allbwn mesuradwy ar ddiwedd yr hyfforddiant a drefnwyd.
	• Mae angen i reolwyr gymryd cyfrifoldeb am fonitro cynnydd eu staff yn rheolaidd yn erbyn y nodau a osodwyd, gan ddarparu cefnogaeth fel bo'r angen i hwyluso hynny. Dylai rheolwyr sicrhau bod y gefnogaeth a roddir i ddatblygu sgiliau Cymraeg yn cael ei chynnig yn yr un modd ag yr ymdrinnir ag unrhyw faes datblygu arall yn y gweithle (boed yn gymhwyster galwedigaethol proffesiynol neu'n sgiliau hanfodol eraill fel TG).
	• Dylai gweithleoedd gyflwyno mesurau i sicrhau bod staff sy'n derbyn hyfforddiant iaith yn cymhwyso'r hyn a ddysgir i'r gweithle. Mae angen i'r cyflogwr osod disgwyliadau ar y dysgwyr i ddefnyddio'u Cymraeg wrth iddynt ennill y sgiliau priodol (yn hytrach nag ar ddiwedd y broses, os o gwbl), a bod hynny'n digwydd fel rhan o'u gwaith beunyddiol.
	• Sefydlu trefniadau a datblygu diwylliant o fewn y gweithle i gefnogi dysgwyr i ddefnyddio eu Cymraeg yn anffurfiol, a hynny ar ddwy lefel: (i) trwy gynnig rhagor o gymorth anffurfiol gan y tiwtor, a (ii) trwy gynnig hyfforddiant i staff sy'n rhugl eu Cymraeg ynghylch sut i gefnogi dysgwyr.
	• Dylid penodi mentor neu bencampwr ffurfiol i bob dysgwr. Prif ddiben y penodiad fyddai sicrhau bod siaradwr Cymraeg da/rhugl, sy'n gweithio yn yr un swyddfa/lleoliad â'r dysgwr yn siarad Cymraeg gyda'r dysgwr yn rheolaidd dan drefniant i'w gytuno arno. Dylid ystyried cyflwyno model newid ymddygiad ieithyddol *ARFer* lle mae'n briodol er mwyn cefnogi'r hyfforddiant iaith.[25]

LlC, GyG a CDCG	• Dylai CDCG ystyried cyhoeddi arweiniad i weithleoedd ar arfer da wrth gynllunio a rheoli hyfforddiant iaith yn y gweithle, gan seilio'r ddogfen ar yr hyn a gafwyd yn *Cynllunio a Rheoli Sgiliau Dwyieithog*.[26] • Dylai LlC gynnig arweiniad cenedlaethol i weithleoedd sector cyhoeddus eraill trwy weithredu cynllun hyfforddiant iaith strategol a dwys yn fewnol ar gyfer staff penodol, fel bod modd i LlC a chyrff cysylltiol eraill fel CyG a CDCG ei ddefnyddio fel model o'r hyn sy'n ddisgwyliedig ac yn bosibl. • Gan fod pwyslais CyG ar weld gweithleoedd yn monitro gweithrediad y safonau eu hunain, dylid adolygu natur yr adroddiadau monitro. Cynigir y dylid symud at fodel o hunan-arfarnu blynyddol gan weithleoedd a fyddai'n werthusol ac yn cynnig tystiolaeth ansoddol yn ogystal â meintiol am yr hyn a gynhwysir. Byddai hyn yn arwain at drefn gynllunio fwriadus ar gyfer yr hyfforddiant, dogfennau CAMPUS;[27] a thargedau a nodau a fyddai'n arwain at gynnydd. Byddai hefyd yn amlygu sut i adeiladu ar gryfderau a sut i roi sylw i wendidau. Mantais hyn fyddai creu dogfen fyw a fyddai'n arf rheolaethol ddefnyddiol i'r gweithle. • Ar sail creu adroddiadau hunan-arfarnu gan weithleoedd, cynigir y dylai CyG ystyried gweithredu model arolwg (tebyg i Estyn neu archwiliad ariannol) gan ddefnyddio'r adroddiad hunan-arfarnu fel sail i hynny. Byddai angen datblygu arbenigedd o fewn gweithlu CyG i wneud hyn ond awgrymir y byddai cynhyrchu data mwy ystyrlon a defnyddiol yn arwain at ddatblygiad cadarnhaol y maes, ac yn cynnig gwell gwerth am arian i CyG ac i'r gweithleoedd. • Mae angen deialog rhwng LlC, CyG a CDCG er mwyn sicrhau eglurder ynghylch swyddogaethau pob un wrth reoli hyfforddiant iaith. Dylai CyG a CDCG yn benodol gydweithio'n ffurfiol er mwyn rhannu gwybodaeth (arfer da, pryderon, anghenion) am yr hyn sy'n digwydd mewn gweithleoedd o safbwynt hyfforddiant iaith. Byddai hyn yn cyfoethogi dealltwriaeth y ddau gorff am yr hyn sy'n digwydd yn y gweithle ac yn fodd parhaus o hwyluso gwelliannau.

Meysydd ymchwil pellach
Adnabuwyd y prif feysydd ymchwil pellach yn sgil yr astudiaeth:

- Effeithiolrwydd prosesau monitro hyfforddiant iaith o fewn y gweithle yng nghyd-destun Safonau'r Gymraeg, gan ystyried effeithiolrwydd y cydweithio rhwng CyG, CDCG a darparwyr hyfforddiant iaith rhanbarthol er mwyn hwyluso hyn.
- Effaith hyfforddiant iaith ar newid ymddygiad ieithyddol (o ran y Gymraeg) un ai yng ngweinyddiaeth y sefydliad neu yn y gwasanaeth a gynigir i 'gwsmeriaid' gan y sefydliad. Cynigir y dylid cynnal gwaith penodol ar brosiect *Cymraeg Gwaith* fel rhan o hyn.
- Dulliau effeithiol o sicrhau mynediad at yr iaith darged, a defnydd cynyddol ohoni, gan ddysgwyr y tu allan i'r dosbarth (yn ôl yn y gweithle).
- Effaith Safonau'r Gymraeg ar effeithiolrwydd rheolaeth strategol hyfforddiant iaith o fewn y gweithle (unwaith mae Safonau'r Gymraeg ar waith ar draws pob sector).

Cloi

I gloi, mae'n briodol ac yn rhesymol nodi bod cyfundrefn hyfforddiant iaith yn y sector cyhoeddus yng ngogledd Cymru, yn gyffredinol, yn fecanwaith gwallus o safbwynt rheolaeth strategol y gweithleoedd arno. Ym mwyafrif yr achosion a astudiwyd, golygai hyn ddiffygion amlwg yn y tair prif elfen, sef y cynllunio, y darparu a'r cymhwyso. Gan nad oes rheswm busnes amlwg am y sefyllfa hon, gellir ond tybio bod y sefyllfa'n bodoli i raddau helaeth oherwydd cyfuniad o ofynion CIG a'r awydd gwleidyddol i gael eu gweld yn cefnogi'r Gymraeg.

Er yr eithriadau a welwyd i'r norm hwn, mae'n bur amlwg fod angen arweiniad cadarn ar gyflogwyr am y ffordd ymlaen. Edrychwyd ar rôl a safbwyntiau'r 'rheoleiddwyr' dros gyfnod o flynyddoedd yn yr astudiaeth hon, a chyda Safonau'r Gymraeg yn dechrau cael eu gweithredu, mae'n bwysig mesur effaith y drefn hon ar hyfforddiant iaith, yn arbennig oherwydd y gwahaniaeth barn sy'n bodoli rhwng CyG a LlC o safbwynt monitro eu gweithrediad. Mae gwir gyfle i CDCG gyda chynlluniau fel *Cymraeg Gwaith* i ymestyn eu dylanwad yn uniongyrchol ar weithleoedd, ac yn anuniongyrchol trwy gyfrwng CyG a LlC. Mae'n bosib y gallasai ieithoedd lleiafrifol eraill hefyd ddefnyddio canfyddiadau'r ymchwil hwn at ddibenion cynllunio eu hyfforddiant iaith hwythau.

Prif neges y gwaith hwn yw bod ffaeleddau amlwg wedi bod ers blynyddoedd yn rheolaeth sefydliadau o'r hyfforddiant iaith i'w staff, ond gyda newidiadau strwythurol a chyfreithiol i'r Gymraeg a hyfforddiant Cymraeg yn y cyfnod diweddaraf, mae cyfle i roi sylw i hyn ac i ddefnyddio'r newidiadau fel cyfrwng i gynnal ymchwil pellach yn y maes hwn.

Nodiadau

[1] LlCC, *Cyfarwyddyd Cynllunio Canolfannau Iaith 2006* (Caerdydd: LlCC, 2006), tt. 2–11.
[2] ByIG, *Cynlluniau Iaith Gymraeg: Eu paratoi a'u cymeradwyo yn unol â Deddf yr Iaith Gymraeg 1993* (Caerdydd: ByIG, 1996).
[3] LlCC, *Iaith Pawb* (Caerdydd: LlCC, 2003).
[4] LlCC, *Cymru'n Un* (Caerdydd: LlCC, 2007), t. 35.
[5] Mesur y Gymraeg (Cymru) 2011 (Caerdydd: Llywodraeth Cymru, 2011).
[6] Robert B. Kaplan a Richard B. Baldauf, *Language Planning: From Practice to Theory* (Clevedon: Multilingual Matters, 1997).
[7] Joan Rubin a Björn H. Jernudd, 'Introduction: language planning as an element in modernization', yn Joan Rubin a Björn H. Jernudd (goln), *Can Language be Planned?* (Honolulu: East West Center a Hawaii University Press, 1971), tt. xii–xxiv.
[8] A. J. Fishman, 'Comparative study of Language Planning: Introducing a Survey', yn Joan Rubin et al. (goln), *Language Planning Processes* (Den Haag: Mouton, 1977), tt. 31–40.
[9] Mae'n werth nodi y gall y tri math o gynllunio ieithyddol orgyffwrdd ar brydiau ac mae hynny'n wir yn y maes ymchwil dan sylw, e.e. gall cynllunio corpws ddylanwadu ar ddull neu ieithwedd cwricwlwm neu gwrs a ddefnyddir mewn gweithgareddau cynllunio caffael. Gwelwyd enghraifft o hyn yn y blynyddoedd diweddar wrth i Lywodraeth Cymru adolygu maes Cymraeg i oedolion (LlC, *Codi Golygon: adolygiad o Gymraeg i Oedolion* (Caerdydd: LlC, 2013)) a

chomisiynu adolygiad o adnoddau, methodolegau a dulliau dysgu'r maes fel rhan o'r gwaith (Mac Giolla Chriost et al., *Welsh for adults teaching and learning approaches, methodologies and resources: a comprehensive research study and critical review of the way forward* (Caerdydd: LlC, 2012)).

10 Anthony J. Liddicoat a Richard B. Baldauf, 'Language Planning in Local Contexts: Agents, Contexts and Interactions', yn Anthony J. Liddicoat a Richard B. Baldauf (goln), *Language Planning and Policy: Language Planning in Local Contexts* (Clevedon: Multilingual Matters, 2008), tt. 3–17.

11 LlCC, *Ein Hiaith: Ei Dyfodol* (Caerdydd: LlCC, 2002); LlCC, *Iaith Pawb* (Caerdydd: LlCC, 2003); LlC, *Iaith Fyw: Iaith Byw* (Caerdydd: LlC, 2012); LlC, *Cymraeg 2050: Miliwn o siaradwyr* (Caerdydd: LlC, 2017).

12 Deddf yr Iaith Gymraeg 1993 (Llundain: Gwasanaeth Ei Mawrhydi, 1993); Mesur y Gymraeg (Cymru) 2011.

13 ByIG, *Strategaeth ar gyfer yr Iaith Gymraeg* (Caerdydd: ByIG, 1996).

14 Alan Bryman, *Social Research Methods* (Rhydychen: Oxford University Press, 2012).

15 M. Hammersley, 'The Relationship between Qualitative and Quantitative Research: Paradigm Loyalty versus Methodological Eclecticism', yn John T. E. Richardson (gol.), *Handbook of Qualitative Research Methods for Psychology and the Social Sciences* (Caerlŷr: British Psychological Society, 1996), tt. 159–74; Bruce L. Berg, *Qualitative Research Methods for the Social Sciences* (Llundain: Allyn and Bacon, 1998); W. Lawrence Neuman, *Social Research Methods: Qualitative and Quantitative Approaches* (Boston: Pearson, 2006); Alan Bryman ac Emma Bell, *Business Research Methods* (Rhydychen: Oxford University Press, 2007).

16 John W. Creswell, *Research Design: qualitative, quantitative and mixed methods approaches* (Llundain: Sage, 2014).

17 ByIG, *Cyngor Iaith a Chyflogaeth: Dofgen gyngor i gynorthwyo sefydliadau cyhoeddus i ddatblygu gweithlu ddwyieithog* [sic] (Caerdydd: ByIG, 2009), t. 40.

18 Cyngor Sir Ynys Môn, *Cynllun Iaith Gymraeg*, 3ydd arg. (Llangefni: Cyngor Sir Ynys Môn, 2007), t. 16.

19 Cyfweliad gyda phrif weithredwr Bwrdd yr Iaith Gymraeg, 7 Ebrill 2011.

20 D. Vivian, M. Winterbotham, B. Gunstone a J. H. Hewitt, *Anghenion o ran Sgiliau Cymraeg mewn Wyth Sector* (Caerdydd: LlC, 2014).

21 Cynllun a ariennir gan LC ac a reolir gan y GDCG yw *Cymraeg Gwaith* lle mae modd i weithleoedd dderbyn hyfforddiant cymharol ddwys (dros bedair awr yr wythnos fel arfer) i'w staff yn rhad ac am ddim.

22 Kaplan a Baldauf, *Language Planning: From Practice to Theory*; Richard B. Baldauf, 'Rearticulating the Case for Micro Language Planning in a Language Ecology Context', *Current Issues in Language Planning*, 7/2 (2006), 147–70.
23 Liddicoat a Baldauf, 'Language Planning in Local Contexts: Agents, Contexts and Interactions'.
24 Baldauf, 'Rearticulating the Case for Micro Language Planning in a Language Ecology Context'.
25 A. T. Williams, 'Cynyddu'r Defnydd o'r Gymraeg yn y Gweithle Dwyieithog: Mewnwelediadau o'r Gwyddorau Ymddygiad' (traethawd PhD heb ei gyhoeddi, Prifysgol Bangor, 2021).
26 Cwmni Iaith, *Cynllunio a Rheoli Sgiliau Dwyieithog* (Castell Newydd Emlyn: Cwmni Iaith, 2006).
27 CAMPUS: Cyraeddadwy, Amserol, Mesuradwy, Penodol, Uchelgeisiol, Synhwyrol.

5

Cyfieithu cyfiawn? Cyfieithu ar y pryd yn llysoedd Cymru

Rhianedd Jewell, Catrin Fflûr Huws a Hanna Binks

Er gwaethaf ei natur anweladwy cynhenid, mae cyfieithu ar y pryd yn rhan ganolog o achosion llys yng Nghymru. Mae tuedd i ystyried cyfieithu ar y pryd fel rhywbeth ymylol, gweithred fecanyddol sy'n caniatáu tryloywder llwyr fel y gall gweithgareddau swyddogol o bob math ddigwydd yn ddwyieithog. Ond gall dylanwad ac arwyddocâd cyfieithu ar y pryd fod yn sylweddol ac mae ei rôl yn gynyddol bwysig i weithleoedd ar draws Cymru, gan gynnwys llysoedd barn. Ers cyflwyno Deddf yr Iaith Gymraeg 1967, rhoddwyd yr hawl i unrhyw barti, tyst neu berson arall ddefnyddio'u dewis iaith yn y llys, ond gan nad ydy'r ddeddf hon na Deddf yr Iaith Gymraeg 1993 yn gwarantu barnwr na rheithgor o siaradwyr Cymraeg, rhaid wrth gyfieithwyr ar y pryd i alluogi tegwch ieithyddol a chyfreithiol yn y Gymraeg.

Rôl cyfieithydd ar y pryd yw trosglwyddo gwybodaeth yn ffyddlon ac yn gywir o un iaith i'r llall. Mae llawer o weithleoedd yng Nghymru yn dibynnu ar gywirdeb a ffyddlondeb cyfieithu ar y pryd i'w galluogi i weithredu'n ddwyieithog. Fel yn achos cyfieithu ysgrifenedig mewn cyd-destun proffesiynol a thechnegol, disgwylir i gyfieithiadau llafar weithredu'n dryloyw ac yn niwtral, gan gynhyrchu fersiwn hollol debyg o'r geiriau gwreiddiol yn yr iaith darged. Ond i ba raddau y gall unrhyw gyfieithiad fod yn niwtral, ac o ystyried pwysau a phwysigrwydd canlyniadau achosion llys, beth yw goblygiadau hynny mewn cyd-destun cyfreithiol? Diben y bennod hon yw ystyried i ba raddau y mae cyfieithu ar y pryd yn sicrhau tegwch a chysondeb mewn cyddestun cyfreithiol, a pha newidiadau y gellir eu cyflwyno i'w wella. At hynny, ym mis Ionawr 2020 cynhaliwyd ffug achos llys ar ffurf gweithdy theatr fforwm er mwyn ystyried sut mae cyfieithu ar y pryd yn effeithio ar y rheini sy'n bresennol gan gynnwys y rheithgor, y tystion eu hunain a'r cyfreithwyr. Ystyriwyd cwestiynau megis, i ba raddau y gall y rheithgor a'r barnwr ymddiried mewn cyfieithiad ar y pryd? A yw ffactorau ymarferol, corfforol ac ieithyddol megis lleoliad a llais y cyfieithydd yn cael dylanwad? Ac a ydy unigolyn yn cael ei drin yn gyfiawn, felly, wrth ddewis defnyddio cyfieithydd ar y pryd?

Methodoleg

Mae cyfieithu ar y pryd mewn cyd-destun cyfreithiol wedi derbyn sylw cynyddol ac mae sawl astudiaeth wedi mabwysiadu dulliau dadansoddi ac arsylwi amrywiol er mwyn archwilio i'r pwnc, er nad oes yr un astudiaeth wedi edrych ar gyd-destun y Gymraeg yn benodol. Mae astudiaethau wedi dadansoddi trawsysgrifiadau o gyfieithiadau mewn achosion llys,[1] arsylwi gwaith ac ymddygiad cyfieithwyr mewn achosion llys byw,[2] cynnal cyfweliadau â chyfieithwyr ac ynadon,[3] yn ogystal â dadansoddi ymatebion ffug reithwyr i gyfieithiadau ar ffurf arbrofion.[4] Er bod yr astudiaethau hyn yn ystyried sawl safbwynt a phrofiad gwahanol, nid ydynt yn galluogi'r unigolion dan sylw i newid ac arbrofi â'r profiad eu hunain. Mae'r cyfranogwyr wedi'u cyfyngu gan weithdrefnau presennol y llys, ac er eu bod yn dymuno gwneud awgrymiadau, ni allant brofi'r newidiadau hyn ac asesu eu llwyddiant. Dull sy'n gallu cyflawni'r amcan hwn yn well yw theatr fforwm, techneg a ddatblygwyd gan Augusto Boal. Mae Boal yn disgrifio ei waith fel 'theatr ddeddfu' sy'n archwilio sut y gellir creu patrwm i newid y gyfraith, yn ogystal â 'theatr y gorthrymedig' sy'n galluogi'r rheini heb lais i fynegi eu barn am effaith darpariaethau arnynt.[5] Amcan theatr fforwm yw caniatáu rhyddid a hyblygrwydd, ac mae'r gweithgaredd yn datblygu ac yn newid yn ôl ymateb y cyfranogwyr. Bwriedir creu awyrgylch sy'n galluogi cyfranwyr i deimlo'n fwy cyfforddus a mynegi eu barn a'u hymateb i'r sefyllfa yn naturiol, agored ac onest.

Er mwyn atgynhyrchu profiad llys, defnyddiwyd cyfieithwyr a chyfreithwyr proffesiynol sydd â phrofiad o weithio yn llysoedd Cymru, actorion proffesiynol i gymryd rhannau'r tystion ac aelodau o'r cyhoedd i ffurfio'r rheithgor. Roedd yr wyth rheithiwr yn cynnwys cymysgedd o siaradwyr Cymraeg a Saesneg ac o ddynion a menywod.[6] Arweiniwyd y gweithdy theatr fforwm gan gyfarwyddwr theatr, sydd wedi gweithio'n eang â theatr ddwyieithog, a oedd yn annog trafodaeth a chyfraniadau llafar gan y cyfranogwyr. Paratowyd datganiadau tystiolaeth dau barti, un siaradwr Cymraeg ac un siaradwr di-Gymraeg, am ddwy sefyllfa ffuglennol wahanol ac fe'u hanfonwyd at y cyfarwyddwr, y cyfreithwyr a'r cyfieithwyr fel bod cyfle iddynt baratoi. Yn sefyllfa 1 cyhuddwyd y diffynnydd o daro menyw gyda'i gar. Yn sefylla 2 cyhuddwyd y diffynnydd o ddwyn eitem o archfarchnad drwy beidio â sganio'r eitem wrth y til awtomatig. Cynlluniwyd dau senario lle nad oedd euogrwydd y diffynyddion yn glir fel bod modd i'r rheithgor ganolbwyntio'n ddi-duedd ar y dystiolaeth a'r cyfieithiad.

Dechreuwyd gyda phrif ymholiad gan un o'r cyfreithwyr gydag atebion y diffynnydd yn cael eu cyfieithu. Rhoddwyd cyfle wedyn i'r holl gyfranogwyr, y rheithwyr, cyfreithwyr, actorion neu'r cyfieithwyr eu hunain, gynnig adborth ar y sefyllfa, ac fe'i hailchwaraewyd gan ymgorffori'r diwygiadau. Cafodd pawb y cyfle i drafod gwahanol brofiadau a safbwyntiau y rheini sy'n rhan o achos llys dwyieithog er mwyn deall goblygiadau'r broses yn fwy cyflawn. Ystyriwyd dylanwad amrywiaeth o ffactorau ymarferol, ieithyddol a chorfforol megis lleoliad y cyfieithydd, llais y cyfieithydd, cywair, tafodiaith a llif yr achos llys ei hun, ac o ganlyniad daeth sawl ystyriaeth ddiddorol i'r amlwg. Trafodir y canfyddiadau a'r awgrymiadau yn fanylach isod. Dosbarthwyd hefyd holiaduron er mwyn casglu data ysgrifenedig manylach am brofiadau pawb yn y gweithdy ac mewn achosion llys go iawn.

Astudiaethau cyfieithu ar y pryd

Cyn troi at ganfyddiadau'r gweithdy, rhaid ystyried natur cyfieithu ar y pryd yn ehangach a'i gyd-destun theoretig. Mae temptasiwn i ystyried cyfieithu a chyfieithu ar y pryd fel dwy ochr o'r un geiniog, yn enwedig gan fod nifer o gyfieithwyr ysgrifenedig proffesiynol yn ymgymryd â gwaith cyfieithu ar y pryd ac fel arall yng Nghymru. Fel y noda Judith Kaufmann, mae'r term am y ddwy dasg yn wahanol mewn llawer o ieithoedd eraill megis *translation* ac *interpretation* neu *tradurre* ac *interpretare*, ond yn y Gymraeg disgrifir y ddwy weithred gan yr un gair, 'cyfieithu'. Ym marn Kaufmann, 'Dichon fod y Gymraeg yn defnyddio'r un gair i ddisgrifio'r ddau weithgarwch oherwydd i'r cyfieithwyr fod yn gyfrifol am gyflawni'r ddwy dasg yng Nghymru.'[7] Serch hynny, fel arfer yn achos ieithoedd eraill, cyflewnir y rolau hyn gan bobl wahanol mewn gweithleoedd gwahanol gan fod sgiliau ac arbenigedd penodol ar gyfer y ddwy dasg. Nid pawb sy'n cyfieithu ar bapur sy'n hyderus i gyfieithu ar y pryd, ac i'r gwrthwyneb.

Cred nifer o ddamcaniaethwyr allweddol ym maes astudiaethau cyfieithu fod cyfieithu a chyfieithu ar y pryd yn annibynnol o safbwynt theoretig, yn bennaf gan mai gweithred 'fecanyddol' ydy cyfieithu ar y pryd yn eu tyb hwy. Er enghraifft, dyma ddisgrifiad Friedrich Schleiermacher o gyfieithu ar y pryd, academydd ac athronydd y mae ei waith yn ganolbwynt i astudiaethau cyfieithu: 'a merely mechanical task that can be performed by anyone with a modest proficiency in both languages, and where, so long as obvious errors are avoided, there is little difference between worse and better renditions'.[8] Nid oes gan gyfieithwyr ar y pryd yr un rhyddid â chyfieithwyr testunol sy'n gallu dethol dull cyfieithu penodol. Gall y cyfieithydd testunol leoli'r darn ysgrifenedig mewn cyd-destun diwylliannol penodol drwy ei ddomestigeiddio neu ei estroneiddio.[9] Fe all flaenoriaethu gair y darn yn hytrach na'r ystyr a phwysleisio arddull barddonol prydferth y gwaith. Fe all hyd yn oed berchnogi'r darn i raddau ei hunan a throsi'r testun i lais newydd yn ogystal ag iaith newydd. Nid felly y cyfieithydd ar y pryd. Ys dywed Lawrence Venuti, 'Technical translation is fundamentally constrained by the exigencies of communication

… literary translation remains a discursive practice where the translator can experiment in the choice of foreign texts and in the development of translation methods.'[10]

Ar y llaw arall, gellir cydnabod mai math ar gyfieithu ydy cyfeithu ar y pryd sy'n cwmpasu llawer o ddadleuon ehangach am ffyddlondeb, cywirdeb a chynulleidfa.[11] Dadleua Daniel Gile fod y ddwy ddisgyblaeth yn haeddu sylw annibynnol ond mae'n pwysleisio,

[S]ince translation and interpreting share so much, the differences between them can help shed light on each, so that besides the autonomous investigation of their respective features, each step in the investigation of one can contribute valuable input towards investigation of the other.[12]

Er hynny, nid yw'r meysydd wedi derbyn yr un sylw gan feirniaid a damcaniaethwyr, ac mae cyfieithu ar y pryd wedi derbyn llai o sylw o safbwynt theoretig.[13] Diddorol yw nodi bod hanes cyfieithu ar y pryd fel gweithred yn hŷn na chyfieithu ysgrifenedig, ond fel maes academaidd mae'n llawer iau.[14] Mae gwreiddiau trafodaethau theoretig am gyfieithu yn nghyfnod y Rhufeiniaid ond fe dyfodd yn ddisgyblaeth academaidd yn ystod yr ugeinfed ganrif.[15] Mae'r trosolwg o'r maes yn yr ugeinfed ganrif a gyflwynir yn *The Translation Studies Reader* (2000) yn dechrau gyda gwaith enwog Walter Benjamin a ysgrifennwyd yn 1923,[16] tra crybwyllwyd cyfieithu ar y pryd gan academyddion yn gyntaf yn ystod y 1950au a'r 1960au.[17] Mae'r ddau faes wedi derbyn sylw cynyddol dros y tri degawd diwethaf ac fe gyhoeddwyd sawl cyfrol arloesol sy'n archwilio cyfieithu ar y pryd fel disgyblaeth annibynnol ar ddechrau'r mileniwm, gan gynnwys *The Interpretation Studies Reader* (2002) ac *Introducing Interpreting Studies* (2004).[18]

Yn draddodiadol, rhennir y ddwy ddisgyblaeth rhwng ffurfiau cyfieithu ysgrifenedig a chyfieithu llafar, ond fel y mae Franz Pöchhacker yn dadlau, nid ar lafar y cyflewnir pob math ar gyfieithu ar y pryd. Ys dywed Pöchhacker,

Within the conceptual structure of Translation, interpreting can be distinguished from other types of translational activity most succinctly by its immediacy: in principle, interpreting is performed 'here and now' for the benefit of people who want to engage in communication across barriers of language and culture.[19]

Yn yr ystyr hwn, mae hi'n broblematig nad oes term safonol gwahanol yn y Gymraeg i gyfleu'r weithred 'interpreting' sy'n cwmpasu'r gwahanol fathau ar gyfieithu a wneir yn y fan a'r lle.[20] At ddiben y drafodaeth hon, felly, defnyddir y term 'cyfieithu uniongyrchol' i gyfleu mathau ar gyfieithu byw megis cyfieithu ar y pryd. Seilir diffiniad Pöchhacker ar ddadansoddiad arloesol Otto Kade o waith cyfieithu uniongyrchol a luniwyd yn 1968.[21] Pwysleisia Kade mai amser yw'r gwahaniaeth allweddol rhwng cyfieithu a chyfieithu uniongyrchol. Yn ôl Kade, yn wahanol i gyfieithiad testun, cyflwynir deunydd yr iaith ffynhonnell unwaith yn unig ac nid oes modd ei adolygu na'i ailgyflwyno. Ymhellach, cynhyrchir y cyfieithiad uniongyrchol yn yr iaith darged o dan bwysau amser ac yn yr un modd nid oes modd ei gywiro na'i addasu.[22] Fel yr esbonia Sandra Hale, 'The interpreter's output, unlike translation, cannot be edited once uttered. If it is, in the form of backtracking or self-correction, it can have negative repercussions on the original speaker.'[23] Gall cyfieithu uniongyrchol gwmpasu cyfieithu llafar megis cyfieithu ar y pryd, cyfieithu testun megis isdeitlo byw neu ddulliau cyfieithu byw eraill megis cyfieithu iaith arwyddion. O achos natur uniongyrchol y dasg, mae pwysau ychwanegol ar waith cyfieithydd uniongyrchol o ran cywirdeb, ac yn aml ychwanegir at hyn gan straen cyd-destun y gwaith, megis mewn achosion llys.

Cyfieithu ar y pryd yn y llys

Mae cyfieithwyr ar y pryd yn wynebu heriau pellach yn yr ystafell lys, rhai sy'n gysylltiedig yn anochel â'r cyd-destun cyfreithiol a rhai sy'n ymwneud ag amgylchiadau ac amodau'r gwaith cyfieithu. Yn y lle cyntaf, mae hi'n hanfodol o safbwynt moesegol bod cyfieithwyr yn gwneud pob ymdrech i gyfieithu popeth yn gywir ac yn ffyddlon. At hynny, mae gofyn i gyfieithwyr dyngu llw yn y

Cyfieithu Cyfiawn?

llys cyn cychwyn ar y gwaith. Yn ôl Moira Inghilleri, mae pwrpas ymarferol a moesegol i'r llw a dyngir ac i'r codau ymarfer sydd gan gyfieithwyr.

> From a language perspective, such codes are seen to limit the potential for misunderstanding and guarantee that interpretations are true and accurate. From an ethical perspective, they are deemed to provide the necessary ground rules for ethical conduct primarily through the maintenance of 'neutrality' and the 'faithful' reproduction of original utterances – the adherence to truth.[24]

Cymerir yn ganiataol y bydd y codau hyn yn rhwystro cyfieithwyr rhag creu tuedd mewn achos llys o fwriad, er enghraifft drwy hepgor, newid neu wyrdroi yr hyn a gyfieithir er lles y naill barti neu'r llall. Mater i'w drafod, wrth gwrs, ydy faint o reolaeth sydd gan y cyfieithydd dros hyn beth bynnag yw eu hewyllys nhw wrth wneud y gwaith.

Ymhellach, nid yr iaith ei hun yw'r unig beth a drosir wrth gyfieithu ar y pryd. Disgwylir i'r cyfieithydd gyfleu pob agwedd ar y mynegiant yn ffyddlon: emosiwn, tôn, cywair, cyflymder, elfennau oll sydd yn siapio'r hyn a gyfathrebir.[25] Gellir dadlau bod cyfleu naws y cyfieithiad yn ffyddlon yn bwysicach fyth mewn achos llys, oherwydd wrth i reithwyr ffurfio barn, nid y geiriau yn unig a all ddylanwadu ar eu hargraff, ond sut y caiff y dystiolaeth honno ei chyflwyno. A ydy'r diffynnydd yn ymddangos yn onest, yn nerfus, yn gredadwy? Dyletswydd y cyfieithydd yw cyfleu hynny gan adleisio ac efelychu yr hyn y mae ef neu hi yn ei glywed yn wreiddiol. O gofio'r gred gyffredin anffodus mai rôl ymylol sydd gan y cyfieithydd, mae hi'n hollbwysig ystyried goblygiadau gwaith cyfieithydd gwael yn y cyd-destun hwn. Mae sawl astudiaeth wedi dangos pwysigrwydd sicrhau hyfforddiant a phroffesiynoldeb cyfieithwyr mewn achosion llys, ac yng Nghymru mae'n rhaid i gyfieithwyr fod yn hyfforddedig.[26] Yn ôl rheolau Llywodraeth San Steffan, ar y llaw arall, nid oes rhaid defnyddio cyfieithydd proffesiynol mewn achosion llys, ac fe all diffynnydd ofyn i aelod teuluol, er enghraifft, gyfieithu ar ei ran. Annhebyg iawn yw hi y byddai pob diffynnydd yn ymwybodol o'r peryglon posibl a fyddai'n gysylltiedig â'r dewis hwn. O ystyried yr anghysondeb rhwng yr ymarfer yng Nghymru ac yn Lloegr, mae hi'n bosibl y gellid tanseilio'r rheol am gyfieithydd hyfforddedig yng Nghymru hefyd.

Fel y nodwyd eisoes, amser yw un o'r ffactorau pwysicaf sy'n gwahaniaethu rhwng cyfieithu testunol a chyfieithu llafar, ond mewn achosion llys mae'r amser hwnnw yn fwy cyfyngedig fyth. Yn ôl y cyfieithwyr a holwyd, fel arfer ni ddarperir manylion am natur yr achos ymlaen llaw felly nid oes modd gwneud gwaith paratoi megis canfod geirfa berthnasol a therminoleg arbenigol, gwaith angenrheidiol fel y dengys ymchwil Holly Mikkelson.[27] Am hynny, mae'r cyfieithwyr yn wynebu sefyllfa oer a newydd mewn sawl ystyr. Wrth gyfieithu mewn cyfarfodydd, er enghraifft, yn aml bydd cyfieithwyr yn gweithio gyda'r un pwyllgorau a'r un aelodau o staff yn rheolaidd. Mae hyn yn rhoi cyfle i'r cyfieithydd ddod i arfer â lleisiau unigolion, eu tafodiaith, eu cywair a'u ffordd o siarad. Yn ôl cyfieithwyr y gweithdy, mae angen amser i ymgyfarwyddo â'r sawl yr ydych yn ei gyfieithu, ac mae hyn yn arbennig o heriol mewn achos llys gan nad oes cyfle i'r cyfieithydd glywed yr unigolyn o gwbl ymlaen llaw.

O ystyried bod gwaith cyfieithwyr mewn llysoedd yn unigryw, ac o ystyried y gall fod yn dyngedfennol i'r sawl a gyfieithir, mae hi'n hollbwysig bod hyfforddiant priodol ar gael iddynt. Ys dywed Susan Berk-Seligson, 'there is a crying need for the courts themselves to provide their staff interpreters with guidelines on what constitutes good and bad interpreting'.[28] Er bod sesiynau hyfforddi penodol yn cael eu darparu gan Gymdeithas Cyfieithwyr Cymru er mwyn gweithio tuag at gydnabyddiaeth 'Maes Arbenigedd Proffesiynol Cyfieithu ar y Pryd yn y Llysoedd', nid pawb sy'n ymwybodol ohonynt gan fod atebion yr holiaduron i'r pwynt hwn yn gymysg iawn. Ymhellach, bydd ymchwil y bennod hon yn awgrymu nad y cyfieithwyr yw'r unig rai y mae angen hyfforddiant arnynt er mwyn gweithio yn llysoedd dwyieithog Cymru. Mae rôl weithredol bwysig hefyd gan y rheini sy'n gwrando ar ac yn gwneud defnydd o'r cyfieithiad a glywant, a dyma o bosibl ydy'r bwlch mwyaf sydd angen ei lenwi.

Mae cyfieithu ar y pryd yn llysoedd Cymru yn cyflwyno nifer o ystyriaethau pellach. Yn gyntaf, mae'r dull cyfieithu yn wahanol i'r

Cyfieithu Cyfiawn?

arfer. Ceir tri math ar gyfieithu llafar uniongyrchol: cyfieithu olynol neu gydolynol, lle y mae unigolyn yn siarad yn yr iaith wreiddiol a'r cyfieithydd yn cyfieithu ar ôl iddynt orffen; cyfieithu crynhoi, lle y mae'r cyfieithydd yn crynhoi yr hyn a ddywedir yn yr iaith wreiddiol, unwaith eto ar ôl i'r unigolyn orffen siarad; a chyfieithu ar y pryd, lle y mae'r cyfieithydd yn gwrando ar y siaradwr ac yn cyfieithu'r hyn a ddywed ar yr un pryd. Cyfieithu olynol a ddefnyddir fel arfer mewn achosion llys, er enghraifft yn Lloegr a'r Unol Daleithiau, a hynny er mwyn osgoi gorgyffwrdd rhwng yr iaith wreiddiol a'r cyfieithiad, ond yng Nghymru defnyddir cyfieithu ar y pryd.[29] Mae pwysau gwahanol ar y cyfieithydd yn achos yr holl dechnegau hyn. Mae pwysau ar gof y cyfieithydd olynol a'r cyfieithydd crynhoi gan fod llawer i'w drosi ar unwaith, tra bod pwysau ar brosesau meddwl y cyfieithydd ar y pryd gan fod disgwyl iddynt wneud dau beth ar yr un pryd: gwrando a throsi.[30]

Cyfieithu o'r Gymraeg i'r Saesneg a wneir fel arfer, ac yn llai aml ceir galw am gyfieithu o'r Saesneg i'r Gymraeg. Dylid nodi mai cyfieithu o un iaith yn unig y dylai cyfieithydd ei wneud yn ôl gofynion proffesiynol y grefft, ac yn ôl cyfieithwyr y gweithdy, arfer wael iawn ydy cyfieithu o'r Saesneg i'r Gymraeg ac o'r Gymraeg i'r Saesneg yn yr un digwyddiad o achos y straen feddyliol ychwanegol a rydd hyn ar y cyfieithydd.[31] Mae hi'n hollbwysig osgoi blinder er mwyn cynnal safon y gwaith cyfieithu felly mae disgwyl i gyfieithwyr weithredu mewn pâr neu dîm mewn achosion hir. At hynny, mae'r Cenhedloedd Unedig wedi pennu y gall cyfieithydd weithredu'n effeithiol am hyd at 30 munud ar y tro.[32] Serch hynny, nododd nifer o'r cyfieithwyr eu bod wedi cytuno i gyfieithu o'r ddwy iaith pan ofynnwyd iddynt ar fyr rybudd. Esboniwyd y byddai gwrthod y cais wedi golygu bod rhaid gohirio'r achos llys er mwyn trefnu ail gyfieithydd, rhywbeth a fyddai wedi achosi pryder a straen ychwanegol i'r diffynnydd. Rhaid cofio y byddai hyn hefyd wedi golygu oedi i'r cyfieithwyr o ran derbyn gwaith a'u tâl am y gwaith hwnnw. Mae'r pwysau ar gyfieithwyr yn y llys yn sylweddol heb ychwanegu baich fel hwn at eu swyddogaeth.

Ymhellach, mae cyd-destun ieithyddol llysoedd Cymru yn wahanol o achos natur ddwyieithog y wlad. Fel arfer, defnyddir gwasanaeth cyfieithu ar y pryd i drosi geiriau rhywun nad yw'n siarad nac yn deall iaith y llys, megis y Saesneg. Yn achos y Gymraeg, bydd y rhan helaeth o'r bobl a fydd yn siarad Cymraeg yn y llys hefyd yn gallu siarad Saesneg. Yn ôl Deddf Llysoedd Cymru 1942 a roes yr hawl i ddiffynnydd ddefnyddio'r Gymraeg mewn llys barn am y tro cyntaf, rhaid oedd profi y byddai'r diffynnydd dan anfantais pe na bai'n cyfathrebu trwy gyfrwng ei famiaith, sef y Gymraeg.[33] Nid oedd Deddf Llysoedd Cymru yn cynnig gwir hawl i ddefnyddio'r Gymraeg, felly, ac fel yr esbonia Judith Kaufmann,

> Anfoddhaol oedd geiriad y ddeddf hon i lawer o Gymry. Cyfyngid hwy mewn dwy ffordd: caniateid siarad Cymraeg dim ond i'r sawl a oedd yn *meddwl* ei fod dan anfantais, ac yna'r sawl a oedd yn meddwl ei fod dan anfantais *oherwydd* mai Cymraeg oedd ei iaith. Nid oedd pobl yn fodlon gweld y Gymraeg ynddi ei hun yn anfantais. Ar ben hynny, nid y cyhuddedig neu'r tyst a gâi benderfynu a oedd dan anfantais neu beidio, ond yn hytrach y llys ei hun.[34]

Heddiw, nid oes rhaid i ddiffinyddion brofi diffyg dealltwriaeth o'r Saesneg i allu defnyddio'r Gymraeg yn sgil Deddf Iaith 1967. Mae'r hawl gan bawb i siarad Cymraeg yn y llys, a dewis iaith ydy'r Gymraeg i'r rhan fwyaf yn hytrach na mater o anghenraid cyfathrebu. Mae gan hyn nifer o oblygiadau. Yn y lle cyntaf, achosion llys dwyieithog ydy'r rheini sy'n gwneud defnydd o'r Gymraeg mewn gwirionedd. Mae hi'n debygol y bydd rhai o'r cyfreithwyr, yr ynadon a'r rheithwyr yn deall y Gymraeg, ac felly nid pawb fydd yn gwrando ar y cyfieithydd. Nid yw cyflymder ac eglurder yr achos llys, felly, yr un peth i bawb yn yr ystafell.

Yn ail, oherwydd gall nifer o ddiffynyddion siarad Saesneg, mae rhai yn dewis peidio â siarad Cymraeg gan ddibynnu ar gyfieithu ar y pryd. Noda Judith Kaufmann mai mater o osgoi trafferth ydy hyn gan nad yw'r Cymry Cymraeg yn dymuno '[t]ynnu sylw atynt eu hunain drwy ofyn am gael siarad Cymraeg', rhywbeth a adleiswyd gan brofiadau cyfieithwyr y gweithdy.[35] Ychwanega Kaufmann, 'hyd heddiw ceir tystiolaeth anecdotaidd gan gyfieithwyr bod y gred yn dal yn gryf bod gan reithwyr ragfarn yn erbyn y cyhuddedig, pa mor fychan neu anymwybodol y bo, os clywant y dystiolaeth trwy glustffonau'.[36]

Mae dirfawr angen gwaith ymchwil pellach i'r agwedd bwysig hon ar gyfieithu ar y pryd yn llysoedd Cymru, ond nid oes lle i'w hystyried yn fanwl yn y bennod hon. Canolbwyntia'r gwaith ymchwil presennol ar yr argymhellion ymarferol pwysicaf a gododd yn y gweithdy theatr fforwm, sef y newidiadau y gellir eu gwneud i leoliad y cyfieithydd, i'r offer cyfieithu, i'r hyfforddiant, i lais y cyfieithydd ac i'r cofnodion ysgrifenedig a gedwir o'r cyfieithiadau. Trafodir pob un o'r argymhellion hyn yn fanwl isod.

Lleoliad y cyfieithydd

Un o'r arbrofion cyntaf a wnaed i ofod y gweithdy dan arweiniad y cyfranwyr oedd newid lleoliad y cyfieithydd. Mae'r cysyniad o'r cyfieithydd anweladwy yn ddarlun cyffredin iawn ym maes astudiaethau cyfieithu, ond yn y cyd-destun cyfreithiol hwn, mae'r cyfieithydd yn aml yn hollol weladwy ac amlwg yn yr ystafell lys.[37] Yn ôl y cyfieithwyr, gall eu lleoliad amrywio'n sylweddol mewn ystafelloedd llys ar draws Cymru, ac mae'r amrywiaeth hon yn dylanwadu ar eu gallu i gwblhau eu gwaith i'r safon uchaf ac ar ymateb y rheithgor i'r cyfieithu ei hun. Mewn dau lys barn Cymreig ceir bwth cyfieithu gwrthsain penodol sy'n cynnwys yr isadeiledd cywir ar gyfer gwaith cyfieithu ar y pryd. Ystafell fach wrth ymyl yr ystafell lys yw bwth lle y defnyddir meicroffon a chlustffonau i drosglwyddo sain yr achos llys i'r cyfieithydd ac i'r gwrthwyneb. Drwy weithio mewn bwth, nid yw'r cyfieithydd yn rhan gorfforol, weladwy o'r achos llys ei hun. Mae ei waith, ei lais a'i eiriau wedi'u cuddio i raddau o feddylfryd cyfranwyr yr achos. Mewn llysoedd eraill, gall y cyfieithydd fod yn yr un ystafell ac nid oes unrhyw reolau ynghylch pellter y cyfieithydd o'r unigolyn/ unigolion a gyfieithir. Dan yr amgylchiadau hynny, mae gofyn i'r cyfieithydd sibrwd y cyfieithiad i'r meicroffon fel nad yw'r geiriau Saesneg yn amharu ar sain y Gymraeg wreiddiol.

Yn y gweithdy awgrymwyd gosod y cyfieithydd yn agos at y tyst yn gyntaf ac yna fe'i symudwyd y tu ôl i sgrin er mwyn ceisio efelychu natur y bwth cyfieithu. Wrth osod y sgrin, sicrhawyd bod modd i'r cyfieithydd weld y tyst ond nad oedd modd i'r rheithgor na'r cyfreithwyr weld y cyfieithydd. Tra oedd y cyfieithydd wrth ymyl y tyst, nodwyd bod sylw y rheithwyr wedi'i rannu a bod y tyst ei hun hefyd yn teimlo'n chwithig. Yr oedd y tyst yn fwy ymwybodol o'r hyn a ddywedodd gan ei bod hi'n gallu clywed geiriau'r cyfieithydd, sef rhywbeth a noda Judith Kaufmann, 'The mere presence of an interpreter at an event can make people aware of their relationships and of the languages they speak, thus questioning their usual patterns of language use and their attitudes towards each other.'[38]

Yn sgil symud y cyfieithydd y tu ôl i'r sgrin, roedd y rheithwyr, y tyst a'r cyfieithydd yn gytûn ei bod hi'n haws canolbwyntio. Gallai'r rheithwyr glustnodi eu sylw i ystumiau ac wyneb y tyst gan wrando ar y cyfieithiad yn unig. Er gwaethaf y ffaith bod defnydd cynyddol o wasanaethau cyfieithu ar y pryd erbyn hyn mewn gweithleoedd ar draws Cymru, nid pawb sy'n gyfarwydd â'r broses, ac yn ôl un rheithiwr mae chwilfrydedd anochel yn gallu tynnu sylw at y cyfieithydd sydd yn yr ystafell.

Mae eglurder yr un mor bwysig i'r cyfieithwyr ag ydyw i'r rheini sy'n gwrando ar y cyfieithiad. Nododd un cyfieithydd yn ei holiadur, 'Rhaid i'r cyfieithydd allu clywed pob dim neu ni all gyflawni'i waith yn iawn a sicrhau tegwch i bawb.' Am y rheswm hwnnw, cyfieithu mewn bwth sydd orau oherwydd bod modd rheoli'r sain ynddo a sicrhau bod popeth yn glir a chlywadwy i'r cyfieithydd. Gall bwth hefyd gynnig mwy o hyder i'r cyfieithydd gan nad yw'n amharu ar sain yr ystafell gyfan ac nid oes gofyn iddo sibrwd. Wrth reswm, math ar berfformio yw cyfieithu ar y pryd. Mae'r cyfieithydd yn sefyll yn esgidiau ieithyddol yr unigolyn y mae'n ei gyfieithu, gan efelychu pob elfen o'r hyn y mae e'n ei ddweud. Fel yn achos unrhyw berfformiad, gall cael cynulleidfa fwy o faint gael effaith arwyddocaol, yn enwedig os nad ydy'r gynulleidfa honno yn dymuno clywed geiriau'r actor! Serch hynny, nododd un cyfieithydd y byddai'n dewis bod yn yr un ystafell i gyfieithu am ei bod hi'n haws gweld wyneb y sawl a gyfieithir. Cyfaddefodd, wrth gwrs, fod ansawdd y sain yn well mewn bwth ac nad oedd llawer o brofiad ganddo o wneud hynny gan nad oes llawer ohonynt ar gael yng Nghymru. Ymddengys mai'r elfennau pwysicaf yw'r gallu i weld a chlywed y sawl a gyfieithir yn glir. Yn ddelfrydol, felly, dylid sicrhau bwth sydd wedi'i leoli mewn ffordd a alluoga'r cyfieithydd i weld yr unigolion yn yr ystafell lys yn glir. Efallai na roddir ystyriaeth i leoliad unigolion yn llysoedd Cymru mewn perthynas â'r cyfieithydd ar hyn o bryd, yn enwedig gan fod pwyslais ar elfen glywedol y gwaith, ond mae iaith y corff yn rhan hollbwysig o gyfathrebu ac o wneud argraff, sef rhywbeth a all ddylanwadu'n sylweddol ar gyfieithu ac ar ganfyddiadau achos llys.

Un ystyriaeth nas trafodwyd yn y gweithdy oedd dylanwad corfforol y cyfieithydd ar farn ac argraff y rheithgor. Mae'r cyfieithydd yn cynrychioli iaith corff y tyst neu'r diffynnydd, ac er bod cyfieithwyr yn cydnabod pwysigrwydd efelychu emosiwn a thôn y sawl a gyfieithir, rhaid gofyn i ba raddau y gellir gwneud hynny'n hollol debyg. Ys dywed Moira Inghilleri:

> Interpreters who appear even slightly incredulous or hostile or who physically distance themselves from an interlocutor can inadvertently signal doubt about the credibility of an asylum seeker, a witness, a prisoner, etc. Though such responses might be seen as expressions of partiality, none formally violate codes of ethics.[39]

Am hynny, mae'r gwahaniaethau hyn yn anodd iawn eu rheoli a'u nodi. Gall ymateb rhywun i iaith y corff fod yr un mor oddrychol ag ymateb unigolyn i iaith ysgrifenedig. Gellir dehongli gair, ystum neu symudiad mewn ffyrdd gwahanol ac unigryw, ac os bydd y cyfieithydd yn weladwy i'r rheithgor, mae ei ddehongliad corfforol ef yn ddylanwad posibl. Yn ôl Susan Berk-Seligson,

> Professional interpreters overwhelmingly view vocabulary as their number one linguistic problem. Problems of syntax and pragmatic scope are given slight attention, if any at all. Yet observation of interpreters at work reveals that inattention to pragmatic aspects of language results in a skewing of a speaker's intended meaning: an interpreter can make the tone of a witness's testimony or an attorney's questions more harsh and antagonistic than it was when it was originally uttered, or conversely, she can make its effect softer, more cooperative, and less challenging than the original.[40]

Os nad ydy'r cyfieithydd yn weladwy yn yr ystafell lys, nid oes modd i'r rheithwyr, yr ynadon na'r cyfreithwyr sylwi ar iaith ei gorff ef, ac mae rhyddid ganddynt i ymateb yn hytrach i iaith corff y diffynnydd. Gall y cyfieithydd, hefyd, ganolbwyntio'n llawnach ar fynegiant a thôn yr iaith, heb boeni am effaith ei ymddangosiad neu ei bresenoldeb corfforol ar yr achos llys.

Offer cyfieithu

Ystyriaeth ymarferol arall yw'r offer a ddefnyddir wrth gyfieithu ar y pryd, yn benodol y clustffonau. Mae astudiaethau eraill eisoes wedi rhoi sylw i bwysigrwydd defnyddio offer i gynorthwyo'r broses gyfieithu. Noda Joan Colin a Ruth Morris, er enghraifft, y gall yr offer cywir esmwytho'r gwaith i'r cyfieithydd: 'A microphone, portable amplification equipment and headphones (wired or wireless system) for both interpreter and listener can reduce physical and other stress by improving acoustics and reducing the need for physical proximity.'[41] Serch hynny, nid oes sylw wedi'i roi i berthnasedd yr offer i'r gwrandwyr nac ychwaith y gwahaniaeth rhwng y gwahanol fathau ar glustffonau sydd ar gael. Mae'r pwyslais ar yr ochr dechnegol megis ansawdd, ond rhaid ystyried effaith y clustffonau ar y gwrandawyr a'u gallu i reoli'r hyn y maent yn ei glywed.

Am hynny, nid yw ffurf y clustffonau a ddefnyddia rheithgorau yn gyson ar draws y llysoedd yng Nghymru. Gellir gweld clustffonau 'dros y pen' sy'n amgylchynu'r pen ac yn gorchuddio'r clustiau yn gyfan gwbl, clustffonau 'yn y glust' sy'n eistedd yn y glust ond wedi'u clymu â darn plastig caled, neu glustffonau unigol sy'n eistedd mewn un glust yn unig. Mae'r gwahanol ffurfiau hyn yn rhoi mwy neu lai o reolaeth i'r gwrandäwr dros faint y mae'n ei glywed drwy'r clustffonau a'r sain arall yn yr ystafell. Yn ôl cyfieithwyr y gweithdy, mae gan farnwyr glustffonau ag un clustffon yn unig fel bod modd iddynt wrando ar y cyfieithiad yn ogystal â'r geiriau gwreiddiol. Mae hyn yn caniatáu i'r barnwyr symud yn fwy llyfn rhwng y ddau beth heb golli llif y geiriau. Yn achos y rheithgor, gall natur y clustffonau amrywio ac fe all hyn gyfyngu eu gallu i symud rhwng y cyfieithiad a'r geiriau byw yn ôl yr angen.

Nodwyd amrywiaeth ddiddorol yn y ffordd y dewisodd y rheithwyr ddefnyddio'r clustffonau drwy'r gweithdy. Ar gychwyn y sesiwn gyntaf pan oedd y broses yn newydd ac yn ffres i bawb, tueddai'r rhan helaeth i wrando drwy'r ddau glustffon a rhoi eu sylw cyfan i'r cyfieithiad. Erbyn sesiwn y prynhawn, datblygodd patrwm amlwg wrth i nifer o'r rheithwyr wrando ar un clustffon yn unig mewn ymgais i ddilyn y cyfieithiad a'r drafodaeth fyw. Nododd sawl rheithiwr ei bod hi'n anodd symud rhwng y cyfieithiad a'r siarad byw drwy ddefnyddio clustffonau 'yn y glust' sydd wedi'u clymu â phlastig. Mae'r clustffonau wedi'u dylunio i aros yn y ddwy glust ac felly drwy dynnu un clustffon bydd y llall yn llithro i lawr. Anodd felly oedd dal y clustffonau mewn un glust yn ogystal ag ysgrifennu nodiadau am yr achos. Byddai clustffonau hyblyg fel y rhai sydd gan farnwyr yn rhoi'r un rhyddid a hyblygrwydd i'r rheithwyr symud rhwng y cyfieithiad a'r dystiolaeth yn yr iaith wreiddiol, gan sicrhau y caiff llai o fanylion eu colli.

Yn achos ieithoedd eraill, bydd dealltwriaeth y rheithwyr a staff y llys yn gyfyngedig, ac felly dibynnir yn llwyr ar y cyfieithiad Saesneg i ganfod ystyr y dystiolaeth. Mewn achosion llys dwyieithog yn Nghymru, mae hi'n anochel y bydd nifer o'r rheithwyr a'r cyfreithwyr yn deall rhywfaint o Gymraeg. O ganlyniad, bydd rhai rheithwyr yn dewis gwrando ar ddarnau o'r cyfieithiad yn ogystal â'r gwreiddiol. Efallai y defnyddir y cyfieithiad i eglurhau ambell beth, neu i lenwi bylchau, neu efallai y bydd y rheithwyr yn dewis gwrando ar y cyfieithiad er mwyn cymharu'r Gymraeg a'r Saesneg. Ymhellach, nododd un rheithiwr fod gwrando trwy glustffonau am gyfnod hir yn gallu achosi blinder ac yn ei gwneud hi'n anos canolbwyntio, pwynt pwysig i'w ystyried mewn gweithleoedd dwyieithog o bob math. Mae hi'n bwysig cofio na all achosion llys dwyieithog symud ar yr un cyflymder ag achosion Saesneg, yn rhannol oherwydd yr oedi anochel a ddaw yn sgil cyfieithu, ac yn rhannol oherwydd y dylid ystyried anghenion gwahanol y gwrandawyr di-Gymraeg yn y cyd-destun hwn.

Gwrandawyr gweithredol

Mae sylwadau'r rheithwyr am y clustffonau a'r ymdrech i geisio dilyn trywydd yr achos byw Cymraeg a'r cyfieithiad Saesneg yn tanlinellu'r ffaith mai tasg weithredol ac nid goddefol ydy gwrando ar gyfieithiad. Cwyn gyffredin yn holiaduron y cyfieithwyr oedd y ffaith nad ydy staff y llys, yr ynadon, y barnwyr, y clercod a'r cyfreithwyr, bob amser yn gyfarwydd â gofynion cyfieithu ar y pryd nac yn deall pam bod ei angen. Cymerir yn ganiataol mai peth mecanyddol iawn ydy gwrando ar gyfieithiad, ac mai fersiwn gyfatebol union ydy'r Saesneg o'r Gymraeg wreiddiol. Fel y dywed Ruth Morris, 'The interlingual interpreter is thus ideally viewed as a mere disembodied or mechanical presence which can, to all intents and purpose, be ignored.'[42] Gall y diffyg dealltwriaeth hon o bwysigrwydd a chymhlethdod y broses gyfieithu arwain at densiynau ac anawsterau difrifol yn y llys. Yn ôl Joan Colin a Ruth Morris,

> Over the centuries, translators have tended to acquire a bad name. Interpreters are often in an even worse position, being accused by the non-professional of 'putting words' into the speaker's mouth. In court, lawyers often instruct interpreters, 'translate, don't interpret', as if 'translation' is an acceptable word-for-word activity, while 'interpreting' between two languages is the same process that lawyers engage in.[43]

Mae gwaith Colin a Morris yn pwysleisio pwysigrwydd sicrhau bod gan holl dîm y llys rolau i'w chwarae wrth sicrhau bod cyfieithu ar y pryd yn gweithredu'n llwyddiannus.[44] At hynny, diddorol oedd sylwi ar ymateb un o'r cyfreithwyr i'r broses gyfieithu yn y gweithdy. Fel cyfreithiwr Cymraeg, yr oedd eisoes yn gyfarwydd iawn â gweld cyfieithu ar y pryd ar waith mewn achosion llys, ond fel siaradwr Cymraeg nid oedd gofyn iddo wneud defnydd o'r gwasanaeth. Nododd sawl gwaith yn ystod y gweithdy fod y profiad wedi dysgu llawer iddo am wir effaith ac arwyddocâd y cyfieithu, a'r gwendidau sydd i'r drefn bresennol. Ymddengys y byddai hyfforddi staff cyfreithiol Cymraeg a di-Gymraeg am brosesau cyfieithu ar y pryd yn gwneud lles mawr i'r system o safbwynt ieithyddol a chyfreithiol.

Cyfieithu Cyfiawn?

Yn yr un modd, ychydig iawn o wybodaeth fydd gan reithwyr am gyfieithu ar y pryd a'r broses yn yr achos llys. Ers cyhoeddi Safonau'r Gymraeg yn 2016, mae cyfieithu ar y pryd yn dyfod yn fwy cyffredin mewn gweithleoedd Cymraeg, gyda galw am y gwasanaeth mewn cyfarfodydd, cyfweliadau a chynadleddau yn sefydliadau cyhoeddus Cymru. Serch hynny, ni fydd canran sylweddol o boblogaeth Cymru wedi cael unrhyw brofiad o gyfieithu ar y pryd, neu brofiad cyfyngedig iawn, cyn gweithredu ar reithgor, ac ni ellir gwarantu unrhyw lefel o wybodaeth na dealltwriaeth o'r gwaith gan reithwyr.

Nid peth syml yw gwrando ar gyfieithiad. Fel y trafodwyd eisoes, mae gan gyfieithydd ysgrifenedig fwy o ryddid ac amser i ymchwilio, ystyried a dethol yr hyn y mae'n ei gyfieithu. Cyfyngir y cyfieithydd ar y pryd gan bwysau amser a natur uniongyrchol y dasg. Yn yr un modd, mae gan y darllenydd hyblygrwydd i bori, darllen ac ailddarllen cyfieithiad gan chwilio am ystyr termau anghyfarwydd neu bwyso a mesur ystyr ymadrodd neu air penodol. Nid oes gan wrandäwr yr un cyfle, ac fe'i gorfodir i dderbyn y cyfieithiad ar gyflymder penodedig. Er bod hyn yn wir i unrhyw un sy'n gwrando ar unigolyn yn siarad, mae gofyn i wrandäwr cyfieithu ar y pryd, yn enwedig mewn achos llys dwyieithog yng Nghymru, wyro yn ôl ac ymlaen rhwng yr hyn a gyfieithir a'r hyn nas cyfieithir. Er enghraifft, gall cyfreithiwr ofyn cwestiwn yn Saesneg cyn i ddiffynnydd ateb yn Gymraeg. Bydd gofyn i'r rheithiwr wrando ar y cwestiwn Saesneg yn fyw a'r ateb Cymraeg trwy'r clustffonau. Er bod pwyslais mawr ar bwysigrwydd cydamseroldeb y cyfieithu, mae rhywfaint o oedi yn anochel wrth i'r cyfieithydd ddeall ac yna trosi'r geiriau Cymraeg i'r Saesneg.[45] Gan nad ydy'r cyfreithiwr yn gwrando ar y cyfieithiad, symuda ymlaen i'w gwestiwn nesaf heb aros i'r cyfieithydd orffen. O ganlyniad, crëir gorgyffwrdd rhwng llais y cyfieithydd yn y clustffonau a llais y cyfreithiwr yn yr ystafell lys, a all beri dryswch i'r rheithwyr sy'n gwrando. Gallant golli darnau o'r cwestiwn dilynol, geiriau allweddol a llif y broses holi yn gyffredinol. Gallai hyn arwain at argraff negyddol o'r dystiolaeth a glywir ar ffurf y cyfieithiad gan nad ydy'r rheithwyr wedi'u paratoi'n briodol at wrando ar dystiolaeth sydd wedi'i chyfieithu.

Amlygodd y gweithdy pa mor heriol ydy profiad y rheithgor wrth iddynt wrando ar yr achos llys byw a'r cyfieithu ar y pryd. Mae'r gwrando gweithredol hwn yn gofyn am sgil arbennig, ac mae hi'n hollbwysig bod rheithwyr wedi'u paratoi at hyn cyn yr achos. Ar hyn o bryd, ni chynigir unrhyw hyfforddiant penodol i reithwyr ar ofynion cyfieithu ar y pryd. Darperir hyfforddiant ar ffurf fideo esboniadol am eu gwaith o safbwynt cyfreithiol, ond ni roddir unrhyw sylw i'r elfen ieithyddol hon nac i'r ffordd orau o ddefnyddio'r offer yn gywir. Yn yr un modd, gall rhai barnwyr dreulio amser yn egluro manylion a phrosesau cyfreithiol cyn dechrau gyda datganiadau agoriadol, ond yn ôl y cyfreithwyr a'r cyfieithwyr fel ei gilydd, ni chrybwyllir y cyfieithu ar y pryd yn yr esboniad agoriadol hwn. Nododd nifer o'r cyfieithwyr eu bod hwythau yn ceisio cynnig esboniad cryno i'r rheithwyr ar ddechrau achosion llys o sut mae'r broses yn gweithio, ond anodd iawn yw gwneud hyn gan nad oes amser wedi'i glustnodi ar ei gyfer. Gan nad ydy'r esboniadau hyn wedi'u rheoli yn ganolog, bydd natur, manylder ac effeithiolrwydd y wybodaeth yn amrywiol dros ben. Fel arfer, dim ond gwirio bod yr offer yn gweithio ac esbonio sut mae'r clustffonau yn gweithio o safbwynt hollol dechnegol y gall y cyfieithwyr ei wneud, sef esbonio sut i ddewis y sianel gywir ac addasu lefel y sain. Mae dirfawr angen hyfforddiant manylach ar reithwyr er mwyn sicrhau eu bod yn deall sut i wrando yn effeithiol ar y cyfieithiad ac felly sicrhau tegwch i'r achos llys.

Llais y cyfieithydd

Rôl y cyfieithydd yw lleisio geiriau unigolyn mewn iaith arall ac ni ddylai'r cyfieithydd newid unrhyw elfen o'r iaith. Er enghraifft, bydd ateb yn y person cyntaf yn y Gymraeg yn cael ei gyfleu yn y person cyntaf yn Saesneg gan y cyfieithydd. Ys dywed Joan Colin a Ruth Morris,

> An interpreter who is unbiased, impartial and professional never 'speaks for' the person whose words are being put into the other language. An interpreter acts as the linguistic mouthpiece of that

person. Interpreters echo the people who need their services as faithfully as they can, given the limits of language.[46]

Er gwaethaf ymdrechion y cyfieithydd i efelychu ac adleisio tôn, emosiwn a chywair y tyst neu'r diffynnydd, bydd gwahaniaeth anochel o ran natur y llais sy'n siarad. Dylanwedir ar siaradwyr pob iaith gan dafodieithoedd ac acenion eu hardal, ac mae gan bob lais ansawdd a thraw gwahanol. Nid yr un llais sy'n cyfleu'r geiriau Cymraeg a'r geiriau Saesneg, felly, ac mae profiad y gwrandäwr wrth glywed y lleisiau gwahanol yn amrywio hefyd. Yn ôl Susan Berk-Seligson, 'Delivery styles, and even smaller-scale speech manipulations such as voice quality and nonfluency affect listeners' judgements of speakers.'[47] At hynny, diddorol yw nodi bod un o'r cyfieithwyr yn cyfaddef yn ei holiadur na fyddai ef ei hun yn gyfforddus yn caniatáu i nifer o gyfieithwyr proffesiynol ei gyfieithu mewn achos llys 'gan na fydden nhw'n gwneud cyfiawnder â sut rwy'n mynegi fy hun yn ogystal â'r cynnwys'.

Un amrywiaeth hanfodol rhwng lleisiau ydy cenedl y siaradwr. Nid oes unrhyw reolau ynghylch tebygrwydd cenedl y cyfieithydd a'r sawl a gyfieithir mewn achosion llys ac felly gall cyfieithwyr benywaidd gyfieithu eiriau dynion a gall cyfieithwyr gwrywaidd gyfieithu eiriau menywod. Er mai dyma ydy'r arfer hefyd mewn cyd-destunau cyfieithu eraill megis cyfarfodydd a chynadleddau, rhaid ystyried a ydy'r gwahaniaeth hwn yn fwy arwyddocaol yn yr ystafell lys. Bydd y rheithgor yn ffurfio argraff o ddibynadwyedd a hygrededd tystiolaeth a gyflwynir ar sail yr hyn a glywant ac a welant.

Codwyd yr anghysondeb hwn yn y gweithdy gan fod cyfieithydd gwrywaidd yn gweithredu yn y lle cyntaf tra bod y tyst benywaidd yn siarad. Awgrymwyd y dylid gwrando ar un o'r cyfieithwyr benywaidd yn trosi'r un darn o dystiolaeth eto wrth i'r tyst ei gyflwyno ail waith. Sylwodd sawl un o'r rheithwyr yn syth fod newid yn ansawdd y profiad, gan gynnwys nifer o'r rheithwyr dwyieithog nad oedd wedi cael profiad o wrando ar gyfieithu ar y pryd o'r blaen. Nid oedd y rheithwyr dwyieithog hyn yn sylweddoli pa mor arwyddocaol oedd y gwahaniaeth yn llais y cyfieithydd a faint fyddai effaith hynny ar y gwrandäwr uniaith

Saesneg. Datblygwyd hyn ymhellach drwy ofyn i un o'r cyfieithwyr gwrywaidd gyfieithu ar ran y erlynydd. Gwnaeth y newid hwn argraff sylweddol ar nifer o'r rheithwyr, a'r gred gyffredin oedd bod creu cysondeb rhwng cenedl y cyfieithydd a'r siaradwr gwreiddiol yn arwyddocaol dros ben. Ymhellach, gallai'r anghysondeb hwn gael effaith bwysig mewn achosion o drais neu gamdriniaeth lle y mae cenedl y diffynnydd yn fwy arwyddocaol. Soniodd un o'r cyfieithwyr gwrywaidd am achos llys lle'r oedd gofyn iddo gyfieithu tystiolaeth menyw a oedd wedi dioddef ymosodiad rhywiol. Cyfieithu mewn bwth a wnaeth felly nid oedd y fenyw yn ymwybodol o'r llais a oedd yn cyfleu ei phrofiadau. Dylid nodi, felly, nad oedd y ddioddefwraig hon yn gwybod pwy oedd yn lleisio ei thystiolaeth a'i bod, o ganlyniad, yn ildio elfen bellach o'i rheolaeth fel rhan o'r broses gyfreithiol. Tybiodd y cyfieithydd y byddai'r profiad wedi bod yn wahanol iawn i'r rheithwyr a oedd yn clywed y dystiolaeth honno gan lais dyn o'i gymharu â phrofiad y rheithwyr a glywai'r dystiolaeth Gymraeg wreiddiol gan y fenyw. Gallai llais cryf, dwfn gwrywaidd wneud argraff wahanol iawn i lais ysgafn, tawel benywaidd, er enghraifft. Er y gallai hyn ymddangos yn wrth-reddfol o safbwynt cyfartaledd rhywiol mewn ymchwil sy'n ystyried cyfartaledd a chyfiawnder, awgrymir y dylid ceisio paru siaradwr â chyfieithydd o'r un cenedl er mwyn sicrhau cyfieithiad ffyddlon a thebyg. Rhaid nodi nad oedd pob rheithiwr yn gweld gwahaniaeth wrth newid cenedl y cyfieithydd, ond eto nid oedd unrhyw reithiwr yn gweld unrhyw ganlyniadau negyddol i'r newid chwaith. Dyma agwedd sy'n haeddu sylw pellach er mwyn llawn ddeall goblygiadau'r amrywiaethau posibl rhwng llais y cyfieithydd a llais y siaradwr.

Mae'r awgrym hwn yn fwy heriol na'r awgrymiadau ymarferol eraill a nodir uchod gan fod goblygiadau i'r broses gyflogi. Nododd un o'r cyfieithwyr fod modd paru cenedl y siaradwyr mewn cynadleddau ond gan mai prin yw nifer y cyfieithwyr ar y pryd cymwys yng Nghymru, anodd iawn fyddai gwarantu hyn mewn achosion llys. Mewn cynadleddau, gellid tybio bod amserlen y cynllunio yn ffactor pwysig a'r ffaith bod llai o bwysau a straen ar y cyfieithydd yn y cyd-destun hwnnw. Dim ond aelodau Cymdeithas Cyfieithwyr Cymru sydd wedi ennill cydnabyddiaeth fel cyfieithwyr llafar proffesiynol sy'n gymwys i gyfieithu mewn achosion llys yng Nghymru. Ers 2005, mae gofyn i gyfieithwyr ar y pryd sefyll prawf penodol i ennill aelodaeth ar gyfer cyfieithu llafar, ac fe restrir yn benodol ar y wefan y rheini sydd ag arbenigedd cyfieithu mewn achosion llys.[48] Mae cyfieithwyr ar y pryd cofrestredig wedi'u hysbysebu ar wefan Cymdeithas Cyfieithwyr Cymru lle gellir chwilio am gyfieithwyr yn ôl arbenigedd a lleoliad. Adeg cyhoeddi'r ymchwil hwn, arddangosir manylion cyswllt 54 cyfieithydd unigol yn ogystal â manylion cyswllt cwmnïau cyfieithu sy'n darparu'r gwasanaeth, sef Prysg, Testun, Nico, Trywydd a Cymen. O blith y cyfieithwyr a enwir, dim ond 23 o'r rheini sydd ag arbenigedd cyfieithu yn y llys, 15 o fenywod ac 8 o ddynion. Dewisir cyfieithwyr ar gyfer achosion llys yn ôl eu hargaeledd a'u lleoliad, felly dylid ystyried y rhaniad hefyd yn ddaearyddol.

Ardal ddaearyddol	Cyfieithwyr benywaidd	Cyfieithwyr gwrywaidd
Y gogledd-ddwyrain	1	1
Y gogledd-orllewin	8	5
Y de-ddwyrain	3	2
Y gorllewin	5	0
Y canolbarth	1	1

Cymdeithas Cyfieithwyr Cymru fesul ardal ddaearyddol, *https://www.cyfieithwyr.cymru/cy/dod-o-hyd-i-gyfieithydd* (cyrchwyd 22 Gorffennaf 2021).

Gwelir o'r tabl fod anghydbwysedd o ran cenedl y cyfieithwyr sy'n gweithio mewn sawl rhan o Gymru, yn enwedig yn y gorllewin. Er bod gwarantu statws a safon y cyfieithwyr proffesiynol a ddefnyddir mewn achosion llys yn gam hollbwysig ar ran Cymdeithas Cyfieithwyr Cymru, mae dirfawr angen hyfforddi a chyflogi mwy ohonynt ar draws ranbarthau Cymru os oes unrhyw obaith o baru cyfieithwyr â siaradwyr o'r un rhyw.

Ffyddlondeb ieithyddol

Yr ystyriaeth fwyaf cymhleth o bosibl wrth asesu effaith cyfieithu ar y pryd ar achosion llys ydy cywirdeb a ffyddlondeb y cyfieithu o safbwynt ieithyddol. Nid yw cyfieithu hollol gyfatebol yn bosibl, oherwydd fel y mae damcaniaethwyr wedi dadlau ers degawdau, i beth y mae'r cyfieithiad yn cyfateb? Yn y cyd-destun ysgrifenedig, diffiniodd Eugene Nida ddau fath ar gyfatebiaeth sy'n rhoi blaenoriaethau gwahanol i'r testun a gyfieithir. Mae cyfatebiaeth ffurfiol yn blaenoriaethu gair y testun ac yn annog cyfieithu llythrennol, gair am air, tra bod cyfatebiaeth ddeinamig yn blaenoriaethu ystyr y testun ac yn annog cyfieithu rhydd, naturiol.[49] Yr un cyfynggyngor sy'n wynebu'r cyfieithydd ar y pryd, oherwydd mae'n rhaid sicrhau bod ystyr y geiriau yn glir ac yn ddealladwy, ond eto rhaid parchu emosiwn a mynegiant y siaradwr, sef rhywbeth a ffurfir yn rhannol gan ddewisiadau geirfaol, hyd brawddegau a phatrymau cystrawennol. Yn ôl Sandra Hale, mae disgwyl i gyfieithydd llafar gynhyrchu cyfieithiad pragmatig, sef yr ystyr a fwriedir, yn hytrach na chyfieithiad semantig, sef yr ystyr arwynebol. Dywed, 'the pragmatic meaning will be represented through the lexis and the syntax, as well as the suprasegmental features of speech. The "what" and the "how" together make up the pragmatic meaning of an utterance.'[50]

Nid oes modd cynhyrchu cyfieithiad llafar hollol gyfatebol ychwaith gan fod sawl ffordd o gyfieithu geiriau o un iaith i'r llall. Mae dehongliad goddrychol yn anochel wrth gyfieithu gan mai llais unigol y cyfieithydd sy'n ffurfio'r trosiad i'r iaith darged, ac mae'r dylanwad personol hwn yn enwedig o wir yn achos cyfieithu ar y pryd o ystyried pwysau ymarferol ychwanegol y dasg. Fel y crybwyllwyd eisoes, cyfyngir y cyfieithydd ar y pryd gan amser y dasg gan fod gofyn iddynt ddeall, dehongli a throsi'r geiriau yn gyflym gan geisio efelychu hyd a chyflymder y siaradwr gwreiddiol. Ys dywed Basil Hatom ac Ian Mason,

> Speaking at the same time as the source text producer, interpreters have to run several processing activities concurrently. In addition to processing current input, they have to translate the immediately

Cyfieithu Cyfiawn?

preceding input, encode their own output and monitor it (the interpreter's headset incorporates feedback from microphone to earpiece of his/her own voice so that output can be monitored). Time available for evaluative or reflective listening is thus curtailed.[51]

Mae astudiaethau eraill o rôl cyfieithu ar y pryd yn y llys wedi ystyried effaith cyfieithu ar hyd tystiolaeth. Mae cyfieithiadau yn aml yn hirach na'u darnau gwreiddiol gan fod angen eglurhau eu hystyr. Dengys astudiaeth Susan Berk-Seligson, er enghraifft, fod cyfieithwyr yn tueddu i estyn hyd tystiolaeth, fel arfer trwy ailadrodd elfennau ohoni er mwyn amlygu ystyr eu cyfieithiad eu hunain ac weithiau er mwyn rhoi mwy o amser iddynt feddwl am y gystrawen. O ganlyniad, maent yn 'convert "fragmented" speech style into a more narrative testimony style'.[52] Mae'r estyniad hwn yn arwyddocaol gan fod hyd ateb yn gallu effeithio ar argraff rheithgor. Yn ôl astudiaeth Danet, Hoffman a Kermish, ceir perthynas nodweddiadol rhwng hyd ateb tyst a lefel rheolaeth y cyfreithiwr drosto.[53]

Nodwyd ambell enghraifft berthnasol yn y gweithdy lle'r oedd angen i'r cyfieithydd ddefnyddio mwy o eiriau i gyfleu ateb mwy clir yn y Saesneg. Yn y Saesneg, gellir cadarnhau neu wadu rhywbeth drwy ddefnyddio un gair yn unig sef 'Yes' neu 'No'. Gellir gwneud hyn weithiau ag un gair yn y Gymraeg hefyd, er bod angen dau fel arfer ar gyfer y negydd, ond mae'r Gymraeg yn cynnwys dimensiwn amser yn ogystal. Er enghraifft, 'Do'/'Naddo' (y gorffennol), 'Ydw'/'Nac ydw' (y presennol), 'Byddwn'/'Na fyddwn' (yr amodol), ac yn y blaen. Wrth drosi o'r Gymraeg i'r Saesneg, wrth gwrs, collir yr elfen amserol, felly datrysiad call y cyfieithydd oedd cynnig brawddegau llawn. Cyfieithwyd 'Do' fel 'Yes she did', a chyfieithwyd 'Oedd' fel 'Yes it was'. Trafodwyd eisoes y ffaith y gall nifer o ffactorau an-ieithyddol effeithio ar farn a chanfyddiad rheithgor, ac yn yr un modd, er bod ystyr y geiriau Cymraeg yn gywir ac yn gyflawn yma, mae hyd ac felly natur yr ateb yn wahanol.

Cododd y cwestiwn am gywirdeb ieithyddol fel rhan o drafodaethau'r gweithdy, ac felly am gyfnod yn ystod yr ail achos gofynnwyd i ddau gyfieithydd weithio ar yr un pryd gan gynnig dau gyfieithiad Saesneg annibynnol o eiriau Cymraeg y tyst. Yr amcan oedd cymharu tebygrwydd y cyfieithiadau er mwyn asesu i ba raddau y gall dehongliad personol unigol siapio'r cyfieithu. Ys dywed Joan Colin a Ruth Morris, 'Like actors, who give different performances of the same role, interpreters provide different versions of the original.'[54] Dewisodd rhai cyfranwyr wrando ar y naill gyfieithiad neu'r llall, a dewisodd nifer ohonynt wrando ar un clustffon yr un ar gyfer y ddwy sianel. At ei gilydd, synnwyd pawb gan debygrwydd y cyfieithiadau, sy'n tystio i safon y cyfieithwyr. Ar sawl achlysur fe laniodd y ddau gyfieithydd ar yr un gair ar yr un pryd, ac ychydig iawn o amrywiaethau a glywyd o ran geirfa, cystrawen a chywair. Er hynny, sylwodd un rheithiwr ar amrywiaeth eirfaol allweddol. Senario yr ail achos oedd cwsmer a oedd wedi'i gyhuddo o ddwyn eitem mewn archfarchnad. Wrth gyflwyno'i dystiolaeth, disgrifiodd y gweithiwr siop y weithred o 'gymryd' yr eitem. Dewisodd un cyfieithydd y term 'steal' lle dewisodd y llall 'pick' i gyfleu hyn yn Saesneg. Ym marn y rheithiwr hwn, gallai'r termau gwahanol hyn greu darluniau gwahanol, gyda 'steal' wrth gwrs yn awgrymu euogrwydd yn gliriach na 'pick'.

Anodd yw gweld, wrth gwrs, sut mae goresgyn yr anghysondebau ieithyddol hyn yn gyfan gwbl, ond awgrymir y dylid bod yn ymwybodol o'r posibilrwydd yn y llysoedd. Mae dadl gryf dros sicrhau y gall o leiaf un o'r ynadon ddeall y Gymraeg fel y gallai gymharu'r cyfieithiad â'r dystiolaeth wreiddiol. Mae hi'n bwysig asesu'r bylchau posibl ac arwyddocaol rhwng y gwreiddiol a'r cyfieithiad er mwyn sicrhau cywirdeb, cysondeb a chyfiawnder. Yn ôl Susan Berk-Seligson, 'Providing access to testimony uttered in its source language is the only legitimate vehicle for ascertaining the fit between foreign language testimony and its English interpretation.'[55]

Casgliad

Nod y bennod hon oedd ystyried effaith ac arwyddocâd cyfieithu ar y pryd yn llysoedd Cymru. Mae Deddf yr Iaith Gymraeg yn

Cyfieithu Cyfiawn?

rhoi'r hawl i ddiffinyddion ddewis defnyddio'r Gymraeg mewn achos llys, ond nid ydy'r cyfartaledd ieithyddol hwnnw o reidrwydd yn golygu cyfartaledd ymarferol a chyfreithiol. Gwelir bod gwendidau i'r system gyfredol o safbwynt gweithwyr y llysoedd o bob math. Crëir pwysau ychwanegol gocheladwy ar y cyfieithwyr eu hunain, y cyfreithwyr, yr ynadon a'r rheithwyr drwy beidio ag ystyried pwysigrwydd y cyfieithu i'r achos llys. Drwy gynnig gwasanaeth cyfieithu ar y pryd, dylai llysoedd Cymru sicrhau mwy na hawl unigolyn i ddefnyddio'i ddewis iaith. Fe ddylent sicrhau y cefnogir y dewis hwnnw gan system a fydd yn creu eglurder a chyfiawnder trwy gyfrwng y cyfieithiad hwnnw.

Drwy leoli'r cyfieithydd mewn bwth cyfieithu lle y gall weld y siaradwyr i gyd yn glir, galluogir y cyfieithydd i gwblhau ei waith i'r safon uchaf posibl. Mae'r lleoliad hwn hefyd yn caniatáu'r rheithwyr a'r ynadon i ganolbwyntio ar iaith corff, ystumiau ac ymatebion y diffynnydd wrth wrando ar eiriau'r cyfieithydd heb i'w sylw gael ei rannu. Rhaid cofio hefyd bwysigrwydd rôl y gwrandawyr yn y broses, ac mai tasg weithredol ac nid goddefol ydy gwrando ar y cyfieithiad. Am hynny, mae angen hyfforddiant ar aelodau'r rheithwyr ac ar y staff cyfreithiol am bwysigrwydd cyfieithu ar y pryd ac am sut i weithio gyda'r cyfieithiad. Rhaid deall nad rhywbeth ymylol ydy cyfieithu ar y pryd, ond yn hytrach, gweithgaredd allweddol sy'n siapio holl rythm a natur achos llys dwyieithog. At hynny, mae angen yr offer priodol ar wrandawyr effeithiol, ac felly dylid sicrhau mai clustffonau hyblyg a ddefnyddir gan y rheithwyr a'r barnwyr fel ei gilydd.

Mae'r bylchau a grëir rhwng y gwreiddiol a'r cyfieithiad yn anos eu cau. Gwelir o'r ymchwil hwn fod y gwahaniaeth rhwng llais y cyfieithydd a llais y siaradwr yn arwyddocaol, yn enwedig os bydd eu cenedl yn wahanol i'w gilydd. Amhosibl hefyd yw sicrhau ffyddlondeb union rhwng y geiriau gwreiddiol a'r cyfieithiad a gynhyrchir gan fod dewisiadau goddrychol yn dylanwadu o reidrwydd ar waith y cyfieithydd. Am hynny, mae hi'n hanfodol cynyddu ymwybyddiaeth o'r ystyriaethau hyn gan fod rôl cyfieithu ar y pryd yn ganolog i lysoedd ac i weithleoedd dwyieithog eraill ar draws Cymru. At hynny, gallai sicrhau dealltwriaeth well o natur, heriau ac arwyddocâd cyfieithu ar y pryd mewn gweithleoedd o bob math sy'n defnyddio'r gwasanaeth wella profiad cydweithwyr a chyfieithwyr ohono a gwella'u gallu i weithredu'n wironeddol ddwyieithog. Mae angen gwaith ymchwil pellach i'r maes hwn oherwydd fe welwn y gall cyfieithu ar y pryd wneud gwahaniaeth mawr i ddiffiniadau, rheithwyr a'r cyfieithwyr eu hunain. Dim ond trwy ddatblygu dealltwriaeth well o effaith cyfieithu ar y pryd y gellir sicrhau hawliau cyfartal ieithyddol yn llysoedd Cymru a dyfodol dwyieithog cyfiawn i Gymru.

Nodiadau

[1] Anthony Pym, 'Nicole Slapped Michelle', *The Translator*, 5, 2 (1999), 265–83.
[2] Bente Jacobsen, 'Interactional pragmatics and court interpreting: An analysis of face', yn Miriam Shlesinger a Franz Pöchhacker (goln), *Doing Justice to Court Interpreting* (Amsterdam a Philadelphia: John Benjamins, 2010), tt. 193–222.
[3] Yvonne Fowler, 'The Courtroom Interpreter: Paragon and Intruder?', yn Silvana E. Carr, Roda P. Roberts, Aideen Dufour a Dini Steyn (goln), *The Critical Link: Interpreters in the Community: Papers from the 1st international conference on interpreting in legal, health and social service settings, Geneva Park, Canada, 1–4 June 1995* (Amsterdam: John Benjamins, 1997), tt. 191–200.
[4] Susan Berk-Seligson, *The Bilingual Courtroom: Court Interpreters in the Judicial Process* (Chicago a Llundain: University of Chicago Press, 2002).
[5] Augusto Boal, *Legislative Theatre: Using Performance to Make Politics* (Llundain ac Efrog Newydd: Routledge, 1998); Augusto Boal, *Theatre of the Oppressed* (Llundain: Pluto Press, 2008).
[6] Recriwtiwyd deuddeg rheithiwr, sef maint rheithgor safonol ond dim ond wyth a ddaeth ar ddiwrnod y gweithdy am resymau nad oedd modd eu rhagweld.
[7] Judith Kaufmann, 'Cymdeithaseg cyfieithu: dylanwad cyfieithu ar y pryd ar y defnydd o'r Gymraeg yng Ngwynedd' (traethawd PhD heb ei gyhoeddi, Prifysgol Bangor, 2009), 17.
[8] Dyfynnwyd yn Franz Pöchhacker, *Introducing Interpreting Studies* (Llundain: Routledge, 2004), t. 53.
[9] Os bydd cyfieithydd yn gadael darn yn ei gyd-destun diwylliannol gwreiddiol gan flaenoriaethu gofynion yr awdur gwreiddiol, mae'n estroneiddio'r darn hwnnw. Ar y llaw arall, os bydd cyfieithydd yn trosi

darn i gyd-destun diwylliannol yr iaith darged gan addasu agweddau arno er lles y gynulleidfa, mae'n domestigeiddio'r darn hwnnw. Am drafodaeth lawn ar y theorïau cyfieithu hyn, gweler Rhianedd Jewell, *Her a Hawl Cyfieithu Dramâu: Saunders Lewis, Samuel Beckett a Molière* (Caerdydd: Gwasg Prifysgol Cymru, 2017).

[10] Lawrence Venuti, *The Translator's Invisibility: A History of Translation* (Llundain: Routledge, 1995), t. 41.

[11] Er enghraifft, mae cyfraniadau amrywiol y gyfrol *Translation Research and Interpreting Research: Traditions, Gaps and Synergies* yn canolbwyntio ar yr hyn sy'n gyffredin i'r ddau gan archwilio 'models, frameworks, and research methods that can equally be applied to study the two modes'. Christina Schäffner (gol.), *Translation Research and Interpreting Research: Traditions, Gaps and Synergies* (Clevedon: Multilingual Matters, 2004), t. 4.

[12] Daniel Gile, 'Translation Research versus Interpreting Research: Kinship, Differences and Prospects for Partnership', yn Christina Schäffner (gol.), *Translation Research and Interpreting Research: Traditions, Gaps and Synergies* (Clevedon: Multilingual Matters, 2004), tt. 10–34, 23.

[13] Gile, 'Translation Research versus Interpreting Research', t. 14.

[14] Schäffner, *Translation Research and Interpreting Research*, t. 3.

[15] Susan Bassnett, *Translation Studies Revised Edition* (Llundain: Routledge, 1991), tt. 1–5, 39–45.

[16] Walter Benjamin, 'The Translator's Task', yn Lawrence Venuti (gol.), *The Translation Studies Reader: Third Edition* (Llundain ac Efrog Newydd: Routledge, 2012), tt. 75–83.

[17] Mae *The Interpreting Studies Reader* yn cynnwys dwy erthygl a ysgrifennwyd yn ystod y 1950au sef Alfred Hermann, 'Interpreting in Antiquity' (1956) ac Eva Paneth, 'An Investigation into Conference Interpreting' (1957): Franz Pöchhacker a Miriam Shlesinger (goln), *The Interpreting Studies Reader* (Abingdon: Routledge, 2002). Un o'r cyfrolau cynharaf i drafod y gwahanol fathau ar gyfieithu ar y pryd oedd cyfrol Henri van Hoof, *Théorie et pratique de l'intérpretation* (München: Max Hueber, 1962).

[18] Pöchhacker a Shlesinger (goln), *The Interpreting Studies Reader*; Pöchhacker, *Introducing Interpreting Studies*.

[19] Pöchhacker, *Introducing Interpreting Studies*, t. 10.

[20] Mae'r term 'lladmeru' yn bodoli yn Gymraeg i ddisgrifio'r weithred 'interpreting' ond nid dyma'r term safonol na chyffredin i ddisgrifio'r weithred o gyfieithu ar y pryd yn y diwydiant cyfieithu yng Nghymru. Ymhellach, mae'r term hwn yn cyfeirio at y weithred o gyfieithu ar lafar felly ni ellir ei ddefnyddio i gyfleu prosesau megis isdeitlo neu gyfieithu iaith arwyddion.

21 Otto Kade, *Zufall and Gesetzmäßigkeit in der Übersetzung* (Leipzig: Verlag Enzyklopädie, 1968).
22 Dyfynnwyd Kade yn Pöchhacker, *Introducing Interpreting Studies*, t. 10.
23 Sandra Hale, *Discourse of Court Interpreting: Discourse practices of the law, the witness and the interpreter* (Amsterdam: John Benjamins, 2004), t. 5.
24 Moira Inghilleri, *Interpreting Justice: Ethics, Politics and Language* (Efrog Newydd: Routledge, 2012), tt. 26–7.
25 Timothy Dunnigan a Bruce T. Downing, 'Legal Interpreting on Trial: A Case Study', yn Marshall Morris (gol.), *Translation and the Law* (Amsterdam: John Benjamins Publishing Company, 1995), tt. 93–114, 111.
26 Gweler Ruth Morris, 'The Moral Dilemmas of Court Interpreting', *The Translator*, 1/1 (1995), 25–46; Fowler, 'The Courtroom Interpreter: Paragon *and* Intruder?'; Dunnigan a Downing, 'Legal Interpreting on Trial: A Case Study'.
27 Holly Mikkelson, 'On the Horns of a Dilemma: Accuracy vs. Brevity in the Use of Legal Terms by Court Interpreters', yn Marshall Morris (gol.), *Translation and the Law* (Amsterdam: John Benjamins, 1995), tt. 201–18, 202.
28 Berk-Seligson, *The Bilingual Courtroom*, t. 216.
29 Berk-Seligson, *The Bilingual Courtroom*, t. 38.
30 Valeria Darò a Franco Fabbro, 'Verbal Memory During Simultaneous Interpretation: Effects of Phonological Interference', *Applied Linguistics*, 15/4, (1994), 365–81, 369.
31 Mae gwaith arloesol Daniel Gile yn amlinellu'r 'ymdrechion' meddyliol sydd ynghlwm â chyfieithu ar y pryd a'r camgymeriadau a wneir pan fydd cyfieithydd yn cael ei orlwytho. Daniel Gile, 'Conference Interpreting as a Cognitive Management Problem', yn Franz Pöchhacker a Miriam Shlesinger (goln), *The Interpreting Studies Reader* (Abingdon: Routledge, 2002), tt. 162–76.
32 Alicia B. Edwards, *The Practice of Court Interpreting* (Amsterdam: John Benjamins, 1995), t. 14.
33 John Andrews a Lesley Henshaw, *The Welsh Language in the Courts* (Aberystwyth: University College of Wales, 1984), t. 98.
34 Kaufmann, *Cymdeithaseg Cyfieithu*, t. 23.
35 Kaufmann, *Cymdeithaseg Cyfieithu*, t. 23.
36 Kaufmann, *Cymdeithaseg Cyfieithu*, tt. 23–4.
37 Venuti, *The Translator's Invisibility: A History of Translation*.
38 Judith Kaufmann, 'The darkened glass of bilingualism? Translation and interpretation in Welsh language planning', *Translation Studies*, 5/3 (2012), 327–44, 340.
39 Inghilleri, *Interpreting Justice*, t. 32.

40 Berk-Seligson, *The Bilingual Courtroom*, t. 2.
41 Joan Colin a Ruth Morris, *Interpreters and the Legal Process* (Winchester: Waterside, 1996), t. 57.
42 Morris, 'The Moral Dilemmas of Court Interpreting', 30.
43 Colin a Morris, *Interpreters and the Legal Process*, t. 18.
44 Colin a Morris, *Interpreters and the Legal Process*, t. 176.
45 Gile, 'Conference Interpreting as a Cognitive Management Problem', t. 164.
46 Colin a Morris, *Interpreters and the Legal Process*, t. 22.
47 Berk-Seligson, The Bilingual Courtroom, t. 147.
48 *https://www.cyfieithwyr.cymru/cy/amdanom-ni/cefndir-y-gymdeithas* (cyrchwyd 22 Gorffennaf 2021).
49 Eugene Nida, *Toward a Science of Translating: with special reference to principles and procedures involved in Bible translating* (Leiden: E. J. Brill, 1964), t. 159.
50 Hale, *Discourse of Court Interpreting: Discourse practices of the law, the witness and the interpreter*, t. 7.
51 Basil Hatim ac Ian Mason, *The Translator as Communicator* (Llundain ac Efrog Newydd: Routledge, 1997), t. 61.
52 Berk-Seligson, *The Bilingual Courtroom*, t. 119.
53 Brenda Danet, Kenneth B. Hoffman a Nicole C. Kermish, 'Accountability for verbal offenses', *International Journal of the Sociology of Law*, 9 (1980).
54 Colin a Morris, *Interpreters and the Legal Process*, t. 22.
55 Berk-Seligson, *The Bilingual Courtroom*, t. 217.

6

Meithrin iaith: y Gymraeg yn y blynyddoedd cynnar

Gwenllian Lansdown Davies ac Angharad Morgan

Darperir amrywiaeth o wasanaethau i blant a'u teuluoedd ar hyd y blynyddoedd cynnar, o'r cyfnod cyn-geni hyd oed ysgol statudol.[1] Mae darpariaeth y gwasanaethau hynny yn y sectorau iechyd, gofal ac addysg ac maent yn gofyn am weithlu amrywiol a gyflogir gan asiantaethau cyhoeddus, sefydliadau gwirfoddol a chymunedol, busnesau preifat ac unigolion.[2] Canolbwynt y bennod hon yw'r gweithlu perthnasol i wasanaethau cyfrwng Cymraeg.

Ystyrir datblygiad gwasanaethau gofal plant ac addysg cyfrwng Cymraeg yn ystod y blynyddoedd cynnar yn un o lwyddiannau yr ymdrech i ddiogelu ac i adfer yr iaith Gymraeg dros y degawdau diwethaf. O reidrwydd felly, ystyrir cyfraniad Mudiad Meithrin (Mudiad Ysgolion Meithrin gynt) i'r sector yn un ffordd o fesur datblygiadau'r maes gan mai'r Mudiad yw'r prif asiant yn y gwaith o hwyluso, cefnogi a darparu cyfleon gofal ac addysg yn y blynyddoedd cynnar cyfrwng Cymraeg. Fel y noda strategaeth *Cymraeg 2050: Miliwn o siaradwyr*: 'Dros y pedwar degawd diwethaf, y sector gwirfoddol, dan adain y Mudiad Meithrin, sydd wedi cynnal gofal meithrin cyfrwng Cymraeg, gan ddatblygu cyfleoedd i blant ledled Cymru dderbyn gofal a gwasanaethau'r blynyddoedd cynnar drwy gyfrwng y Gymraeg.'[3] Ond beth a olygir gan y term 'gofal'?

Mae gofal yn derm amlweddog ac amrywiol. Yn y bennod hon, mae diffiniad gofal plant ac addysg y blynyddoedd cynnar yn cynnwys yr holl wasanaethau sy'n gysylltiedig ag addysg a gofal ar gyfer plant o enedigaeth hyd oedran ysgol gynradd. Deellir bod addysg yn cael ei darparu mewn sefydliadau statudol (ysgolion) ac yn cael ei chyllido gan awdurdodau lleol i'w darparu fel 'addysg feithrin' mewn lleoliadau meithrin, hynny yw, cylchoedd meithrin. Mae gofal plant yn cyfeirio at ddarpariaeth gofal wedi ei chofrestru a'i rheoleiddio gyda'r awdurdod perthnasol sef Arolygiaeth Gofal Cymru (AGC) ac sy'n cael ei darparu fel gofal sesiynol, gofal trwy'r dydd neu ofal cofleidiol ac sy'n dueddol o bara mwy na dwy awr.[4]

Darperir gofal ac addysg trwy rwydwaith sy'n cynnwys ysgolion statudol, cylchoedd meithrin a meithrinfeydd cyfrwng Cymraeg yn y sector. Ceir gwasanaethau cefnogol atodol yn y ddarpariaeth o grwpiau anffurfiol wedi eu hanelu at rieni/gofalwyr sy'n dymuno cyflwyno neu drosglwyddo'r Gymraeg i'w plant sef cylchoedd ti a fi a grwpiau 'Cymraeg i Blant'.[5] Ar yr un llaw, mae'r gwasanaethau hyn yn darparu ar gyfer plant sydd â'r Gymraeg fel iaith yn y cartref gan fod rhiant yn ei throsglwyddo. Ar y llaw arall, mae'r gwasanaethau hyn yn gyfrwng i gyflwyno'r Gymraeg i blant sy'n siarad ieithoedd oni bai am y Gymraeg ar yr aelwyd.

Cefndir darpariaeth gofal ac addysg y blynyddoedd cynnar cyfrwng Cymraeg

Yn ystod ail hanner cynnar yr ugeinfed ganrif, ystyriwyd addysg feithrin yn arf bwysig yn y frwydr i sicrhau dyfodol y Gymraeg fel gwasanaeth a oedd yn pontio darpariaeth gofal yn y cartref gyda darpariaeth addysg ffurfiol yn yr ysgol.[6] Tybiwyd bod gan ysgolion (cynradd ac uwchradd) swyddogaeth bwysig er mwyn creu siaradwyr Cymraeg newydd ac felly cafwyd momentwm o blaid sefydlu ysgolion a ystyriwyd yn ysgolion cyfrwng Cymraeg yn ychwanegol i ysgolion a ystyriwyd yn 'naturiol' Gymraeg.[7] Ers y 1960au, cydnabuwyd rôl y blynyddoedd cynnar trwy'r ysgolion meithrin er mwyn adfer yr iaith Gymraeg ac i sefydlu a datblygu dwyieithrwydd ymysg plant di-Gymraeg yn ifanc.

Ers dyddiau sefydlu'r ysgol feithrin gyntaf ym Maesteg yn 1941 (ymhell cyn sefydlu Mudiad Meithrin yn 1971), gwelwyd twf yn y ddarpariaeth gydag oddeutu saith deg o ysgolion meithrin annibynnol wedi eu sefydlu ar draws Cymru erbyn 1970. Yn ei dro, sefydlwyd Mudiad Ysgolion Meithrin yn Awst 1971 yn dilyn cyfarfod cyhoeddus ar faes Eisteddfod Genedlaethol Bangor, gan uno'r ysgolion meithrin annibynnol mewn rhwydwaith cenedlaethol am y tro cyntaf. Cyd-destun sefydlu'r Mudiad oedd data Cyfrifiad 1971 a oedd yn awgrymu ardrawiad iaith ymysg plant tair a phedair oed. Ers y dyddiau cynnar, swyddogaeth Mudiad Meithrin (fel y'i hailfedyddiwyd yn 2011, 40 mlynedd wedi bathu'r enw gwreiddiol) fyddai ceisio sicrhau bod pob plentyn yn cael y cyfle i dderbyn addysg a gofal drwy gyfrwng y Gymraeg. Erys hynny'n bennaf nod ac egwyddor gweithgaredd Mudiad Meithrin (er bod sawl egwyddor arall yn gyrru'r gwaith o ddydd i ddydd). Mae Mudiad Meithrin yn credu:

- bod caffael yr iaith Gymraeg o fantais i blant. I'r perwyl hwn byddwn yn trefnu cymaint o oriau cyswllt â'r iaith Gymraeg â phosibl, ac yn defnyddio'r Gymraeg yn unig yn ein darpariaethau
- y dylid sicrhau cyfle cyfartal i bob plentyn gael mynediad i wasanaethau cyfrwng Cymraeg yn y blynyddoedd cynnar o fewn cyrraedd hwylus i'w gartref. Byddwn yn ceisio sefydlu darpariaethau addas i gwrdd â'r angen yn lleol a cheisio sicrhau cefnogaeth ychwanegol i blant o gefndiroedd difreintiedig
- bod dilyniant addysg Gymraeg yn hanfodol i bob plentyn sy'n mynychu ein darpariaethau. I'r perwyl hwn, rydym yn galw am ddilyniant i addysg Gymraeg o fewn cyrraedd hwylus i gartref pob plentyn
- bod chwarae yn sylfaenol i ddatblygiad plant yn gorfforol yn emosiynol yn ieithyddol, yn gymdeithasol ac yn ddeallusol. Byddwn yn sicrhau pob cyfle posibl ar gyfer dysgu trwy chwarae
- bod plant, waeth beth fo'u hangen, yn elwa o brofiadau blynyddoedd cynnar o ansawdd dda. Byddwn yn croesawu plant ag anghenion ychwanegol i'n darpariaethau
- bod y teulu yn sylfaen i ddatblygiad plant. Byddwn yn sicrhau pob cyfle i deuluoedd gefnogi profiadau blynyddoedd cynnar eu plant, ac yn cynnig cefnogaeth ieithyddol a chymdeithasol i deuluoedd trwy weithgareddau ein darpariaethau

- bod hawliau plant yn unol â Chonfensiwn y Cenhedloedd Unedig ar Hawliau Plant a Deddf Plant 1989 yn hollbwysig. I'r perwyl hwn bydd gan blant yr hawl i ddisgwyl i bob oedolyn sydd â chyfrifoldeb drostynt eu hamddiffyn rhag camdriniaeth o bob math.[8]

Gan fod cyfundrefn gofal ac addysg prif ffrwd Cymru wedi, i bob pwrpas, sicrhau y cedwir y Gymraeg megis 'jwg ar seld', teg yw dweud y bydd gwaith Mudiad Meithrin yn parhau'n berthnasol nes bydd pob plentyn yn gallu mwynhau gofal ac addysg trwy gyfrwng y Gymraeg. Er y cynnydd amlwg yn niferoedd y plant sy'n mynychu cylchoedd meithrin (bron i 12,000 yn 2019 o'i gymharu â bron i 5,000 yn 1982[9]), a rhai miloedd yn fwy mewn meithrinfeydd lle darperir gwasanaeth cyfrwng Cymraeg, mae mwyafrif plant Cymru heddiw'n parhau i dderbyn eu gofal a'u haddysg gynnar trwy gyfrwng y Saesneg yn bennaf.

Natur ieithyddol plant sy'n mynychu cylchoedd meithrin a dilyniant i ysgolion

Saesneg yw iaith aelwyd mwyafrif y plant sy'n mynychu cylchoedd meithrin a lleiafrif sy'n dod o gartrefi lle mae'r ddau riant (os ydynt yn byw ar aelwyd dau riant) yn siarad Cymraeg, fel y gwelir o ddata Mudiad Meithrin (gw. ffigur 6). Noder felly fod 52.9 y cant o blant yn dod o gartrefi uniaith Saesneg gyda 23.3 y cant o gartrefi cymysg (Cymraeg a Saesneg) ac 1.2 y cant o gartrefi iaith arall.[10]

Ffigur 6

nifer wedi mynychu'r cylchoedd meithrin	nifer wedi mynychu cylch Ti a Fi	%	nifer o gartrefi Cymraeg	%	nifer o gartrefi Saesneg	%	nifer o gartrefi cymysg eu hiaith	%
11544	3497	30.3%	2614	22.6%	6108	52.9%	2685	23.3%

Meithrin Iaith

Un o hanfodion gwaith Mudiad Meithrin yw sicrhau dilyniant. Yr hyn a olygir gan y term dilyniant yw nifer y plant sy'n trosglwyddo ac yn mynd ymlaen – pan fyddant yn gadael y cylch meithrin i fynychu'r ysgol i dderbyn addysg statudol (yn dair, pedair neu bump oed) – i dderbyn eu haddysg trwy gyfrwng y Gymraeg. Erbyn heddiw yn 2020 mae dros 89 y cant o blant yn gadael y cylch i dderbyn addysg trwy gyfrwng y Gymraeg, sy'n cynrychioli cynnydd o 4 y cant ers 2014 gyda tharged o gyrraedd 90 y cant erbyn 2030. Mae'r cyfraddau'n amrywio'n fawr yn ôl ardal ac awdurdod lleol yn ddibynnol ar ba mor agos yw cartref y plentyn i'r ysgol Gymraeg leol, i bolisi trafnidiaeth, i agweddau'r teulu a'r gymuned ehangach, i enw da'r ysgol Gymraeg, ac yn y blaen.[11]

Y gweithlu

Pwynt amlwg ym mhob agwedd ar gynllunio darpariaeth a bodloni'r holl ofynion gofal, addysgiadol, ieithyddol, rheoleiddiol sy'n ofynnol yn y cylchoedd meithrin yw rôl yr oedolion hynny sy'n allweddol i fodolaeth y gwasanaeth. Dyma'r unigolion sy'n gweithio yn y ddarpariaeth (sef y gweithlu gofal ac addysg a'r prentisiaid/myfyrwyr sy'n cymhwyso tra byddant ar brofiad gwaith gofynnol), y sawl sy'n gwirfoddoli (sef lleiafrif o unigolion cymwys sy'n helpu yn y ddarpariaeth) a'r unigolion hynny sy'n gweithredu fel cyflogwyr (rheolwyr neu bwyllgorau rheoli gwirfoddol yn ddibynnol ar natur gyfansoddiadol y ddarpariaeth fel cwmni cyfyngedig neu fel elusen gofrestredig). Un o'r heriau cynnar, sy'n parhau hyd heddiw, yw sicrhau gweithlu cymwys

nifer o gartrefi iaith arall	%	nifer wedi trosglwyddo o'r cylch i ysgol	Ysgol Gymraeg	%	Ysgol Saesneg	%	nifer wedi gadael y cylch oherwydd rhesymau eraill
137	1.2%	6673	5993	89.8%	680	10.2%	772

yn wyneb prinder unigolion sy'n meddu ar y cymwysterau proffesiynol ynghyd â'r sgiliau Cymraeg angenrheidiol i weithio mewn ac i gefnogi lleoliadau cyfrwng Cymraeg, hynny yw cylchoedd meithrin a meithrinfeydd cyfrwng Cymraeg.[12] Caiff y gofynion am gymwysterau proffesiynol eu gyrru gan ymdrech genedlaethol i sicrhau ansawdd a safon gwasanaeth i blant ifanc gan gofio nad yw'n hawdd i blant yn y blynyddoedd cynnar arddangos anfodlonrwydd neu anhapusrwydd gyda darpariaeth y gofal ar eu cyfer.

Ers 2019 (yn unig) cynhaliodd Mudiad Meithrin gyfrifiad blynyddol i gyfrif nifer yr unigolion sy'n gweithio yn y cylchoedd meithrin. Dengys yr ystadegau fod 1,431 o unigolion yn gweithio yn y cylchoedd meithrin yn 2020. Mae ymdriniaeth o gymwysterau'r gweithlu fel a ganlyn:

- 80 o ymarferwyr wedi cymhwyso hyd at lefel 2 Gofal Dysgu Datblygiad Plant (GDDP)
- 923 o ymarferwyr wedi cymhwyso hyd at lefel 3
- 16 o ymarferwyr wedi cymhwyso hyd at lefel 4
- 232 o ymarferwyr wedi cymhwyso hyd at lefel 5
- 127 o ymarferwyr yn ddigymhwyster neu yn hyfforddi
- 55 o ymarferwyr wedi cymhwyso mewn cymhwyster arall.

Tystia hyn i'r ffaith fod gofynion rheoleiddiol AGC a gofynion cyllidwyr megis cynllun trechu tlodi 'Dechrau'n Deg' ar gyfer y gweithlu blynyddoedd cynnar yn gyrru rhai o'r tueddiadau amlycaf. Mae'n rhaid i arweinydd lleoliad gofal plant feddu ar gymhwyster lefel 3 gydag o leiaf dwy flynedd o brofiad o weithio mewn lleoliad gofal plant tra bo cynllun 'Dechrau'n Deg' yn mynnu bod yr arweinydd yn meddu ar gymhwyster lefel 5 (sy'n gyfystyr â gradd). Mae'n dra thebygol bod yr unigolion heb gymhwyster yn brentisiaid neu'n fyfyrwyr sy'n ennill cymhwyster ar leoliad (gan gofio bod rhaid cael 600 awr o brofiad ymarferol ar lawr cylch, meithrinfa neu ysgol cyn gallu cymhwyso yn ogystal ag astudio'r elfen theoretig).

Ers ei sefydlu, bu i Mudiad Meithrin arddel rôl fel hwylusydd neu bencampwr y llwybr o'r cartref i addysg cyfrwng Cymraeg yn yr ysgol. Fe'i hystyriwyd yn fudiad adfer iaith, nid yn unig yn fudiad blynyddoedd cynnar. Erys y tensiwn creadigol hwn hyd heddiw ac fe'i gwelir yn y ddeialog a'r dyndra barhaus rhwng gwaith y Mudiad yn y pau gofal a'r gwaith yn y pau iaith. Mae Mudiad Meithrin ac eraill fel RhAG yn parhau i alw am ac i weithredu i gynyddu niferoedd y lleoliadau blynyddoedd cynnar cyfrwng Cymraeg wrth i'r galw amdanynt gynyddu a gwelir hefyd yr her o recriwtio a chadw staff sy'n siaradwyr Cymraeg yn dwysáu ar draws y sector.

Cynnig Gofal Plant Cymru

Teimlir yr her hon yn gynyddol yng nghyd-destun mabwysiadu Cynnig Gofal Plant Cymru fel polisi Llywodraeth Cymru a gyflwynwyd ym mis Medi 2017. Mae'r 'Cynnig' fel y cyfeirir ato, yn rhoi mynediad at 30 awr o addysg a gofal plant a ariennir am 40 wythnos y flwyddyn i rieni plant tair neu bedair oed sy'n gweithio o leiaf 16 awr yr wythnos. Mae'r 30 awr yn cynnwys y ddarpariaeth 'addysg', sef y 10–15 awr o'r cyfnod sylfaen meithrin sydd ar gael i bob plentyn tair i bedair oed, ynghyd â gofal plant ychwanegol hyd at 20 awr yr wythnos i deuluoedd cymwys i roi cyfanswm o 30 awr.[13]

Noda Glyn et al. yng ngwerthusiad y cynnig am y flwyddyn 2018–19 bod y cynnig wedi bod yn gadarnhaol i ddarpariaethau cyfrwng Cymraeg.[14] Nododd 17 y cant o'r ymatebwyr i'r holiadur mai'r brif iaith a ddefnyddiwyd yn y lleoliad oedd y Gymraeg, gyda mwyafrif awdurdodau lleol Cymru yn nodi bod cylchoedd meithrin wedi cynyddu eu horiau agor yn sgil gweithredu'r cynnig. Serch hynny, er bod y cynnig yn annog cynnydd mewn argaeledd darpariaeth gofal plant cyfrwng Cymraeg, nododd 11 y cant o rieni nad oeddent wedi medru cael mynediad at ofal plant Cymraeg neu ddwyieithog. Awgryma hyn fod pocedi o gymunedau ledled Cymru lle nad oes modd eto ateb y galw am ddarpariaeth Gymraeg neu ddwyieithog.[15]

Erbyn mis Medi 2019, gwelwyd tua 11,000 o blant yn derbyn y cynnig ar draws Cymru, a thua 3,190 ohonynt yn manteisio ar y cynnig mewn lleoliadau cyfrwng Cymraeg neu ddwyieithog.[16] Er bod y gyfran hon yn agos iawn at y targed a nodwyd gan Lywodraeth Cymru ar gyfer y ganran o bob grŵp blwyddyn sy'n derbyn eu haddysg drwy gyfrwng y Gymraeg yn *Cymraeg 2050: Miliwn o siaradwyr* (2017), bydd angen parhau i fuddsoddi a chynyddu'r ddarpariaeth bresennol er mwyn gwireddu'r taflwybr sy'n ganolog i weledigaeth y llywodraeth, gan gofio bod darpariaeth gweithlu cymwys – a threfniadau hyfforddi a chymhwyso'r gweithlu – yn hanfodol i'r cynnydd ac wedi bod yn destun sawl trafodaeth yn y gorffennol.[17]

Recriwtio a chadw'r gweithlu blynyddoedd cynnar Cymraeg

Mae'n rhaid edrych yn ôl i ddyddiau *Iaith Pawb* (2003) er mwyn deall y cymhelliant a'r angen i sefydlu cynllun hyfforddiant cenedlaethol i oedolion yn y blynyddoedd cynnar.[18] Adnabuwyd yn y cyfnod hwnnw y prinder gwirioneddol mewn cyfleoedd i ennill cymhwyster galwedigaethol ym maes gofal plant trwy gyfrwng y Gymraeg. Ag eithriadau prin yn rhai o golegau addysg bellach Cymru, a chynlluniau amgen gan y Mudiad ei hun, byddai'r rhan fwyaf o'r staff fyddai yn y pen draw yn gweithio mewn cylch trwy gyfrwng y Gymraeg yn ennill cymhwyster cyfrwng Saesneg oherwydd nad oedd cyfle ym mwyafrif ardaloedd Cymru i astudio trwy gyfrwng y Gymraeg. Yn y cyfnod hwn, cyhoeddodd Cynulliad Cymru (fel y'i gelwid ar y pryd) dendr i sefydlu cynllun hyfforddiant cenedlaethol gyda'r nod o gymhwyso 200 o unigolion yn flynyddol i ennill cymhwyster cydnabyddedig trwy gyfrwng y Gymraeg. Enillwyd y tendr gan y Mudiad gyda'r brand a'r enw bachog 'Cam wrth Gam', gyda mewnbwn Coleg y Drindod. Arweiniodd hyn at fathu cynllun unigryw gydag ystod eang o adnoddau dysgu newydd Cymraeg cydnabyddedig a ddilyswyd gan gyrff dyfarnu safonol ynghyd â chreu unedau pwrpasol oddi mewn i'r cymhwyster cyffredinol ar y cyd â *CACHE*. Golygai hyn y byddai'r darpar fyfyrwyr (ynghyd â'r cyflogwyr posibl) yn hyderus yn y cymhwyster fel cyfrwng i ddarparu gwaelodlin gwybodaeth, sgil a phrofiad gwaith ym maes gofal plant. Denwyd siaradwyr Cymraeg hyderus a dysgwyr fel ei gilydd at y cynllun a darparwyd cefnogaeth ieithyddol i'r sawl a oedd yn awyddus hefyd i loywi eu sgiliau yn y Gymraeg. Buddsoddwyd mewn creu a hyfforddi tîm o aseswyr cenedlaethol fyddai'n gyfrifol am ddysgu, asesu a safoni gwaith y myfyrwyr, ac ystyrir y buddsoddiad hwn yn bolisi blaengar ac arloesol hyd heddiw oherwydd cyn lleied yr aseswyr cymwys ym maes gofal plant sy'n medru'r Gymraeg.

Yn fwy diweddar, amlygwyd tensiynau o du Llywodraeth Cymru yn narpariaeth y cynllun hyfforddiant cenedlaethol. Ni ellir priodoli hynny i unrhyw ofid am safon ac ansawdd y ddarpariaeth (oherwydd asesiadau annibynnol, allanol canmoladwy'n flynyddol), ond yn hytrach i densiynau gwleidyddol am geisio 'prif ffrydio' darpariaeth alwedigaethol cyfrwng Cymraeg. Beth bynnag y cymhelliant, canlyniad y deisyfiad oedd mynnu rhoi diwedd ar gytundeb Mudiad Meithrin i ddarparu'r cynllun hyfforddiant cenedlaethol gan yn hytrach ganolbwyntio ar fasnacholi'r cynllun (h.y. tynnu cyllid i lawr trwy'r prif ffrwd). Wedi sawl blwyddyn o estyniad (er mwyn sicrhau bod y cyfnod trosiannol yn osgoi dylifiad dawn o'r sector) arbrofodd Mudiad Meithrin gan fentro (ac ennill) ambell gytundeb ar sail cyllid Ewropeaidd 'Cynnydd ar gyfer Llwyddiant' (*Progress for Success*) gyda cholegau addysg bellach a chwmnïau preifat. Wedyn, yn 2019, daethpwyd i gytundeb â'r Urdd i ddarparu cynllun prentisiaethau ar fframwaith *ACT* sydd erbyn hyn ar waith. Tybir bod cryn hygrededd yn perthyn i gynllun cyflogaeth ar sail model prentisiaethau rhwng dau sefydliad cenedlaethol cyfrwng Cymraeg fel yr Urdd a'r Mudiad ynghyd â momentwm gwleidyddol i'w gefnogi yn sgil data damniol am niferoedd prentisiaethau cyfrwng Cymraeg.

Yn atodol i gynllun gwreiddiol Cam wrth Gam, adnabuwyd bwlch amlwg yn y ddarpariaeth alwedigaethol yn 2006, sef diffyg cyfleon i astudio am gymhwyster gofal plant yn yr ysgol uwchradd. Sefydlwyd y cynllun ysgolion er mwyn darparu ystod ehangach o gymwysterau (lefel 2, lefel 3, lefel 3 estynedig, TGAU a lefel A) ac erbyn heddiw mae'r cynllun yn weithredol mewn 18 o ysgolion uwchradd ar sail masnachol gan gynnwys un cytundeb sydd wedi'i anelu at bobl ifanc sydd heb fod mewn addysg, cyflogaeth na hyfforddiant. Tanlinella hyn gyfraniad Mudiad Meithrin i ysgolheictod a dysg yn y maes galwedigaethol ar sawl lefel yng Nghymru, o ddisgyblion blynyddoedd 10, 11, 12 ac 13 i fyfyrwyr a phrentisiaid o bob oedran (gyda phrosiectau hefyd ym maes addysg uwch gyda'r Coleg Cymraeg Cenedlaethol). Noder bod cyfanswm o 3,450 wedi cymhwyso drwy'r Mudiad ers 2006 a'i fod wedi cofrestru fel canolfan gyda CBAC a *City and Guilds* ar gyfer darparu lefel 2, lefel 3, TGAU, TAG UG a safon uwch mewn iechyd a gofal cymdeithasol a gofal plant.

Academi

Ond nid yw darpariaeth addysg a'r cyfle i ddysgu yn gorffen gydag ennill cymhwyster. Yn sgil lansio 'Dewiniaith', sef gweledigaeth ar gyfer y degawd nesaf ym modolaeth Mudiad Meithrin yn 2015, gwnaed ymdrech fwriadol i gynyddu darpariaeth mewn hyfforddiant a chyfleon uwch-sgilio proffesiynol trwy gyfrwng y Gymraeg ar gyfer y gweithlu blynyddoedd cynnar.[19] Gwnaed hynny trwy sefydlu Academi a lansiwyd gan y prif weinidog ar y pryd, Carwyn Jones AS, yn ystod 2016. Bwriad Academi fyddai darparu cyfleoedd datblygiad proffesiynol parhaus trwy gyfrwng y Gymraeg (gan gofio fod mwyafrif hyfforddiant ar gael trwy'r awdurdodau lleol, colegau addysg bellach a darparwyr preifat – ag ambell eithriad – yn digwydd trwy gyfrwng y Saesneg). Aed ati i adnabod y gofynion sylfaenol o safbwynt anghenion hyffordd'r safonau gofynnol cenedlaethol (sef safonau gofynnol Arolygiaeth Gofal Cymru[20]), gofynion pedagogaidd y cyfnod sylfaen (o safbwynt cwricwlwm), gofynion rheoli a llywodraethiant y pwyllgorau rheoli gwirfoddol ynghyd â dymuniadau a diddordebau'r sector ei hun. Arweiniodd hyn at fathu prosbectws blynyddol ac at drefnu ystod eang o gyfleoedd hyffordd'r (yn fodiwlau ar-lein, yn gyrsiau min nos, yn gynadleddau un-dydd, a.y.y.b.). Cafwyd ystod o bynciau amrywiol a difyr gan gynnwys: y dull trochi, coginio yn y cyfnod sylfaen, gwaith coed yn y cylch meithrin, amddiffyn a diogelu, gwyddoniaeth a mathemateg yn y cylch meithrin, oedolion agored i niwed, cynhwysiant a rhoi croeso i bawb yn y cylch, adeiladu den, iechyd a lles i enwi dim ond rhai. Pennaf nod Academi yw darparu cyfleon hwyliog i gynyddu gwybodaeth a sgiliau ymysg y gweithlu ond mae elfen normadol ieithyddol hefyd yn perthyn i'r gwaith. Os mai cenhadaeth a chenadwri Mudiad Meithrin yw y dylai pob plentyn gael mynediad at ddarpariaeth gofal ac addysg trwy gyfrwng y Gymraeg, oni ddylai'r un peth fod yn wir am oedolion hefyd?

Meithrin hyder yn y Gymraeg

Wrth gwrs, prin fod angen nodi fod heriau ieithyddol niferus yn wynebu'r gweithlu gofal plant am fod lefelau hyder isel yn gallu arwain at ddiffyg hyder i weithio yn y sector. Gwnaed cryn ymdrech i unioni'r cam ar hyd y blynyddoedd trwy ddarpariaeth cynllun iaith Mudiad Meithrin ac ystod eang o adnoddau perthnasol ynghyd â chefnogaeth swyddog iaith wedi ei gyllido gan y Mudiad. Yn ddiweddarach, adnabu strategaeth *Cymraeg 2050: Miliwn o siaradwyr* yr angen i 'sicrhau y gall plant mewn lleoliadau ar draws sector y blynyddoedd cynnar ddatblygu eu sgiliau Cymraeg ymhellach, er mwyn ehangu'r cyfleoedd ar gyfer cenedlaethau'r dyfodol'.[21] Felly, aeth consortiwm gofal plant Cwlwm (o'r sector Saesneg fel y sector Cymraeg) ati i weithio ar greu fframwaith ac adnoddau ar y cyd â'r Ganolfan Dysgu Cymraeg Genedlaethol a fyddai'n gyfrwng i fesur cyrhaeddiad ieithyddol unigolion ar draws y sector gofal plant trwy brosiect 'Y Gwiriwr'. Ymhellach, ystyriwyd gofal plant yn faes gwaith canolog i'r economi sylfaen gan Lywodraeth Cymru ac mewn ymateb i'r adroddiad *Anghenion o ran Sgiliau Cymraeg mewn Wyth Sector* (2014), sefydlwyd y cynllun 'Camau' dan frand Cymraeg Gwaith yn ddiweddarach gan Y Ganolfan Dysgu Cymraeg Genedlaethol (GDCG) yn 2019.[22] Daeth hyn yn dilyn cyfnod o gydweithio dwys rhwng cynrychiolwyr y sector blynyddoedd cynnar a'r GDCG i ddatblygu, treialu a sefydlu ystod o gyrsiau Cymraeg pwrpasol i'r gweithlu gofal plant, blynyddoedd cynnar a gwaith chwarae. Nod y cynllun 'Camau' yw cydweithio yn agos â'r sector gofal ac addysg plant er mwyn eu cynorthwyo i gynyddu sgiliau Cymraeg y gweithlu ac i'w galluogi i ymateb yn well i gyflawni gofynion y cyfnod sylfaen a'r cwricwlwm newydd arfaethedig. Adnabyddir pwysigrwydd cynyddu sgiliau Cymraeg y sector hwn yn enwedig yn sgil y bwriad i gynyddu'r cynnig oriau gofal plant i 30 awr a'r angen oherwydd hynny i gynllunio darpariaethau sy'n gallu cynnig cyfleoedd Cymraeg i'r plant. Mae cyfres o gyrsiau penodol wedi eu teilwra ar gyfer y gweithlu, sy'n cynnig cyfleoedd dysgu mewn cyrsiau 20 awr, hyd at gyfanswm o 60 awr ar bob lefel. Byddai dysgu am 60 awr ar un lefel yn caniatáu i'r unigolyn gynyddu'n sylweddol ei sgiliau trosglwyddo iaith i blant ifanc. Mae'r cyrsiau hefyd yn rhoi llwybr continwwm clir i'r gweithlu, am y tro cyntaf erioed.

Hunaniaeth a'r blynyddoedd cynnar

Un o sloganau diweddar y Mudiad (ac heb fod yn unigryw iddo chwaith) yw bod y Gymraeg yn perthyn i bawb ac yn gyfrwng i uno cenedl. Ynghlwm â'r syniad hwn y mae ymgais i sicrhau bod y Gymraeg yn gallu cael ei pherchnogi gan amrywiaeth o unigolion (er mwyn herio'r ystrydeb nad yw'r Gymraeg yn perthyn i rai). Daeth ystyriaethau yn seiliedig ar hunaniaeth fwyfwy i'r amlwg yn ystod yr unfed ganrif ar hugain mewn trafodaeth, naratif a disgwrs polisi cyhoeddus. Adlewyrchwyd hynny mewn ymgyrchoedd i gydnabod hawliau unigolion yn seiliedig ar agweddau ar hunaniaeth gan ganolbwyntio ar rôl cyflogwyr a sectorau yn cefnogi neu'n tanseilio hunaniaeth ar sail rhyw, rhywedd, cyfeiriadaeth rywiol, hil, ethnigrwydd, crefydd, abledd/anabledd, a.y.y.b. Bu'r drafodaeth hon yn drafodaeth fyw yn y blynyddoedd cynnar cyfrwng Cymraeg a hynny yn sgil natur y gweithlu sydd, i bob pwrpas, yn fenywaidd ac yn wyn. Cafwyd sawl ymgyrch ac ymdrech i gynyddu amrywiaeth y gweithlu (o ymgyrchoedd yn targedu dynion i weithio yn y blynyddoedd cynnar i gynlluniau cyfoes i gynnig prentisiaethau i unigolion Du, Asiaidd a lleiafrifol ethnig i weithio i Fudiad Meithrin), a chyplyswyd yr ymdrech hon ag ymgais fwriadus ar ran Mudiad Meithrin i ymgysylltu'n well â chymunedau amrywiol. Gwnaed hyn mewn sawl ffordd dan fantell strategaeth amrywiaeth a chydraddoldeb gan gynnwys cynhyrchu deunyddiau marchnata am fanteision gofal ac addysg Gymraeg mewn Pwyleg, Wrdw, Pwnjabi, Bengali, Somali, cydweithio â Chyngor Hil Cymru ar gynnal awdit polisi a chreu adnoddau hyfforddiant ar herio ystrydebau am rinweddau a nodweddion yn seiliedig ar rywedd.[23] Cafwyd prosiect llwyddiannus ar y cyd â'r Groes Goch yng Nghasnewydd i gynnal Cylch Ti a Fi wedi'i anelu at ffoaduriaid newydd i Gymru fel un esiampl o wthio ffiniau ein gweithgaredd.

Gwnaed ymgais fwriadus i gynhyrchu adnoddau chwarae a dysgu a fyddai'n cydnabod a dathlu gwahanol ffyrdd o fyw (ar sail crefyddau amrywiol ac ar sail cyfeiriadaeth rywiol) gan hefyd sicrhau bod presenoldeb cyhoeddus y Mudiad trwy'r cyfryngau cymdeithasol yn adlewyrchu amrywiaeth y plant sy'n mynychu cylchoedd meithrin. Ar y naill law, mae'r ymdrech hon yn ymgais i gydnabod bod angen llawer mwy o weithredu uniongyrchol a bwriadus er mwyn sicrhau bod pob plentyn yn gallu mynychu cylch meithrin gan gydnabod a dathlu hefyd y rhieni hynny o gymunedau amrywiol sydd wedi dewis darpariaeth cyfrwng Cymraeg i'w plant.[24]

Er chwyldroi rôl a pherthynas tad a'i blentyn yn y Gymru gyfoes, gellir honni na welwyd yr un chwalfa o fewn y gweithlu blynyddoedd cynnar ac mai prin iawn yw'r dynion sy'n mentro cymhwyso i weithio yn y maes. Byddai data cynllun hyfforddiant cenedlaethol Mudiad Meithrin yn cadarnhau mai, ar gyfartaledd, tua 2 y cant o garfan myfyrwyr blynyddol a fyddai'n eu disgrifio eu hunain yn wrywaidd. Golyga hyn gylch di-dor, dieflig lle prin iawn yw'r unigolion sydd ar gael i herio ystrydebau, i normaleiddio gyrfaoedd i ddynion yn y blynyddoedd cynnar ac i weithredu fel modelau rôl ar gyfer y 49 y cant o fechgyn sy'n mynychu cylchoedd meithrin. Sut mae goresgyn yr her? Cafwyd sawl ymdrech ac ymgyrch weledol yn y gorffennol a chyfrannodd Mudiad Meithrin i sawl prosiect gwahanol dan fantell 'Gender Eye' ac ymgyrch 'Gofalwn' Gofal Cymdeithasol Cymru i enwi rhai.[25] Ystyrir bod y Gymru Gymraeg yn haearnaidd yn ei hymlyniad at ofal benywaidd (a byddai'n ddiddorol ymchwilio i weld a yw'n wahanol neu'n well o fewn y sector cyfrwng Saesneg). Her sylfaenol ychwanegol yw mai menywod sy'n cynrychioli mwyafrif llethol pwyllgorau rheoli gwirfoddol y cylchoedd meithrin (sef cyflogwyr y staff sy'n gweithio ar lawr y cylch meithrin). Ffôl fyddai dadlau na all menywod o gyflogwyr ddangos empathi i ddarpar weithwyr o ddynion yn y blynyddoedd cynnar ond erys cwestiynau sylfaenol am sut y gellir chwyldroi'r model am y 'math' o berson sy'n addas i weithio mewn cylch meithrin.[26]

Gweithlu anghenion dysgu ychwanegol

Mae newidiadau a gwelliannau hirddisgwyliedig ar droed ym maes anghenion dysgu ychwanegol er mwyn sicrhau bod cyfle i bob plentyn (waeth beth fo anghenion y plentyn) i fanteisio ar ddarpariaeth gofal ac addysg yn y blynyddoedd cynnar. Ni wyddys eto a fydd y weledigaeth newydd (gyda'r Ddeddf a'r Cod arfaethedig) yn gwella darpariaeth anghenion dysgu ychwanegol cyfrwng Cymraeg i blant.[27] Yn sicr mae heriau gwybyddol yn parhau gydag ystrydebau cyfeiliornus yn britho syniadau rhai o blith y gymuned therapyddion iaith a lleferydd (er gwaethaf ymdrechion eraill i gywiro'r camsyniadau hyn) ynglŷn â phriodoldeb cyflwyno iaith arall (sef y Gymraeg) i blant sy'n siarad Saesneg yn y cartref. Swyddogaeth Mudiad Meithrin ar hyd y blynyddoedd fu ac yw eiriol a chodi llais, codi ymwybyddiaeth, cywiro rhagfarnau a chreu adnoddau fyddai'n cefnogi darpariaeth i blant ag anghenion dysgu ychwanegol allu manteisio ar ofal ac addysg Gymraeg. Ar brydiau, y duedd ymhlith y gweithlu gofal fyddai rhagdybio bod gofyn cael pâr o ddwylo ychwanegol, hynny yw, aelod staff ychwanegol gan ofidio am gostau darpariaeth o'r fath. Cenhadaeth Mudiad Meithrin fu cynyddu sgiliau a hyder y gweithlu i allu gweithio gyda phlant ag ystod o anghenion gan gydweithio'n agos ag arbenigwyr o fewn y gweithlu iechyd ac addysg statudol ac elusennol. Cafwyd esiamplau hefyd o ddarparu hyfforddiant i'r gweithlu, er enghraifft, ar sut i groesawu plant ag awtistiaeth i'r cylch meithrin, ar ddefnydd Makaton neu 'Sign Along' yn y cylch a chynhyrchu cyfres o adnoddau ar y we wedi eu hanelu at blant byddar mewn prosiect ar y cyd â Phrifysgol Bangor a Choleg Llandrillo Menai.[28]

Meithrin Iaith

Casgliad

Amcan y bennod hon yw cloriannu y cyfleoedd a'r heriau sy'n wynebu gweithlu'r blynyddoedd cynnar o fewn y sector Gymraeg yn y Gymru gyfoes. Bu datblygiadau niferus yn yr hanner canrif ers sefydlu Mudiad Meithrin yn 1971 sydd i gyd wedi eu dylanwadu gan welliannau rheoleiddiol o safbwynt ansawdd a safon y gwasanaeth i blant ifanc iawn. Mae dylanwadau eraill – cwestiwn yr iaith, strategaethau llywodraeth, gofynion cyllidwyr, dymuniadau ac amcanion y gweithlu ei hun, darpariaeth addas i bob plentyn a thrafodaethau am hunaniaeth – oll yn cyfrannu at greu tirlun amrywiol a diddorol. Erys heriau o ran sicrhau gweithlu sy'n meddu ar yr holl gymwyseddau angenrheidiol – o'r cymwysterau ffurfiol i sgiliau iaith Gymraeg – a rôl Mudiad Meithrin yw parhau i gynllunio'n strategol ac i ddylanwadu ar lywodraeth er mwyn sicrhau na fydd prinder staff yn amharu ar y gallu i ddarparu gwasanaeth gofal plant trwy gyfrwng y Gymraeg i'r dyfodol.

Nodiadau

[1] Diffiniad y blynyddoedd cynnar yw'r cyfnod cyn geni hyd saith oed. Yn y bennod hon, rhoddir sylw i'r cyfnod cyn geni hyd oedran ysgol statudol (sef pump).

[2] Dylid cydnabod yn gynnar yn y drafodaeth yr erys tensiwn rhwng terminoleg 'gofal' ac 'addysg' yn y blynyddoedd cynnar a bod y mwyafrif o ymarferwyr yn coleddu'r syniad bod 'gofal' yn addysgiadol a bod 'addysg' yn ofalgar wrth ymdrin ag anghenion plant un, dwy, tair a phedair oed.

[3] Llywodraeth Cymru, *Cymraeg 2050: Miliwn o siaradwyr* (Caerdydd: Llywodraeth Cymru, 2017), t. 35.

[4] Nid yw felly'n cynnwys gofal anffurfiol (gan nain neu dad-cu dyweder), ofal heb ei gofrestru (e.e. mewn sesiwn chwaraeon neu glwb sy'n para llai na 2 awr gan mai dyma'r terfyn amser a nodir gan AGC fel yr amser a ganiateir heb gofrestru) neu ddarpariaeth gofalwr plant (*child-minder*) gan nad yw Mudiad Meithrin yn cynrychioli gofalwyr plant.

[5] Noder bod 'cylch meithrin' yn derm cydnabyddedig sy'n perthyn ar sail eiddo deallusol i Mudiad Meithrin. Canlyniad hynny yw bod 'cylch meithrin cyfrwng Saesneg' yn gysyniadol amhosibl. Mae plant yn

mynychu cylch meithrin a meithrinfeydd heb eu rhieni. Mae rhieni (neu oedolyn sy'n gyfrifol am y plentyn) yn gorfod bod yn ei gwmni mewn Cylch Ti a Fi neu grŵp 'Cymraeg i Blant' gan fod y grwpiau hyn yn targedu plant iau ac heb fod yn darparu gofal. Er mwyn cael syniad o faint y rhwydwaith, mae 426 cylch meithrin, 301 Cylch Ti a Fi ac oddeutu pum deg meithrinfa Gymraeg. Mae pob lleoliad yn dewis ymaelodi'n wirfoddol â Mudiad Meithrin yn flynyddol. Ceir tair meithrinfa Gymraeg a chwe chylch meithrin a reolir yn ganolog trwy is-gwmni Mudiad Meithrin, 'Meithrinfeydd Cymru Cyf'.

6 Noder mai'r syniad o addysg feithrin a ddyrchafwyd. Roedd y cysyniad o 'ofal plant' yn fwy ymylol.
7 Gellid ysgrifennu papur cwbl annibynnol ar gategoreiddio ysgolion o safbwynt cyfrwng ieithyddol.
8 *www.meithrin.cymru/nod/amcanion* (cyrchwyd 2 Medi 2020).
9 Mudiad Meithrin, Adroddiad Blynyddol Mudiad Meithrin, *https://www.meithrin.cymru/adroddiad-blynyddol/* (cyrchwyd 5 Awst 2021).
10 Gwyddom o ddata'r Cyfrifiad fod canran sylweddol o blant a fegir mewn cartrefi aelwyd cymysg (Cymraeg a Saesneg) yn clywed y Saesneg fel y brif iaith: *https://statscymru.llyw.cymru/Catalogue/Welsh-Language/Census-Welsh-Language* (cyrchwyd 17 Medi 2020).
11 Adnabuwyd nifer o dueddiadau amrywiol sy'n dylanwadu ar benderfyniadau rhieni am ysgolion mewn holiaduron gan Mudiad Meithrin ar hyd y blynyddoedd a thybir bod ymdriniaeth o'r data hwn yn destun astudiaeth arall eto.
12 Noder na fyddai gofyn am gymwysterau gofynnol i fodloni rheoliadau na deddfwriaeth yn y dyddiau cynnar ac y byddai'r corff o unigolion fyddai'n gweithio yn yr ysgolion meithrin yn gwneud hynny'n wirfoddol neu am gyflog bach. Cyflwynwyd gofynion llym – o ran cymhareb oedolion cymwys ar gyfer nifer y plant mewn lleoliad – yn y flwyddyn 1997 gyda dyfodiad Arolygiaeth Gofal Cymru a daeth gofynion am gymwysterau ffurfiol i rym yng nghanol y 2000au.
13 I fod yn gymwys, rhaid bod rhieni yn ennill lleiafswm wythnosol sydd yn gyfwerth ag 16 awr ar yr isafswm cyflog cenedlaethol neu gyflog byw cenedlaethol, ac yn ennill llai na £100,000 y flwyddyn. Diffinnir rhieni sy'n gweithio fel rhai cyflogedig, hunangyflogedig neu ar gontract dim oriau. Rhaid bod y ddau riant mewn teulu dau riant, neu'r unig riant mewn teulu un rhiant, fod yn gweithio er mwyn bod yn gymwys, gyda rhai eithriadau penodol.
14 E. Glyn, S. Harries, J. Lane a S. Lewis, *Gwerthuso Gweithredu Cynnar Cynnig Gofal Plant Cymru: yr Ail Flwyddyn* (Caerdydd: Llywodraeth Cymru, 2019), rhif adroddiad 4444 GSR 57/2019, *https://llyw.cymru/*

gwerthusor-cynnig-gofal-plant-i-gymru-blwyddyn-2 (cyrchwyd 17 Medi 2021).

[15] Mae Mudiad Meithrin ers 2017 wedi derbyn cyllid ychwanegol gan Lywodraeth Cymru ar gyfer gwireddu prosiect 'Sefydlu a Symud', sef y prosiect o sefydlu 150 cylch meithrin neu ddarpariaeth feithrin newydd erbyn 2030 yn sgil cyhoeddi 'Miliwn o Siaradwyr Cymraeg' er mwyn llenwi'r bwlch cynyddol.

[16] CWLWM, 'Cynnig Gofal Plant', *Newyddlen CWLWM* (gaeaf 2020), 7.

[17] Llywodraeth Cymru, *Cymraeg 2050: Miliwn o siaradwyr*.

[18] Llywodraeth Cynulliad Cymru, *Iaith Pawb: Cynllun Gweithredu Cenedlaethol ar gyfer Cymru Ddwyieithog* (Caerdydd: Llywodraeth Cynulliad Cymru, 2003).

[19] Mudiad Meithrin, *Dewiniaith: Gweledigaeth Mudiad Meithrin 2015–2025* (Aberystwyth: Mudiad Meithrin, 2015).

[20] Llywodraeth Cymru, *Safonau Gofynnol Cenedlaethol ar gyfer Gofal Plant a Reoleiddir i blant hyd at 12 oed* (Caerdydd: Llywodraeth Cymru, 2016), *https://arolygiaethgofal.cymru/sites/default/files/2018-01/160411 regchildcarecy.pdf*.

[21] Llywodraeth Cymru, *Cymraeg 2050: Miliwn o siaradwyr*, t. 37.

[22] D. Vivian, M. Winterbotham, B. Gunstone a J. H. Hewitt, *Anghenion o ran Sgiliau Cymraeg mewn Wyth Sector* (Caerdydd: Llywodraeth Cymru, 2014), *https://llyw.cymru/anghenion-o-ran-sgiliau-cymraeg-mewn-wyth-sector* (cyrchwyd 17 Medi 2020).

[23] Mudiad Meithrin, *Gofal Plant ac addysg Gymraeg ar gael i chi*, taflen mewn *Pwyleg, Wrdw, Pwnjabi, Bengali, Somali* (Aberystwyth: Mudiad Meithrin, 2018).

[24] Mae'r syniad o 'ddewis' yn broblematig ar sawl ystyr. Nid yw 'dewis' o hyd yn ddewis o gwbl, e.e. os yw'n golygu bod yn rhaid i blentyn eistedd ar fws am awr er mwyn cyrraedd cylch meithrin. Yn y mwyafrif o awdurdodau lleol, honnir bod gan rieni a gofalwyr ddewis rhwng lleoliadau meithrin cyfrwng Cymraeg (cylchoedd meithrin a meithrinfeydd Cymraeg) a lleoliadau meithrin cyfrwng Saesneg. Er bod hynny'n wir mewn sawl ardal, tybir bod cyfran sylweddol o rieni yn methu gwireddu eu dewis o blaid gofal cyfrwng Cymraeg yn bresennol. Heb sôn am y cwestiwn athronyddol a moesegol (testun papur arall eto) sef a yw hi'n dderbyniol bod rhieni yn dewis i'w plant ymatal rhag dod yn siaradwyr Cymraeg hyderus yn y lle cyntaf trwy eu dewis hwy?

[25] *https://gendereye.org/* (cyrchwyd 17 Medi 2020); Blynyddoedd Cynnar Cymru, *Gofalwn Cymru (2019)*, *https://www.earlyyears.wales/cy/newyddion/gofalwn-cymru* (cyrchwyd 17 Medi 2020).

26 Tybia rhai mai cydnabyddiaeth a chyflog yw'r rhesymeg dros y gagendor ac y gellid rhagdybio gweld llawer mwy o ddynion yn mentro i'r sector pe byddai gwell cyfraddau cyflog yn cael eu cyflwyno.
27 Deddf Anghenion Dysgu Ychwanegol a'r Tribiwnlys Addysg (Cymru) 2018, *https://www.legislation.gov.uk/cy/anaw/2018/2/contents/enacted/welsh* (cyrchwyd 17 Medi 2020).
28 Prifysgol Bangor, *Dwylo'n Dweud* (2018), *https://www.bangor.ac.uk/newyddion/archif/dwylo-n-dweud-35688* (cyrchwyd 29 Gorffennaf 2021).

Ffigur 1

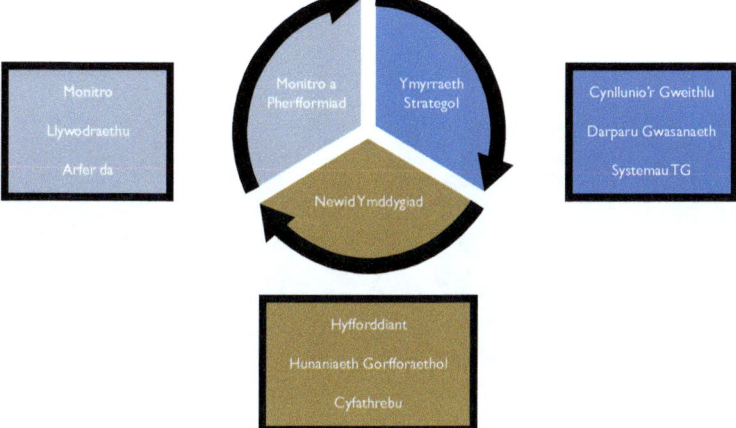

Ffigur 4

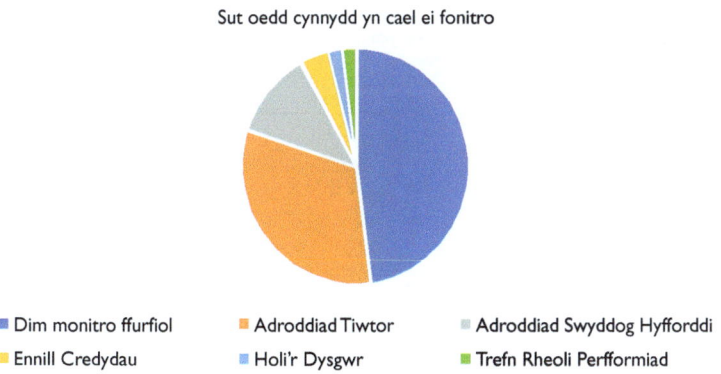

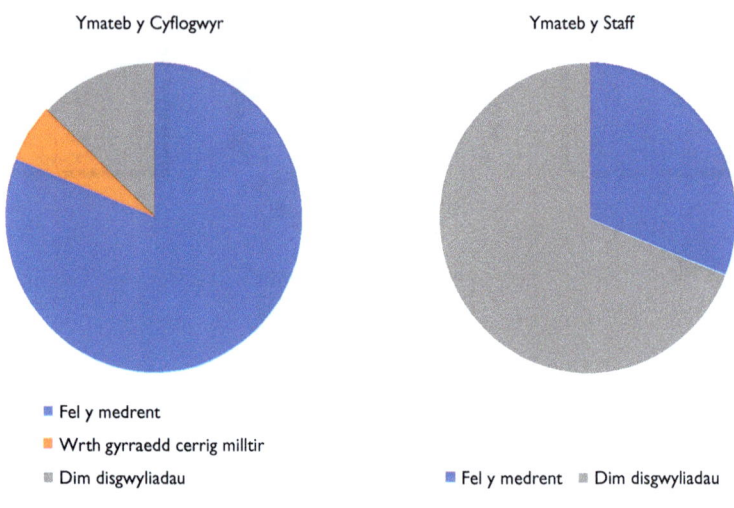

Ffigur 5: Disgwyliadau ar y dysgwyr i ddefnyddio'r sgiliau Cymraeg a ddysgwyd yn y gwaith

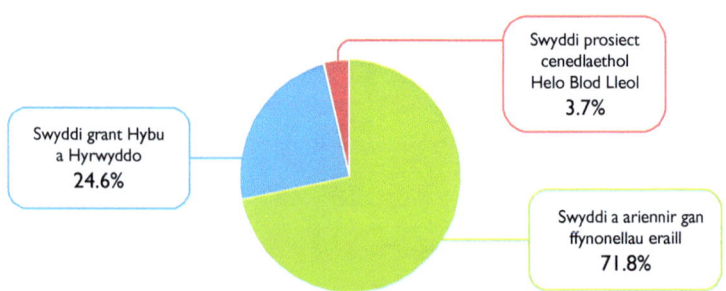

Ffigur 8

Trosolwg staffio y Mentrau Iaith 2019–20

Mae'r Mentrau Iaith yn denu arian i greu 254 swydd yn ychwanegol i'r swyddi a ariennir gan Lywodraeth Cymru, 72% o weithlu'r rhwydwaith.

7

Dysgu Cymraeg yn y gwaith

Helen Prosser

Beth yw Cymraeg Gwaith? Mae'n debyg y byddai holi ugain o bobl yn rhoi ugain ateb gwahanol. Felly, mae'n faes difyr. Beth yw'r gwahaniaeth rhwng Dysgu Cymraeg yn y gwaith a dysgu'r Gymraeg yn y gymuned? Oes yna wahaniaeth? Ac os oes, oes angen gwahaniaethu? Dyma rai o'r cwestiynau y bydd y bennod hon yn mynd i'r afael â nhw, yn ogystal â chynnig trosolwg o'r hyn a gynigir gan y Ganolfan Dysgu Cymraeg Genedlaethol ers 2017 o dan y brand Cymraeg Gwaith.

Cefndir a lefelau

Cymraeg yn y Gweithle oedd y term oedd yn arfer cael ei ddefnyddio i ddisgrifio'r arfer o drefnu bod tiwtoriaid yn mynd i weithleoedd i gynnig cyrsiau dysgu Cymraeg. Bu'r newid teitl felly o Gymraeg yn y Gweithle i Gymraeg Gwaith yn dangos shifft yn y meddylfryd, o fod yn cynnig cyrsiau oedd yn aml iawn yn rhai cyffredinol ond o fewn gweithle, i roi'r ffocws yn bendant ar Gymraeg ar gyfer ei defnyddio yn y gweithle. Nid nad yw dysgu defnyddio'r Gymraeg yn y gymuned ehangach yn bwysig. I'r gwrthwyneb, mae'n hollbwysig. Mae sgyrsiau personol ymhlith cydweithwyr yn rhan bwysig o unrhyw weithle ac yn aml iawn bydd dysgwyr yn barod iawn i fentro gyda'r sgyrsiau cymdeithasol hyn ac ennyn hyder i fynd yn eu blaenau i ddefnyddio'r Gymraeg o fewn cyd-destun mwy galwedigaethol neu broffesiynol.

Nid yw dysgu iaith yn digwydd ar hap. Mae gan bawb strategaethau a dulliau gwahanol o gyrraedd y nod ond mae pawb angen ffordd o gyrraedd y nod hwnnw. Mae'r sector Dysgu Cymraeg wedi elwa'n fawr dros y blynyddoedd o brofiad dysgu ieithoedd yn gyffredinol, a'r ddogfen sydd wedi gosod y seiliau ar gyfer y cwricwlwm Dysgu Cymraeg presennol yw'r *Common European Framework of Reference for Languages* / Fframwaith Cyfeirio Cyffredin Ewrop (CEFR). Mantais defnyddio'r ddogfen hon yw bod gennym ddisgrifyddion addas ar gyfer ein pum lefel rhuglder sy'n rhan o'r continwwm – Mynediad (A1) i ddechreuwyr, Sylfaen (A2), Canolradd (B1), Uwch (B2), Gloywi. Mae'r teitlau hyn yn perthyn i fyd Dysgu Cymraeg ond mae'r llythrennau a'r rhifau, er enghraifft A1 yn ddisgrifyddion Ewropeaidd. Ceir pob hyblygrwydd o ran addasu'r disgrifyddion fel eu bod yn addas ar gyfer yr ieithoedd gwahanol. Enghraifft o hyn yw bod gallu ateb Yes a No yn Saesneg yn un o ddisgrifyddion A1. Fel y gwyddom, mae'r dasg hon dipyn yn anos yn y Gymraeg ac angen ei gwasgaru ar draws nifer o lefelau. Wrth ddatblygu cwricwlwm Dysgu Cymraeg, sylwyd bod yr enghreifftiau a ddefnyddiwyd yn rhy gyffredinol i fod yn addas ar gyfer Cymraeg Gwaith. Mae hefyd yn ddogfen gynhwysfawr na fyddai cyflogwyr am ei hastudio yn fanwl wrth lunio cynllun i ddatblygu eu gweithle. O'r herwydd, un o'r tasgau cyntaf a gyflawnwyd ar daith Cymraeg Gwaith oedd creu set o ddisgrifyddion syml i ddisgrifio'r tasgau y byddai rhywun yn gallu ymgymryd â nhw yn y gweithle ar y lefelau gwahanol. Maent yn amrywio o dasgau syml iawn megis ysgrifennu a deall cais syml mewn e-bost hyd at ysgrifennu adroddiadau a siarad am bynciau astrus ar y lefelau uwch.

Hyderir bod y disgrifyddion hyn yn cynorthwyo cyflogwyr i benderfynu pa lefel o sgiliau dwyieithog y mae eu hangen ar bob unigolyn a threfnu rhaglen hyfforddiant briodol ar eu cyfer. Oherwydd bod y sgiliau (siarad, gwrando, darllen, ysgrifennu) yn cael eu disgrifio ar wahân, mae'n bosib gofyn am lefelau gwahanol o hyfedredd yn y gwahanol sgiliau. Pwrpas rhaglen Cymraeg Gwaith yw darparu hyfforddiant perthnasol i bawb.

Un o'r heriau wrth gyflwyno'r Gymraeg o fewn unrhyw gyddestun yw sicrhau bod dysgwyr yn ymuno â dosbarth ar y lefel gywir. Adnabu CBAC yr angen yn y gorffennol am erfyn diagnostig fyddai'n gallu dweud wrth ddysgwyr beth yw eu lefel rhuglder nhw er mwyn sicrhau bod eu hyfforddiant mor briodol â phosib. Yn dilyn sefydlu'r Ganolfan Dysgu Cymraeg Genedlaethol, trosglwyddwyd y cyfrifoldeb am y feddalwedd hon i'r Ganolfan ac mae'r erfyn diagnostig wedi troi'n wiriwr lefel ac yn rhan bwysig o'r arfogaeth i sicrhau bod gweithwyr yn dechrau ar eu taith Cymraeg Gwaith yn y lle cywir yn y continwwm. Ynddo, ceir pedair adran ar gyfer asesu'r pedair sgil iaith. Mae gan y defnyddiwr hyd at ddwy awr i gwblhau'r holl adrannau, ac mae canlyniadau'r adrannau Gwrando a Darllen ar gael yn syth wedi i'r adrannau hynny gael eu cwblhau. Mae'r ddwy adran arall, Siarad ac Ysgrifennu, yn cael eu marcio yn gorfforol, ac mae'n rhaid dychwelyd i'r bwrdd gwaith i ddarganfod y lefelau ar gyfer y ddwy adran hon yn ddiweddarach. Bydd y gwiriwr yn cynnig dangosydd o lefel gyfartalog y defnyddiwr hefyd, a bydd modd ail-ddefnyddio'r gwiriwr wedi tri mis i weld a ydy sgiliau iaith Gymraeg y defnyddiwr wedi datblygu. Mae'r cwestiynau'n rhai ymatebol sy'n golygu eu bod yn mynd yn fwy anodd yn sgil cwestiynau cywir i atebion. Hyderir bod y gwiriwr lefel yn gallu rhoi sicrwydd i gyflogwyr eu bod yn dewis yr hyfforddiant cywir i'w gweithlu, ond maen nhw hefyd yn gallu gwirio bod yr hyfforddiant hwnnw wedi arwain at gynnydd o fewn tri mis. Pobl brysur yw'r cleientiaid o fewn Cymraeg Gwaith ac felly mae bod yn hyderus bod rhywun yn mynychu hyfforddiant ar y lefel briodol yn bwysig ac yn gallu cynnal lefelau cymhelliant cryf.

Rhaglen hyfforddiant

Mae Cymraeg Gwaith yn flaenoriaeth os yw Llywodraeth Cymru am gyrraedd ei tharged o filiwn o siaradwyr erbyn 2050. Mae'n gwbl hanfodol bod gwasanaethau o bob math ar gael yn y Gymraeg. I'r perwyl hwnnw, penderfynodd Llywodraeth Cymru fuddsoddi cyllid ychwanegol ym mhrosiect Cymraeg Gwaith. O'r cychwyn, penderfynwyd bod yn rhaid i'r cynllun hwn fod yn wahanol i'r hyn a gafwyd o fewn Cymraeg yn y Gweithle ar hyd y blynyddoedd.

Roedd yn rhaid dangos bod hon yn ddarpariaeth 'o ddifri', naill ai am fod y gweithwyr a'r cyflogwyr yn ymrwymo i o leiaf 120 o oriau er mwyn cwblhau lefel gyfan yn fframwaith Ewrop, neu am fod cyrsiau wedi'u teilwra ar gyfer anghenion gweithwyr, neu drwy ymateb i'r oes ddigidol a chreu adnoddau newydd a fyddai'n torri tir newydd ac yn adnodd parhaol petai'r cyllid yn dirwyn i ben. Enghraifft o hyn yw cwrs hunan-astudio Cymraeg Gwaith a ddatblygwyd yn sgil pandemig COVID-19.

Y diweddar Chris Rees a ddaeth â chysyniad yr Wlpan i Gymru yn y 1970au yn dilyn ymweliad ag Israel i weld sut yr aethpwyd ati i adfer yr iaith Hebraeg. Daw'r gair Wlpan o'r gair Hebraeg *Ulpan*, sy'n disgrifio dull dwys o ddysgu. Un o ddyheadau'r Ganolfan Dysgu Cymraeg yw bod pobl yn dysgu o ddifri ac yn cael cyfle i roi eu sgiliau newydd ar waith. Felly, o gael yr uchelgais yna ar gyfer y cyhoedd yn gyffredinol, roedd yn arbennig o bwysig gallu cynnig darpariaeth ddwys i ddysgwyr a fyddai'n cael cyfle i roi eu sgiliau newydd ar waith yn eu gweithleoedd. Penderfynwyd ar y dechrau y byddai'r cyrsiau hyn yn golygu tri mis o gwrs dwys. Llwyddwyd i gynnal rhai cyrsiau ond erbyn hyn mae'r dull darparu yn llawer mwy hyblyg, cyn belled â bod y cyflogwr yn ymrwymo i roi'r cyfle i'w staff gwblhau lefel gyfan yn y cwricwlwm. Mae'r cynllun yn cynnig y cyrsiau hunan-astudio newydd, lle darperir cefnogaeth tiwtor.

Her arall yw sut mae sicrhau bod cyrsiau dwys yn berthnasol i anghenion y gweithle. Yn y pen draw, casgliad o batrymau a geiriau yw iaith a'r nod yw eu dysgu a'u defnyddio'n llwyddiannus. Yr egwyddor wrth gyflwyno'r Gymraeg i oedolion yw ei gwneud yn broses mor hawdd â phosib. Ni ddylai dysgu yn y gwaith fod yn wahanol. Hefyd, mae Cymraeg Gwaith yn derm generig ac mae pob gweithle yn wahanol – mae'n amhosib teilwra ar gyfer union anghenion pob gweithle o fewn rhaglen genedlaethol. Felly, rydym wedi dod i gyfaddawd. Mae'r dysgwyr ar y rhaglen o gyrsiau dwys yn dilyn y gwerslyfrau cenedlaethol nad ydynt wedi'u llunio ar gyfer cynulleidfa Cymraeg Gwaith yn benodol. Wedi dweud hynny, mae cyd-destun y gweithle yn codi'n aml yn y cyrsiau hyn gan fod y lle gwaith yn rhan mor ganolog o'n bywydau. Mantais dilyn y cyrsiau yw'r cyfoeth o adnoddau digidol cefnogol y gall

Dysgu Cymraeg yn y gwaith

y dysgwyr eu defnyddio i gyfoethogi eu dysgu. Ond er mwyn sicrhau bod elfen o deilwra ym mhob gwers, darperir adnoddau ychwanegol. Gall pob tiwtor addasu'r adnoddau hyn ar gyfer y gweithle penodol y maen nhw'n dysgu ynddo. Gweler isod felly rai o'r ymdrechion ar lefel Mynediad i wneud y gwahaniaeth pwysig rhwng dysgu yn y gymuned, a Chymraeg Gwaith, ond hynny heb wneud y broses ddysgu yn llawer anos. Gall teilwra ambell waith fod yn ddim byd mwy na newid un gair mewn deialog:

A: Ble rwyt ti'n mynd yfory?
B: Dw i'n mynd i Abertawe.
A: Pam?
B: Dw i'n mynd i brynu stoc newydd.

Golyga hyn nad yw'r baich yn ormod i ddysgwr yn y gweithle ond mae'n gweld y perthnasedd i'r sefyllfa gwaith yn syth.

Wrth ddysgu defnyddio'r gorffennol cryno, caiff dysgwyr Cymraeg Gwaith y cyfle i ymarfer o fewn cyd-destun profiad gwaith. Mae'n rhaid dewis y lleoliad mwyaf priodol o blith y rhestr.

y garej   y stiwdio deledu   yr ysgol feithrin
y dderbynfa   y tŷ bwyta   y siop trin gwallt

sgìl: Dysgodd Heledd sut i ddarllen y bwletin tywydd.	Aeth hi ar brofiad gwaith yn ....
sgìl: Dysgodd Dan sut i olchi gwallt.	Aeth e ar brofiad gwaith yn ....

Mae gemau a gweithgareddau iaith wrth gwrs yn rhan hanfodol o unrhyw gwrs – nhw sy'n darparu'r cyfleoedd ar gyfer ailgylchu iaith mewn ffyrdd amrywiol, ac yn bwysig iawn, yn bedagogaidd maen nhw'n sicrhau amrywiaeth yn y wers ac yn gallu cynnal lefelau egni, a dyw Cymraeg Gwaith ddim yn eithriad. Anaml iawn y bydd unrhyw wrthwynebiad i gynnwys gweithgareddau hwyliog mewn gwersi, ond anaml iawn hefyd y mae tiwtoriaid yn cymryd yr amser i egluro wrth ddysgwyr beth yw buddion gwahanol ymarferion. Gallai hynny fod yn werth chweil gyda dosbarth o bobl broffesiynol. Ceir enghraifft isod o gêm ddis i ymarfer yr amherffaith. Rhaid i'r dysgwyr daflu'r dis a llunio brawddeg sy'n rhoi adborth ar gynhadledd yn Birmingham y buont ynddi yn ddiweddar – adborth yn defnyddio'r patrwm cadarnhaol y tro cyntaf – Roedd ... yn ... Bydd yr adborth yn ymarfer y patrwm negyddol – Doedd ... ddim yn ... – wrth daflu'r un rhif ar y dis am yr ail dro.

1 – Birmingham	prysur	4 – y gwaith grŵp	hir
2 – y trên	hwyr	5 – y cinio	drud
3 – y siaradwr	da iawn	6 – y gynhadledd	defnyddiol

Camp y tiwtor yw newid cyd-destun y gynhadledd uchod i gynnal yr un ymarfer ond o fewn cyd-destun perthnasol i'r dosbarth dan sylw. Yn eu cynghorion i athrawon sy'n dysgu Saesneg at ddibenion busnes, dywed y Cyngor Prydeinig fod deall cyd-destun gwaith y dysgwyr yn rhan hanfodol o'r drafodaeth ar anghenion dysgwyr ar ddechrau cwrs.

Felly, un o'r cwestiynau a ofynnwyd ar y dechrau oedd a oes angen gwahaniaethu ar gyfer Cymraeg Gwaith? Yr ateb yn bendant yw oes, hyd yn oed ar lefel Mynediad. Er ei bod yn amhosib cwrdd ag anghenion pob unigolyn drwy'r amser, mae'r ymdrechion i deilwra, ond gan barhau i gadw lefel yr iaith yn syml, yn cael eu gwerthfawrogi ac yn dangos agwedd broffesiynol at ein gwaith. Ac wrth gwrs, wrth ddilyn y cwrs cenedlaethol ar lefel Mynediad, gall y dysgwr ddefnyddio iaith sy'n addas ar gyfer y gweithle ac ar gyfer bywyd pob dydd y tu allan i'r gweithle hefyd. Nid mewn gweithle yn unig y mae iaith yn bodoli ond byddem yn siomi dysgwyr pe na baem yn eu cyflwyno i iaith berthnasol.

Cynigir y cyrsiau Cymraeg Gwaith dwys ar bob lefel ond teg dweud bod y galw mwyaf ar y lefelau is, sef Mynediad a Sylfaen. Rhoddir pwyslais mawr ar y cyrsiau hyn o fewn sectorau penodol megis iechyd a gofal, llywodraeth leol ac addysg blynyddoedd cynnar – mae'r sectorau hyn i gyd yn galw am deilwra syml fel bod y dysgwyr yn llwyddo i ymgorffori elfennau o'r Gymraeg yn eu gweithle mor fuan â phosib.

Tra bo lefel Mynediad a Sylfaen yn boblogaidd ar y cyrsiau dwys, ceir galw mawr am gyrsiau lefel Canolradd, Uwch a Gloywi ar ffurf cyrsiau preswyl pum niwrnod. Erbyn cyrraedd lefel Canolradd, mae cyfnod mewn canolfan breswyl yn cael profiad trochi yn wych o ran codi lefelau hyder i ddefnyddio'r iaith. Polisi goleuedig gan Fanc HSBC ers talwm a agorodd fy llygaid i lwyddiant y cyrsiau hyn. Ar ôl rhyddhau staff a oedd yn dechrau dysgu am awr ginio bob wythnos, penderfynwyd newid trywydd a chanolbwyntio ar y staff hynny oedd yn ddihyder yn eu Cymraeg ac o'r herwydd yn gwrthod ei defnyddio yn y gweithle. Aed ati i lunio cwrs a oedd yn canolbwyntio'n llwyr ar godi lefelau hyder yn gyffredinol wrth sgwrsio a chyflwyno iaith bancio gan roi cyfle i staff y banc efelychu gwahanol sefyllfaoedd trwy gydol yr wythnos. Nid yw hyn yn golygu bod yn rhaid i'r tiwtor arbenigo ym maes bancio, ond mae'n galw am ychydig o ymchwil sy'n gallu bod yn fuddiol i diwtor o safbwynt datblygiad ac mae'n gofyn am weithio mewn partneriaeth i lunio cyrsiau gan adael i'r cleient a'r dysgwyr arwain wrth osod y nodau. Talodd y cwrs ar ei ganfed pan agorodd un a fu ar y cwrs gyfrif banc pwysig iawn, a hynny trwy gyfrwng y Gymraeg. Y gwir yw y byddai'r person yna, a oedd wedi derbyn addysg Gymraeg, wedi gallu agor y cyfrif banc cyn y cwrs ond nid oedd ganddo'r hyder i wneud hynny.

Oes lle i ramadeg yn y cyrsiau hyn? Wel, oes os yw'n codi'n naturiol ac yn bwysig ar gyfer gofynion y swydd. Roedd yn bwysig ymarfer defnyddio 'blwyddyn' a 'blynedd' wrth weithio gyda staff y banc, er enghraifft. Mae pawb eisiau gwybod dros faint o flynyddoedd y byddan nhw'n ad-dalu'r benthyciad! Ond nid oes lle i ramadeg er mwyn gramadeg pan mai codi hyder i arwain at ddefnydd iaith yw'r nod.

Erbyn i ddysgwyr gyrraedd lefel Canolradd, neu yn achos siaradwyr dihyder neu anfoddog, mae cyrsiau preswyl Cymraeg Gwaith wedi profi bod y gweithwyr yn gallu ymdopi â chyd-destun gwaith ac yn elwa'n fawr o'r profiad trochi. Darllenwch eiriau Huw Nicholas sy'n brif arolygydd gyda Heddlu Gwent (trawsysgrif o gyfweliad ar wefan y Ganolfan Genedlaethol):

> Wrth drio codi fy hyder, ymunais i â chwrs yn Nant Gwrtheyrn. Cwrs Uwch Cymraeg Gwaith oedd e. Roedd y cwrs yn ddwys – yn gwneud dim byd ond siarad a byw trwy gyfrwng y Gymraeg am wythnos. Ac roedd hynny'n bwysig. Gwnaeth e gymaint o wahaniaeth. Cyn y cwrs, ro'n i'n gallu dweud gair neu ddau neu frawddeg neu ddwy mewn cyfarfodydd. Ond wrth fynd ar gwrs wythnos, cododd fy hyder. Dyna pam dw i'n meddwl bod y cyrsiau yma'n gwneud byd o wahaniaeth. Ers gwneud y cwrs yn Nant Gwrtheyrn mae'r byd Cymraeg wedi ehangu. Dw i'n nabod mwy o bobl sy'n siarad Cymraeg, dw i'n darllen llyfrau yn Gymraeg a dw i'n defnyddio mwy o Gymraeg yn y gwaith. Mae rhwydwaith o bobl yn y llu sy'n siarad Cymraeg yng Ngwent a 'dyn ni'n cysylltu â'n gilydd i ddefnyddio'r Gymraeg.

Mae Huw yn crisialu gwerth y profiad trochi er mwyn codi hyder ond mae hefyd yn mynd yn ei flaen i ddangos bod codi hyder wedi arwain at ddefnyddio rhagor o Gymraeg o fewn ac y tu allan i'r gwaith. Unwaith eto felly, gwelwn nad yw'r Gymraeg yn bodoli o fewn gweithle yn unig.

Cynhaliodd y Ganolfan Genedlaethol wobrau Cymraeg Gwaith am y tro cyntaf yn 2020 a diddorol gweld bod nifer o'r dysgwyr a ddaeth i'r brig yn y gwahanol gategorïau wedi cyfeirio at werth y profiad trochi fel rhan o becyn Cymraeg Gwaith. Eva Huw sy'n gweithio yn y sector addysg uwch enillodd y categori am y dysgwr sy'n gwneud y defnydd gorau o'r Gymraeg yn y gweithle. Gwelwn o'i henwebiad isod ei bod yn cyfuno dysgu rheolaidd yn ei gweithle gyda chwrs preswyl yn Nant Gwrtheyrn:

> Mae Eva wedi bod yn dysgu Cymraeg ers sawl blwyddyn ac erbyn hyn yn dilyn cynllun Addysg Uwch Cymraeg Gwaith ym Mhrifysgol Metropolitan Caerdydd, gan gynnwys mynychu cwrs preswyl pum niwrnod yn Nant Gwrtheyrn. Mae hi'n gweithio i Wasanaethau

Cynadledda'r Brifysgol, ac mae hi bellach yn defnyddio'r Gymraeg i gyfathrebu gyda chleientiaid dros y ffôn, e-bost, ac mewn cyfarfodydd. Mae hi'n gwisgo bathodyn 'Cymraeg' drwy'r amser, ac yn darparu gwasanaeth dwyieithog mewn digwyddiadau gan sicrhau bod yr holl ddeunyddiau yn ddwyieithog, gan gynnwys y cyhoeddiadau a'r cyfryngau cymdeithasol.

Gall yr ystod profiad o safbwynt gwaith ar y cyrsiau preswyl hyn trwy gynllun Cymraeg Gwaith fod yn eang, yn wahanol i'm profiad cyntaf gyda banc HSBC lle roedd pawb yn gwneud swyddi cyffelyb, neu o leiaf yn troi ym myd bancio. Ond os yw'n bosib cael grwpiau sy'n gwneud gwaith tebyg at ei gilydd, mae'n gyfle i ni fel sector ddangos ein hawydd i deilwra ar gyfer union anghenion cyflogwyr. Estyn oedd un o'r cyflogwyr a ofynnodd am gwrs preswyl ac am fod 80 y cant o'r rhai fu ar y cwrs yn arolygwyr cofrestredig, roedd yn gyfle i gwrdd â'u hunion anghenion nhw. Enghreifftir isod ychydig o ddeunyddiau y gellir eu haddasu ar gyfer unrhyw sector mewn cyrsiau sy'n canolbwyntio ar ofynion gweithle.

Mae geirfa wrth gwrs yn bwysig wrth baratoi ar gyfer sector neu gyflogwr arbennig ac mae nifer o ddulliau o gyflwyno geirfa newydd, er enghraifft wrth ofyn i'r dysgwyr weithio allan beth yw'r diffiniad gorau ar gyfer pob un o'r geiriau:

sicrhau	arholiad i ddisgyblion 14–16 oed fel arfer
disgybl	mae'n digwydd nawr
cyfredol	ddim yn cyrraedd eich potensial
gyrfa	esbonio sut mae rhywun yn gallu gwella'r gwaith
disgyblion	i ddisgyblion sy'n gwneud lefel A (Safon Uwch) mewn ysgol fel arfer
TGAU	mwy nag un plentyn neu berson ifanc mewn ysgol
chweched dosbarth	mathemateg a rhifau
tanberfformio	gwneud yn siŵr
rhifedd	gwaith
adborth	un plentyn neu berson ifanc mewn ysgol

Un peth yw gallu cysylltu gair â diffiniad, y gamp wedyn yw creu cyfres o ymarferion fel bod y dysgwyr yn dod i ddefnyddio'r geiriau hyn yn naturiol wrth eu gwaith bob dydd.

Yn aml iawn, mae paratoi sgaffaldau iaith yn allweddol i godi hyder sy'n arwain at lwyddiant – hynny yw, mae'r dysgwyr yn cael eu bwydo gydag iaith briodol yn y lle cyntaf, gyda'r nod o allu ymdopi heb y sgaffaldau hynny yn y pen draw. Ceir isod enghraifft o ddarparu sgaffaldau. Mae hefyd yn enghraifft o gael dysgwyr ar eu traed yn y dosbarth. Ni ellir gorbwysleisio pwysigrwydd hyn yng nghyswllt dysgu iaith, beth bynnag fo'r sefyllfa. Mae'n sicrhau chwistrelliad o egni ym mhob dosbarth sy'n helpu dysgwyr i ganolbwyntio ac yn arwain at lefelau uwch o gyfranogiad. Nod y gweithgaredd isod yw paratoi arolygwyr ar gyfer cynnal cyfweliad gyda staff mewn ysgol uwchradd. Darperir cyfres o gwestiynau ac atebion. Rhoddir un cwestiwn ac un ateb i bob person (neu fwy mewn dosbarth bach), ac mae'n rhaid iddynt grwydro'r dosbarth yn holi'r cwestiynau i'w gilydd nes canfod yr ateb priodol. Ceir rhai enghreifftiau isod:

Y cwestiynau:

- Dywedwch rywbeth am y dangosyddion yn eich ysgol.
- Sut ydych chi'n sicrhau ymddygiad da gan y plant yn y gwersi?
- Sut mae'r athrawon yn cael cyfle i sicrhau bod eu gwybodaeth bynciol yn dda?
- Disgrifiwch eich systemau rheoli perfformiad.
- A'r atebion:
- Mae ein dangosydd 5 TGAU A–A* yn uchel iawn.
- Rhaid i chi gael trefn a rheolau yn y dosbarth. A rhaid i chi gadw'r disgyblion yn brysur.
- Mae pob athro yn cael mynd ar un cwrs i sicrhau bod ei wybodaeth bynciol yn dda bob blwyddyn.
- Mae'r pennaeth yn rheoli'r tîm rheoli, mae'r tîm rheoli'n rheoli staff y swyddfa a'r penaethiaid adran, ac mae'r penaethiaid adran yn rheoli'r athrawon yn eu hadrannau.

Ar ôl canfod yr ateb cywir, y cam nesaf yw edrych ar y cwestiynau a cheisio cofio'r atebion. Gellir wedyn wneud hyn y ffordd arall. Y cam nesaf yw penderfynu a yw'r cwestiynau fel y maen nhw yn addas ar gyfer pennaeth neu athro, neu'r ddau. Fel cam olaf, cyn gadael i'r dysgwyr ddilyn eu trywydd eu hunain yn llwyr wrth gynnal arolygiad mewn ysgol uwchradd, maent yn llenwi tabl i awgrymu eu cwestiynau eu hunain:

Arolygiad Ysgol Uwchradd

Cwestiynau i'r pennaeth	Cwestiynau i athro

Gellir mabwysiadu'r dull hwn o baratoi ar gyfer chwarae rôl a'i addasu ar gyfer unrhyw weithle.

Braf yw gallu dweud bod galw mawr wedi bod am y cyrsiau hyn, ac wrth eu cynnal mewn awyrgylch Cymraeg mae'r cysyniad o drochi wedi llwyddo a'r dysgwyr wedi'u hysbrydoli. Wrth reswm, collwyd yr elfen breswyl yn ystod pandemig COVID-19 ond parhawyd i gynnig dosbarthiadau dwys yn rhithiol er mwyn magu hyder. Wrth werthuso cyrsiau 2019–20 pan fynychodd 329 o ddysgwyr 30 o gyrsiau gwahanol, nododd 100 y cant o'r dysgwyr eu bod yn fwy hyderus i ddefnyddio eu sgiliau Cymraeg ar ôl y cwrs, ond yn bwysicach na hynny, nododd 82 y cant eu bod yn gobeithio gwireddu'r nod o ddefnyddio'r sgiliau yn y gweithle. Y gamp yw cynnal y brwdfrydedd hwnnw ar ôl dychwelyd i'r gweithle. Ac mae'n rhaid i'r cyfrifoldeb hwn orwedd gyda'r cyflogwr unigol. O anfon person ar gwrs preswyl ac o wybod y byddant yn awyddus i ddefnyddio'r Gymraeg ar ôl y cwrs, mae'n ddyletswydd arnynt wneud trefniadau ar gyfer hyn, boed yn gyfleoedd anffurfiol yn y gweithle, cael mentor i fod yn gefn, addrefnu patrymau gweithio i sicrhau bod y dysgwr yn cydweithio'n agos â siaradwr Cymraeg, neu ddarparu cyfleoedd gwaith go iawn. Mae'r cam hwn yn hanfodol.

Felly, i droi at drydedd elfen y rhaglen hyfforddiant – cyrsiau ar-lein. Heb wybod y byddai parhad tymor hir i'r cynllun hwn, roedd yn bwysig creu elfen oedd yn mynd i barhau. Roedd hefyd yn gyfle gwych i'r sector fentro i arbrofi gyda dysgu digidol. Bwriad y cyrsiau hyn yw cyflwyno gweithwyr i'r syniad o ddysgu'r Gymraeg trwy ddysgu rhai ymadroddion a geiriau defnyddiol. Cyrsiau blasu 10 awr ydyn nhw y gellir eu cwblhau yn eich amser eich hun. Dangosodd tystiolaeth y miloedd oedd wedi rhoi cynnig ar y cyrsiau hyn fod 10 awr yn amser hir ar gyfer cwrs o'r math hwn, felly erbyn hyn mae'r cwrs yn cael ei gyflwyno fel cwrs 5 awr yn y lle cyntaf, wedi'i ddilyn gan 5 awr arall. Mae'r croeso o du cyflogwyr wedi bod yn gynnes gan arwain at alw am deilwra ar gyfer sectorau gwahanol – sector iechyd, sector gofal, sector manwerthu a'r sector twristiaeth, cyrsiau byd addysg ar gyfer penaethiaid ysgolion, a chyrsiau i staff sy'n gweithio ar drenau Trafnidiaeth Cymru. Gan mai cyflogwr penodol yn hytrach na sector yw Trafnidiaeth Cymru, roedd creu'r cwrs hwn yn gyfle i deilwra ar gyfer union anghenion y cyflogwr gan ganolbwyntio ar ymadroddion cyffredin iawn megis, 'Gaf i weld eich tocyn?' a 'Does dim troli ar y trên yma'. Mae'r cyrsiau hyn yn bwysig fel arfau marchnata wrth ddenu pobl i roi cynnig ar y Gymraeg. Ar y llaw arall, mae'n rhaid gochel rhag y perygl o roi'r opsiwn hawdd i gyflogwyr ddewis y cyrsiau hyn a pheidio â chynnig unrhyw ddilyniant. Os ydym am weld cynnydd ym maes defnydd iaith, mae gan y gweithle rôl arbennig ac mae angen ymrwymiad cyflogwyr i hyfforddiant trylwyr a hirdymor, nid cynnig blas ar yr iaith yn unig. Ond ni ellir gwadu grym y cyrsiau hyn i berswadio pobl i fentro, yn enwedig mewn cyfnod pan fo defnyddio dyfeisiau electronig ar gynnydd ar gyfer dysgu pob math o sgiliau. Mae pawb sy'n cwblhau cwrs ar-lein yn derbyn pecyn gwybodaeth sy'n sôn am ddilyniant ac yn eu hannog i barhau i ddysgu. Ac i'r rhai sy'n cael blas ar ddysgu digidol ar y cyrsiau blasu hyn, cânt fynd yn eu blaenau i gwblhau lefelau Mynediad a Sylfaen wrth ddysgu'n ddigidol yn gwbl annibynnol. Mae cynllunio marchnata deallus yn gofyn am gydbwysedd rhwng denu pobl i roi cynnig ar y Gymraeg a bod yn realistig o ran yr ymdrech y mae ei hangen i gyflawni'r gwahanol lefelau o ruglder. Mae hyn yn bwysig i bawb sy'n dysgu ond yn arbennig o bwysig i gyflogwyr sydd angen cynllunio ar gyfer darparu gwasanaeth dwyieithog.

Un cwrs ar-lein arall a ddatblygwyd yn sgil y galw o du cyflogwyr oedd cwrs gloywi iaith. Mae'r cyfrwng yn ei fenthyg ei hun yn dda ar gyfer meistroli cywirdeb dros gyfnod. Tra bo cyrsiau trochi'n ardderchog ar gyfer codi hyder i ddefnyddio'r iaith ar lafar, mae gwella Cymraeg ysgrifenedig yn fwy o broses lle mae angen ymarfer a chael arweiniad yn gyson dros gyfnod mwy estynedig. Mae'r cwrs 10 awr hwn yn arwain gweithwyr yn drefnus trwy rai o'r agweddau mwyaf astrus ar ramadeg y Gymraeg megis treigladau, cenedl enw a chymalau, a'r cyfan yn defnyddio cyd-destun gwaith.

Beth yw Cymraeg Gwaith?

Felly, does dim un ateb syml i'r cwestiwn cymhleth hwn. Mae gwaith pawb mor wahanol, sut gellid gobeithio darparu ateb syml? Ond i grynhoi, ystyr bod yn diwtor Cymraeg Gwaith yw dangos parch at bawb sy'n dod i'r dosbarth trwy wneud y gwaith yn berthnasol, ond o fewn ffiniau ieithyddol y dysgwyr. Amhosib fyddai chwarae rôl cadeirio cyfarfod cyfan mewn dosbarth Mynediad, ond priodol iawn fyddai ymarfer dechrau a chloi cyfarfod. I ddysgwr, mae Cymraeg Gwaith yn gosod nodau realistig a chyraeddadwy gan gymryd pob cyfle i roi'r sgiliau newydd ar waith yn y gweithle ac yn y gymuned ehangach.

Diolch i fuddsoddiad sylweddol gan Lywodraeth Cymru, mae'r Ganolfan Dysgu Cymraeg Genedlaethol wedi rhoi rhaglen uchelgeisiol at ei gilydd sy'n sicrhau bod rhywbeth i bawb – beth bynnag fo'r lefel yn y Gymraeg neu'r proffesiwn. Ni ellir diystyru pwysigrwydd y maes hwn yn yr ymgyrch i sicrhau defnydd iaith ym mhob agwedd ar ein bywydau ond mae'n rhaid inni fod o ddifri: o ddifri yn yr arlwy a gynigir, dysgwyr sydd o ddifri o ran rhoi'r sgiliau ar waith yn y gweithle, a chyflogwyr o ddifri yn eu hymrwymiad i gefnogi a darparu cyfleoedd ar gyfer eu staff. O gael yr amodau hyn, gallwn wneud gwahaniaeth.

8

Y mentrau iaith a Chymraeg yn y gweithle

Iwan Hywel

Rhagymadrodd

Bwriad y bennod hon yw cyflwyno llwyddiannau'r mentrau iaith wrth ystyried creu cyfleoedd Cymraeg yn y gweithle. Cyflogir cannoedd o bobl gan rwydwaith y mentrau iaith ledled Cymru ac ers eu sefydliad mae'r mentrau wedi adnabod yr angen i ddatblygu cyfleoedd i bobl weithio yn lleol drwy gyfrwng y Gymraeg. Cynhyrchir siaradwyr Cymraeg gan y system addysg, ond wrth droi'n oedolion mae nifer yn colli'r iaith. Mae cyfleoedd i weithio drwy'r Gymraeg yn galluogi pobl i ddal eu gafael yn yr iaith, ac yn gallu cyfrannu at gynnydd yn y defnydd o'r iaith yn ein cymunedau. Trafodir enghreifftiau o hyn ar waith yn rhai o gynlluniau'r mentrau yn y bennod hon. Cyflwynir hanes y mentrau iaith, enghreifftiau o brosiectau penodol sydd wedi creu cyfleoedd i bobl ddefnyddio'r Gymraeg yn eu gwaith a sut a pham yr aethpwyd ati i wireddu'r cynlluniau hyn, yn ogystal â'r rhagolygon wrth ddatblygu cynlluniau tebyg yn y dyfodol.

Hanes y mentrau iaith

Mae'r mentrau iaith yn fudiadau cymunedol, gwirfoddol a deinamig sy'n hybu a hyrwyddo'r Gymraeg ledled Cymru, ac mae Mentrau Iaith Cymru (MIC) yn cefnogi'r rhwydwaith hwn o 22 menter yn eu gwaith yn genedlaethol i gynyddu'r defnydd o'r iaith yn ein cymunedau. Sefydlwyd y fenter gyntaf yng Nghwm

Gwendraeth yn 1991. Pobl leol yn dod at ei gilydd yn dilyn ymweliad Eisteddfod yr Urdd â'r ardal yn 1989 oedd sbardun y trafodaethau cychwynnol. Dan gadeiryddiaeth D. H. Davies, a ffigyrau blaenllaw eraill megis John Ellis, Ken Lloyd, Tommy Schofield a Roy Evans, aethpwyd ati i drafod â'r Swyddfa Gymreig i sicrhau cefnogaeth ariannol, ac erbyn 1991 llwyddwyd i sefydlu'r fenter yn swyddogol. Datblygu'r Gymraeg yn y gymuned oedd ei nod, ac er bod y pum aelod blaenllaw hyn wedi ein gadael ni bellach, mae ein dyled ni i gyd fel siaradwyr Cymraeg ledled Cymru yn fawr iddynt. Yn y blynyddoedd ers hynny mae cymunedau ar draws Cymru wedi gweithredu i ffurfio eu mentrau eu hunain; dyma un ffordd mae cymunedau lleol Cymru yn gweithredu er budd y Gymraeg. Mae wedi gweithredu fel model llwyddiannus dros y blynyddoedd ac fe'i cydnabyddir fel ffordd effeithiol o ddatblygu cymunedol sy'n gwneud gwahaniaeth yn lleol.

Rheolir y mentrau iaith gan bwyllgorau rheoli gwirfoddol ac maent yn gweithio mewn partneriaeth ag amrywiaeth o sefydliadau eraill. Mae MIC yn cefnogi'r rhwydwaith o fentrau iaith ar ffurf nifer o weithgareddau a meysydd, gan gynnwys marchnata a chyfathrebu, hyfforddiant a dylanwadu er budd y Gymraeg. Yn ganolog i waith MIC mae'r egwyddor o rannu gwybodaeth, profiadau, syniadau ac adnoddau rhwng y mentrau iaith a phartneriaid eraill ledled Cymru.

Cwmnïau nid er elw, neu elusennau, neu gyfuniad o'r ddau, yw statws cyfreithiol y mentrau. Yn fuan wedi sefydlu'r mentrau cyntaf cychwynnodd y mentrau dderbyn grantiau Hybu a Hyrwyddo'r Gymraeg yn y Gymuned gan Fwrdd yr Iaith Gymraeg. Yn dilyn diddymu'r Bwrdd, a hyd heddiw, mae'r mentrau iaith yn derbyn y grantiau hyn gan Lywodraeth Cymru. Mae'r grantiau hyn yn hanfodol i'r mentrau gefnogi strategaeth y llywodraeth, Cymraeg 2050, ond ers sefydlu'r fenter gyntaf yn 1991 mae'r elfen o fentro, fel yr awgryma'r enw, wedi bod yn ganolog i genhadaeth ac amcanion y mentrau iaith. Wrth fentro, mae'r mentrau'n defnyddio dulliau amrywiol i gynyddu trosiant, megis creu busnes neu adain fasnachol i'r fenter, neu greu prosiectau penodol drwy ymgeisio am grantiau drwy ffynonellau megis cronfeydd y loteri, awdurdodau lleol a chronfeydd Ewrop sy'n eu galluogi i gynnig rhagor o swyddi cyfrwng Cymraeg ac yn arwain at greu rhagor o gyllid sy'n cynnal gweithgareddau a digwyddiadau cymunedol Cymraeg.

Lleolir y mentrau ar hyd a lled Cymru sy'n golygu eu bod yn gallu cynnig swyddi lle mae'r Gymraeg yn hanfodol y tu hwnt i'r dinasoedd a threfi traddodiadol lle canolir swyddi Cymraeg nifer helaeth o awdurdodau a mudiadau eraill. Roedd canran uchel o swyddi lle'r oedd y Gymraeg yn hanfodol yn draddodiadol wedi eu canoli yn y gogledd-orllewin ac mewn trefi a dinasoedd megis Yr Wyddgrug, Aberystwyth, Caerfyrddin a Chaerdydd, ac ambell leoliad arall. Mae dyfodiad Safonau'r Gymraeg (2016) wedi ehangu hyn rhywfaint gyda mwy o fudiadau yn gofyn am sgiliau Cymraeg, ond yr hyn y mae'r mentrau yn ei gynnig yw cyfleoedd gwaith Cymraeg ledled Cymru. Lleolir swyddfeydd, ac felly swyddi, y mentrau mewn trefi amrywiol heb ddim traddodiad o swyddi Cymraeg, sy'n cynnwys Merthyr Tudful, Pont-y-pŵl, Fflint ac Aberbargod, yn ogystal â chynnig swyddi Cymraeg a thrwy hynny gryfhau economi leol trefi bychan lle mae'r Gymraeg dal yn gryf megis Llanrwst, Castell Newydd Emlyn, Llangefni a Pontyberem.

Mae ffigur 7 yn cymharu cyfanswm maint y grantiau Hybu a Hyrwyddo y mae'r mentrau yn eu derbyn gan Lywodraeth Cymru o'i gymharu â chyfanswm trosiant y mentrau yn y flwyddyn ariannol 2019/20. Dengys y graff yn glir lwyddiannau'r mentrau wrth gynhyrchu cyllid ychwanegol sy'n cefnogi'r iaith yn ein hardaloedd lleol.

Ffigur 7

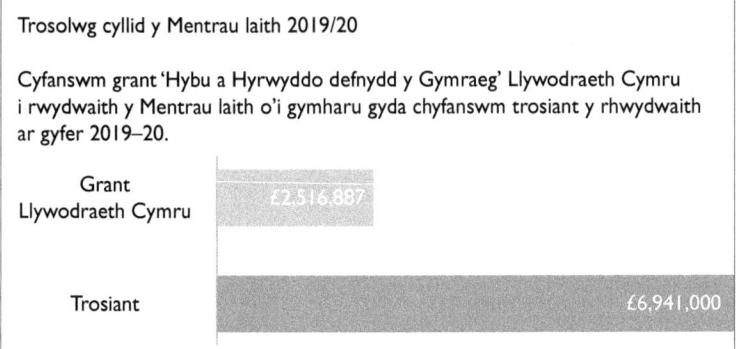

Trosolwg cyllid y Mentrau Iaith 2019/20

Cyfanswm grant 'Hybu a Hyrwyddo defnydd y Gymraeg' Llywodraeth Cymru i rwydwaith y Mentrau Iaith o'i gymharu gyda chyfanswm trosiant y rhwydwaith ar gyfer 2019–20.

Grant Llywodraeth Cymru — £2,516,887

Trosiant — £6,941,000

Mae ffigur 8 (gweler yr adran liw) yn dangos niferoedd staff y mentrau (Mawrth 2020). Eto, gwelwn pa ganran o'n gweithwyr y mae grant y llywodraeth yn galluogi'r mentrau i'w cyflogi. Mae pob un o'r swyddi hyn yn rhai lle y mae'r Gymraeg yn hanfodol. Noder yr ariannir prosiect 'Helo Blod Lleol' gan grant penodol gan Lywodraeth Cymru.

Dengys y graffiau hyn fod mentro a chreu prosiectau newydd, rhai'n fasnachol a rhai'n dibynnu ar grantiau o ffynonellau amrywiol, yn creu cyfleoedd newydd i bobl weithio drwy gyfrwng y Gymraeg. Pe na bai'r mentrau yn mentro, efallai y byddai rhai o'r swyddi ychwanegol hyn wedi eu creu, a rhai ohonynt yn gofyn am sgiliau siarad Cymraeg, ond yn sicr ni fyddai'r cyfanswm mor uchel ac ni fyddai cymaint o swyddi lle mae'r Gymraeg yn hanfodol wedi eu creu.

Arwyddocâd gwaith y mentrau

Gwyddwn fod ein system addysg yn creu mwy o bobl ifanc sy'n gallu siarad Cymraeg nag sy'n ei defnyddio wedyn wrth iddynt droi'n oedolion. Er bod sawl rheswm pam nad yw pobl yn defnyddio'r iaith, un rheswm yw'r diffyg cyfle i'w defnyddio yn y gweithle. Tra bod y safonau yn sicrhau bod defnydd priodol o'r iaith gan fudiadau a ariennir yn uniongyrchol gan Lywodraeth Cymru, megis awdurdodau lleol a pharciau cenedlaethol, sydd wedyn yn sicrhau canran o swyddi lle mae'r Gymraeg yn hanfodol neu'n fanteisiol, nid yw'r safonau yn treiddio i sawl sector arall, megis y sector preifat, ac felly nid oes yr un galw am sgiliau Cymraeg. Hanfodol felly yw creu marchnad lafur lle mae'r Gymraeg yn cael ei defnyddio o ddydd i ddydd o fewn gweithleoedd ar draws yr holl sectorau, ac er bod llawer iawn o waith i'w wneud o hyd ar ddatblygiadau fel hyn, yn sicr dyna un o lwyddiannau'r mentrau hyd yma.

Gweithleoedd a phrosiectau'r mentrau iaith

Datblygodd rhai o'r mentrau gynlluniau masnachol, cynlluniau lle mae'r cwsmer yn talu am wasanaeth. Rhedir rhai o'r rhain fel is-gwmnïau o dan ofalaeth y fenter, tra bod eraill wedi sefydlu cwmnïau newydd a sefyll ar eu traed eu hunain. Ateb y galw mae'r mentrau yn ei wneud wrth greu cynlluniau masnachol a gwelir hyn yn amlwg yn yr enghreifftiau canlynol.

Gwasanaeth Gofal Plant Caerffili

Sefydlwyd Gwasanaeth Gofal Plant Caerffili yn 2004. Bellach mae ganddo drosiant blynyddol arferol o tua £660,000, ac mae'r cynllun yn rhan o'r fenter iaith leol. Fe'i sefydlwyd yn wreiddiol drwy ddenu cyllid trwy'r 'Gronfa Cyfleoedd Newydd', sef cronfa loteri yn benodol ar gyfer sefydlu gofal plant y tu allan i'r ysgol. Roedd hi'n gronfa sylweddol a oedd yn rhoi cyllid i sefydlu darpariaethau gofal plant ac yn rhoi cefnogaeth gyllidol dros dair blynedd er mwyn sicrhau bod y darpariaethau yn hunangynhaliol. Daeth y gronfa i ben tua 2009 ac nid oes cronfa debyg wedi cymryd ei lle ers hynny er mwyn sefydlu cynlluniau gofal plant. Erbyn hynny, roedd darpariaeth y fenter wedi tyfu i fod dros bum safle ond roedd galw i gynyddu ac ehangu, ac roedd angen rheolwr busnes er mwyn gallu gwneud hynny. Denwyd cyllid drwy gronfa Ewropeaidd leol er mwyn cyflogi rheolwr busnes gofal plant – cyllid dros gyfnod o bedair blynedd a oedd yn lleihau yn flynyddol nes bod y gwasanaeth yn medru ariannu costau'r rôl. Derbyniwyd cyllid o tua £80,000 dros y cyfnod er mwyn penodi'r rheolwr ac ehangu'r gwasanaeth. Yn sgil y gefnogaeth honno, mae'r gwasanaeth yn hunangynhaliol a bellach yn ariannu'r rheolwr busnes, yn cyflogi 60 o weithwyr gofal plant yn ogystal â dau swyddog datblygu sy'n cefnogi'r darpariaethau unigol; mae'r gwasanaeth hefyd yn cyfrannu at gostau craidd y fenter. Mae rhieni sy'n defnyddio'r gwasanaeth yn cael nifer o gyfleoedd i roi mewnbwn i ddatblygiad y gwasanaeth.

Y weledigaeth at y dyfodol yw ehangu'r gwasanaeth ymhellach, yn enwedig o safbwynt darpariaeth gwyliau, ac mae'r fenter wedi derbyn ceisiadau i ddatblygu darpariaeth mewn siroedd eraill lle nad oes cymhwysedd i wneud hynny. Hefyd, bwriedir ceisio buddsoddi mewn systemau marchnata a chyfathrebu ar gyfer y gwasanaeth, ond mae angen adnoddau pellach i wneud y pethau hyn.

Meithrinfa Gymraeg Derwen Deg

Fe'i datblygwyd gan Fenter Iaith Conwy yn 2016 a bellach mae ganddo drosiant o £250,000, mae'n cyflogi 15 o staff ac mae'r feithrinfa yn sefyll ar ei thraed ei hun fel cwmni cyfyngedig drwy warant. Yn dilyn ymgynghori ac ymchwil sylweddol yn lleol amlygwyd diffyg mewn darpariaeth gofal plant cyfrwng Cymraeg o fewn sir Conwy. Bu i'r fenter iaith sefydlu menter gymdeithasol newydd i ddarparu gofal plant cyfrwng Cymraeg. Buddsoddwyd £15,000 o arian gan Fenter Iaith Conwy i gyflogi swyddog am ddeuddydd yr wythnos am flwyddyn i arwain y gwaith, a bu'r swyddog yn llwyddiannus gan ddenu £375,000 mewn grantiau (Ewrop a'r loteri), er mwyn sicrhau adeilad addas. Erbyn hyn mae'r fenter gymdeithasol yn darparu gofal i hyd at 30 o blant y dydd, yn cyflogi 15 ac yn ei chynnal ei hun yn ariannol.

Rhan o rôl y swyddog a gyflogwyd oedd sefydlu a meithrin pwyllgor newydd ar ôl cynnal nifer o gyfarfodydd cyhoeddus yn yr ardal. Erbyn hyn mae bwrdd yn rhedeg y feithrinfa, ac mae'r cyswllt â Menter Iaith Conwy yn parhau gan fod dau o gyfarwyddwyr Menter Iaith Conwy yn eistedd ar fwrdd y feithrinfa er mwyn sicrhau ethos hollol Gymraeg i'r feithrinfa, a'r ddau sefydliad yn hyrwyddo gwasanaethau ei gilydd ar y cyd. Ym mis Ionawr 2020 enillodd y cynllun wobr 'Datblygu Cymunedol' yng ngwobrau MIC, gwobrau newydd a gynhelir bob dwy flynedd i ddathlu llwyddiannau'r mentrau iaith mewn meysydd megis gwirfoddoli, digwyddiadau, technoleg a datblygu cymunedol.

Erbyn hyn mae'r feithrinfa yn llawn ac mae angen mwy o ofod arni. Mae dirfawr angen ymchwilio i'r posibiliadau o ehangu'r safle bresennol neu edrych ar ail safle o fewn y sir, ond nid oes gan y feithrinfa na'r fenter iaith y cymhwysedd i wneud hyn ar hyn o bryd. Mae sgil effeithiau cadarnhaol o greu gweithle Cymraeg â gwasanaeth fel y feithrinfa. Yn amlwg mae gofal plant drwy gyfrwng y Gymraeg ar gael i deuluoedd yn gam hynod o bwysig. O ran y gweithlu mae 15 swydd lle mae'r Gymraeg yn hanfodol wedi eu creu, a cheir tystiolaeth uniongyrchol o effaith y fath gyflogaeth ar ambell aelod o staff. Mae un unigolyn a oedd wedi bod trwy addysg Gymraeg yn lleol ond wedi colli hyder yn llwyr trwy ddiffyg defnydd o'r iaith ar ôl gadael yr ysgol bellach wedi dyfod yn hollol rugl eto drwy weithio yn y feithrinfa. Mae hyn yn dangos bod creu swyddi lle mae'r Gymraeg yn hanfodol yn gallu cyfrannu at ddefnydd o'r iaith a lleihau'r cwymp a welir yn nifer y siaradwyr Cymraeg wrth iddynt adael addysg Gymraeg.

Cwmnïau cyfieithu
Mae ambell fenter wedi sefydlu cwmnïau sy'n cynnig gwasanaethau cyfieithu. Ers datganoli ac wedyn yn sgil Safonau'r Gymraeg, mae galw uwch am wasanaethau cyfieithu ac mae rhai o'r mentrau wedi mynd ati i lenwi'r bylchau ac ateb y galw hwn.

Trywydd Cyf.
Datblygwyd Trywydd Cyf. gan Fenter Dinefwr yn 2007. Daeth yn gwmni cofrestredig yn 2009, ac mae ganddo drosiant cyfredol o £260,000 (2019/20) ac mae'n cyflogi wyth o staff. Mae'n gwmni cyfyngedig drwy warant. Datblygwyd y cwmni o brosiect blaenorol o'r enw Dewis, drwy nawdd Amcan Un, a phan ad-drefnwyd y mentrau yn sir Gâr yn 2007, symudwyd y prosiect hwnnw i Fenter Dinefwr i'w ddirwyn i ben (diwedd y cyfnod grant). Gan ei fod yn brosiect a oedd yn creu incwm, penderfynodd y bwrdd rheoli ei barhau yn fasnachol. Ni chafwyd grant na chymorth ychwanegol, heblaw bod peth arian mewn cronfa wrth gefn rhag ofn y byddai angen cymorth. Mae'r arian hwnnw wrth gefn o hyd 14 o flynyddoedd yn ddiweddarach. Mae'r cwmni'n annibynnol, gyda'r un cyfarwyddwyr â'r fenter ac ailedrychir ar ei strwythur ar hyn o bryd.

Y weledigaeth ar gyfer y dyfodol yw ehangu'r busnes. Mae presenoldeb eisoes wedi'i ddatblygu ar draws y gorllewin, ac mae swyddfeydd yn Llandeilo, Caerfyrddin ac Aberystwyth, gydag un cyfieithydd yn gweithio o gartref ym Mhen Llŷn. Bydd pwyslais ar ddatblygu gwaith masnachol lefel uchel y cwmni ymhellach dros y flwyddyn neu ddwy nesaf, a bwriedir dyfod yn llai dibynnol ar gontractau'r sector cyhoeddus. Bwriedir hefyd ddychwelyd i'r maes ymgynghorol, ond nid oes llawer o gyfleoedd ar hyn o bryd. Mae'r cwmni'n llwyr hunangynhaliol.

Cwmni Cyfieithu Cymunedol

Fe'i datblygwyd gan Fenter Iaith Conwy yn 2003 ac mae ganddo drosiant cyfredol o £70,000. Mae'n cyflogi dau aelod staff, gyda phump arall yn derbyn gwaith llawrydd. Mae Cwmni Cyfieithu Cymunedol bellach yn gwmni cyfyngedig trwy warant. Dechreuodd fel rhan o Fenter Iaith Conwy, ond esblygodd i fod yn gwmni annibynnol. Cafwyd cyllid Amcan Un gwerth £42,000 i sefydlu'r gwasanaeth a derbyniwyd arian Cynllun Datblygu Gwledig i'w gynnal am dair blynedd. Erbyn hyn mae'r cwmni yn hunangynhaliol. Roedd sefydlu'r cwmni yn ymateb uniongyrchol i'r galw am wasanaeth cyfieithu mwy rhesymol i'r sector cymunedol yn y sir. Mae'r cyfnod COVID-19 wedi bod yn anodd i'r farchnad cyfieithu ar y pryd sydd wedi crebachu yn ddifrifol. Bydd yn rhaid addasu i hyn trwy gynnig y gwasanaeth dros y we er mwyn goroesi ac ehangu. Y bwriad yw creu rhagor o swyddi mewn ardal wledig a chynnal gwasanaeth o safon.

Siopau a chaffis

Mae gan fentrau Dinefwr, Gwendraeth, Merthyr ac Abertawe brosiectau yn cynnal neu'n cefnogi siopau Cymraeg a/neu gaffis lleol. Yn ogystal â chreu gwaith uniongyrchol mae'r lleoliadau hyn yn cynnig canolbwynt i'r Gymraeg yn lleol ac yn cefnogi gwerthiant nwyddau Cymraeg, yn Abertawe a Merthyr yn arbennig. Y lleoliadau hyn yw'r prif gyrchfannau o fewn y sir i siaradwyr Cymraeg. Llenwi bylchau y mae'r mentrau wrth gefnogi neu sefydlu busnesau masnachol o'r fath. Yn wir, yn achos un fenter, ystyriodd gymryd rheolaeth o siop lyfrau Gymraeg a oedd ar werth, ond penderfynwyd peidio â pharhau â'r cynllun pan brynwyd y busnes gan fuddsoddwyr preifat. Gwelir, felly, mai adnabod cyfleoedd lle nad oes dim buddsoddiad preifat sy'n mynd i greu cyflogaeth cyfrwng Cymraeg, yn hytrach na rhwystro'r fath ddatblygiad, yw rôl y mentrau. Fel yn achos y prosiectau gofal plant a'r cwmnïau cyfieithu, mae'r mentrau wedi ateb y galw wrth agor neu gefnogi siopau a chaffis. Mae'r rhain yn lleoliadau i bobl ymgynnull a siarad Cymraeg, maent yn cynnig gwaith cyfrwng Cymraeg ac maent yn gwerthu nwyddau sy'n cynyddu trosiant i gwmnïau eraill sy'n cyflogi gweithlu Cymraeg. Mae cyfraniad y caffis a'r siopau hyn yn hynod o bwysig i'r Gymraeg.

Cyfoes

Siop lyfrau Cymraeg yn Rhydaman yw Cyfoes a ddatblygwyd gan Fenter Dinefwr yn 2013. Mae ganddi drosiant o £81,000 (2019/ 20), mae'n cyflogi tri aelod staff ac mae'n gwmni cyfyngedig drwy warant. Ni chafwyd grant na chymorth i sefydlu'r siop, heblaw am fuddsoddiad o tua £10,000 gan y fenter (oddi wrth berchnogion blaenorol). Derbyniodd y fenter lawer o gyngor ymarferol gwerthfawr iawn gan Gyngor Llyfrau Cymru. Roedd yr arweiniad a gafwyd ar gyfanwerthu, manwerthu a marchnata yn hanfodol wrth sefydlu'r busnes. Gweledigaeth ar gyfer y dyfodol yw ehangu drwy ddatblygu ymhellach o ran cynnyrch, brand a gwerthiant dros y we. Bwriedir hefyd agor cangen arall o'r siop yn Llandeilo yn fuan fel rhan o'r ganolfan newydd sydd gan y fenter yno. Mae'r siop yn llwyr hunangynhaliol.

Canolfan a Menter Gymraeg Merthyr Tudful

Datblygwyd y ganolfan newydd gan Fenter Iaith Merthyr Tudful. Fe'i sefydlwyd yn 2003 ar ôl blynyddoedd o weithgaredd gwirfoddol yng Nghanolfan Gymraeg Merthyr Tudful a sefydlwyd yn 1991. Agorwyd Canolfan a Theatr Soar ar ei newydd wedd yn 2011. Gyda throsiant cyfredol o tua £300,000 y flwyddyn mae'r ganolfan yn cyflogi wyth o staff ac yn gwmni cyfyngedig trwy warant yn ogystal ag elusen gofrestredig ers 2007.

Yn 2009–10 cafwyd cyfanswm o £1.4 miliwn ar ffurf grantiau i ddatblygu'r adeiladau gan 12 o gyllidwyr gwahanol a £340,000 gan y Loteri Fawr i gyflogi swyddog datblygu'r celfyddydau, swyddog gweinyddol a rhaglen o weithgareddau am dair blynedd cyntaf y prosiect. Yn 2019 lansiwyd Cwmni Cyfieithu Lingo Soar Cyfyngedig. Cafwyd cymorth gan Cyfieithu Cymunedol Conwy i ddechrau'r cynllun. Mae'r ganolfan yn codi incwm trwy logi ystafelloedd, gweithgareddau codi arian a'r gwasanaeth cyfieithu. Mae bwrdd rheoli yn arwain ar holl weithredu'r sefydliad, ac mae perchnogaeth leol gref ohono oherwydd statws yr adeilad yn ogystal â phroffil y fenter.

Ar hyn o bryd mae prosiect treftadaeth gwerth £340,000 yn digwydd a fydd yn cyflogi aelod o staff am ddwy flynedd, adnewyddu organ a chynnal prosiectau a gweithgareddau treftadaeth gyda'r gymuned. Prif arianwyr yr elfen hon yw'r Loteri Treftadaeth a phedair ffynhonnell arall. Cafodd Prosiect Consortiwm Theatr Cymraeg ei ariannu'n ddiweddar gan grant Cyngor Celfyddydau Cysylltu a Ffynnu gwerth £150,000 dros ddwy flynedd. Mae hwn yn brosiect a fydd yn datblygu i fod yn gonsortiwm parhaol gyda Theatr Na-nog, Hen Neuadd y Dref Maesteg a Neuadd Lles Ystradgynlais. Mae'n dod â'r sector Cymraeg ynghyd â'r sector celfyddydol er mwyn defnyddio'r celfyddydau i adfywio a chynyddu'r Gymraeg yn yr ardaloedd. Ein nod hirdymor yw sefydlu cwmni theatr gerdd ieuenctid sy'n sefyll yn annibynnol o'r fenter ac yn rhedeg Theatr Soar, sef menter gymdeithasol newydd. Mae dirfawr angen cwmni sy'n creu theatr gerdd Gymraeg wreiddiol yng Nghymru. Rydym hefyd yn awyddus i ddatblygu ein gwasanaeth cyfieithu ymhellach.

Prosiectau eraill
Dros y blynyddoedd mae'r mentrau wedi gallu denu grantiau gwerth miliynau o bunnoedd i wireddu prosiectau drwy'r Gymraeg, prosiectau sydd wedyn yn cynnig cyflogaeth drwy'r Gymraeg ledled y wlad. Mae'r rheiny a drafodwyd uchod yn canolbwyntio

ar rai enghreifftiau sy'n fasnachol, ond mae'n rhaid cofio hefyd am y cannoedd o brosiectau bychain sydd wedi denu miliynau o bunnoedd ychwanegol i gymunedau ledled Cymru. Mae'r rhain wedi cyfrannu at gyflogi pobl mewn swyddi lle mae'r Gymraeg yn hanfodol ar draws y wlad. Efallai y byddai canran o'r cyllid hwn wedi mynd at gynlluniau lleol heb y mentrau, ond yn sicr ni fyddai cymaint o gyllid wedi ei ddenu heb y mentrau ac ni fyddai'r un pwyslais wedi ei roi ar y Gymraeg yn ganolog i'r gyflogaeth sydd wedi ei chreu.

Rhai o'r prif gyllidwyr sydd wedi eu defnyddio i ddenu grantiau yw Cronfa Gymunedol y Loteri, awdurdodau lleol, Cronfa Treftadaeth y Loteri a chronfeydd Ewropeaidd. Gwelir heriau wrth ymgeisio am gyllid gan yr arianwyr gwahanol. Mae blaenoriaethau'r cronfeydd yn newid gydag amser ac mae hynny'n gallu golygu nad yw'r Gymraeg bob tro'n flaenoriaeth. Ymhellach, mae cystadleuaeth frwd am y cyllid wrth gwrs, gyda nifer o sefydliadau mawr yn cyflogi swyddogion grantiau penodol i arwain ar geisiadau, rhywbeth nad oes gan y mentrau y cyllid i'w wneud.

Gwelir o'r enghreifftiau gan fentrau unigol bod cyllid Amcan Un wedi bod yn hanfodol wrth sefydlu rhai o'r prosiectau. Bydd colli'r cronfeydd hyn yn ergyd enfawr i sefydliadau fel y mentrau yng Nghymru a bydd angen pwyso yn wleidyddol i sicrhau bod cronfeydd cyffelyb yn cael eu creu. Yn ogystal, o achos COVID-19 mae nifer o gyllidwyr wedi newid eu blaenoriaethau yn y byrdymor, megis y ddwy brif gronfa loteri. Mae nifer o raglenni cyllid agored wedi newid fel eu bod yn ymateb i COVID-19 yn unig ac mae hi'n debyg y bydd peth amser cyn i bethau ddychwelyd i'r sefyllfa flaenorol.

Yn ogystal â chreu swyddi yn ystod oes y prosiectau, a rhoi'r cyfle i ddefnyddwyr gwasanaeth ddefnyddio'r Gymraeg, mae'r prosiectau hyn a gyllidir gan grantiau penodol yn creu gwaddol fel bod mwy o bethau, boed yn ddeunyddiau neu'n wasanaethau, ar gael yn y Gymraeg. Mae heriau wrth lwyddo i ddenu cyllid grant. Yn y lle cyntaf, mae angen amser i wneud ceisiadau, gan gofio bod canran o'r ceisiadau yn aflwyddiannus yn y pen draw. Hefyd, mae hyd penodol i brosiectau felly mae'n rhaid chwilio am y ffynhonnell cyllid nesaf yn barhaus er mwyn sicrhau y gellir cynnig swyddi er mwyn i bobl ddefnyddio'r Gymraeg. Oherwydd yr heriau hyn, er y bydd y mentrau iaith yn amlwg yn parhau i geisio am gyllid grant i gefnogi prosiectau penodol, mae'r rhwydwaith yn sicr yn teimlo mai trwy sefydlu cwmnïau a busnesau – sef mentrau cymdeithasol – sy'n creu elw ac sy'n sefyll ar eu traed eu hunain y mae sicrhau yn yr hirdymor gyfleoedd i bobl ddefnyddio'r Gymraeg yn y gweithle o fewn eu cymunedau. Mae'n rhaid sefydlu cwmnïau sy'n gwneud elw ac nad ydynt yn dibynnu ar grantiau, fel rhai o'r enghreifftiau a drafodwyd yn y bennod hon, ac eraill sydd wedi llwyddo y tu hwnt i deulu'r mentrau iaith. Gall gorddibyniaeth ar grantiau olygu endid sydd ar sylfeini ansicr ac sydd felly yn methu cynnig cyflogaeth hirdymor apelgar. Gwendid unrhyw grant yw bod yn rhaid ystyried beth yw dyheadau a blaenoriaethau cyllidwyr, yn hytrach na chanolbwyntio ar eich amcanion eich hun. Serch hynny, bydd y mentrau iaith yn amlwg yn dymuno parhau i dderbyn grantiau Hybu a Hyrwyddo'r Gymraeg gan Lywodraeth Cymru i barhau â'r gwaith a ddechreuodd 30 mlynedd yn ôl pan dderbyniodd Menter Cwm Gwendraeth y grant gyntaf gan y Swyddfa Gymreig.

Dyfodol y mentrau cymdeithasol

Fel rhan o thema 3 strategaeth Cymraeg 2050 mae Llywodraeth Cymru yn cydnabod pwysigrwydd seilwaith a chyd-destun er mwyn sicrhau gwaith i bobl allu defnyddio eu Cymraeg o ddydd i ddydd a chyfrannu at greu cymunedau ffyniannus. Ymysg prosiectau masnachol a sefydlwyd gan y mentrau iaith mae caffis, siopau, canolfannau, cynlluniau hyfforddiant swyddi, cwmnïau cyfieithu, meithrinfeydd a chynlluniau gofal plant – gwasanaethau sydd yn cyfrannu at economi sylfaenol cymunedau Cymru. Trwy fentergarwch, denodd mentrau iaith lleol bron i £4.5 miliwn o gyllid ar ben grantiau'r llywodraeth yn 2019/20 i'w cymunedau gan lwyddo i ennill grantiau, gweithio gyda phartneriaid neu gynnal cynlluniau masnachol. Mae'r graffiau uchod yn dangos mai canran eithaf bychan, llai na thraean, o swyddi'r mentrau iaith a ariennir gan Lywodraeth Cymru. Trwy ddenu arian o ffynonellau eraill mae'r mentrau iaith wedi gallu creu 254 o swyddi yn ychwanegol i'r swyddi a ariennir gan grant Llywodraeth Cymru a phrosiectau cenedlaethol. Trwy ail fuddsoddi elw mewn prosiectau cymunedol mae'r mentrau iaith yn cyfrannu at y farchnad lafur Gymraeg, yn rhoi cyfle i bobl ddefnyddio'r Gymraeg ym myd gwaith ac yn lleihau allfudiad pobl ifanc o gymunedau gwledig i drefi a dinasoedd.

Yn ein galwadau cyn etholiad 2021, yn y llyfryn 'Y Gymraeg, y Gymuned a'r Economi leol',[1] rydym yn galw ar Lywodraeth Cymru i ariannu rhwydwaith o swyddogion mentrau cymdeithasol o fewn rhwydwaith y mentrau iaith a fyddai'n gweithio yn benodol ar ddatblygu cwmnïau mentrau cymdeithasol. Hyd yma mae'r mentrau mwyaf blaengar wedi gallu sefydlu a phrofi llwyddiant mentrau cymdeithasol, a gwneud hynny er gwaethaf prinder amser a chyllid. Trwy sefydlu rhwydwaith penodol o swyddogion yn canolbwyntio ar sefydlu mentrau cymdeithasol gallwn greu llawer mwy o gyfleoedd i bobl weithio drwy'r Gymraeg ledled Cymru.

Hyd yma mae bron holl gyllid y mentrau iaith a phartneriaid eraill yn y maes sy'n hybu'r Gymraeg wedi dod o is-adran y Gymraeg. Wrth ystyried cynlluniau fel rhai swyddogion mentrau cymdeithasol gofynnwn i adrannau eraill o fewn y llywodraeth, megis adran yr economi, sylweddoli potensial mentrau cymdeithasol o ran creu cyflogaeth leol a chryfhau'r economi leol, a mynd ati i gefnogi'r cynlluniau hyn.

Yn ogystal, ers cyhoeddi'r strategaeth Cymraeg 2050 yn 2017 nid yw'r mentrau iaith wedi gweld buddsoddiad ychwanegol er mwyn mynd ati i gynyddu'r defnydd o'r Gymraeg. I gyflawni hyn yn effeithiol a chynnig cyflog teg i weithwyr sy'n adlewyrchu chwyddiant, mae'r mentrau iaith yn gofyn i Lywodraeth Cymru gynyddu isafswm grant pob menter iaith i £100,000 y flwyddyn, a swm ar sail chwyddiant i'r mentrau iaith hynny sydd eisoes yn derbyn £100,000 neu fwy. Bydd hyn yn galluogi pob menter iaith i gyflogi tri aelod staff a rhedeg cwmni neu elusen ffyniannus sy'n manteisio ar fuddsoddiadau a chreu swyddi pellach.

Ddeng mlynedd ar hugain ers sefydlu'r fenter gyntaf honno, drwy weledigaeth a dyfalbarhad gwirfoddolwyr yng Nghwm

Gwendraeth, mae'r mentrau iaith yn gyflogwyr pwysig ymhob rhan o Gymru, sy'n cyflogi cannoedd o weithwyr. Wrth weithio tuag at strategaeth Cymraeg 2050 mae'n rhaid i'r iaith barhau i dyfu o fewn gweithleoedd, a dim ond drwy greu swyddi lle mae'r Gymraeg yn hanfodol y mae modd gwneud hyn. Mae'n rhaid dangos bod buddion economaidd i'r Gymraeg fel sgil, a chreu cwmnïau sy'n cyflogi drwy'r Gymraeg yn ein cymunedau lleol.

Nodyn

[1] Mentrau Iaith Cymru, 'Y Gymraeg, y Gymuned a'r Economi leol' (Llanrwst: Mentrau Iaith Cymru, 2021).

9

Mwy na hyfforddiant: cyfieithu a chyfrifoldeb

Mandi Morse

Anogir sefydliadau gan Gomisynydd y Gymraeg i wneud defnydd arloesol, effeithiol a chyfrifol o wasanaethau cyfieithu o bob math er mwyn hwyluso cynnig gwasanaethau dwyieithog o'r ansawdd uchaf.[1] Mae'r un ddogfen yn cydnabod bod sawl dull o sicrhau hynny, ac mai'r ffordd orau o fynd ati yw ystyried egwyddorion, awgrymiadau ac enghreifftiau o arferion gorau. Mae'n allweddol cydnabod 'nad yw darparu gallu dwyieithog o reidrwydd yn gorfod bod yn fwrn, ond bod angen rhoi sylw iddo a'i gynllunio'n ofalus'.[2] Gan gadw hynny mewn cof, ac wrth fentro ymhellach i faes cyfieithu'n benodol, dylid ychwanegu dwy brif elfen arall i'w hystyried, sef agweddau a hyfforddiant.

Agweddau

Dywed y cyfieithydd Christina Comben mai un o'r pethau sy'n ei gwylltio fwyaf yw canfyddiad pobl ei bod hi'n lwcus ei bod hi'n medru siarad ac ysgrifennu Sbaeneg, Ffrangeg ac Eidaleg.[3] Nid lwc mohono, wrth gwrs, ond canlyniad ymrwymiad, dyfalbarhad a buddsoddiad. Sgiliau wedi eu datblygu, eu hymarfer a'u mireinio dros gyfnod sy'n gyfrifol am sefyllfa lwcus Christina Comben.

Wrth symud o gyd-destun tairieithog i un sy'n ddwyieithog, yr un yw'r egwyddor. Nid lwc sydd wedi arwain at gyflwr lled iach y diwydiant cyfieithu yng Nghymru heddiw, ond cyfres o ffactorau gwleidyddol, ieithyddol a chymdeithasol. Mae'n rhaid cydnabod

bod y sefyllfa yng Nghymru'n unigryw wrth gwrs, ac mae'r berthynas rhwng iaith leiafrifol ac iaith fwyafrifol yn medru bod yn heriol. O ganlyniad, mae'r berthynas rhwng y Gymraeg a Saesneg o ran grym ieithyddol hefyd yn heriol, a dyma un o blith nifer o ffactorau allanol y mae'n rhaid i bob cyfieithydd da eu hystyried.

Gosod y seiliau

Cyfyd nifer o gwestiynau wrth ystyried y gofynion craidd hynny ar gyfer gyrfa yn y diwydiant cyfieithu: a ydy bod yn ddwyieithog yn ddigon? A ydy bod yn amlddiwylliannol hefyd yn hanfodol? A ydy'r ddau beth yn mynd law yn llaw? Sut mae mesur rhuglder ieithyddol a diwylliannol? Anodd iawn yw ateb y rhain yn llawn, ond mae un peth yn glir, sef bod gan bobl ddwyieithog nodweddion unigryw a chymwyseddau trosglwyddadwy arbennig sy'n gaffaeliad mawr yn gyffredinol i unrhyw weithle. Yn eu plith y mae gwell sgiliau canolbwyntio, gwell sgiliau amldasgio, gwell hyblygrwydd, a'r gallu i greu a chael rhagor o gyfleoedd.

Gofynion cyfreithiol

Cyflwynwyd Mesur y Gymraeg (Cymru) yn 2011 ac arweiniodd hyn at greu Comisiynydd y Gymraeg. Drwy Gomisiynydd y Gymraeg, mae'r Mesur yn sefydlu fframwaith cyfreithiol sy'n gorfodi rhai sefydliadau i gydymffurfio â safonau ymddygiad arbennig sy'n gysylltiedig â'r Gymraeg. Mae'r safonau'n egluro sut y mae disgwyl i sefydliadau ddefnyddio'r Gymraeg mewn sefyllfaoedd gwahanol. Cyfrifoldeb y sefydliadau yw sicrhau na thrinnir y Gymraeg yn llai ffafriol na Saesneg, ynghyd â hybu a hwyluso'r defnydd o'r Gymraeg (gan ei gwneud yn haws i bobl ei defnyddio yn eu bywydau bob dydd).[4]

O ystyried y gofynion cyfreithiol a'r manteision amlwg eraill o ran gwerth cyflogai dwyieithog, nid oes syndod felly fod yna alw cynyddol erbyn hyn am weithwyr dwyieithog yng Nghymru. Yn y bennod hon, bwriedir edrych yn fanylach ar y cyd-destun yng

Nghymru gan ystyried sut y mae'r galw am weithwyr dwyieithog wedi dylanwadu ar y diwydiant cyfieithu yng Nghymru, ac ar y ddarpariaeth a gynigir i gefnogi hyfforddi cyfieithwyr.

Yn fwy penodol, ystyrir sut y mae hyfforddiant cyfieithu wedi'i addasu i ateb y galw hwnnw. Edrychir ar un cwrs hyfforddiant yn arbennig sy'n ceisio diwallu anghenion gweithleoedd dwyieithog ac a ddatblygwyd er mwyn denu pobl i'r proffesiwn cyfieithu yng Nghymru, a'u cefnogi wrth iddynt ddatblygu eu sgiliau.

Cefndir

Uwchlaw pob dim, mae'n rhaid darparu hyfforddiant cyfieithu cyfredol a chyflawn, a fyddai'n ateb y diben ar sawl lefel. Dyma oedd y rhesymeg a oedd yn sail i ddymuniad y Coleg Cymraeg Cenedlaethol i gefnogi darpariaeth o'r newydd yn y maes hwnnw. 'mae'r proffesiwn cyfieithu Cymraeg-Saesneg wedi galw am ddarpariaeth safonol genedlaethol ers rhai blynyddoedd bellach fel rhan o symudiad tuag at ddatblygu a chodi statws proffesiwn sy'n greiddiol i hwyluso darparu gwasanaethau Cymraeg i'r cyhoedd'.[5] Wedi cyfnod o archwilio i'r ddarpariaeth a oedd yn bodoli eisoes, gan gydnabod bod yr hyfforddiant hwnnw, mewn amrywiol ffyrdd, yn sylfaen i yrfa nifer o gyfieithwyr profiadol y presennol, aethpwyd ati i gynllunio ar gyfer y dyfodol er mwyn 'sicrhau bod y ddarpariaeth academaidd yn adlewyrchu anghenion hyfforddi'r proffesiwn ac yn adlewyrchu'r safon ddisgwyliedig gan y proffesiwn cyfieithu'.[6]

Byddai agweddau arloesol yn perthyn i'r hyfforddiant newydd hwn a fyddai'n ychwanegu hygrededd a dilysrwydd i'r ddarpariaeth, megis sicrhau rhagor o fewnbwn uniongyrchol gan y diwydiant cyfieithu.

Gwelwyd hefyd fod y fframwaith wleidyddol ac anghenion polisi yn dylanwadu fwyfwy ar y maes, ac y dylid rhoi mwy o ystyriaeth i hynny wrth gynllunio'r hyfforddiant. Wrth ystyried y cyd-destun ehangach, dylid edrych ar y datblygiad hwn o safbwynt Joshua Fishman a'i waith arloesol yn y gyfrol Reversing Language Shift.[7]

Trafoda Judith Kaufmann[8] yn helaeth berthnasedd syniadau Fishman i'r Gymraeg, gan nodi bod Cymru yn cynrychioli un o'r 'speech communities whose native languages are threatened because their intergenerational continuity is proceeding negatively, with fewer and fewer users (speakers, readers, writers and even understanders) and uses every generation'.[9] Nid gormodiaith yw dweud bod cyfieithwyr a darparwyr hyfforddiant cyfieithu yn rhan o'r ymdrechion i wrthdroi shifft iaith, o ran y Gymraeg, ac yn cyfrannu at gynllunio ieithyddol a chynnal statws y Gymraeg. Pwysleisir eto bod cyfieithwyr yn aml yn hwyluso cysylltiadau pŵer a grym ieithyddol ar sawl lefel. Yng Nghymru, mae ein cyfieithwyr yn cynrychioli llais y sector cyhoeddus, ac yn chwarae rhan allweddol wrth gyflwyno polisi dwyieithog.

Law yn llaw â dylanwad y datblygiadau gwleidyddol, wrth gynllunio hyfforddiant cyfieithu ar gyfer y dyfodol, gwelwyd yr angen i ailymweld â'r syniad o 'hawliau'. Yn amlach na pheidio, ystyrir mai hawliau y mae angen eu rhoi i siaradwyr ieithoedd lleiafrifol yw 'hawliau' iaith. Nid oes angen hawliau iaith ar siaradwyr ieithoedd mwyafrifol gan eu bod yn meddu arnynt eisoes.[10] Wrth edrych ar yr hawl i ddefnyddio'r Gymraeg mewn bywyd cyhoeddus, yn aml daw'r hawliau hynny'n fwy ystyrlon yn sgil y weithred o gyfieithu.

O ganlyniad, gwelwyd ei bod yn hanfodol datblygu'r elfen cyfieithu ar y pryd i fod â rhan fwy canolog yn y ddarpariaeth newydd. Yng nghyd-destun Cymru, daw hawl y siaradwr i ddefnyddio'r Gymraeg yn fwy ystyrlon os darperir gwasanaeth cyfieithu a sicrhau bod pawb yn ei ddeall. Mae mwy o ymwybyddiaeth yng Nghymru erbyn hyn hefyd o bwysigrwydd cyfieithu ar y pryd wrth gyfathrebu â lleiafrifoedd o fewn lleiafrifoedd, ac o gefnogi eu hawliau hwy. Mae hyn yn arbennig o wir am y rhai mwyaf bregus megis plant ifanc, yr henoed a'r rhai sy'n dioddef o afiechydon fel clefyd Alzheimer a dementia. Ategir hyn gan nodi'r amcanion cyfredol yn y ddogfen bolisi 'Mwy Na Geiriau, Cynllun Gweithredu 2019–20, Gofal da, gofal dwyieithog' gan Lywodraeth Cymru. Y thema 'Cynyddu'r defnydd o'r Gymraeg' sydd fwyaf arwyddocaol, ac mae Amcan 1 yn rhan ohoni:

Amcan 1: bydd pobl yn hyderus bod eu hanghenion a'u dewis iaith Gymraeg yn dylanwadu ar gynllunio, comisiynu a chontractio gwasanaethau iechyd a gofal cymdeithasol a adolygir yn rheolaidd, a'u bod yn cael eu hymwreiddio ynddynt.[11]

Datblygu hyfforddiant cyfieithu dan arweiniad y diwydiant

Nodwyd eisoes yr awydd i sicrhau rhagor o fewnbwn uniongyrchol gan y diwydiant cyfieithu. Y nod felly oedd creu model ar gyfer datblygu cymhwyster cyfieithu newydd dan arweiniad panel diwydiant cenedlaethol, gan ddefnyddio'r Gymraeg a Saesneg fel pâr iaith penodol. Mae'n rhaid cydnabod bod anghenion a chyddestun iaith leiafrifol (a diwylliant yr iaith honno) mewn oes fydeang yn hollol wahanol i anghenion iaith fwyafrifol. O ganlyniad, nid oedd modd addasu unrhyw ddarpariaeth sydd ar gael ar hyn o bryd mewn iaith fwyafrifol megis Saesneg fel sail ar gyfer y model hwn. Y bwriad oedd creu cymhwyster cyfrwng Cymraeg, sy'n unigryw Gymreig, ac sy'n perthyn i Gymru. Mae cyfieithu a chreu cyfieithwyr yn ddulliau allweddol o arfogi cyrff a sefydliadau i fedru cydymffurfio â deddfwriaeth. Yn sgil y galwadau a roddwyd ar sefydliadau gan Safonau'r Gymraeg, roedd yn rhaid ystyried capasiti'r diwydiant cyfieithu er mwyn medru ymdopi â'r galwadau newydd hyn. Roedd hyn hefyd yn ffactor wrth gynllunio hyfforddiant cyfieithu.

Consortiwm cenedlaethol

Wrth sefydlu'r fframwaith cenedlaethol ar gyfer datblygu'r ddarpariaeth, ac er mwyn gwireddu'r nod o ddatblygu'r berthynas rhwng y sector addysg uwch a'r diwydiant cyfieithu yng Nghymru, sefydlwyd consortiwm cenedlaethol i hwyluso'r broses greu ar gyfer cwrs proffesiynol uwchraddedig unigryw. I bob pwrpas, panel diwydiant yw'r consortiwm ac mae hynny'n tanlinellu'r agwedd gydweithredol a phroffesiynol sy'n perthyn i'r ddarpariaeth newydd. Mae'n allweddol nodi bod aelodau'r consortiwm yn cynnwys cynrychiolwyr o'r sector cyhoeddus, y sector preifat a'r trydydd sector, yn ogystal â chynrychiolwyr o'r prifysgolion, cynrychiolwyr o'r proffesiwn cyfieithu yn ogystal â chyflogwyr. Yn eu plith y mae'r Coleg Cymraeg Cenedlaethol, Comisiynydd y Gymraeg, Cwmni Cyfieithu Cymen, Cymdeithas Cyfieithwyr Cymru, Gwasanaeth Cyfieithu Llywodraeth Cymru, Gwasanaeth Cyfieithu Senedd Cymru, Prifysgol Aberystwyth, Prifysgol Cymru y Drindod Dewi Sant, Uned Gyfieithu Cyngor Sir Conwy ac Uned Gyfieithu Cyngor Sir Rhondda Cynon Taf. Mae rôl y Consortiwm wedi ei nodi'n glir yn y Cyfansoddiad:

> Bydd aelodau'r Consortiwm yn cynnig arweiniad a chyngor er mwyn sicrhau bod y ddarpariaeth academaidd yn adlewyrchu anghenion hyfforddi'r proffesiwn gan sicrhau ei bod yn adlewyrchu'r safon a'r rhychwant sgiliau sydd yn ddisgwyliedig gan y proffesiwn cyfieithu.[12]

Nodir hefyd bod gan y consortiwm gyfrifoldeb strategol, a thanlinellir yr angen i barhau i fod mor gyfredol ag y bo modd ym mhob agwedd ar y ddarpariaeth: 'Bydd y Consortiwm yn sicrhau bod y ddarpariaeth academaidd yn ymatebol i newidiadau a datblygiadau yn y maes cyfieithu o safbwynt technoleg, iaith, deddfwriaeth a dulliau gweithio.'[13] Bu'n heriol ar adegau wrth geisio sicrhau y bodlonir prif anghenion yr holl bartneriaid, ond gydag ymagwedd ragweithiol a'r awydd cyffredinol i gydweithio ar gynllun proffesiynol arloesol, llwyddwyd i greu a dilysu rhaglen hyfforddiant cenedlaethol newydd. Dylid nodi hefyd, wrth i'r cynllun wreiddio a datblygu ymhellach, fod rôl y consortiwm yn esblygu'n barhaus wrth ymateb i adborth ac anghenion.

Astudiaethau cyfieithu proffesiynol

Drwy nawdd gan y Coleg Cymraeg Cenedlaethol, yn 2015 sefydlwyd cynllun uwchraddedig cenedlaethol newydd ym Mhrifysgol Aberystwyth, sef cwrs Astudiaethau Cyfieithu Proffesiynol, a hynny mewn partneriaeth â Phrifysgol Cymru y Drindod Dewi

Sant. Dysgir y cwrs hwn trwy gyfrwng y Gymraeg yn unig, a phrif ieithoedd y cwrs yw'r Gymraeg a Saesneg. Ystyrir cyfieithu yn y cyd-destun Cymreig cyfoes a chyfeirir at gyd-destunau eraill fel bo'n briodol, a chynigir opsiwn i fyfyrwyr sydd ag ieithoedd eraill eu defnyddio o fewn modiwl penodol.

Yn ôl Chris Schröder mae'n rhaid ystyried tri ffactor pwysig wrth lunio darpariaeth gyfieithu:

- Y cymhwyster, sef y canlyniad ar ddiwedd y cwrs astudio.
- Hyfforddiant.
  (Er bod cymwysterau yn eich helpu i ddod o hyd i waith a chwblhau cyfieithiadau, mae'r hyfforddiant cywir yn eich helpu i wneud hynny'n iawn).
- Rhwydweithio.
  (Mae cyswllt proffesiynol yn hanfodol ac yn cynnig profiadau dysgu gwerthfawr).[14]

Mae'r elfennau hyn yn greiddiol i'r ddarpariaeth newydd a gellir dadlau felly bod y cwrs uwchraddedig newydd yn addas i'r diben wrth ateb y galw am sgiliau cyfieithu yn y Gymru gyfoes.

Mae'r cwrs yn addas i fyfyrwyr o bob math o gefndiroedd:

- myfyrwyr sydd newydd raddio mewn pwnc perthnasol (ystyrir pob math o bynciau, o iaith a'r dyniaethau'n gyffredinol i'r gwyddorau)
- unigolion sy'n awyddus i ddechrau ym maes cyfieithu
- cyfieithwyr dan hyfforddiant y mae eu gweithleoedd yn awyddus i'w cefnogi ymhellach
- cyfieithwyr profiadol sy'n awyddus i ennill cymhwyster pellach, datblygu'n broffesiynol neu arbenigo ymhellach mewn agwedd benodol ar gyfieithu.

Un o brif nodweddion yr hyfforddiant yw'r hyblygrwydd a gynigir er mwyn medru ystyried cefndir, amgylchiadau, gofynion a disgwyliadau myfyrwyr a'u gweithleoedd. Mae hynny'n hanfodol er mwyn gwireddu'r nod o ymateb i ofynion y diwydiant cyfieithu modern yng Nghymru. Ceir hyblygrwydd o ran:

i) llwybrau astudio (MA, diploma, tystysgrif, neu fodiwl unigol/rhan amser neu lawn amser)
ii) gofynion mynediad
iii) cynnwys (cyfieithu cyffredinol ac arbenigol, cyfieithu creadigol a llenyddol, cyfle i deilwra'r cynnwys at ddibenion personol)
iv) dulliau dysgu (ar-lein, gweithdai, ymweliadau, cyfranwyr allanol, cynadleddau)
v) agweddau (cyfieithu testun/cyfieithu ar y pryd/isdeitlo/ golygu)
vi) profiad gwaith (rhyddid i ddewis gweithle/gweithleoedd).

i) Llwybrau astudio
Cynigir tri phrif lwybr astudio, sef tystysgrif (60 credyd), diploma (120 credyd) ac MA (180 credyd). Ceir opsiwn hefyd i astudio un modiwl unigol ar y tro (10 neu 20 credyd) a gellir casglu'r credydau hynny dros gyfnod i'w defnyddio eto yn y dyfodol.

Mae'r cwrs yn un hyblyg iawn a gellir astudio'n rhan amser neu'n llawn amser. Gellir crynhoi'r manylion fel a ganlyn:

Llwybr	Credydau	Rhan amser/ llawn amser	Hyd y cwrs
Tystysgrif	60	Rhan amser yn unig	Rhan amser: blwyddyn (Medi–Mehefin)
Diploma	120	Rhan amser/ llawn amser	Rhan amser: 2 flynedd (Medi–Mehefin) Llawn amser: blwyddyn (Medi–Mehefin)
MA	180	Rhan amser/ llawn amser	Rhan amser: 2/3 blynedd Llawn amser: blwyddyn (Medi–Medi)

ii) Gofynion mynediad

Mae'r ddarpariaeth yn perthyn i gymhwyster academaidd ac o ganlyniad rhaid bodloni gofynion mynediad y sefydliad academaidd perthnasol. Gofynnir am radd mewn maes perthnasol. Er i faes iaith fod yn fanteisiol dros ben wrth gwrs, ystyrir pob math o feysydd eraill hefyd gan fod hynny'n ychwanegu at ddyfnder ac ehangder gwybodaeth y myfyrwyr, er enghraifft, y dyniaethau'n gyffredinol, y gwyddorau, addysg, iechyd. Mae Gouadec yn cefnogi'r ymagwedd hon wrth dderbyn myfyrwyr. Fodd bynnag, er iddo ystyried yr amrywiaeth a welir yng nghefndir addysg y myfyrwyr, nid yw Gouadec yn rhoi digon o sylw i'r amrywiaeth a welir yng nghefndir proffesiynol y myfyrwyr.[15] Mae'n rhaid cydnabod efallai mai rhywbeth sy'n fwy perthnasol i'r cyd-destun Cymreig yw hynny. Ymhlith y carfannau diweddar o fyfyrwyr, mae eu proffiliau, ar y cyfan, yn rhannu'n weddol gyfartal rhwng y tri chategori isod:

- myfyrwyr israddedig yn mynd yn syth ymlaen i ddilyn cwrs uwchraddedig
- unigolion sy'n awyddus iawn i newid gyrfa am nifer o resymau
- cyfieithwyr profiadol sy'n awyddus iawn i ennill cymhwyster proffesiynol.

Yn sgil yr amrywiaeth a'r hyblygrwydd a ganiateir felly, cydnabyddir yr angen i gyflwyno prawf mynediad syml (yn rhan o'r gofynion mynediad). Bwriad hynny yw cadarnhau bod gan bob ymgeisydd yr addewid angenrheidiol, y sgiliau iaith safonol a'r cymwyseddau hynny ar gyfer gwireddu eu potensial ac ymdopi â'r hyfforddiant a gynigir.

Gwelir bod y niferoedd sy'n cysylltu yn holi am fanylion y ddarpariaeth yn cynyddu'n ddirfawr o flwyddyn i flwyddyn, ac mae hynny'n tystio i'r galw cynyddol am weithwyr dwyieithog a chyfieithwyr. Mae nifer fawr o'r ymholiadau cychwynnol hynny'n troi'n ymrestriadau cadarn ac mae'r niferoedd yn parhau'n gyson.

Fodd bynnag, gwelir bob blwyddyn bod ffactorau ariannol yn medru bod yn rhwystr ac, am amryw o resymau, er y galw mawr, gwelir nad yw'r buddsoddiad ariannol yn cyfateb i'r un graddau. Mae honno'n frwydr arall.

iii) Cynnwys

Mae Gouadec yn cymharu cyfieithwyr â chrefftwyr cain, sy'n dechrau'r broses ddysgu drwy wylio, arsylwi a gweithio wrth ymyl eraill.[16] Yn naturiol ddigon, y cam nesaf iddynt wedyn yw ymarfer a hogi eu sgiliau wrth iddynt gael eu mentora, cyn symud ymlaen i fedru gweithio'n annibynnol. Cydnabyddir felly bod yr elfen alwedigaethol, ymarferol yn gwbl allweddol wrth lunio hyfforddiant ac mae hynny'n greiddiol i'r ddarpariaeth hon. Law yn llaw â hynny, cyflwynir y myfyrwyr i brif theorïau a methodolegau cyfieithu er mwyn iddynt fagu dealltwriaeth o'r hyn sy'n arwain at greu cyfieithiadau llwyddiannus (e.e. syniadaeth ynghylch *Skopos*, cyfatebiaeth, estronoli, cartrefoli). Canolbwyntir yn helaeth ar dywys yr hyfforddeion yn ofalus drwy'r broses gyfieithu, gan roi cyfle i gydweithio ag eraill wrth wyntyllu syniadau a chynnig cyfieithiadau. Mae datblygu hyder cyfieithu hefyd yn ganolog i'r cynllun hyfforddi hwn, a gwneir hynny drwy roi adborth manwl a chadarnhaol, yn ogystal â chyfle i adolygu gwaith personol mewn amgylchedd diogel.

Cynllunnir y cwricwlwm ar ffurf modiwlau a hynny mewn modd sy'n sicrhau y cyflwynir y myfyrwyr i'r holl agweddau ar y diwydiant cyfieithu yng Nghymru heddiw. Y bwriad yw eu paratoi ar gyfer gyrfa yn y byd cyfieithu yng Nghymru a thrwy wneud hynny canolbwyntir hefyd ar ddiwallu anghenion y diwydiant, megis rhoi cyfle i'r myfyrwyr gyfieithu pob math o feysydd, datblygu arbenigedd penodol ac ymgyfarwyddo â'r dechnoleg ddiweddaraf.

Ceir cyfres o fodiwlau craidd y bydd pawb yn eu hastudio, ac sy'n rhan o bob prif lwybr, er mwyn sicrhau y rhoddir sylfaen gadarn, gyffredinol. Dyma fodiwlau'r dystysgrif, i bob pwrpas. Yn ogystal, ceir cyfres o fodiwlau dewisol (ar gyfer llwybrau diploma ac MA) sy'n cynnig cyfle i deilwra'r hyfforddiant i gydfynd ag anghenion personol, anghenion y gweithle neu er mwyn medru dilyn llwybr personol mwy arbenigol (e.e. cyfieithu creadigol rhyngwladol, isdeitlo, cyfieithu ar y pryd, cyfieithu a golygu, sgiliau ymchwil).

Cynllunnir y cwricwlwm hefyd i gwmpasu'r sgiliau a'r cymwyseddau sydd eu hangen ar gyfieithwyr proffesiynol. Wrth eu gwaith, mae'n ofynnol i gyfieithwyr ymateb i faterion a datblygiadau newydd yn eu tro (megis COVID-19; datblygiadau technegol), ac wrth wneud hynny rhaid ystyried datblygu ac addasu sgiliau. Mae'n hanfodol sicrhau bod yr hyfforddiant yn ymateb yn yr un modd, felly. O ganlyniad, cynhelir gweithdai adborth gan y tîm cyfieithu yn rheolaidd er mwyn cynnal dilysrwydd y cwricwlwm a'i ddatblygu'n unol ag unrhyw ofynion.

iv) Dulliau dysgu

Defnyddir amrywiaeth o ddulliau dysgu wrth gyflwyno'r hyfforddiant, sef dysgu ar-lein, gweithdai, ymweliadau, cyfranwyr allanol, cynadleddau. Cynnal amgylchedd dysgu diogel yw'r nod cyntaf, ac efelychu'r amgylchedd proffesiynol yw'r ail nod. Cynhelir cyfres o ddiwrnodau cyswllt dwys er mwyn caniatáu digon o amser i gynnal gweithdai ymarferol, cael adborth, cynnal trafodaethau a chael cyfle i gydweithio ar dasgau. Gwahoddir cyfranwyr allanol profiadol o'r diwydiant cyfieithu i roi cyflwyniadau yn ystod y sesiynau hyn a cheir cyfle felly i rwydweithio hefyd. Mae'r amserlen ddwys hefyd yn apelio'n arbennig at y myfyrwyr hynny sydd wedi eu rhyddhau gan eu gweithleoedd i ddilyn y cwrs, ac wrth gwrs mae cyfuno'r dysgu yn osgoi teithio diangen.

Defnyddir dull dysgu cyfunol hefyd, a chaiff y dysgu wyneb yn wyneb ei gyfuno â dysgu ar-lein. Cedwir cyswllt ar-lein cyson a rheolaidd â'r myfyrwyr wrth iddynt ymarfer eu sgiliau, cwblhau aseiniadau a chael adborth. Mewn ymateb i'r hinsawdd bresennol ac i adborth ehangach gan y diwydiant a chyflogwyr yn gyffredinol, cynigir un modiwl yn annibynnol ac yn gyfan gwbl ar-lein, sef y modiwl dewisol 'Ymarfer Cyfieithu a Golygu'. Dyma gyfle hefyd i ymrwymo i un modiwl ar y tro, os dymunir, ac i gynorthwyo gweithleoedd wrth iddynt ddatblygu rhaglenni datblygiad proffesiynol parhaus.

Trefnir rhaglen o weithgareddau allgyrsiol i atgyfnerthu'r dysgu ac i roi cipolwg ychwanegol i'r myfyrwyr ar y byd cyfieithu proffesiynol. Os yw'n ddiogel ac yn bosib, trefnir nifer o ymweliadau â chanolfannau sy'n cynrychioli agweddau amrywiol ar gyfieithu, megis Cyngor Llyfrau Cymru, Cwmni Atebol, pencadlys Gwasanaeth Cyfieithu Llywodraeth Cymru yng Nghaerdydd, Senedd Cymru ym Mae Caerdydd. Trwy wneud hynny, ceir blas ar waith cyfieithwyr o fewn sefydliadau cyhoeddus, gwleidyddol, gwirfoddol, preifat a masnachol. Mae medru cynnig y profiadau eang hynny'n werthfawr wrth hyfforddi cyfieithwyr.

Yn ogystal, trefnir cynhadledd gyfieithu genedlaethol sydd erbyn hyn wedi ennill ei phlwyf fel un o'r digwyddiadau proffesiynol prin hynny yng nghalendr y diwydiant cyfieithu yng Nghymru. Pwrpas y gynhadledd hon yw rhoi cyfle i randdeiliaid ac arbenigwyr y diwydiant yng Nghymru ymgynnull er mwyn rhannu profiadau, trafod datblygiadau newydd a chefnogi ei gilydd. Law yn llaw â hynny, mae'r gynhadledd yn rhoi hygrededd i'r cynllun astudio ac yn cynnig cyfle unigryw i'r myfyrwyr rwydweithio a chyfrannu at drafodaethau dilys a chyffrous.

v) Agweddau

Yn ôl Michael Cronin, mae rôl gyffredinol allweddol i gyfieithu a chyfieithu ar y pryd yn y byd sydd ohoni, sef sicrhau bod pobl o ddiwylliannau ac ieithoedd gwahanol yn dod at ei gilydd, yn ymddiddori yn ei gilydd ac yn deall ei gilydd. Sonia hefyd am ein canfyddiad o'r iaith darged wrth gyfieithu, a sut yr ydym, wrth ddatblygu ein dealltwriaeth o'r testun targed, yn sylweddoli bod cymaint mwy i'w ddysgu eto, ac mor bell yr ydym o syniad Bouvier o'r cyfieithydd delfrydol![17]

Oes, mae cymaint i'w ddysgu, a gellir priodoli hynny i gyfoeth ieithyddol yr iaith Gymraeg yn ogystal â'r holl agweddau a geir ar gyfieithu. Mae'r hyfforddiant nid yn unig yn ymateb i'r galw am gyfieithwyr testun, ond hefyd i'r galw am gyfieithwyr ar y pryd, golygyddion, prawfddarllenwyr ac isdeitlwyr. Darperir modiwlau'n ymwneud â'r agweddau hynny, megis y modiwl arbenigol 'Uwch Sgiliau Golygu' sy'n cwmpasu golygu cyffredinol, cyn-olygu ac ôl-olygu, a phrawfddarllen. Mae'r modiwl hwn yn adlewyrchu rhai o'r newidiadau diweddaraf yn y maes ac, erbyn hyn, mae lle amlwg i ôl-olygu o fewn y broses gyfieithu, sef golygu a gwella ansawdd cyfieithiadau a gynhyrchir gan beiriant.

Mae cyfieithu ar y pryd yn agwedd allweddol ar gyfieithu a darperir y modiwlau hyn gan Brifysgol Cymru y Drindod Dewi Sant. Cynigir llwybr hefyd i arbenigo mwy ar yr agwedd cyfieithu ar y pryd a'r opsiwn i ennill cymhwyster ychwanegol ym maes cyfieithu ar y pryd, sef Tystysgrif Cyfieithu ar y Pryd. Mae'r agwedd hon ar gyfieithu, ynghyd â'r holl ymwybyddiaeth ehangach ynghylch dewis iaith, yn galw am sylw arbennig gan bob gweithle dwyieithog. Mae'n faes sy'n parhau i gynyddu a gwelir yr angen am hyfforddiant penodol er mwyn arfogi gweithleoedd i ymateb mewn modd digonol ac ystyrlon i'r heriau sydd ynghlwm wrth hynny.

Darperir y modiwl 'Hanfodion Isdeitlo' hefyd gan Brifysgol Cymru y Drindod Dewi Sant sy'n mynd i gyfeiriad cyfieithu ar gyfer cyfryngau gwahanol. Mae'r galw am arbenigwyr ar yr agwedd hon ar gyfieithu hefyd wedi cynyddu'n fawr yn ystod y blynyddoedd diwethaf gyda rhagor o weithleoedd o fewn y diwydiant cyfryngau yn benodol yn awyddus i recriwtio isdeitlwyr.

vi) Profiad gwaith

Wrth lunio hyfforddiant cyfieithu, pwysleisia Schröder bwysigrwydd rhwydweithio a chael cyswllt proffesiynol â'r diwydiant cyfieithu.[18] O ganlyniad, mae rhwydweithio yn greiddiol i'r cwrs hwn, a sicrheir hynny trwy gyfrwng cyfraniadau a gweithdai gan gyfieithwyr a golygyddion profiadol, a thrwy gyflwyniadau gan gynrychiolwyr sefydliadau cenedlaethol allweddol megis Gwasanaeth Cyfieithu Llywodraeth Cymru, Comisiynydd y Gymraeg a Chymdeithas Cyfieithwyr Cymru. Yn ogystal, trefnir ymweliadau ag unedau cyfieithu a sefydliadau cenedlaethol ychwanegol er mwyn rhoi cyfle i'r myfyrwyr drochi mewn amgylchedd proffesiynol ac eang.

Elfen arall sy'n ganolog i'r holl ddarpariaeth yw profiad gwaith. Weithiau ceir anghydweld ymysg gwahanol garfanau rhyngwladol ynghylch pa lwybr sy'n rhagori: dysgu cyfieithu wrth weithio (h.y. ar y *job*) ynteu dysgu cyfieithu mewn cyd-destun academaidd. Mewn gwirionedd, mae'r ddau lwybr yn medru cynhyrchu cyfieithwyr da, ac yn ôl Gouadec dylai'r pwyslais fod ar hyfforddi cyfieithwyr *da*, a'u hyfforddi'n *dda*, pa ffordd bynnag y gwneir hynny.[19] Mae'r hyfforddiant hwn yn cyfuno'r ddau. Yn sicr, ni ddylid tanbrisio manteision cael profiad gwaith uniongyrchol a rhoddir lle blaenllaw iawn i'r agwedd ymarferol a dysgu wrth fynd ar leoliad profiad gwaith. Ceir gofynion pendant, sef cwblhau cyfnod o brofiad gwaith (100 awr – tair wythnos) a hynny o fewn ffenestr benodol (rhwng Ionawr ac Ebrill).

Bydd y tîm cyfieithu o fewn y Brifysgol yn cydweithio â phob myfyriwr i ddod o hyd i'r lleoliad gorau iddynt, gan ystyried ffactorau megis hoff feysydd arbenigol, gofynion personol, cyfleustra ardal ddaearyddol, amodau hyblyg, a.y.y.b. Cyfrifoldeb y myfyriwr yn unigol yw trafod â'r gweithle wrth benderfynu ar amserlen addas.

Yn ffodus iawn, mae'r myfyrwyr yn medru manteisio ar y cysylltiadau cryf â'r diwydiant cyfieithu wrth benderfynu ar leoliad profiad gwaith. Gellir dewis o blith y sefydliadau a'r cwmnïau sydd eisoes ar y rhestr neu gellir cynnig lleoliad arall. Mae'r opsiynau'n cynnwys:

- byrddau iechyd (megis Bwrdd Iechyd Hywel Dda, Bwrdd Iechyd Betsi Cadwaladr)
- cwmnïau masnachol annibynnol (megis Atebol, Cymen, Trywydd, Cwmni Nico, Cyfieithu Clir)
- cynghorau sir (megis Caerfyrddin, Ceredigion, Conwy, Caerdydd, Abertawe)
- Llywodraeth Cymru
- sefydliadau (megis yr Ymddiriedolaeth Genedlaethol, CGGC/WCVA)
- Senedd Cymru.

O gael mewnbwn gwerthfawr gan y lleoliadau profiad gwaith, gwireddir un o brif amcanion y cwrs, sef dyfodoli sgiliau cyfieithu'r myfyrwyr a'u gosod yn gadarn ar y llwybr i fod yn gyfieithwyr proffesiynol.

Mae gan bawb eu rhesymau dros ymuno â'r cwrs ac am fentro i'r byd cyfieithu, ac mae'n rhaid ystyried yr ehangder hynny wrth gynnig a threfnu amrywiaeth o leoliadau. Gwelir bod y rhestr o leoliadau'n cynyddu bob blwyddyn ac o ganlyniad yn treiddio i nifer o agweddau ar fywyd yng Nghymru. Heb os, mae hynny'n tystio i bwysigrwydd cynyddol cyfieithu i'r byd gwaith cenedlaethol.

Llwybr amgen

Er mwyn ymateb i'r galw yn llawn, darperir hyfforddiant cyfieithu amgen yn ogystal â'r hyfforddiant arferol. Mae'r tirlun ieithyddol yng Nghymru yn newid yn barhaus, a cheir trafodaeth ystadegol ddifyr ar hyn ar wefan *Statiaith*. Cyfeirir ar y wefan honno at waith David Sankoff (2008) ac at y fethodoleg a ddefnyddiodd i amcangyfrif canrannau, sef methodoleg carfan demograffig. Noda Hywel Jones mai 'addasiad o hwn a ddefnyddiwyd gan Lywodraeth Cymru wrth lunio amcanestyniadau a'r hyn a alwasant yn "daflwybr" at y targed o filiwn o siaradwyr yn eu strategaeth'.[20]

Pe baech yn dilyn y taflwybr hwnnw, daw pethau eraill i'r amlwg a gwelir sawl llwybr yn croesi wrth i ffactorau gwleidyddol ac ieithyddol gydblethu. Fel y nodwyd eisoes, rhan allweddol o'r darlun gwleidyddol yw Mesur y Gymraeg (Cymru) 2011 ar gyfer gwireddu gweledigaeth Llywodraeth Cymru i 'hybu a hwyluso defnyddio'r Gymraeg a pheidio â thrin y Gymraeg yn llai ffafriol na'r Saesneg'.[21]

Mae cyfieithwyr yn rhan hanfodol o'r broses honno, ac yn perthyn i'r garfan o weithwyr proffesiynol angenrheidiol. Wrth i weithleoedd geisio ymateb ii ofynion Safonau'r Gymraeg, rhoddir rhagor o bwyslais ar recriwtio cyfieithwyr ac ehangu unedau cyfieithu. Yn sgil hynny, daw'r galw am hyfforddiant cyfieithu penodol yn y gweithle, wedi'i deilwra at ofynion unigryw gweithleoedd gwahanol. Hefyd, daw'r galw am hyfforddiant cyfieithu dwys i dimau o fewn unedau cyfieithu (megis mewn cynghorau sir), a darperir yr hyfforddiant ymarferol priodol yn ôl yr angen, ac wedi cyfnod o gyd-drafod. Nid oes credydau yn perthyn i'r hyfforddiant hwn, ond darperir hyfforddiant annibynnol arbenigol.

Ansawdd a heriau

Wrth gynnig unrhyw hyfforddiant proffesiynol ac wrth ddyfarnu unrhyw gymhwyster academaidd, mae'n rhaid sicrhau ansawdd y ddarpariaeth honno. Er mwyn diogelu safonau, cyflwynir gweithdrefnau manwl ar gyfer asesu cymwyseddau a sgiliau'r myfyrwyr, sy'n cynnwys marcio, ailfarcio a marcio'n allanol. Awgryma Gouadec mai cyfrifoldeb torfol pob sefydliad addysg uwch yw cynnal y safonau uchel, a bod sicrwydd safon yn cyfrannu'n helaeth at y ddelwedd gadarnhaol sydd gan y cyhoedd a gweithleoedd o'r proffesiwn cyfieithu.[22] Drwy gydol y rhaglen hyfforddiant hon, gweithredir yn unol ag un o brif awgrymiadau Gouadec, sef sicrhau bod y cynnwys a'r asesu yn cyd-fynd â safonau ansawdd uchel y proffesiwn cyfieithu ei hun, ac yn efelychu yr hyn sy'n digwydd o fewn y diwydiant cyfieithu.

Mae heriau amlwg yn wynebu unrhyw sefydliad sy'n hyrwyddo dulliau meithrin sgiliau dwyieithog. Dylanwadu ar agweddau ac ymddygiad efallai yw'r her fawr hirdymor, yn ogystal â sicrhau ffynonellau cyllido er mwyn cynnal y ddarpariaeth a chefnogi myfyrwyr a gweithleoedd.

Her fawr arall yw addasu ac ymateb i amgylchiadau eithriadol, megis yn achos pandemig COVID-19. Yn ôl y diweddar Aled Roberts, Comisiynydd y Gymraeg, mae'r pandemig 'wedi cael effaith pellgyrhaeddol ar yr iaith – yn gymdeithasol, diwylliannol ac yn economaidd'.[23] Yn sicr, gwelir newid mawr o ran amodau gweithio y byd gwaith, dros dro, o leiaf, os nad yn barhaol. O edrych yn gadarnhaol ar y sefyllfa, gellir dweud bod y diwydiant cyfieithu yng Nghymru, ar y cyfan, wedi medru ymateb ac addasu'n briodol i argyfwng o'r fath, drwy ganiatáu i weithwyr weithio'n hwylus o'u cartrefi. Mae'n bosib mai dyma un o'r diwydiannau prin sydd wedi medru parhau â'r gwaith heb ormod o darfu ar y gweithdrefnau. Fodd bynnag, gwelir tarfu o fath gwahanol, wrth gwrs, wrth i lwyth gwaith unedau a chwmnïau cyfieithu amrywio'n fawr yn sgil y pandemig. Mae'n rhaid cyfeirio'n benodol hefyd at gyfieithwyr ar y pryd, a chydnabod bod eu cyd-destun gweithio hwy wedi gweld mwy o newid. Ategir hyn gan y nodyn cyngor brys a gyhoeddwyd gan swyddfa Comisiynydd y Gymraeg ynghylch cynnal cyfarfodydd fideo dwyieithog yn ystod cyfnod COVID-19 a'r 'normal' newydd.[24] Bwriad y cyngor hwnnw yw ymateb i'r amgylchiadau gan gefnogi a chynghori sefydliadau wrth iddynt gynnig gwasanaeth cyfieithu ar y pryd ar-lein yn ystod yr argyfwng.

Gan fod y rhaglen hyfforddiant cyfieithu yn efelychu arferion y diwydiant cyfieithu a'r byd gwaith dwyieithog yng Nghymru, nid annisgwyl felly yw nodi i'r rhaglen lwyddo i addasu yn ôl y gofyn hefyd, gan fabwysiadu yr un math o newidiadau yn ystod cyfnod COVID-19, o gynnal sesiynau e-ddysgu ac e-weithdai cyfieithu testun i gynnal sesiynau cyfieithu ar y pryd ar-lein. Mae'n rhaid cydnabod mai datblygiadau ym maes technoleg ac adnoddau'n gyffredinol sydd wedi bod yn rhannol gyfrifol am hynny, a gobeithio y daw cyfle eto i roi'r sylw haeddiannol i'r agweddau hynny.

Crynhoi

Uwchlaw pob dim, meithrin a meistroli sgiliau dwyieithog gan drosglwyddo neges ac ystyr yn llwyddiannus yw nod pob cyfieithydd. Fel darparwyr, ein cyfrifoldeb ni yw eu cefnogi i gyrraedd y nod, ac i fod yn gaffaeliad i bob gweithle, boed hynny'n uned gyfieithu neu beidio. Mae'r hyfforddiant a gynigir yn rhan o'r daith i normaleiddio'r defnydd o'r Gymraeg yn y byd gwaith. Erbyn hyn, mae mwy o bartneriaid yn awyddus i ymuno â ni ar y daith honno, gan gynnwys cwmnïau masnachol, sefydliadau cenedlaethol a chynghorau sir. Mae eu hymrwymiad hwy wedi arwain at sefydlu ysgoloriaethau annibynnol i gefnogi myfyrwyr, a hefyd at gydweithio ar lefel ymarferol ac ymgynghorol, megis cyfrannu at brosesau recriwtio cyfieithwyr i dimau cyfieithu. Mae hon yn berthynas ddwy-ffordd, gyda'r naill yn manteisio ar arbenigedd, cysylltiadau a phrofiad y llall, ac nid oes diwedd i'r daith. Mae cydweithio â Chymdeithas Cyfieithwyr Cymru, sef y gymdeithas broffesiynol ar gyfer cyfieithwyr Cymraeg < > Saesneg, hefyd yn allweddol.

Wrth gyd-destunoli, ar lefel arwynebol, hawdd deall y berthynas rhwng ffactorau ieithyddol a ffactorau economaidd, ond mae Colin

H. Williams yn gwthio hynny ymhellach wrth drafod ei bum pwynt ffocws ar gyfer adfer iaith. Pwysleisia arwyddocâd sefydliadoli iaith, ac 'awdurdodi patrymau newydd o ddewis ieithyddol', a hynny cyn oes Comisiynydd y Gymraeg, wrth gwrs.[25]

Wrth ymuno â'r ymdrech i adfer a normaleiddio'r iaith, yn y gweithle a thu hwnt, ein dyletswydd yw darparu hyfforddiant priodol o'r safon orau. Cyfeiria Williams hefyd at bwysigrwydd cael 'cyflenwad cyson o arbenigwyr dwyieithog' a dyna mewn gwirionedd yw'r weledigaeth a sail y berthynas rhwng yr hyfforddiant cyfieithu a ddarperir, y diwydiant cyfieithu a'r gweithle dwyieithog, cyfoes.[26]

Nodiadau

1. Comisiynydd y Gymraeg, *Drafftio dwyieithog, cyfieithu a defnyddio'r Gymraeg wyneb yn wyneb*, Dogfen Gyngor, https://www.cyfieithwyr.cymru/files/Dogfen-gyngor-2019.pdf, t. 7 (cyrchwyd 19 Hydref 2022)
2. Comisiynydd y Gymraeg, *Technoleg, Gwefannau a Meddalwedd: Ystyried y Gymraeg*, https://www.comisiynyddygymraeg.cymru/media/lxechbz0/technoleg-gwefannau-a-meddalwedd-technology-websites-and-software.pdf (cyrchwyd 11 Mai 2022).
3. Christina Comben, '5 Things That All Translators Love to Hate', *Translation Journal*, Hydref 2016, https://translationjournal.net/October-2016/5-things-that-all-translators-love-to-hate.html (cyrchwyd Awst 2020).
4. Mesur y Gymraeg (Cymru) 2011 (Caerdydd: Llywodraeth Cymru, 2011).
5. Y Coleg Cymraeg Cenedlaethol, *Cylchlythyr Astudiaethau Cyfieithu Cymraeg-Saesneg* (17 Gorffennaf 2014).
6. Y Coleg Cymraeg Cenedlaethol, *Cylchlythyr Astudiaethau Cyfieithu Cymraeg-Saesneg*.
7. Joshua Fishman, *Reversing Language Shift: Theoretical and empirical foundations of assistance to threatened languages* (Clevedon a Philadelphia: Multilingual Matters, 1991).
8. Judith Kaufmann, 'Cymdeithaseg Cyfieithu: Dylanwad Cyfieithu ar y pryd ar y defnydd o'r Gymraeg yng Ngwynedd' (traethawd PhD heb ei gyhoeddi, Prifysgol Bangor, Bangor, 2009).
9. Fishman, *Reversing Language Shift*, t. 1.
10. Fishman, *Reversing Language Shift*.
11. Llywodraeth Cymru, *Mwy Na Geiriau: Cynllun Gweithredu 2019–2020* (2019), https://llyw.cymru/sites/default/files/publications/2019-07/mwy-na-geiriau-cynllun-gweithredu-2019-2020.pdf (cyrchwyd 19 Hydref 2022).

12. Y Coleg Cymraeg Cenedlaethol, 'Cyfansoddiad Consortiwm Hyfforddi Cyfieithwyr Proffesiynol' (Caerfyrddin, 2014), 3.
13. Y Coleg Cymraeg Cenedlaethol, 'Cyfansoddiad Consortiwm Hyfforddi Cyfieithwyr Proffesiynol'.
14. Chris Schröder, 'Organisations for Translators', yn Rachel Owens (gol.), *The Translator's Handbook, 3rd Edition* (Llundain: The Association for Information Management, 1996), tt. 65–99.
15. Daniel Gouadec, *Translation as a Profession* (Amsterdam a Philadelphia: John Benjamins Publishing Company, 2007), t. 351.
16. Gouadec, *Translation as a Profession*, t. 347.
17. Michael Cronin, *Translation and Identity* (Llundain: Routledge, 2006), t. 134.
18. Schröder, 'Organisations for Translators'.
19. Gouadec, *Translation as a Profession*, t. 337.
20. Hywel Jones, Statiaith, *https://statiaith.com/blog/category/modelu/* (cyrchwyd Awst 2020); David Sankoff, 'How to predict the evolution of a bilingual community', yn Miriam Meyerhoff a Naomi Nagy (goln), *Social Lives in Language – Sociolinguistics and multilingual speech communities. Celebrating the work of Gillian Sankoff* (Amsterdam a Philadelphia: John Benjamins Publishing Company, 2008), tt. 179–94.
21. Mesur y Gymraeg (Cymru) 2011.
22. Gouadec, *Translation as a Profession*, t. 350.
23. Erthygl BBC Cymru Fyw, 'Covid-19 yn effeithio ar y Gymraeg', *https://www.bbc.co.uk/cymrufyw/53634789* (cyrchwyd Awst 2020).
24. Comisiynydd y Gymraeg, *Drafftio dwyieithog, cyfieithu a defnyddio'r Gymraeg wyneb yn wyneb.*
25. Colin H. Williams, 'Adfer yr Iaith', yn Geraint H. Jenkins a Mari A. Williams (goln), *'Eu Hiaith a Gadwant'? Y Gymraeg yn yr Ugeinfed Ganrif* (Caerdydd: Gwasg Prifysgol Cymru, 2000), t. 641.
26. Williams, 'Adfer yr Iaith', t. 663.

10

Cynyddu'r defnydd o'r Gymraeg mewn sefydliadau cyhoeddus yng Nghymru: effaith Safonau'r Gymraeg

Aled Roberts 1962–2022

Cyflwyniad: Mesur y Gymraeg a Safonau'r Gymraeg

Mae Mesur y Gymraeg (Cymru) 2011 yn datgan bod statws swyddogol i'r Gymraeg yng Nghymru ac yn rhoi effaith i hynny drwy gamau fel creu dyletswyddau ar sefydliadau – Safonau'r Gymraeg – er mwyn galluogi pobl i ddefnyddio'r Gymraeg wrth ymwneud â hwy, a chreu swydd Comisiynydd y Gymraeg, sydd â swyddogaethau'n cynnwys hybu a hwyluso defnyddio'r Gymraeg a gweithio tuag at sicrhau nad yw'r Gymraeg yn cael ei thrin yn llai ffafriol na'r Saesneg.[1]

Llywodraeth Cymru sy'n gyfrifol am lunio rheoliadau Safonau'r Gymraeg, a chânt eu cymeradwyo gan y Senedd (y Cynulliad yn flaenorol). Y Comisiynydd sydd wedyn yn gyfrifol am benderfynu pa rai o'r safonau hynny i'w gosod ar sefydliadau, o dan ba amgylchiadau y mae'n ofynnol iddynt gydymffurfio â'r safonau, ac am orfodi cydymffurfiaeth â'r safonau, gan ddelio â chwynion a chynnal ymchwiliadau yn unol â gofynion y Mesur a pholisi gorfodi'r Comisiynydd.[2]

Mae'r Comisiynydd hefyd yn dewis gwneud gwaith rheoleiddio nad yw'n gysylltiedig â'i swyddogaethau gorfodi statudol, er mwyn casglu tystiolaeth am gydymffurfiaeth sefydliadau a'u cefnogi i gydymffurfio. Mae gan y Comisiynydd fframwaith rheoleiddio sy'n esbonio'r gwaith hwn.[3] Mae'n cynnwys monitro perfformiad sefydliadau, adrodd ar ganfyddiadau, ymgysylltu â'r cyhoedd, cyfarfod a gohebu â sefydliadau i hwyluso cydymffurfiaeth, cynnal gweithdai a chyhoeddi dogfennau cyngor.

Mae dros 120 o sefydliadau bellach yn gweithredu safonau, gan gynnwys cynghorau sir, parciau cenedlaethol a Llywodraeth Cymru; sefydliadau cenedlaethol amrywiol; tribiwnlysoedd Cymru; heddluoedd, comisiynwyr heddlu a throsedd, a gwasanaethau tân; prifysgolion a sefydliadau addysg bellach; a byrddau iechyd, ymddiriedolaethau'r GIG, a chynghorau iechyd cymuned. Mae nifer o sefydliadau – gan gynnwys sefydliadau Llywodraeth y DU, cynghorau tref a chymuned ac eraill – yn parhau i weithredu cynlluniau iaith Gymraeg dan Ddeddf yr Iaith Gymraeg 1993, ac mae'r Comisiynydd yn gyfrifol am reoleiddio'r rhain hefyd.[4]

Mae rhai gwahaniaethau allweddol rhwng Safonau'r Gymraeg a chynlluniau iaith Gymraeg. Y Comisiynydd sy'n gosod safonau ar sefydliadau, a hynny ar sail dewislen gyson o ddyletswyddau posibl a nodwyd mewn rheoliadau; ymrwymiadau gan y sefydliadau eu hunain yw cynlluniau iaith. Mae pwerau gorfodi ystyrlon ar gyfer safonau, er enghraifft y pŵer i'w gwneud yn ofynnol i gymryd camau, neu osod cosb sifil; nid oes pwerau o'r fath ar gyfer cynlluniau iaith. Mae Deddf yr Iaith Gymraeg yn ei gwneud yn ofynnol i bobl gwyno wrth y sefydliad yn gyntaf os ydynt yn anfodlon â gwasanaeth Cymraeg a ddarperir dan gynllun iaith; gall pobl gwyno wrth y Comisiynydd yn syth ynghylch methiant i gydymffurfio â'r safonau, mae'n rhaid i'r Comisiynydd ystyried cynnal ymchwiliad i bob cwyn, ac mae gan achwynwyr hawl i apelio i Dribiwnlys y Gymraeg.

Mae Mesur y Gymraeg yn pennu pum dosbarth o safonau. Mae'r dosbarth cyntaf yn ymwneud â chyflenwi gwasanaethau i'r cyhoedd drwy amryfal ddulliau. Ond mae yna hefyd safonau gweithredu, sy'n ymwneud ag ystyried yr angen am sgiliau Cymraeg wrth recriwtio, cynyddu defnydd mewnol o'r Gymraeg mewn gweithleoedd, a darparu dogfennau, meddalwedd a phrosesau i staff yn Gymraeg. Mae safonau llunio polisi'n ei gwneud yn ofynnol i ystyried yr effeithiau ar y Gymraeg wrth wneud penderfyniadau polisi a dyfarnu grantiau. Mae'r ddau ddosbarth arall o safonau'n ymwneud â chadw cofnodion, a darparu gwybodaeth i'r cyhoedd a'r Comisiynydd ynghylch sut y bydd y sefydliad yn gweithredu'r safonau.

Felly mae'r safonau'n ymwneud â llawer mwy na darparu gwasanaethau'n unig. Mae dyletswyddau i beidio â thrin y Gymraeg yn llai ffafriol na'r Saesneg, ond hefyd i hybu cyfleoedd i ddefnyddio'r Gymraeg. Mae'r safonau gweithredu'n creu cyfleoedd i weithluoedd sefydliadau ddefnyddio'r Gymraeg, ac yn creu dyletswyddau ar sefydliadau i gynllunio'r gweithlu mewn ffordd sy'n datblygu ei gapasiti Cymraeg. Mae dwy adran i'r bennod hon – y gyntaf yn delio â chynyddu capasiti sefydliadau er mwyn gwella'u darpariaeth Gymraeg, a'r ail yn delio â gweithredu mewnol sefydliadau.

Cynyddu capasiti Cymraeg yn y gweithlu

Ers 2015 mae'r Comisiynydd wedi cyhoeddi adroddiad sicrwydd blynyddol sy'n rhoi darlun o berfformiad sefydliadau, a hynny ar sail arolygon gwirio, dadansoddi tystiolaeth sefydliadau, ymgysylltu ac ati. Erbyn cyhoeddi'r trydydd adroddiad sicrwydd – *Hawliau'n Gwreiddio* – yn 2017, â'r safonau'n weithredol ers dros flwyddyn, gallai'r Comisiynydd ddweud ar sail gwaith ymgysylltu â'r cyhoedd fod 'gan siaradwyr Cymraeg hyder fod pethau'n gwella ac mae mwy ohonynt yn ymwybodol bod ganddynt hawliau i ddefnyddio'r iaith', ac ar sail gwirio gwasanaethau fod 'cynnydd yn y cyfleoedd sydd ar gael i dderbyn gwasanaethau yn Gymraeg' ac y 'caiff gwasanaethau Cymraeg eu cynnig yn rhagweithiol yn gynyddol'.[5]

Â'r sefyllfa o ran perfformiad yn sefydlogi, yn adroddiad 2018–19 – *Hawlio Cyfleoedd* – tynnodd y Comisiynydd sylw at wahaniaethau amlwg mewn lefelau cydymffurfiaeth ar gyfer gwahanol fathau o wasanaethau.[6] Canfu'r un peth yn adroddiad sicrwydd 2019–20, *Cau'r Bwlch*.[7]

Mae perfformiad yn gryfach ar gyfer gwasanaethau a deunyddiau lle mae modd eu darparu unwaith ac am byth drwy sicrhau bod testun neu systemau ar gael yn Gymraeg, er enghraifft arwyddion (89 y cant), tudalennau gwe (81 y cant) a ffurflenni (78 y cant). Mae perfformiad hefyd yn gryfach ar gyfer gwasanaethau lle mae angen anfon testun at siaradwr Cymraeg (naill ai i ddelio â'r mater neu i'w gyfieithu), ond nad oes pwysau amser sylweddol, er enghraifft datganiadau i'r wasg (82 y cant), negeseuon Facebook (74 y cant) ac ymholiadau ysgrifenedig (73 y cant wedi cael ymateb, a 92 y cant o'r ymatebion yn Gymraeg). Ar gyfer y mwyafrif helaeth o'r gwasanaethau hyn, roedd perfformiad wedi aros yn gyson neu wedi gwella o gymharu canlyniadau 2018–19 a 2019–20.

Mae perfformiad yn wannach ar gyfer gwasanaethau lle mae angen i aelod o staff sy'n siarad Cymraeg fod ar gael ar yr adeg pan fo'r gwasanaeth yn cael ei gyrchu er mwyn darparu gwasanaeth personol. Ymdriniwyd â 55 y cant o ymholiadau ffôn yn llawn yn y Gymraeg, a 46 y cant o ymholiadau derbynfa yr ymdriniwyd â nhw yn Gymraeg. Roedd y canlyniadau hyn yn debyg iawn i rai 2018–19.

Nid staffio yw'r unig ffactor sy'n dylanwadu ar allu sefydliadau i gydymffurfio â'r safonau. Mae'r Comisiynydd hefyd wedi tynnu sylw at bwysigrwydd trefniadau mewnol i hunanreoleiddio perfformiad, ac arweinyddiaeth strategol ac arbenigedd gweithredol. Ond mae'r ystadegau'n dangos yn glir mor allweddol yw cael capasiti digonol o siaradwyr Cymraeg yn y gweithlu er mwyn gwella profiadau siaradwyr Cymraeg. Gellir datrys rhai gwasanaethau drwy drefniadau canolog, ond ar gyfer gwasanaethau fel derbynfa a ffôn mae angen i staff fod mewn lle penodol ar amser penodol er mwyn darparu'r gwasanaeth. Dywedodd y Comisiynydd yn adroddiad sicrwydd 2018–19 mai'r prif ddylanwad ar allu sefydliadau i gael darpariaeth Gymraeg addas yw'r nifer o'u staff sydd â sgiliau Cymraeg, ac felly bod cynyddu'r lefelau'n allweddol. Dywedodd fod angen adnabod a gwella sgiliau'r gweithlu presennol, a defnyddio trefniadau recriwtio i ddenu rhagor o siaradwyr Cymraeg. Arhosodd y negeseuon hynny'n gyson yn adroddiad sicrwydd 2019–20. Cyhoeddwyd adroddiad sicrwydd pellach yn 2020–1.[8] Rhoi sylw i effaith pandemig y coronafeirws ar sefyllfa'r Gymraeg y mae *Camu Ymlaen*. Mae'n ddarlun cymysg o lithro'n ôl ac arloesi a newid cyfrwng darparu o ganlyniad i'r argyfwng, er enghraifft symud tuag at wasanaethau ar-lein.

Asesu sgiliau Cymraeg staff

Mae'r safonau'n ei gwneud yn ofynnol i sefydliadau asesu sgiliau Cymraeg eu staff; cadw cofnod o nifer y staff sydd â sgiliau Cymraeg (a'u lefel sgiliau pan fo hynny'n wybyddus); a chyhoeddi nifer y staff sydd â sgiliau Cymraeg yn adroddiad blynyddol y sefydliad.

Mae'n ofynnol i sefydliadau sy'n gweithredu safonau gyhoeddi ystadegau am lefelau sgiliau'r gweithlu yn eu hadroddiadau blynyddol, ac felly gellir gweld yr ystadegau fesul sefydliad unigol yn y dogfennau hynny. Wrth wirio adroddiadau blynyddol sefydliadau ar gyfer 2019–20, gwelwyd bod 82 y cant o sefydliadau wedi adrodd ar nifer y staff sydd â sgiliau Cymraeg. Bydd rhai sefydliadau sy'n gweithredu cynlluniau iaith hefyd yn cyhoeddi ystadegau tebyg.

Yng nghyswllt asesu a datblygu sgiliau, mae cod ymarfer y Comisiynydd i Reoliadau Safonau'r Gymraeg (Rhif 1) 2015 yn awgrymu defnyddio model lefelau rhuglder y Common European Framework of Reference for Languages (CEFR).[9] Fodd bynnag, gwyddom ar sail ein trafodaethau â sefydliadau eu bod yn defnyddio amrywiaeth o fodelau, gan gynnwys lefelau'r Association of Language Testers in Europe (ALTE) neu fodel arall sy'n defnyddio lefelau 0–5 neu 1–5, ond heb fod yn cyfateb yn llwyr ag ALTE; lefelau'r cwricwlwm Dysgu Cymraeg (mynediad, canolradd, hyfedredd, ac ati); neu ddosbarthiad wedi ei greu gan y sefydliad (e.e. rhugl/rhannol/dechreuwr/dim sgiliau neu rhugl/dysgwr/ ddim yn siarad Cymraeg).

Mae modd cyfateb rhai o'r modelau hyn â'i gilydd, ond golyga'r amrywiaeth o fodelau a ddefnyddir – ynghyd â'r ffaith nad yw rhai sefydliadau'n defnyddio lefelau o gwbl, a bod rhai sefydliadau wedi nodi nifer heb ganran ac ati – nad oes modd cael ffigwr cyfun ar gyfer yr holl sefydliadau cyhoeddus sy'n gweithredu safonau, na chymharu capasiti gwahanol sefydliadau â'i gilydd.

Nid oes gofyniad chwaith i sefydliadau ddefnyddio dull cyson o asesu. Hunanasesiad y staff yw sail y cofnodion fel arfer, yn hytrach na rhyw fath o brawf wedi'i wirio. Er bod sefydliadau'n rhoi arweiniad ynghylch ystyr ymarferol y gwahanol lefelau, a rhai'n gweithredu trefniadau gwirio, gan amlaf nid oes trefniadau ar gyfer sicrhau bod hunanasesiad aelodau staff yn gywir. Tybiaeth nifer o sefydliadau yw bod staff yn tueddu i ystyried bod eu sgiliau'n llai datblygedig nag y maent mewn gwirionedd. Nid oes dealltwriaeth gadarn o'r rhesymau dros hynny, ond awgryma sefydliadau ei fod ynghlwm wrth ddiffyg arfer a phrofiad o ddefnyddio'r Gymraeg mewn sefyllfaoedd proffesiynol a swyddogol. Gallai defnydd ehangach o wiriwr lefel y Ganolfan Dysgu Cymraeg Genedlaethol fynd i'r afael â'r her o sicrhau bod asesiadau'n adlewyrchiad cywir o sgiliau staff i'r dyfodol.

Gwyddom, ar sail adroddiadau blynyddol Safonau'r Gymraeg a gyhoeddir gan sefydliadau, am rai sefydliadau lle mae 90 y cant a mwy o'r staff yn siarad Cymraeg. Gwyddom, yn yr un modd, am rai sefydliadau sydd â llai na 10 y cant o'r staff yn siarad Cymraeg. Mae sefydliadau eraill â chanrannau amrywiol nad ydynt mor eithafol â'r achosion hynny. Un ffactor yw demograffeg yr ardal ble lleolir y sefydliad; mae diwylliant a swyddogaethau ar lefel sectorol a sefydliadol hefyd yn dylanwadu. Er enghraifft, gwelir canrannau uwch o siaradwyr Cymraeg, yn aml, mewn sefydliadau y mae eu cenhadaeth yn ymwneud â'r Gymraeg neu dreftadaeth, neu sefydliadau sy'n tueddu i gael mwy o gyswllt â siaradwyr Cymraeg.

Er nad oes modd coladu'r data i gael darlun cenedlaethol ar hyn o bryd, mae asesu sgiliau'r gweithlu'n allweddol er mwyn gwella darpariaeth sefydliadau unigol, a dyna brif amcan y ddyletswydd ar sefydliadau i asesu sgiliau eu gweithlu. Yn sgil gofynion y safonau, mae rhai sefydliadau'n gweithredu polisïau o sicrhau bod isafswm o siaradwyr Cymraeg yn gweithio ar bob tîm neu shifft, ac mae rhai sefydliadau wedi ymrwymo i sicrhau bod y ganran o siaradwyr Cymraeg ymysg staff sy'n gweithio'n uniongyrchol â'r cyhoedd ym mhob ardal ddaearyddol yr un fath neu'n uwch na'r ganran o siaradwyr Cymraeg sy'n byw yno. Mae gan sefydliadau eraill strategaethau sgiliau sy'n ymrwymo i gynyddu capasiti drwy gyfuniad o recriwtio a datblygu sgiliau.

Gwella sgiliau Cymraeg staff
Mae'r safonau'n ei gwneud yn ofynnol i sefydliadau ddarparu cyfleoedd i staff gael gwersi Cymraeg sylfaenol, ac mewn rhai

achosion i ddarparu cyfleoedd pellach i ddysgu neu wella sgiliau Cymraeg. Mae'r mwyafrif o sefydliadau wedi bod yn gweithredu trefniadau o'r fath ers blynyddoedd. Pan gynhaliwyd astudiaeth yn 2018–19, cyfeiriodd pob un o'r sefydliadau a holwyd at o leiaf un math o ddarpariaeth, â'r mwyafrif yn cynnig amrywiaeth o gyfleoedd.[10] Roedd y dulliau mwyaf cyffredin yn cynnwys hyfforddiant Cymraeg ar-lein (65 y cant), yn enwedig cwrs blasu'r Ganolfan Dysgu Cymraeg Genedlaethol (52 y cant); cyfeirio staff at gyrsiau dysgu Cymraeg a gynhelir yn y gymuned (39 y cant) a chyrsiau preswyl (13 y cant); a chynnal cyrsiau mewnol neu rai yn ystod oriau gwaith (65 y cant), gan gynnwys gweithio gyda darparwr cydnabyddedig (e.e. coleg lleol neu ddarparwr Dysgu Cymraeg).

Ymddengys fod sefydlu'r Ganolfan Dysgu Cymraeg Genedlaethol wedi arwain at welliannau yn narpariaeth dysgu Cymraeg sefydliadau yn y blynyddoedd diwethaf, gan gynyddu'r ddarpariaeth o wersi Cymraeg a chymorth arall, er enghraifft, sesiynau tiwtora a mentora, galluogi sefydliadau i deilwra'r ddarpariaeth i'w hanghenion busnes i raddau mwy, a chreu cwrs ar-lein 10 awr i roi sgiliau sylfaenol i nifer fwy o staff.

Mae heddluoedd, yn enwedig, wedi bod yn effeithiol wrth wneud dysgu a gwella sgiliau Cymraeg yn rhan systematig o ddatblygiad gyrfa aelodau staff. Yn hyn o beth, mae'r heddluoedd eraill yn dilyn esiampl hirsefydledig Heddlu Gogledd Cymru. Dros nifer o flynyddoedd, mae Heddlu Gogledd Cymru wedi gweithredu nifer o ymyraethau sydd wedi arwain at gynyddu capasiti Cymraeg y sefydliad. Er enghraifft, rhwng 2006 a 2019 cynyddodd y ganran o staff sy'n gallu siarad Cymraeg (lefelau 4 a 5 Fframwaith Gallu yn y Gymraeg yr Heddlu) o 24 y cant i 35 y cant. Yn 2006 roedd 11 y cant o staff yr heddlu heb unrhyw sgiliau Cymraeg, ond roedd hynny wedi gostwng i 0 y cant erbyn 2013.

Ers 2008 mae'n rhaid i staff newydd nad ydynt eisoes yn siarad Cymraeg gael sgiliau Cymraeg llafar lefel 2 neu uwch ar fframwaith sgiliau'r heddlu cyn iddynt ymuno. Yna, bydd angen iddynt gyrraedd o leiaf lefel 3 cyn diwedd eu cyfnod prawf. Er mwyn cynorthwyo staff newydd i gyflawni'r lefel hon fe ddarperir cwrs 8 diwrnod i ddysgu sgiliau llafar Cymraeg lefel 3 yn rhan o'r hyfforddiant cychwynnol. O ran staff presennol, mae protocol dyrchafu'r heddlu'n golygu y disgwylir i'r holl staff a swyddogion ar rengoedd uwch fod wedi cyrraedd lefel 3 erbyn diwedd eu cyfnodau prawf; ei bod yn ofynnol i staff sy'n gwneud cais am ddyrchafiad ddangos gallu lefel 2 yn rhan o'u cais; a'i bod yn ofynnol i unrhyw staff sy'n cael eu dyrchafu gytuno i gyflawni lefel 3 o fewn 12 mis i gael eu dyrchafu. Mae'r heddlu'n darparu hyfforddiant Cymraeg mewnol, wedi'i deilwra ar gyfer gofynion yr heddlu, er mwyn cynorthwyo staff i gyflawni'r nodau hyn.

Mae rhai sefydliadau wedi sicrhau bod eu prif swyddogion yn dysgu Cymraeg, weithiau drwy fynd ar gyrsiau preswyl ac, fel yn achos ysgrifennydd parhaol Llywodraeth Cymru, drwy wersi personol gan diwtor mewnol. Yn ogystal â gwella gallu sefydliadau i gyfathrebu â'r cyhoedd a rhanddeiliaid, mae hyn yn dangos esiampl i staff eraill, ac yn ddatganiad o agwedd y sefydliad at y Gymraeg.

Er bod enghreifftiau o hynny, yn anaml y bydd darparu gwersi Cymraeg i ddechreuwyr llwyr yn fodd cyflym o'u cael yn abl i ddelio â defnyddwyr a chydweithwyr yn Gymraeg. Yn y cyfnod diwethaf rydym wedi gweld mwy o sefydliadau'n targedu staff sydd â rhywfaint o sgiliau Cymraeg eisoes, ond nad ydynt yn gwbl hyderus i ddefnyddio'r iaith yn broffesiynol. Gall hyn fod ar ffurf sesiynau gloywi iaith, neu hyfforddiant ar ddefnyddio'r Gymraeg mewn cyd-destun penodol. Mae Estyn wedi cynnal cynllun cysgodi i gynyddu hyder rhai arolygwyr i weithredu drwy gyfrwng y Gymraeg wrth arolygu darparwyr addysg, er enghraifft.

Mae canlyniadau ein gwaith monitro, sy'n amlygu bylchau yng ngallu sefydliadau i gydymffurfio â gofynion penodol ynghylch gwasanaethau personol – derbynfa, ffôn ac ati – yn awgrymu y dylai fod yn flaenoriaeth i sefydliadau dargedu eu hyfforddiant ar sicrhau bod aelodau staff mewn swyddi allweddol yn gallu siarad Cymraeg yn ddigon da i ddarparu gwasanaeth i'r cyhoedd yn yr iaith.

Ystyried y Gymraeg wrth recriwtio
Mae'n rhaid i sefydliadau gynnal asesiad ar gyfer pob swydd wag a newydd maent yn ei hysbysebu, er mwyn ystyried a oes angen

sgiliau Cymraeg i wneud y swydd. Mae'n rhaid nodi a yw sgiliau Cymraeg yn hanfodol, yn ddymunol, angen eu dysgu ar ôl penodi, neu ddim yn angenrheidiol ar gyfer y swydd, ac yna nodi hynny wrth hysbysebu'r swydd. Mae'n rhaid i sefydliadau gadw cofnod o'r asesiadau maent yn eu cynnal. Nid yw'r safonau'n manylu ynghylch natur y cofnodion na'r hyn y dylent ei gynnwys.

Yn amlwg, mae asesiadau'n bwysig er mwyn cynyddu gallu sefydliadau i weithio drwy'r Gymraeg. Drwy gymell sefydliadau i asesu'r gofynion, y bwriad yw y bydd gofynion sgiliau Cymraeg yn berthnasol i ragor o swyddi, oherwydd bydd y gofyniad i asesu'n cymell sefydliadau i ystyried digonolrwydd eu capasiti presennol mewn cymhariaeth â'r hyn sy'n angenrheidiol er mwyn cydymffurfio â'r safonau.

Ond mae hefyd yn bwysig er mwyn osgoi camwahaniaethu ar sail hil a chanlyniadau cyfreithiol anffafriol o ganlyniad i hynny. Mae Deddf Cydraddoldeb 2010 yn ei gwneud yn anghyfreithlon gwahaniaethu ar sail hil, sy'n cynnwys lliw, cenedligrwydd, neu darddiad ethnig neu genedlaethol. Nid yw iaith yn un o'r nodweddion gwarchodedig, ond gall gosod gofynion sgiliau Cymraeg ar gyfer swyddi gamwahaniaethu'n anuniongyrchol yn erbyn y grwpiau hiliol sydd â llai o siaradwyr Cymraeg. Fodd bynnag, gellir cyfiawnhau gofyn am sgiliau Cymraeg os gellir dangos bod y gofyniad yn ddull cymesur o gyflawni nod dilys. Mae cynnal asesiad yn fodd o sicrhau bod cyflogwyr wedi ystyried a yw sgiliau Cymraeg yn angenrheidiol er mwyn cyflawni'r swydd dan sylw.

Gwiriwyd sampl o hysbysebion swyddi sefydliadau cyhoeddus yn 2019–20.[11] Doedd dim categori wedi ei nodi ar gyfer 18 y cant o swyddi (gall y rhain fod yn swyddi lle na chafodd yr angen am sgiliau Cymraeg ei ystyried neu'n swyddi lle daeth asesiad i'r casgliad nad oedd sgiliau Cymraeg yn angenrheidiol); roedd sgiliau Cymraeg yn hanfodol ar gyfer 17 y cant o swyddi, angen eu dysgu ar gyfer 0 y cant, yn ddymunol ar gyfer 63 y cant, a ddim yn angenrheidiol ar gyfer 2 y cant. Mewn ymarferiad tebyg yn 2014–15, gwelwyd bod sgiliau Cymraeg yn hanfodol ar gyfer 4 y cant o swyddi.

Rydym wedi gweld nifer o sefydliadau'n mabwysiadu trefniadau mwy ffurfiol ar gyfer sicrhau bod asesiadau'n cael eu cynnal, er enghraifft drwy ddefnyddio proses neu system adnoddau dynol electronig er mwyn cymell cyflawni asesiad ac atal hysbysebu nes bod hynny wedi digwydd; cynnwys staff arbenigol neu uwch yn y broses o gymeradwyo neu gwblhau asesiadau, er mwyn sicrhau ansawdd a gwneud yn siŵr bod y cyd-destun ehangach wedi ei ystyried; a darparu arweiniad – fel canllawiau, deunyddiau fel siart llif, neu hyfforddiant – i staff sy'n cynnal asesiadau ac yn craffu arnynt.

Y ffactorau mwyaf cyffredin a ystyrir gan sefydliadau wrth asesu gofynion iaith swyddi yw:

- materion ymarferol ynghylch cyflawni'r swydd, e.e. cyswllt llafar neu ysgrifenedig â'r cyhoedd neu randdeiliaid eraill sy'n dymuno cyfathrebu yn Gymraeg
- capasiti cyfredol y sefydliad yn y maes dan sylw
- cyd-destun gweithredol y sefydliad, e.e. yr angen i drafod â chydweithwyr yn Gymraeg.

Dan y gyfundrefn cynlluniau iaith, arferai nifer o sefydliadau weithredu strategaethau iaith. Mae ambell sefydliad dal yn gweithredu strategaethau, sydd gan amlaf yn nodi targed ar gyfer cynyddu'r ganran o'r gweithlu sydd â sgiliau Cymraeg, ac yn nodi dulliau amrywiol o gyrraedd y targed hwnnw. Gall strategaeth weithio ochr yn ochr ag asesiadau, â'r targed yn y strategaeth yn un o'r ystyriaethau ar gyfer pennu gofynion iaith pob swydd unigol, ond gan fod gofynion y safonau'n canolbwyntio ar y swyddi unigol yn unig, mae llai o sefydliadau bellach yn gweithredu strategaethau.

Mae enghreifftiau o hyd o sefydliadau'n defnyddio targedau neu drothwyon mewn meysydd penodol: er enghraifft, mae un heddlu wedi penderfynu bod angen i leiafswm penodol o staff y ganolfan gyswllt allu cynnig gwasanaeth Cymraeg. Mae'r sefydliad wedi dweud wrthym bod y penderfyniad hwn wedi arwain at welliant yn eu gwasanaeth Cymraeg a chynnydd yn y nifer sy'n cysylltu â nhw dros y ffôn yn Gymraeg, i'r graddau eu bod yn ystyried cynyddu nifer y swyddi Cymraeg sydd wedi eu gwarchod er mwyn dygymod â'r galw cynyddol.

Fodd bynnag, ar sail astudiaethau a chyswllt arall â sefydliadau, mae pryderon yn parhau ynghylch asesiadau recriwtio, gan gynnwys:

- sefydliadau'n nodi bod sgiliau Cymraeg yn ofyniad dymunol ar gyfer pob swydd fel mater o drefn, lle gallai asesiad ystyrlon ddod i'r casgliad bod sgiliau Cymraeg yn hanfodol
- sefydliadau'n defnyddio lefelau yn hytrach na dynodi categori'r gofyniad
- sefydliadau'n nodi bod sgiliau Cymraeg ar lefel sylfaenol yn hanfodol, heb ystyried a ddylai sgiliau Cymraeg ar lefel uwch fod yn hanfodol neu'n ddymunol.

Denu staff â sgiliau Cymraeg

Mae sefydliadau wedi dweud wrth y Comisiynydd eu bod yn ei chael yn heriol recriwtio i rai swyddi lle mae sgiliau Cymraeg yn hanfodol. Nodai sefydliadau hyn yn aml ar gyfer swyddi ar y graddfeydd isaf, sy'n cynnwys llawer o swyddi rheng flaen, fod siaradwyr Cymraeg yn dueddol o symud ymlaen i swyddi eraill yn fuan. Dywedir bod recriwtio'n heriol mewn ambell faes proffesiynol penodol hefyd. Canfyddiad sefydliadau oedd bod nifer o siaradwyr Cymraeg yn tybio nad ydynt yn ddigon rhugl neu hyderus eu Cymraeg i ymgymryd â swyddi lle mae sgiliau Cymraeg yn hanfodol. Mae angen gwaith pellach i ddeall i ba raddau y mae hyn yn gywir, a pha ymyraethau allai roi sicrwydd i siaradwyr Cymraeg fod eu sgiliau Cymraeg yn ddigonol i'w defnyddio yn y gweithle.

Mae enghreifftiau o sefydliadau'n addasu eu dulliau gweithredu er mwyn mynd i'r afael â heriau o'r fath. Mae dulliau'n cynnwys:

- disgrifio'r gofynion iaith yn well wrth hysbysebu, er enghraifft drwy ddisgrifio'r lefel rhuglder sy'n angenrheidiol neu bwysleisio sgiliau llafar yn hytrach na rhai ysgrifenedig
- targedu darpar ymgeiswyr yn well, er enghraifft drwy gynnal sesiynau mewn ysgolion cyfrwng Cymraeg a cholegau addysg bellach lleol neu, hysbysebu drwy ddulliau mwy targededig fel y wasg leol a'r cyfryngau cymdeithasol

- addasu amodau neu ofynion swyddi, er enghraifft drwy benodi prentisiaid yn syth o'r ysgol yn hytrach na chwilio am staff â phrofiad blaenorol, neu benodi graddedigion i swyddi hyfforddi yn hytrach na chwilio am staff sydd wedi cymhwyso eisoes.

Er mwyn mynd i'r afael ag anawsterau i recriwtio staff â sgiliau Cymraeg i ganolfannau byd gwaith, sefydlodd yr Adran Gwaith a Phensiynau grŵp gorchwyl a gorffen i edrych ar y problemau ac argymell datrysiadau. Arweiniodd canfyddiadau'r grŵp at ailysgrifennu'r wybodaeth ar gyfer yr ymgeisydd er mwyn sicrhau bod darlun clir o'r broses recriwtio gyffredinol, a sicrhau bod ymgeiswyr yn ymwybodol bod y rhan fwyaf o waith yr adran o ran y Gymraeg yn defnyddio Cymraeg llafar, yn hytrach na Chymraeg ysgrifenedig; nodi'r cyfryngau cymdeithasol a'r partneriaid hysbysebu eraill posibl, ac atgyfnerthu'r hysbyseb ag ymgyrch cyfryngau cymdeithasol Cymraeg; cynnwys hunanasesiad sgiliau iaith ar gyfer ymgeiswyr; ac amlygu'r gefnogaeth sydd ar gael i weithwyr yr Adran Gwaith a Phensiynau o ran datblygu eu Cymraeg drwy hyfforddiant a mentora. Drwy wneud hyn, gwelwyd mwy o ddiddordeb yn yr ymarferion recriwtio, a mwy o geisiadau, er i'r ymarferion gael eu cynnal mewn marchnad lafur gynyddol gystadleuol. Erbyn hyn, mae gan yr Adran Gwaith a Phensiynau nifer o anogwyr gwaith newydd sy'n siarad Cymraeg, a hynny mewn lleoliadau lle'r oedd prinder.

Cynyddu capasiti: dulliau eraill

Gall newidiadau i ddulliau darparu gwasanaethau sefydliadau arwain at wella argaeledd gwasanaethau Cymraeg. Mae sefydliadau wedi ymdrechu dros y blynyddoedd diwethaf i gymell defnyddwyr i ddefnyddio sianeli lle mae angen llai o amser pobl i ddarparu'r gwasanaeth – symud defnyddwyr o'r dderbynfa i'r ffôn, neu o'r ffôn i'r we. Mae darparu gwasanaeth statig ar y we'n cymryd llai o staffio parhaus na darparu gwasanaeth ffôn, ac yn haws i'w ddarparu yn Gymraeg o'r herwydd, ar yr amod bod y gwasanaeth ar-lein yn cael ei gyflwyno yn Gymraeg yn y lle cyntaf. Gwyddom am sefydliadau'n datblygu technoleg sgwrsfot sy'n gweithio drwy'r Gymraeg. Yn ei dro, bydd hynny'n rhyddhau staff â sgiliau Cymraeg i ddarparu gwasanaethau lle mae angen i berson fod yn y fan a'r lle o hyd.

Rydym hefyd yn ymwybodol o sefydliadau'n cydweithio er mwyn rhannu adnoddau Cymraeg, er enghraifft mae rhai sefydliadau'n cydweithio er mwyn sicrhau bod pŵl o siaradwyr Cymraeg ar gael i gynorthwyo staff mewn sefydliadau yn yr un sector lle nad oes siaradwyr Cymraeg, ac mae gan rai sefydliadau sydd ag uned gyfieithu fewnol gytundebau i ddarparu gwasanaethau cyfieithu i sefydliadau eraill yn yr un sector.

Cynyddu defnydd o'r Gymraeg o fewn sefydliadau

Mae strategaeth Llywodraeth Cymru, Cymraeg 2050, yn sôn am y gweithle fel gofod allweddol ar gyfer cynyddu'r defnydd o'r Gymraeg. Dywedir bod y 'gweithle'n ganolog i'n bywydau bob dydd ac yn bwysig o ran datblygiad ieithyddol unigolion', gan ei fod yn gyfle i siaradwyr ar bob lefel ddefnyddio ac ymarfer yr iaith. Noda'r strategaeth fod 'rhai cyrff eisoes yn arwain y ffordd yn hyn o beth ac yn defnyddio'r Gymraeg fel iaith gweinyddu mewnol, gan gynyddu'r galw am sgiliau Cymraeg a chyfleoedd i'w defnyddio'.[12]

Mae deddfu mewn perthynas â defnydd iaith yn y gweithle'n agwedd gyson ar gynllunio ieithyddol mewn gwledydd dwyieithog ac amlieithog. Mae enghreifftiau o ddeddfau sy'n gosod dyletswyddau mewn perthynas â defnydd iaith yn y gweithle yn cynnwys Deddf Ieithoedd Swyddogol Canada 1988, Deddf Cynllunio Ieithyddol Catalunya 1998, Siarter yr Iaith Ffrangeg 2002 (Quebec) a Deddf Diogelu Inuit 2008. Mae'r deddfau hyn yn darparu, ymysg pethau eraill:

- hawliau i unigolion weithio yn eu dewis iaith
- dyletswyddau ar lywodraethau a sefydliadau cyhoeddus i gynnal gweithdrefnau mewnol mewn un neu fwy o ieithoedd
- dyletswyddau ar sefydliadau i sicrhau y gall timoedd rheoli weinyddu mewn iaith neu ieithoedd penodol

- dyletswyddau ar sefydliadau i roi cynnig dewis iaith rhagweithiol i gyflogeion ar gychwyn cyfnod o gyflogaeth
- dyletswydd ar sefydliadau i weithredu mesurau i gael gwared ar unrhyw rwystrau i ddefnyddio iaith leiafrifol.

Yn ogystal, gosodir dyletswyddau ar sefydliadau cyhoeddus i weithredu mesurau i hwyluso defnydd eu dewis iaith gan weithwyr drwy ddarparu gwasanaethau canolog fel adnoddau dynol, dogfennau ac adnoddau cymorth mewnol, a goruchwyliaeth gan reolwyr, gan gynnwys rheoli perfformiad, mewn un neu fwy o ieithoedd penodol. Ymhellach, mae Deddf Ieithoedd Swyddogol Iwerddon (2003) yn ei gwneud yn ofynnol i sefydliadau sicrhau bod yr Wyddeleg yn dod yn iaith gwaith eu swyddfeydd yn y *Gaeltacht* erbyn dyddiad penodol.

Mae'n bwysig nodi bod a wnelo cynyddu defnydd o'r Gymraeg yn y gwaith â mwy na datblygu sgiliau a chapasiti o fewn y gweithlu. Er bod yr adroddiad *French to follow?*, sy'n delio â 'revitalising official languages in the workplace' yng Nghanada, fel nifer o drafodaethau tebyg ar y mater yng Nghymru, yn canolbwyntio ar 'attainment of the linguistic profile', cydnabyddir bod capasiti'n:

> more a yardstick of potential use rather than actual practice. Use is affected by conditions in the organizational environment and individual attitudes, perceptions and behaviour, e.g. the nature of the work performed by the organization, organizational culture and values, the official and unofficial codes of conduct of managers and employees, the emotional and psychological atmosphere prevailing in the workplace, and so on.[13]

Rydym felly'n awyddus i weld ymyraethau ymarferol sy'n newid arferion iaith siaradwyr Cymraeg sydd o fewn y gweithlu ar hyn o bryd.

Ym mlynyddoedd olaf ei fodolaeth, o tua 2007 tan 2011, cynhaliodd Bwrdd yr Iaith Gymraeg gyfres o brosiectau ar y cyd â sefydliadau penodol, â'r bwriad o gynyddu eu defnydd mewnol o'r Gymraeg. Cynigiwyd grantiau i sefydliadau dreialu ymyraethau, a chomisiynwyd ymchwil i asesu'r canlyniadau. Roedd y gweithgareddau a ariannwyd yn cynnwys datblygu dulliau o gynyddu gallu ac ymwybyddiaeth ieithyddol staff, hwyluso defnyddio'r Gymraeg drwy dechnoleg gwybodaeth, a sefydlu strwythurau neu swyddogaethau penodol i gefnogi'r Gymraeg yn y gweithle.

Mewn adroddiad yn seiliedig ar gyfweliadau â swyddogion o sefydliadau a oedd yn rhan o'r prosiectau hyn, adnabu Cwmni Iaith bum amod allweddol ar gyfer hwyluso defnydd mewnol o'r Gymraeg:

- 'caniatáu, cyfreithloni a gosod disgwyliadau clir am ddefnydd o'r Gymraeg'
- 'cynllunio'r gallu i ddefnyddio'r Gymraeg' o ran sgiliau staff
- mynd i'r afael â 'deinameg rhyngweithio rhwng unigolion ac ymhlith grwpiau'
- 'cynllunio i gynyddu a chynnal cyfleoedd defnydd'
- 'cynyddu arferion defnyddio'r Gymraeg yn y gweithle'.[14]

Roedd y prosiectau hyn yn digwydd heb sail statudol penodol – hynny yw, nid oedd Deddf yr Iaith Gymraeg na chynlluniau iaith Gymraeg yn ei gwneud yn ofynnol i ddatblygu'r defnydd o'r Gymraeg fel iaith fewnol. Ar y llaw arall, roedd Mesur y Gymraeg yn awdurdodi Llywodraeth Cymru i lunio safonau gweithredu. Mae'r dosbarth safonau gweithredu o fewn Safonau'r Gymraeg yn cynnwys nifer o ofynion sy'n creu:

- hawliau i staff dderbyn deunyddiau (fel dogfennau a ffurflenni, neu adnoddau cefnogol) yn Gymraeg neu gwblhau prosesau penodol (er enghraifft, gwneud cwynion a disgyblu mewnol) yn Gymraeg
- dyletswydd i gynnig hyfforddiant sy'n hwyluso defnyddio'r Gymraeg yn y gwaith
- dyletswydd i ddatblygu polisi ar ddefnyddio'r Gymraeg yn fewnol, â'r bwriad o hybu a hwyluso defnyddio'r Gymraeg, ac i gyhoeddi'r polisi hwnnw ar eu mewnrwyd.

Mae astudiaethau blaenorol y Comisiynydd yn awgrymu bod yr hawliau a grëir gan y safonau'n cael eu gweithredu, ond does dim gwybodaeth glir i awgrymu faint o ddefnydd sydd arnynt ar y pwynt cynnar hwn yn eu bodolaeth. Cymysg hefyd yw'r dystiolaeth ynghylch effaith y gofyniad i gael polisi ar ddatblygu'r defnydd o'r Gymraeg yn fewnol. Pan gynhaliwyd astudiaeth ar hyn yn 2017–18, 57 y cant o'r sefydliadau a rannodd gopi o'u polisi, gan greu amheuaeth nad oedd bron i hanner sefydliadau'n cydymffurfio â'r gofyniad.

Drwy ei gwneud yn ofynnol i sefydliadau lunio'u polisi eu hunain, yn hytrach na rhagnodi camau penodol i'w cymryd, cydnabyddai'r Llywodraeth fod sefyllfaoedd amrywiol gwahanol sefydliadau'n golygu bod yr hyn y gallent anelu tuag ato o ran gweinyddu'n fewnol yn Gymraeg yn amrywio'n fawr. Mae polisi'n galluogi sefydliadau i wneud beth sy'n bosibl yn eu sefyllfa hwy. Ar gyfer sefydliadau sydd â chanrannau isel o siaradwyr Cymraeg, a dim hanes o ddiwylliant cefnogol i'r Gymraeg, golyga y gallant gymryd camau cychwynnol i gynyddu gweladwyedd y Gymraeg yn y swyddfa, a'i defnyddio mewn modd cyfyngedig. Ar ben arall y sbectrwm, fodd bynnag, gobaith y Comisiynydd yw y bydd y polisïau hyn yn golygu bod sefydliadau sydd â chapasiti mawr a chefnogaeth gref i'r Gymraeg yn mynd ati i weithredu camau fydd yn golygu bod canran gynyddol o'u staff yn byw eu bywyd gwaith drwy'r Gymraeg.

Mae rhai sefydliadau sydd – naill ai'n ffurfiol neu i bob pwrpas – yn gweinyddu yn Gymraeg eisoes. Gwnaeth Cyngor Gwynedd benderfyniad ffurfiol wrth iddo gael ei sefydlu yn dilyn ad-drefnu llywodraeth leol yn 1996 i fabwysiadu polisi gweinyddu mewnol Cyngor Dosbarth Dwyfor. Mae sefydliadau eraill, fel y Llyfrgell Genedlaethol, y Cyngor Llyfrau, y Theatr Genedlaethol ac S4C, lle mae mwyafrif llethol y staff yn siarad Cymraeg, a'r rhan fwyaf o gyfathrebu ffurfiol ac anffurfiol o fewn y sefydliad, ar bob lefel, yn digwydd yn Gymraeg.

Serch hynny, gwelwyd cynnydd ac arferion canmoladwy. Er nad oedd ganddynt fel arfer ffordd feintiol o brofi hynny, dywedodd nifer o sefydliadau fod y Gymraeg yn fwy gweladwy ac yn cael ei defnyddio'n amlach. Tueddiadau a adnabuwyd yn ein cyfarfodydd â sefydliadau yn 2019–20 oedd:

Cynyddu'r defnydd o'r Gymraeg

- peuoedd penodol (h.y. timau ac adrannau gyda chanran iach o siaradwyr Cymraeg) wedi symud yn naturiol at ddefnyddio'r Gymraeg yn gynyddol, â sawl sefydliad sydd â swyddfeydd mewn lleoliadau amrywiol yn dweud bod y Gymraeg yn brif iaith eu swyddfeydd yn y gogledd a'r gorllewin
- y Gymraeg yn fwy gweladwy mewn sefydliadau yn sgil staff yn gwisgo'r logo Iaith Gwaith, neu'n dangos y logo neu nodyn tebyg ar eu cyfrif e-bost, gan olygu bod staff yn sylweddoli bod eu cydweithwyr yn siarad Cymraeg
- gweithio'n hyblyg o ran lleoliadau gwaith wedi arwain at siaradwyr Cymraeg yn casglu at ei gilydd
- cynnal digwyddiadau cymdeithasol anffurfiol (sesiynau siarad, eisteddfodau ac ati) i roi cyfle i ddysgwyr a siaradwyr ymarfer eu Cymraeg.

Mae ambell enghraifft o sefydliadau'n cymryd camau sylweddol a bwriadus. Er enghraifft, ers 2018 mae gan Gyngor Sir Ynys Môn raglen dreigl chwe mlynedd ar gyfer gweithio'n ddwys ag adrannau yn eu tro er mwyn cynyddu'r defnydd a wneir o'r Gymraeg gan y staff. Dechreuir drwy ddefnyddio holiadur i sefydlu gwaelodlin defnydd iaith, ac yna rhoi cynllun gweithredu ar waith sy'n cynnwys camau fel adnabod pencampwyr iaith sy'n gyfrifol am hyrwyddo a chefnogi defnyddio'r Gymraeg ymysg eu cydweithwyr, hyfforddiant ymwybyddiaeth iaith, Cymraeg Clir, gloywi iaith, drafftio ac ati, defnyddio'r Gymraeg mewn cyfarfodydd penodol, sesiynau anffurfiol drwy'r Gymraeg, a gwaith mapio sgiliau. Ochr yn ochr â newidiadau i drefniadau recriwtio er mwyn cynyddu'r nifer o siaradwyr Cymraeg a gaiff eu hychwanegu i'r gweithlu, bwriad y cyngor maes o law yw y bydd pob adran yn gweithredu drwy'r Gymraeg.

Fis Gorffennaf 2020, yn dilyn trafodaethau mewnol sylweddol, cyhoeddodd Llywodraeth Cymru strategaeth ar gyfer defnydd mewnol o'r Gymraeg, *Cymraeg. Mae'n perthyn i ni i gyd*.[15] Yn ogystal â chydymffurfio â'r gofyniad i gael polisi ar ddefnydd mewnol, roedd hyn yn unol ag ymrwymiad y Llywodraeth yn ei strategaeth Cymraeg 2050 i 'arwain drwy esiampl drwy hybu a hwyluso cynnydd yn y defnydd a wneir o'r Gymraeg gan ein gweithlu ein hunain'. Noda'r strategaeth defnydd mewnol mai:

nod Llywodraeth Cymru ar gyfer y Gymraeg o fewn y sefydliad yw y bydd yr holl staff sy'n gweithio i Lywodraeth Cymru yn gallu deall Cymraeg erbyn 2050. Bydd hyn yn galluogi'r staff i weithio yn y Gymraeg o ddydd i ddydd, ac fe fydd yna gynnydd sylweddol yn y defnydd a wneir o'r iaith o ganlyniad i hynny.

Conglfaen strategaeth y Llywodraeth felly yw sgiliau'r gweithlu, ac mae'r camau gweithredu ar gyfer y pum mlynedd cyntaf yn adlewyrchu hynny, â sylw i faterion fel 'datblygu cyfleoedd newydd, gwell ac arloesol i ddysgu'r Gymraeg', 'newid y meini prawf derbyn ar gyfer dysgu ffurfiol yn y Gymraeg', 'cynyddu'r defnydd o fentoriaid Cymraeg', 'adolygu'r sgiliau sy'n angenrheidiol i swyddi presennol, gyda golwg ar gynyddu'n raddol nifer y staff dwyieithog sy'n ymuno â Llywodraeth Cymru', 'cyflwyno lefel "cwrteisi" sylfaenol ar gyfer sgiliau Cymraeg' ac ati. Fodd bynnag, mae'r strategaeth hefyd yn cynnwys ffrydiau gwaith ynghylch llywodraethiant ac arweinyddiaeth, a chamau wedi eu targedu at gynyddu defnydd o'r Gymraeg gan staff presennol sydd eisoes yn siarad yr iaith, drwy ddulliau fel adnoddau TGCh, 'adolygu sut a phryd yr ydym yn defnyddio cyfieithu', a 'rhoi prosiectau peilot ar waith er mwyn ystyried y ffyrdd gorau o gynyddu'r defnydd o'r Gymraeg o ddydd i ddydd yn y gweithle, ar draws Llywodraeth Cymru'.

Menter arall sy'n ymwneud â chynyddu defnydd mewnol sefydliadau o'r Gymraeg – y tro hwn drwy ddylanwadu ar arferion iaith staff yn hytrach na thrwy gyflawni hawliau neu fel mater o bolisi – yw rhaglen ARFer, a ddatblygwyd ym Mhrifysgol Bangor. Mae'r rhaglen yn fethodoleg a ysbrydolwyd gan brosiect *Aldahitz* yng Ngwlad y Basg. Mae'r prosiect wedi'i seilio ar ddwy egwyddor sy'n deillio o economeg ymddygiadol, sef dylanwad sylweddol gwneud ymrwymiad, a rhagosodiadau. Defnyddir teclyn arsylwi dwyieithrwydd i sefydlu gwaelodlin o ran defnydd o ieithoedd mewn gweithle penodol, ac yna gofyn i nifer o staff wneud ymrwymiad iaith i ddefnyddio'r Gymraeg fel yr iaith ragosodedig â'u cydweithwyr sy'n gallu deall Cymraeg. Dangosodd prawf o fewn y Brifysgol fod y rhaglen wedi dyblu'r defnydd o'r Gymraeg mewn gweithle penodol.

Mae'r Comisiynydd ar hyn o bryd yn ystyried dulliau o sbarduno mwy o ddatblygiad yn y defnydd o'r Gymraeg gan sefydliadau. Oherwydd cyflwyno cyfnod clo mewn ymateb i bandemig y coronafeirws, gartref y bu llawer yn gweithio. Wrth i batrymau gweithio newid ar sail parhaol, bydd gofyn i'r Comisiynydd a sefydliadau feddwl am ffyrdd gwahanol o gynnal a chynyddu defnyddio'r Gymraeg yn y gwaith. Mae'n debygol y bydd hynny'n cynnwys adnabod y rhwystrau a chyfleon i siaradwyr Cymraeg ddefnyddio'r Gymraeg yng nghyd-destun y 'normal newydd', ac adnabod ymyraethau a all fynd i'r afael â'r anawsterau hynny, a hwyluso rhoi'r ymyraethau hynny ar waith mewn sefydliadau.

Casgliadau

Yn sgil cyflwyno Safonau'r Gymraeg gwelwyd gwelliant o ran capasiti sefydliadau i ddarparu gwasanaethau Cymraeg, a gwell trefniadau ar gyfer recriwtio staff â sgiliau Cymraeg, cefnogi staff i wella'u sgiliau Cymraeg a threfnu'r gweithlu'n effeithiol. Fodd bynnag, mae capasiti sgiliau Cymraeg sefydliadau'n dal i fod o dan y lefel sy'n angenrheidiol er mwyn cydymffurfio â rhai safonau a darparu pob gwasanaeth drwy'r Gymraeg. Mae'r rhan fwyaf o sefydliadau'n casglu data am sgiliau Cymraeg eu staff, ond nid oes modd defnyddio'r data hwnnw i gael darlun a thueddiadau cenedlaethol ar hyn o bryd.

Mae Safonau'r Gymraeg yn cyflwyno dyletswyddau er mwyn cynyddu'r defnydd o'r Gymraeg fel iaith weithredol sefydliadau. Mae sefydliadau'n darparu deunyddiau, adnoddau a chyfarfodydd er mwyn cydymffurfio â'r gofynion, ond rydym yn ansicr faint o staff sy'n manteisio ar hynny. Ag ambell eithriad, nid yw'r safonau eto wedi peri shifft sylweddol yn iaith fewnol sefydliadau. Mae'r maes hwn yn un y mae angen datblygiad pellach ynddo dros y blynyddoedd nesaf.

Nodiadau

1. Mesur y Gymraeg (Cymru) 2011 (Caerdydd: Llywodraeth Cymru, 2011).
2. Comisiynydd y Gymraeg, *Polisi Gorfodi* (Caerdydd: Comisiynydd y Gymraeg, 2015).
3. Comisiynydd y Gymraeg, *Fframwaith Rheoleiddio* (Caerdydd: Comisiynydd y Gymraeg, 2016).
4. Deddf yr Iaith Gymraeg 1993 (Llundain: Gwasanaeth Ei Mawrhydi, 1993).
5. Comisiynydd y Gymraeg, *Hawliau'n Gwreiddio: Adroddiad Sicrwydd 2016–17* (Caerdydd: Comisiynydd y Gymraeg, 2017), t. 6.
6. Comisiynydd y Gymraeg, *Hawlio Cyfleoedd: Adroddiad Sicrwydd 2018–19* (Caerdydd: Comisiynydd y Gymraeg, 2019).
7. Comisiynydd y Gymraeg, *Cau'r Bwlch: Adroddiad Sicrwydd 2019–20* (Caerdydd: Comisiynydd y Gymraeg, 2020).
8. Comisiynydd y Gymraeg, *Camu Ymlaen: Adroddiad Sicrwydd 2020–21* (Caerdydd: Comisiynydd y Gymraeg, 2021).
9. Comisiynydd y Gymraeg, *Cod Ymarfer i Reoliadau Safonau'r Gymraeg (Rhif 1) 2015* (Caerdydd: Comisiynydd y Gymraeg, 2020).
10. *Hawlio Cyfleoedd: Adroddiad Sicrwydd 2018–19*.
11. *Cau'r Bwlch: Adroddiad Sicrwydd 2019–20*.
12. Llywodraeth Cymru, *Cymraeg 2050: Miliwn o Siaradwyr* (Caerdydd: Llywodraeth Cymru, 2017).
13. Patrick Boisvert a Matthieu Leblanc, *French to follow? Revitalizing official languages in the workplace* (Ottawa: Canadian Centre for Management Development, 2003).
14. Kathryn Jones a Steve Eaves, gyda Gareth Ioan, *Defnydd Mewnol o'r Gymraeg Mewn Gweithleoedd* (Castellnewydd Emlyn: Iaith: y Ganolfan Cynllunio Iaith, 2010).
15. Llywodraeth Cymru, *Cymraeg. Mae'n perthyn i ni i gyd* (Caerdydd: Llywodraeth Cymru, 2020), *https://llyw.cymru/cymraeg-maen-perthyn-i-ni-i-gyd-html* (cyrchwyd 29 Gorffennaf 2021).

11

Gweithredu Safonau'r Gymraeg ym Mhrifysgol Aberystwyth: y dyddiau cynnar

Mari Elin Jones

Paratoi ar gyfer y Safonau

Braenarwyd y tir ar gyfer cydymffurfio â Safonau'r Gymraeg yn sefydliadau addysg uwch Cymru gan gynlluniau iaith Gymraeg. Yn unol â gofynion Deddf yr Iaith Gymraeg 1993 bu Prifysgol Aberystwyth yn gweithredu cynllun iaith Gymraeg er 2003 a diwygiwyd y cynllun hwnnw yn 2014. Lluniwyd cynlluniau iaith gan y sefydliadau eu hunain gan ddilyn canllawiau statudol Bwrdd yr Iaith Gymraeg yng nghyd-destun y cyfarwyddyd i ymrwymo i'r 'hyn sy'n briodol o dan yr amgylchiadau ac yn rhesymol ymarferol' i'r corff dan sylw.[1] I sefydliad megis Prifysgol Aberystwyth a fu'n gweithredu polisi dwyieithog ers yr 1960au ac a oedd, o ganlyniad, wedi rhoi trefniadau addas ar waith ar gyfer darparu gwasanaethau penodol drwy'r Gymraeg, roedd y disgwyliadau yn uchel wrth lunio'i chynllun iaith. Yn ogystal â hynny, roedd Prifysgol Aberystwyth eisoes wedi sefydlu ei swyddogaeth flaenllaw yn yr ymgyrch i ddarparu addysg uwch cyfrwng Cymraeg a bu'r staff a'r myfyrwyr yn llafar ac yn rhagweithiol iawn wrth bwyso ar awdurdodau a chyngor y Brifysgol – sef y corff llywodraethol – i fabwysiadu cynllun uchelgeisiol a fyddai'n sicrhau darpariaethau academaidd a gweinyddol cynhwysfawr drwy gyfrwng y Gymraeg.

Wrth edrych yn ôl â llygaid beirniadol, hawdd yw gweld mai perthyn i'w cyfnod y mae'r cynlluniau iaith ac mai amrywiol oedd

maint yr uchelgais a amlygwyd ynddynt, hyd yn oed o fewn yr
un sector. Dibynnai'r amcanion a'r targedau a osodwyd ynddynt
i raddau helaeth ar weledigaeth y sefydliad unigol ac ar y pwysau
mewnol ac allanol a roddwyd ar brif swyddogion i ymrwymo i
ddatblygu'r gwasanaethau Cymraeg. Yn wahanol i'r Safonau, ac
er gwaethaf goruchwyliaeth Bwrdd yr Iaith Gymraeg, tueddiad
rhai sefydliadau oedd gweithio yn 'ysbryd' y cynlluniau iaith gan
fabwysiadu'r agwedd mai mater gwirfoddol oedd cydymffurfio
ai peidio. Deilliai'r agwedd honno o ddiffyg deddfwriaeth gadarn
fel sylfaen i gynllunio ieithyddol ar y pryd, ac mae'n rhyfeddol
sut y gall ymrwymiadau statudol newid agweddau sefydliadau!
Serch hynny, fel un a benodwyd yn Swyddog Iaith i weithredu'r
cynllun iaith ac yna'n rheolwr Canolfan Gwasanaethau'r Gymraeg
– canolfan gynllunio ieithyddol y Brifysgol – gallaf dystio i ofynion
y cynllun a Safonau'r Gymraeg, pan y'u gosodwyd, ddod â'u
heriau a'u buddugoliaethau. Ymdrechwyd yn ystod dyddiau
cynnar y cynllun iaith i newid diwylliant ieithyddol y Brifysgol ac
i ddwyn perswâd ar adrannau i gynllunio eu darpariaethau cyfrwng
Cymraeg mewn modd strwythuredig. Gosodwyd targedau mesur-
adwy mewn ymgais i sicrhau mai dogfen a oedd yn datblygu'n
barhaus oedd y cynllun iaith. Fodd bynnag, roedd Prifysgol Aber-
ystwyth yn barod am y brwdfrydedd newydd a ddaeth yn sgil
gosod y Safonau. Gweddnewidiwyd holl weithdrefnau'r sefydliad
o blaid y Gymraeg a gyrrwyd y gwaith gan yr angen am brosesau
newydd i gadw cofnodion, i fesur llwyddiant, i fonitro targedau
ac i adrodd ar gyrhaeddiad. Yn ddiymwad, llwyddiant pennaf y
cynllun iaith a'r Safonau yw'r strwythurau newydd a sefydlwyd
i fynnu sylw blaenllaw i'r Gymraeg ym mhob penderfyniad polisi
gan sicrhau bod amcanion cynllunio ieithyddol yn ganolog i lywod-
raethiant y Brifysgol.

Hysbysiad cydymffurfio

O fewn y cyd-destun hwn y derbyniodd Prifysgol Aberystwyth
hysbysiad cydymffurfio Safonau'r Gymraeg a osodwyd yn ffurf-
iol ar 1 Ebrill 2018 yn unol â Mesur y Gymraeg (Cymru) 2011.[2]

Cymeradwywyd rheoliadau'r Safonau sy'n berthnasol i Brifysgol Aberystwyth (ynghyd â 27 sefydliad arall sy'n cynnwys holl sefydliadau addysg uwch ac addysg bellach Cymru) gan weinidogion Cymru yng nghyfarfod llawn Cynulliad Cenedlaethol Cymru ar 31 Ionawr 2017.[3] Sefydlodd y Mesur fframwaith cyfreithiol i orfodi dyletswyddau ar sefydliadau cyhoeddus i gydymffurfio ag un neu fwy o safonau ymddygiad o ran y Gymraeg. Gofynnwyd iddynt ymrwymo i roi tair egwyddor sylfaenol y Safonau ar waith, sef peidio â thrin y Gymraeg yn llai ffafriol na'r Saesneg, hyrwyddo'r gwasanaethau y gellid eu derbyn drwy gyfrwng y Gymraeg, ac amlinellu'r gweithdrefnau a fyddai'n cael eu rhoi ar waith i ddangos sut y byddent yn cydymffurfio â gofynion y Safonau.

Ymgynghori

Fel rhan o'r broses o baratoi ar gyfer dyfodiad y Safonau ymgynghorwyd yn eang ar draws y Brifysgol er mwyn clustnodi pa agweddau o'r gofynion newydd oedd yn estyn y tu hwnt i'r ddarpariaeth bresennol o dan y cynllun iaith gan ystyried a oeddent yn rhesymol ac yn gymesur yn unol â safle daearyddol a chyddestun ieithyddol Prifysgol Aberystwyth. Croesawodd y Brifysgol yr uchelgais a nodwyd yn y Safonau ar gyfer datblygu'r Gymraeg yn iaith gredadwy a chynaliadwy yn y gweithle a fyddai'n galluogi defnyddwyr, yn fyfyrwyr, staff a'r cyhoedd, i gael gwasanaeth cynhwysfawr yn eu dewis iaith, gan annog rhagor i ddewis y Gymraeg o ganlyniad.

Y Safonau

Gyda dyfodiad y Safonau disodlwyd y geiriau meddal 'ymarferol' a 'phriodol' a gaed yn y cynllun iaith gan y termau deddfwriaethol 'rhesymol' a 'chymesur'. Nid y sefydliad oedd yn drafftio ei ymrwymiadau ei hun bellach ond y gyfraith oedd yn mynnu cydymffurfiaeth â set safonol o Safonau. Rhannwyd y Safonau y gofynnwyd i'r Brifysgol gydymffurfio â hwy yn bedwar categori:

- cyflenwi gwasanaethau (ar gyfer y cyhoedd a myfyrwyr)
- llunio polisi
- gweithredu (ar gyfer staff)
- cadw cofnodion

Mae'r Safonau Cyflenwi Gwasanaethau, i raddau helaeth, yn adlewyrchu'r gwaith yr oedd y Brifysgol eisoes yn ei gyflawni wrth weithredu ei chynllun iaith Gymraeg. Maent yn berthnasol i'r cyswllt â staff, myfyrwyr a'r cyhoedd yng Nghymru, ynghyd â datblygiad y ddarpariaeth academaidd drwy gyfrwng y Gymraeg. Mae strategaeth sgiliau dwyieithog y brifysgol yn allweddol i sicrhau llwyddiant y Safonau hyn drwy hwyluso trefniadau penodi staff â'r sgiliau dwyieithog angenrheidiol i adrannau a swyddi allweddol sydd â chyswllt cyson â staff, myfyrwyr a'r cyhoedd yng Nghymru.

Ceir ystyriaethau pellgyrhaeddol i'r Safonau Llunio Polisi a'r rhai hynny sy'n cynnig y cyfle mwyaf i ddylanwadu ar gynllunio ieithyddol a datblygiad gwasanaethau Cymraeg o fewn sefydliadau. Mae'r Safonau hyn yn gofyn i sefydliadau adrodd am a monitro eu polisïau yn drylwyr drwy ystyried eu heffaith ar yr iaith Gymraeg cyn iddynt gael eu mabwysiadu (trafodir hyn ymhellach maes o law). Roedd sefydliadau eisoes yn ystyried effaith eu polisïau mewn perthynas â gofynion cydraddoldeb ac mae nifer wedi penderfynu cyfuno gofynion y Safonau llunio polisi â'r drefn honno. Mae uchelgais y Safonau llunio polisi i'w groesawu ac o'u gweithredu'n effeithiol gallant ddylanwadu ar natur ieithyddol y sefydliad gan sicrhau ystyriaeth ganolog i ofynion y Gymraeg ym mhob polisi a gweithdrefn newydd o'r cychwyn.

O safbwynt ymarferol, mae'n debyg mai'r Safonau Gweithredu yw'r mwyaf heriol gan fod eu gweithredu'n llawn yn gofyn am benodi staff â'r sgiliau ieithyddol priodol, neu sy'n ymrwymo i ddatblygu'r sgiliau ieithyddol hynny, i swyddi allweddol yn y sefydliad. Roedd gwreiddiau'r ymrwymiad hwn i'w canfod yn y cynllun iaith a oedd yn gofyn i'r sefydliad gynllunio'r gweithlu mewn modd a fyddai'n ei alluogi i ddarparu gwasanaethau dwy-ieithog. Serch hynny, gwendid sylfaenol y cynllun iaith oedd mai gofyn i'r Brifysgol nodi'r Gymraeg fel cymhwysedd hanfodol neu ddymunol i swydd a wnâi, heb fanylu ar yr union sgiliau ieithyddol a oedd yn ofynnol. Enghraifft a ddenodd sylw cyhoeddus i Brifysgol Aberystwyth pan benderfynwyd peidio â nodi'r Gymraeg fel cymhwysedd hanfodol oedd y broses o hysbysebu a phenodi i swydd Is-Ganghellor yn 2011 ac eto yn 2017, y ddwy hysbyseb yn ymddangos yn ystod gweinyddiaeth y cynllun iaith.

Pan hysbysebwyd y swydd yn 2017, blwyddyn cyn gosod y Safonau, roedd strategaeth sgiliau dwyieithog y Brifysgol wedi'i datblygu ac yn cael ei defnyddio'n rheolaidd i bennu gofynion ieithyddol i swyddi gan ddiffinio'r union ddyletswyddau y dylid eu cyflawni yn Gymraeg yn unol â natur y swydd dan sylw. Bu hyn yn gyfle i ddiffinio'r union sgiliau ieithyddol a fyddai eu hangen ar yr Is-Ganghellor gan nodi'r lefel y disgwylid i'r ymgeisydd llwyddiannus, pe na byddai eisoes yn medru'r Gymraeg, eu cyrraedd o fewn cyfnod penodol. Lluniwyd cynllun hyfforddiant i alluogi'r ymgeisydd llwyddiannus i gyrraedd y lefel iaith angenrheidiol a rhoi amser rhesymol i ddysgu neu fireinio'r iaith mewn swydd brysur a niferus ei dyletswyddau. Penodwyd ymgeisydd a oedd yn ymrwymedig i genhadaeth ddwyieithog y Brifysgol ac a oedd yn frwd dros gyflawni gofynion yr hyfforddiant iaith. Roedd yr agwedd gadarnhaol honno yn sylfaen bwysig ac yn cynnig arweiniad cadarn wrth i'r Brifysgol groesawu'r Safonau.

Diddorol nodi, felly, bod y Brifysgol wedi rhoi'r dull hwn o bennu gofynion ieithyddol i swyddi ar waith cyn dyfodiad y Safonau ac wedi'i gymhwyso i swydd mor allweddol gan osod cynsail newydd i ystyried y Gymraeg yn ffurfiol ym mhob penodiad ar draws y sefydliad. Serch hynny, mae'r strategaeth hon yn gofyn am gynllunio ieithyddol bwriadus a thrafodaeth ofalus â swyddogion recriwtio ac nid yw pob dadl yn hawdd i'w hennill mewn sefydliadau sy'n recriwtio eu staff yn rhyngwladol. Mae'r penderfyniad yn aml yn haws yn achos swyddi academaidd gan fod cyfrwng iaith y dysgu yn pennu'r gofynion ieithyddol. Bu cynllun staffio academaidd y Coleg Cymraeg Cenedlaethol yn gwbl allweddol wrth greu corff o swyddi academaidd cyfrwng Cymraeg mewn disgyblaethau amrywiol ar draws prifysgolion Cymru.[4] Mae'r rhan fwyaf o'r swyddi hynny wedi'u perchnogi gan y prifysgolion erbyn hyn fel swyddi academaidd cyfrwng Cymraeg sy'n rhan o'u cynlluniau academaidd a'u hymrwymiadau ar gyfer darparu addysg uwch cyfrwng Cymraeg yn eu priod feysydd.

Mae'r Safonau Gweithredu yn gofyn hefyd am gynyddu'r ddarpariaeth cyfieithu ar y pryd mewn rhai sefyllfaoedd penodol er mwyn rhoi cyfle i unigolion ddefnyddio eu dewis iaith mewn cyfarfodydd, pwyllgorau a gwrandawiadau ac unrhyw sefyllfaoedd eraill yn ymwneud â llesiant yr unigolyn a gynhelir gan y sefydliad. Mae gwasanaeth cyfieithu effeithiol sydd ag adnoddau digonol yn gwbl allweddol i lwyddiant sefydliad wrth gydymffurfio â'r Safonau. Y gwasanaethau cyfieithu sy'n gyfrifol am arwain a chynghori ar derminoleg sefydliadol drwy fathu termau a'u safoni ac am ddarparu deunyddiau o ansawdd uchel yn y Gymraeg. Gall cyfieithwyr fentora cydweithwyr i ddatblygu eu sgiliau iaith drwy wirio eu gwaith, ac mae iddynt swyddogaeth bwysig hefyd wrth alluogi sefydliad i ddarparu testunau na fyddai fel arall ar gael yn Gymraeg gan hwyluso trafodaethau ar bynciau amrywiol drwy gyfrwng y Gymraeg. Cyfraniad sy'n werthfawr i sicrhau datblygiad y Gymraeg fel iaith fyw. Serch hynny, rhaid gochel rhag gorddibyniaeth ar y gwasanaeth cyfieithu i sicrhau cydymffurfiaeth gan mai amcan sylfaenol y Safonau yw'r disgwyliad i'r sefydliad gynllunio a darparu adnoddau dwyieithog ar draws pob agwedd ar ei wasanaethau. Penodi staff â sgiliau dwyieithog a chaniatáu amser rhesymol iddynt weithio yn y ddwy iaith yw'r ateb amlwg. Yn naturiol, bydd y sgiliau ieithyddol angenrheidiol yn amrywio yn unol â natur y swydd gyda'r sgiliau mwyaf sylfaenol yn gofyn am allu i gyfarch yn Gymraeg a chynnal sgwrs anffurfiol ar lafar, i ddrafftio negeseuon e-bost. Serch hynny, mae gofyn i sefydliadau sy'n ddarostyngedig i ofynion y Safonau dderbyn hefyd bod angen i rai swyddogion feddu ar sgiliau uwch yn y Gymraeg er mwyn cyflawni eu dyletswyddau ac amcanion y sefydliad yn llwyddiannus. Er enghraifft, ceir galw am swyddogion y wasg sy'n medru llunio datganiadau yn y ddwy iaith a swyddogion y we sy'n medru ysgrifennu copi yn Gymraeg ac yn Saesneg. Mae swyddi fel hyn, sy'n gyfrifol am gynnal wyneb cyhoeddus y sefydliad, yn rhai allweddol o safbwynt cyfathrebu â'r cyhoedd a gall swyddogion dwyieithog deilwra negeseuon yn benodol i'r gynulleidfa Gymraeg ei hiaith yn hytrach na dibynnu ar gyfieithu. Mae'n rhaid cael carfan o'r gweithlu sy'n hyderus i ddrafftio testun gwreiddiol yn y Gymraeg er mwyn gweithredu fel sefydliad cyhoeddus cyfrifol mewn gwlad ddwyieithog. Cynllunio a darparu ar gyfer dwy iaith yw'r nod ac nid swyddogaeth y gwasanaethau cyfieithu yn unig yw hynny neu nid oes gan y Safonau unrhyw ddylanwad pellgyrhaeddol ar gynllunio ieithyddol.

Nid oes gweithredu a monitro heb adrodd, wrth reswm, a dyna amcan y Safonau Cadw Cofnodion. Dyma, am y tro cyntaf, osod strwythurau monitro statudol i gyd-fynd ag amcanion cynllunio ieithyddol. Mae'r gofynion adrodd ar weithredu'r Safonau yn llawer llymach na'r gweithdrefnau a fabwysiadwyd o dan ofynion y cynllun iaith Gymraeg ac er mwyn cyflawni gofynion y Safonau yn llawn gwelwyd cynnydd sylweddol yn y disgwyliadau mewn perthynas ag adrodd a monitro. Mae casglu data, wrth gwrs, yn angenrheidiol a dylai'r data ddarparu cofnod pwysig a defnyddiol a fydd yn cynorthwyo'r broses o ddatblygu a chynllunio'r ddarpariaeth drwy'r Gymraeg yn y sefydliad. Serch hynny, mae'n rhaid peidio â mabwysiadu trefn cofnodi data a fydd yn llesteirio'r gwaith datblygu, yn enwedig o ystyried mai un neu ddau ar y mwyaf o swyddogion a benodir gan sefydliadau i arwain ar gydymffurfio â'r Safonau.

Mae pwyslais y Safonau ar y gofynion statudol hyn yn arwyddocaol a, mentraf ddweud, yn gymorth mawr i'r swyddog iaith wrth ddwyn perswâd ar gydweithwyr anfoddog i gydymffurfio. Neges gyson y swyddog iaith yw mai gofyniad statudol yw cydymffurfio â'r Safonau ac mae gan y Comisiynydd, yn unol â'r fframwaith rheoleiddio, bwerau i ymchwilio i gwynion statudol a gosod cosb sifil, sef dirwy ariannol, ar sefydliadau am fethu â chydymffurfio.

Trefniadau goruchwylio'r Safonau

Er mwyn cyflawni ymrwymiadau'r Safonau mae'n rhaid sefydlu trefniadau goruchwylio cadarn gan osod y cyfrifoldeb am gydymffurfio ar frig y sefydliad gyda'r tîm gweithredol a chyngor y Brifysgol. Roedd Canolfan Gwasanaethau'r Gymraeg eisoes wedi'i sefydlu yn 2001 mewn paratoad ar gyfer rhoi'r cynllun iaith ar waith a rhoddwyd y cyfrifoldeb am weithredu'r Safonau o ddydd i ddydd i'r Ganolfan gyda dau swyddog yn arwain y gwaith o sicrhau bod unigolion ac adrannau yn ymwybodol o'u hymrwymiadau dan y Safonau. Rhoddwyd cyfrifoldeb cyffredinol hefyd ar bob cyfadran, adran academaidd a gwasanaeth proffesiynol yn y brifysgol i weithredu'r Safonau perthnasol yn eu hadrannau eu hunain gan gynnwys cadw cofnodion a monitro. Ystyrid hyn yn gam pwysig i sicrhau perchnogaeth eang o'r Safonau ac ymdeimlad o gyfrifoldeb sefydliadol dros gydymffurfio â'r gofynion. Gyda'r pwyslais a roddir ar ofynion y cwsmer roedd yn gwbl allweddol o'r cychwyn bod yr adrannau yn derbyn bod ganddynt gyfrifoldeb o fewn ymrwymiadau'r Safonau i roi dewis rhagweithiol i'w defnyddwyr, yn fyfyrwyr ac yn aelodau o'r cyhoedd, i ddefnyddio eu gwasanaethau yn y Gymraeg.

Casglu data, monitro, adrodd a phwyllgorau

Mabwysiadodd Canolfan Gwasanaethau'r Gymraeg ddulliau amrywiol er mwyn monitro cydymffurfiaeth y Brifysgol â'r Safonau. Cytunwyd ar ddangosyddion perfformiad ar gyfer y gwasanaethau mwyaf allweddol sy'n ymwneud â'r cyhoedd ynghyd â'r adrannau academaidd a lluniwyd gweithdrefnau a chanllawiau ar gyfer casglu data i gadw golwg ar nifer defnyddwyr y gwasanaethau Cymraeg.[5] Paratowyd adroddiadau cyson er mwyn craffu ar y data a thrafod dulliau o wella perfformiad yn erbyn y dangosyddion. Cynigiai'r adroddiadau hyn gyfle i drafod ag arweinyddion gwasanaethau allweddol y ffyrdd mwyaf effeithiol o gryfhau eu darpariaethau dwyieithog gan addasu canllawiau a strwythurau yn ôl yr angen. Wrth sefydlu'r gweithdrefnau cynhaliwyd ymarferion hap-wirio hefyd er mwyn profi bod adrannau wedi deall y gofynion a bod y systemau a oedd ar waith yn rhai llwyddiannus ac addas.[6] Roedd hyn yn gyfle i adnabod bylchau yn y gwasanaethau yr oedd galw amdanynt yn y Gymraeg.

Un o'r dulliau mwyaf llwyddiannus o fonitro ansawdd ac effeithiolrwydd y gwasanaethau Cymraeg yw cynnal grwpiau defnyddwyr. Gweithiodd y dull hwn o fonitro yn arbennig o dda gyda'r grŵp defnyddwyr meddalwedd dwyieithog. Mae darparu systemau a meddalwedd dwyieithog yn heriol i unrhyw sefydliad, yn enwedig sefydliadau mawr fel prifysgolion sy'n eu prynu gan gwmnïau masnachol rhyngwladol. Mae'r Safonau yn mynnu bod y gwasanaethau caffael yn nodi'n glir bod unrhyw feddalwedd a brynir yn allanol yn gallu darparu ar gyfer dwy iaith ond, yn aml iawn, y sefydliad ei hun sy'n gyfrifol am ddarparu'r cyfieithiad Cymraeg a theilwra'r cynnwys at ddibenion penodol y defnyddwyr.[7]

Un o'r tasgau a roddwyd i'r grŵp defnyddwyr meddalwedd dwyieithog yn y Brifysgol oedd cadw golwg ar y gwaith o ddwyn systemau yn ymwneud â chofnodion myfyrwyr, rheoli perfformiad a chofnodion academaidd ynghyd. Fel sy'n gyffredin gyda systemau cyfrifiadurol roedd y gwaith cyfieithu yn enfawr ac yn heriol a phenderfynwyd y dylid blaenoriaethu'r rhyngwyneb a ddefnyddid gan y myfyrwyr cyn symud ymlaen i ddarparu cyfieithiad o'r rhyngwyneb i staff. Er mwyn sicrhau bod yr hyn a gyfieithwyd yn cael ei fwydo i'r system yn syth ac yn ddarllenadwy i'r defnyddiwr wrth lywio'r rhaglen casglwyd ynghyd gynrychiolwyr o blith y myfyrwyr a'r staff i drafod y profiad o ddefnyddio'r feddalwedd drwy'r Gymraeg. Roedd yn gyfle hefyd i ddeall sut roedd myfyrwyr a staff yn defnyddio'r system er mwyn blaenoriaethu'r rhannau perthnasol ar gyfer eu cyfieithu. Mantais annisgwyl fu'r cyfle i drafod yr heriau wrth gyfieithu a chanfod datrysiadau a oedd yn hwyluso'r gwaith ac a oedd wrth fodd y defnyddwyr.

Cyflwynwyd crynodebau o ganfyddiadau'r dulliau monitro a gwaith y grwpiau defnyddwyr mewn adroddiadau rheolaidd i'r pwyllgorau a sefydlwyd i oruchwylio'r gwaith. Sefydlwyd grŵp gweithredol y Gymraeg i arwain a monitro strategaeth y Gymraeg y Brifysgol ac adrodd am gydymffurfiaeth â'r Safonau ar draws y sefydliad i dîm gweithredol a chyngor y Brifysgol. Roedd aelodaeth y grŵp yn gynrychioliadol o staff a myfyrwyr y brifysgol gan alluogi trafodaethau bywiog er mwyn datblygu strategaeth y Gymraeg ymhellach.[8]

Gweithredu'r Safonau

Fel rhan o'r gwaith paratoi ar gyfer gweithredu'r Safonau cynhaliwyd nifer o gyflwyniadau wyneb yn wyneb i staff er mwyn egluro'r cefndir a'r gweithdrefnau statudol ynghyd â sut i gydymffurfio. Rhoddwyd cyflwyniadau cyffredinol yn ogystal â chyflwyniadau wedi'u teilwra i grwpiau o staff lle cafwyd y cyfle i drafod materion penodol i'w gwaith.

Cyhoeddwyd tudalennau am Safonau'r Gymraeg ar wefan Canolfan Gwasanaethau'r Gymraeg a'u hyrwyddo'n eang a datblygwyd nifer o ganllawiau penodol yn cynnig cyngor ymarferol ar weithredu holl agweddau'r Safonau.[9] Bwriedid i'r canllawiau fod yn ddogfennau byw i'w hadolygu'n rheolaidd er mwyn eu haddasu i gyd-destun ac anghenion sefydliad sy'n newid ac yn datblygu'n barhaus.

Asesiad ardrawiad iaith

Un o'r newidiadau mwyaf arwyddocaol a gyflwynwyd gan y Safonau oedd y disgwyliad i gynnal asesiad ardrawiad iaith o faterion polisi. Mae dyletswydd statudol ar Brifysgol Aberystwyth i gydymffurfio ag 11 o Safonau llunio polisi sy'n ymwneud â llunio neu adolygu polisi ac ymgynghori ar bolisi. Mae'r Safonau hyn wedi'u gosod er mwyn sicrhau bod y Gymraeg yn cael ei hystyried cyn bod penderfyniadau polisi yn cael eu gweithredu, sef cam sylweddol a phwysig ymlaen o'r dyddiau pan fyddai anghenion dwyieithrwydd yn cael eu hystyried ar ddiwedd y broses gynllunio. Gofynnir i'r sefydliad ystyried yn benodol effaith y penderfyniad polisi ar y Gymraeg gan bwyso a mesur a fyddai'n andwyol neu'n gadarnhaol ac yn trin y Gymraeg yn llai ffafriol na'r Saesneg ai peidio. Er mwyn cyflawni'r gwaith hwn lluniwyd ffurflen a chanllaw asesiad ardrawiad iaith.[10] Mae asesiad effaith ieithyddol yn fwy nag asesiad risg oherwydd mae'n edrych yn benodol ar allu'r sefydliad i gydymffurfio â gofynion amrywiol y Safonau yn dilyn newid polisi neu fabwysiadu polisi newydd. Trwy'r broses hon rhaid ystyried sut mae peidio â thrin y Gymraeg yn llai ffafriol na'r Saesneg a sicrhau nad yw unrhyw newid yn y dull o weithio yn lleihau gallu unigolion i ddefnyddio'r Gymraeg. Os bernir bod unrhyw effaith negyddol ar y Gymraeg rhaid nodi ffyrdd o liniaru'r sefyllfa ac, felly, mae hyn yn gorfodi swyddogion i roi ystyriaeth ofalus i'r Gymraeg o'r cychwyn wrth fabwysiadu trefn newydd. Er mwyn sicrhau bod yr asesiad yn mynd i'r afael â phob agwedd o ddylanwad posibl y polisi ar y Gymraeg dylai'r swyddog iaith gydweithio â'r sawl sy'n gyfrifol am y polisi i lenwi'r ffurflen asesiad ardrawiad iaith fel y gellir datblygu dogfen gynhwysfawr sy'n sail i gynllunio ieithyddol bwriadus ac effeithiol.

Cwynion

Roedd derbyn a gweithredu ar gwynion yn rhan o weithdrefnau'r cynllun iaith ac, yn yr un modd, mae'r Safonau yn gofyn am sefydlu trefn ar gyfer derbyn sylwadau a chwynion gan ddefnyddwyr y gwasanaethau os ydynt yn teimlo bod y Brifysgol wedi torri amodau ei Safonau, wedi ymyrryd â'u hawl i ddefnyddio'r Gymraeg neu heb lwyddo i weithredu eu hawliau mewn unrhyw ffordd. Sefydlwyd gweithdrefn a ffurflen i'w chyhoeddi ar wefan y Brifysgol yn amlinellu'r broses o ymdrin â chwynion.[11] Gall y drefn gwyno roi cyfle i sefydliadau wella eu gwasanaeth, gan gynnwys darparu hyfforddiant ychwanegol i staff neu adolygu polisïau a gweithdrefnau os bernir nad ydynt yn ddigon effeithiol. Os nad yw achwynwyr yn fodlon â'r datrysiad a gynigir gan sefydliadau i gwynion gallant apelio yn erbyn y penderfyniad drwy drosglwyddo'r gŵyn i Gomisiynydd y Gymraeg. Bydd y Comisiynydd wedyn yn cynnal ymchwiliad pellach mewn cydweithrediad â'r sefydliad, a gall hyn ddigwydd dros gyfnod estynedig. Cedwir cofnod o gwynion ffurfiol er mwyn gwella ansawdd gwasanaethau, a defnyddir yr wybodaeth gyfrinachol hon at ddibenion monitro a dadansoddi cyrhaeddiad y sefydliad wrth weithredu'r Safonau.

Ymwybyddiaeth iaith

Y strategaeth orau, wrth reswm, yw osgoi derbyn cwynion – ac er mwyn gwneud hynny rhaid peidio â thorri amodau'r Safonau yn y lle cyntaf. Nodwyd eisoes y camau a gymerwyd i addysgu staff y sefydliad am ofynion y Safonau a phwysigrwydd cynllunio eu gwaith ar gyfer dwy iaith. Mae'n rhaid i'r gwaith hwnnw fod yn rhaglen ddatblygu barhaus o hyfforddi, ail-hyfforddi ac atgoffa ac addasu i gyd-destunau newydd wrth iddynt godi. Dylai sesiynau cynefino staff newydd gynnwys cyflwyniad i natur ddwyieithog y sefydliad a gofynion y Safonau er mwyn sefydlu arferion da o'r cychwyn. Ym Mhrifysgol Aberystwyth defnyddir y sesiynau ymwybyddiaeth iaith fel cyfle i drafod cyd-destun y Safonau mewn sefydliad sydd wedi'i wreiddio'n ddwfn yn ei gymuned ddwyieithog ac yn denu myfyrwyr o bob cwr o Gymru. Cyfeirir at gyd-destun deddfwriaethol y Mesur, ymrwymiadau'r Safonau (gan ganolbwyntio ar y rhai mwyaf perthnasol i'r gynulleidfa dan sylw) a'r rheoleiddio sydd ynghlwm â hwy. Mae sesiynau ymwybyddiaeth iaith yn gyfle da i drafod cyd-destun a natur ieithyddol defnyddwyr y gwasanaeth a chyflwyno data sy'n ategu pwysigrwydd darparu gwasanaethau yn y Gymraeg i'r sawl sy'n dymuno hynny. Mae'r sesiynau hyn yn gyfle hefyd i egluro'r cyfrifoldeb moesol sydd gan sefydliad cyhoeddus yng Nghymru, yn enwedig sefydliad academaidd fel prifysgol, i sicrhau cydymffurfiaeth, i arwain drwy esiampl a chynnig darpariaeth gynhwysfawr yn Gymraeg yn unol ag amcanion strategaeth y Gymraeg Llywodraeth Cymru: Cymraeg 2050.[12]

Strategaeth sgiliau dwyieithog

Nodwyd eisoes bod y Brifysgol wedi mabwysiadu strategaeth sgiliau dwyieithog o dan amodau'r cynllun iaith i gyd-fynd â'r disgwyliad i amlinellu'r trefniadau i staffio'r brifysgol er mwyn darparu gwasanaeth o safon, rhwyddineb ac ehangder cyfartal yn Gymraeg ac yn Saesneg. Gyda dyfodiad y Safonau datblygwyd y strategaeth ymhellach ac mae ei rhoi ar waith yn llwyddiannus yn gwbl greiddiol i'r modd y mae'r Brifysgol yn cydymffurfio â'r Safonau. Nid mater hawdd yw llunio strategaeth sgiliau dwyieithog gan fod gofyn ystyried polisïau cydraddoldeb a pholisïau cyflogaeth, a sicrhau ei bod yn gweithio'n hwylus o fewn y gofynion hynny. Aed ati, felly, i lunio'r strategaeth mewn ymgynghoriad â'r Adran Adnoddau Dynol ac ymgynghorwyd ar draws y Brifysgol gan gynnwys yr undebau llafur. Prif amcan y strategaeth yw sefydlu mesurau a chanllawiau i sicrhau bod y gweithleoedd â chyswllt cyson â myfyrwyr a'r cyhoedd yn anelu at gynnwys digon o siaradwyr Cymraeg â'r sgiliau priodol er mwyn eu galluogi i ddarparu gwasanaeth cyflawn yn Gymraeg. Yn greiddiol i'r strategaeth y mae'r amcan o sicrhau mynediad dilyffethair i adnoddau Cymraeg a dwyieithog i staff, myfyrwyr, darpar fyfyrwyr a'r cyhoedd yng Nghymru, gan sicrhau bod y Brifysgol yn gynhwysol yn y modd y mae'n darparu ei gwasanaeth ac yn parchu dewis iaith yr unigolyn.

Sail i'r strategaeth yw'r proffiliau ieithyddol fesul adran sy'n deillio o ddata holiadur sgiliau ieithyddol a rennir gan yr Adran Adnoddau Dynol i'r staff. Gofynnir i staff raddio eu gallu i ddefnyddio'r Gymraeg o 0 i 3 ar gyfer pedair elfen wahanol, sef i) deall Cymraeg, ii) siarad Cymraeg, iii) darllen Cymraeg ac iv) ysgrifennu Cymraeg. Mae'r lefelau a ddefnyddir gan Brifysgol Aberystwyth yn cyfateb i'r Fframwaith Cyfeirio Cyffredin Ewrop ar gyfer Ieithoedd (CEFR). Fe'i defnyddir yn eang yn Ewrop a hefyd ar gyfandiroedd eraill, ac mae ar gael mewn dros ddeugain o ieithoedd gan gynnwys y Gymraeg.[13] Er mai dyma'r ffordd hawsaf o gofnodi sgiliau ieithyddol y gweithlu nid yw gofyn i staff hunanasesu yn ddull gwyddonol o ymgymryd â'r dasg a rhaid derbyn nad yw'r data yn gwbl ddibynadwy o ganlyniad. Mae canfyddiad unigolion o'u sgiliau a'u hyfedredd yn amrywio ac, yn anorfod, tuedda rai i ymffrostio'n ormodol gydag eraill yn betrusgar wrth nodi eu gallu ieithyddol. Y tueddiad cyffredinol, fodd bynnag, yw i staff dan-asesu eu gallu ieithyddol am resymau'n ymwneud â diffyg hyder neu bryder y bydd gofyn iddynt gyflawni dyletswyddau yn y Gymraeg ar ran cydweithwyr. Problem ddiddorol o safbwynt y Gymraeg, nad yw'n ffactor wrth fynegi sgiliau ieithyddol yn y Saesneg, yw'r swildod hwn. Un ffordd o fynd i'r afael â chadernid y data yw asesu sgiliau ieithyddol fel rhan o'r broses gyfweld. Yn naturiol, dim ond ar gyfer staff sy'n ymuno o'r newydd â'r sefydliad, neu sy'n ymgeisio am swydd arall o fewn y sefydliad, y mae modd cynnal asesiad o'r fath ac mae'n gofyn am gryn dipyn o gynllunio ac adnoddau ychwanegol – o greu profion addas ar gyfer asesu lefelau gwahanol, eu gweinyddu fel rhan o'r cyfweliad a sicrhau bod unigolyn cymwys yn asesu'r canlyniadau. Mae'n dasg heriol hefyd o ystyried mai dim ond y cymwyseddau hanfodol y gellir eu hasesu mewn cyfweliad a dim ond asesiad o'r lefel ieithyddol benodol ar gyfer y swydd y gellir ei gynnal boed yr ymgeisydd yn meddu ar sgiliau uwch ai peidio. Amlyga'r gwendidau hyn yn ansawdd y data bwysigrwydd yr angen i gyfleu neges glir i'r holl staff am y rhesymau pam y gofynnir am y wybodaeth a sut bydd y manylion yn cael eu defnyddio i gynllunio'r gweithlu er mwyn darparu gwasanaethau dwyieithog cynhwysfawr. Mae'n rhaid cofio hefyd bod sgiliau ieithyddol yn datblygu gyda hyfforddiant ac ymarfer, ac mae'n hanfodol, felly, bod unigolion yn diweddaru'r wybodaeth am eu sgiliau yn rheolaidd.

Mae pwyslais y strategaeth, felly, ar flaengynllunio ar gyfer sicrhau'r sgiliau ieithyddol angenrheidiol ymhen amser ac ar drin y Gymraeg fel unrhyw sgil arall a allai fod yn hanfodol i rai swyddi. Disgwylir i adrannau nodi'r gofynion ieithyddol ar gyfer swyddi a hysbysebir yn unol â'r lefelau sydd eisoes wedi'u pennu ar gyfer sgiliau llafar a sgiliau ysgrifenedig.[14] Mae hyn yn gyfle, pan fyddo'n briodol, i roi mwy o bwyslais ar sgiliau llafar yn y Gymraeg nag ar sgiliau ysgrifenedig ar gyfer swyddi sy'n gofyn am gysylltiad wyneb yn wyneb â'r cwsmer. Y nod, o ganlyniad, yw denu rhagor o ymgeiswyr a fyddai'n barod i gydnabod eu gallu i siarad Cymraeg ond sy'n llai hyderus yn eu sgiliau ysgrifenedig.

Polisi defnydd mewnol o'r Gymraeg

Mae Safon 105 yn gofyn i'r Brifysgol lunio polisi defnydd mewnol o'r Gymraeg 'gyda'r bwriad o hybu a hwyluso defnyddio'r Gymraeg'.[15] Yn ogystal â chwrdd â'r gofynion statudol roedd y Brifysgol yn awyddus i ddatblygu rhaglen uchelgeisiol o safbwynt hyrwyddo'r Gymraeg ymhlith staff, myfyrwyr a'r cyhoedd yn gyffredinol. Diben y polisi defnydd mewnol, felly, yw adeiladu ar yr ymrwymiadau a geir yng nghynllun strategol y Brifysgol gan sicrhau cydymffurfiaeth â gofynion y Safonau ar yr un pryd.[16] Mae'r polisi yn amlinellu ymrwymiadau'r Brifysgol i'r Gymraeg uwchlaw gofynion y Safonau ac yn cynnwys targedau mesuradwy o ran canran y staff sy'n siarad Cymraeg ac yn dysgu'r iaith gan anelu at weld 50 y cant o staff y gwasanaethau proffesiynol yn medru'r Gymraeg hyd at lefelau penodol erbyn 2029.[17] Y nod, felly, yw cynyddu'r defnydd o'r Gymraeg yng ngweithleoedd y Brifysgol gan annog a darparu cefnogaeth i staff ddefnyddio a gwella eu sgiliau dwyieithog a sicrhau bod y Gymraeg yn ffynnu fel iaith gwaith.

Mae darparu cefnogaeth ieithyddol ar bob lefel i staff yn gwbl allweddol yn yr ymdrech i wreiddio'r Gymraeg yn y sefydliad ac i ddatblygu a chynnal gwasanaethau Cymraeg. Er mwyn gwneud hyn yn llwyddiannus mae'n werthfawr gallu cyfuno dosbarthiadau iaith ffurfiol, a drefnir drwy'r Cynllun Cymraeg Gwaith[18] a sesiynau eraill a drefnir gan ganolfannau Cymraeg i oedolion, gyda sesiynau anffurfiol i roi'r iaith ar waith ymhlith staff. Mabwysiadwyd cynlluniau megis y clwb coffi a'r cynllun mentora ym Mhrifysgol Aberystwyth lle rhoddir cyfle i ddysgwyr a siaradwyr Cymraeg rhugl ddod ynghyd i siarad Cymraeg mewn awyrgylch anffurfiol a diogel gan roi cyfle i bawb deimlo'n gyfforddus wrth ddefnyddio eu Cymraeg.[19] Sefydlwyd gwobrau Gŵyl Dewi hefyd i gydnabod cyfraniad neilltuol staff a myfyrwyr i'r Gymraeg a dwyieithrwydd yn y Brifysgol.[20] Mae hyn yn gyfle arbennig i ddathlu'r Gymraeg, dathlu llwyddiannau myfyrwyr a staff a chyhoeddi newyddion da am ddefnydd y Brifysgol o'r Gymraeg.

Darpariaeth academaidd

Fel un o'r prif ddarparwyr ym maes addysg uwch cyfrwng Cymraeg mae Prifysgol Aberystwyth yn un o bartneriaid allweddol y Coleg Cymraeg Cenedlaethol ac yn meddu ar draddodiad hir o ddarparu rhychwant eang o fodiwlau a chynlluniau gradd drwy gyfrwng y

Gymraeg. Yn wir, bu myfyrwyr y Brifysgol yn flaenllaw yn yr ymgyrch i sefydlu Coleg Ffederal Cymraeg a wireddwyd fel y Coleg Cymraeg Cenedlaethol ar 30 Mawrth 2011.[21] O ganlyniad, megis y disgwyliadau ar gyfer y ddarpariaeth weinyddol, roedd y disgwyliadau ar gyfer ehangu a datblygu'r disgyblaethau academaidd drwy'r Gymraeg yn sylweddol wrth fabwysiadu'r Safonau. Roedd y Brifysgol yn awyddus i gydnabod bod iddi swyddogaeth bwysig wrth sicrhau bod yr addysg Gymraeg a gynigir i'w myfyrwyr yn gydnaws â gofynion y byd gwaith yng Nghymru er mwyn meithrin graddedigion hyderus yn eu sgiliau dwyieithog.[22]

Nid yw'r Safonau yn pennu sut y dylai prifysgolion fynd ati i gynllunio eu darpariaethau academaidd gan mai mater i'r sefydliadau eu hunain yw gwneud hynny.[23] Serch hynny, mae'r Safonau yn nodi'n glir hawliau'r myfyrwyr wrth dderbyn addysg a chefnogaeth weinyddol drwy'r Gymraeg gan y prifysgolion. Daethpwyd â'r hawliau hyn ynghyd mewn ymgyrch a anelwyd at fyfyrwyr gan Gomisiynydd y Gymraeg ar ddechrau blwyddyn academaidd 2018–19. Mae'r ymgyrch Mae Gen i Hawl yn amlinellu'r deg ymrwymiad a nodir yn y Safonau y disgwylir i sefydliadau addysg uwch yng Nghymru eu darparu yn Gymraeg i'w myfyrwyr. Bu gan fyfyrwyr Prifysgol Aberystwyth yr hawl i dderbyn pob un o'r darpariaethau hyn yn Gymraeg cyn dyfodiad y Safonau ond roedd yr ymgyrch yn gyfle i ail-lansio'r hawliau ac i godi ymwybyddiaeth ymhlith staff, myfyrwyr a darpar fyfyrwyr o'r gofynion statudol i ddarparu gwasanaethau cyfrwng Cymraeg.

Casgliadau

Mae'n ddyddiau cynnar o hyd ar weithredu'r Safonau ym mhrifysgolion Cymru a'r rheiny'n ddyddiau tymhestlog, yn heriol yn ariannol a'r her i gynnal a datblygu gwasanaethau Cymraeg yn fawr mewn cyd-destun o doriadau ac ail-strwythuro. Gosodwyd y Safonau ar brifysgolion ar adeg dyngedfennol yn eu hanes ac yn ystod yr union gyfnod hwnnw o ailddiffinio cyfeiriad a chenhadaeth sefydliad y mae'n gwbl allweddol sefydlu gofynion cynllunio ieithyddol fel angor i'r weledigaeth newydd. Yn sicr, roedd lansio'r

Safonau yn gyfle gwirioneddol dda i chwistrellu egni newydd i'r gwaith o hyrwyddo'r Gymraeg yn y Brifysgol ac i ddiosg yr hen ddadleuon am ddiffyg dannedd a diffyg ymrwymiad pellgyrhaeddol y cynllun iaith. Cafwyd sawl cyfle, wrth sefydlu gweithdrefnau newydd i'r Safonau, i gynnal trafodaethau strwythuredig ac adeiladol, ac anodd iawn ar brydiau, ynghylch cynllunio'r gweithlu i alluogi adrannau i ddarparu gwasanaethau dwyieithog cynhwysfawr. Gwelwyd newidiadau gwirioneddol gadarnhaol wrth i gynllunio ieithyddol ddod yn ganolog i benderfyniadau strategol a buan yr ymgyfarwyddodd cymuned fewnol ac allanol y Brifysgol â'r gofynion newydd.

Amlygwyd hefyd bwysigwydd yr ymrwymiad sefydliadol o'r brig er mwyn sicrhau llwyddiant a dylanwad y Safonau. Nid oes modd gorbwysleisio mor hanfodol yw hynny i ethos dwyieithog unrhyw sefydliad oherwydd drwy esiampl y mae arwain ar y Gymraeg. Rhaid meithrin gweledigaeth gadarn ymhlith llywodraethwyr y sefydliad, gan argyhoeddi siaradwyr Cymraeg a'r di-Gymraeg fel ei gilydd, yn benaethiaid ac yn rheolwyr, i ddangos y ffordd i'r gweithlu. Serch hynny, mae cwestiynau heriol yn parhau wrth bennu gofynion ieithyddol i swyddi arweiniol, sef yr union swyddi sy'n gyfrifol am gynnal, cefnogi a dylanwadu ar ddiwylliant dwyieithog ein sefydliadau. O ganlyniad, gofynnir am weithredu'n ddewr o blaid y Gymraeg ac mae cynlluniau hyfforddi dwys i'r gweithlu yn rhan o'r ateb. Rhan arall o'r ateb yw cefnogaeth ymarferol wedi'i diffinio mewn polisi i ryddhau staff i fynychu sesiynau ymwybyddiaeth iaith, i ddysgu'r Gymraeg neu i fireinio sgiliau ieithyddol mewn dosbarthiadau ffurfiol a sesiynau anffurfiol wedi'u teilwra i anghenion y gweithle. Wrth wneud hynny gellir meithrin agweddau iach at y Gymraeg, gwella sgiliau ieithyddol a sicrhau nad oes gorddibyniaeth ar wasanaethau cyfieithu. Fel hyn y caiff ymrwymiadau'r Safonau wir ddylanwad ar y ddarpariaeth Gymraeg a gynigir i fyfyrwyr, staff a'r cyhoedd.

Proses barhaus yw rhoi'r Safonau ar waith ac mae'r gofynion yn fawr i brifysgolion Cymru wrth iddynt fabwysiadu cynlluniau newydd, cystadlu yn y farchnad ryngwladol, manteisio ar dechnoleg newydd a wynebu'r heriau a ddaw yn sgil hynny. Her ychwanegol bellach yw adfer yn sgil pandemig COVID-19. Yr her yw gosod y Gymraeg yn ganolog i gynlluniau datblygu a chynlluniau adfer a sicrhau nad yw egwyddorion cynllunio ieithyddol yn cael eu colli ymhlith y blaenoriaethau niferus eraill. O ganlyniad, mae cynllun defnydd mewnol uchelgeisiol sydd wedi'i wreiddio yng nghenhadaeth y Brifysgol yn fodd o gyflawni amcanion a thargedau clir gan roi hyder i bawb bod y sefydliad ar y trywydd cywir. Mae'r pwyslais a roddir yn y Safonau ar fynd ati'n rhagweithiol i gynnig gwasanaeth Cymraeg yn ymrwymiad arwyddocaol i sefydliadau anelu at ei wireddu, ond mae hefyd yn her ac yn gyfrifoldeb arnom ninnau fel defnyddwyr i fynnu gwasanaethau Cymraeg er mwyn dangos eu gwerth. Dyna un ffordd arwyddocaol o ddwyn perswâd ar sefydliadau i wneud mwy na chydymffurfio â gofynion statudol ac i feithrin uchelgais i ddod yn weithleoedd a gwasanaethau gwirioneddol ddwyieithog.

Nodiadau

[1] Bwrdd yr Iaith Gymraeg, *Cynlluniau Iaith Gymraeg: Eu paratoi a'u cymeradwyo yn unol â Deddf yr Iaith Gymraeg 1993* (Caerdydd: Bwrdd yr Iaith Gymraeg, 1996), t. 4.

[2] Hysbysiad Cydymffurfio Prifysgol Aberystwyth, *https://www.aber.ac.uk/ en/media/departmental/cwls/pdfs/20170929-Hysbysiad-Cydymffurfio44-Prifysgol-Aberystwyth-(cy)*.pdf.

[3] Memorandwm Esboniadol I: Rheoliadau Safonau'r Gymraeg (Rhif 6) 2017, *https://senedd.wales/laid%20documents/sub-ld10872-em/sub-ld10872-em-w.pdf*.

[4] Gweler Coleg Cymraeg Cenedlaethol, *http://www.colegcymraeg.ac.uk/cy/ycoleg/cynllunioacademaidd/* (cyrchwyd 30 Gorffennaf 2021).

[5] Roedd y dangosyddion perfformiad yn amrywio yn ôl natur y gwasanaeth a ddarperir gan yr adran ond yn cynnwys derbyn a thrin galwadau ffôn yn Gymraeg, cadw cofnodion am ddewis iaith defnyddwyr, canran y ddarpariaeth academaidd a gynigir yn Gymraeg, a nifer y staff sy'n medru'r Gymraeg hyd at lefelau penodol.

[6] Roedd yr ymarferion hap-wirio a gynhaliwyd yn fuan ar ôl mabwysiadu'r Safonau yn cynnwys galwadau ffôn i wneud yn siŵr bod cyfarchiad dwyieithog yn cael ei roi; ymholiadau dros e-bost yn Gymraeg er mwyn sicrhau bod yr ateb yn cael ei anfon yn Gymraeg heb oedi; teithiau o amgylch y campws i wirio bod arwyddion yn ddwyieithog a bod unrhyw

ddeunyddiau a oedd yn cael eu harddangos gan gynnwys prosbectysau a llawlyfrau a rannwyd ar fyrddau mewn adrannau ar gael yn Gymraeg hefyd. Cynhelir ymarferion cyffelyb gan Gomisiynydd y Gymraeg fel rhan o'r adroddiadau sicrwydd blynyddol. Gweler, er enghraifft, Comisiynydd y Gymraeg, *Hawlio Cyfleoedd: Adroddiad Sicrwydd 2018–19* (Caerdydd: Comisiynydd y Gymraeg, 2019).

7 Gweler canllaw Comisiynydd y Gymraeg ar feddalwedd dwyieithog, *Technoleg, Gwefannau a Meddalwedd: Ystyried y Gymraeg*, https://llyw.cymru/sites/default/files/publications/2021-03/technoleg-gwefannau-a-meddalwedd-ystyried-y-gymraeg.pdf.

8 Mae'r adroddiadau a gyflwynir i'r grŵp hwn yn sail i'r adroddiadau blynyddol a gyflwynir i Gomisiynydd y Gymraeg. Gweler, er enghraifft, *Adroddiad Monitro Safonau Iaith Prifysgol Aberystwyth 1 Awst 2018–31 Gorffennaf 2019*, https://www.aber.ac.uk/en/media/departmental/cwls/pdfs/s-46748/Adroddiad-Monitro-Safonau-Iaith-Gymraeg-2018-19-(002).pdf.

9 Gweler gwefan Canolfan Gwasanaethau'r Gymraeg, *https://www.aber.ac.uk/cy/cgg/bilingual-policy/canllawiau/* (cyrchwyd 30 Gorffennaf 2021).

10 Gweler *Offeryn Asesiad Ardrawiad Iaith*, *https://www.aber.ac.uk/cy/cgg/bilingual-policy/canllawiau/* (cyrchwyd 30 Gorffennaf 2021).

11 Gweler ffurflen gwyno, *https://www.aber.ac.uk/cy/cgg/bilingual-policy/complaint-form/* (cyrchwyd 30 Gorffennaf 2021).

12 Gweler *Cymraeg 2050: Strategaeth y Gymraeg*, *https://llyw.cymru/cymraeg-2050-strategaeth-y-gymraeg* (cyrchwyd 30 Gorffennaf 2021).

13 Gweler Common European Framework of Reference for Languages (CEFR), *https://www.coe.int/en/web/common-european-framework-reference-languages/level-descriptions* (cyrchwyd 30 Gorffennaf 2021).

14 Gweler *Lefelau'r Iaith Gymraeg: Canllaw i Gyfarwyddwyr, Rheolwyr a Phenaethiaid Adrannau*, *https://www.aber.ac.uk/cy/hr/policy-and-procedure/welsh-standards/* (cyrchwyd 30 Gorffennaf 2021).

15 Safon 105, Hysbysiad Cydymffurfio Prifysgol Aberystwyth *https://www.aber.ac.uk/en/media/departmental/cwls/pdfs/20170929-Hysbysiad-Cydymffurfio44-Prifysgol-Aberystwyth-(cy).pdf*.

16 Gweler Prifysgol Aberystwyth, 'Yr Iaith Gymraeg a'i diwylliant', *Cynllun Strategol Prifysgol Aberystwyth, 2018–2023: I'r Ganrif a Hanner Nesaf*, *https://www.aber.ac.uk/cy/strategicplan/* (cyrchwyd 30 Gorffennaf 2021).

17 Gweler Defnyddio'r Gymraeg yn y Gwaith ym Mhrifysgol Aberystwyth *https://www.aber.ac.uk/en/media/departmental/cwls/canllawiausafonauiaithhefyd/welshlanguagestandardsdocuments/canllawiausafoniaith/Polisi-Defnydd-Mewnol-o'r-Gymraeg---Defnyddio'r-Gymraeg-yn-y-Gwaith.pdf*.

[18] Gweler *https://dysgucymraeg.cymru/cymraeg-gwaith/cyrsiau-cymraeg-gwaith/cyrsiau-blasu-ar-lein/* a *http://www.colegcymraeg.ac.uk/cy/astudio/cymraeggwaithmewnaddysguwch/* (cyrchwyd 30 Gorffennaf 2021).

[19] Gweler *https://www.aber.ac.uk/cy/cgg/translation-and-support/learning-improving-welsh/* (cyrchwyd 30 Gorffennaf 2021).

[20] Gweler *https://www.aber.ac.uk/cy/cgg/gwobraudewi/* (cyrchwyd 30 Gorffennaf 2021).

[21] Coleg Cymraeg Cenedlaethol, *http://www.colegcymraeg.ac.uk/cy/* (cyrchwyd 30 Gorffennaf 2021).

[22] Gweler 'Astudio yn Gymraeg', gwefan Prifysgol Aberystwyth, *https://www.aber.ac.uk/cy/ccc/welsh-medium-provision/* (cyrchwyd 30 Gorffennaf 2021).

[23] Mae Prifysgol Aberystwyth wedi llunio cynllun academaidd cyfrwng Cymraeg sy'n amlinellu natur y ddarpariaeth academaidd drwy'r Gymraeg a thargedau penodol fesul adran academaidd. Mae 'Addewidion Aber' (gw. *https://www.aber.ac.uk/cy/undergrad/before-you-apply/welsh-medium/addewidion-aber/* (cyrchwyd ar 30 Gorffennaf 2021)) yn nodi'r ymrwymiadau a wna'r brifysgol i'w myfyrwyr cyfrwng Cymraeg er mwyn sicrhau bod eu profiad academaidd a chymdeithasol yn un cynhwysfawr a chynhwysol drwy'r Gymraeg.

12

Cynnig dros ysgwydd? Y Gymraeg, y prifysgolion a'r gweithle dwyieithog

R. Gwynedd Parry

Daeth y sôn am hawliau i hydreiddio ymsonau gwleidyddol ein hoes. Gwelwyd awydd i ddeddfu i gydnabod hawliau plant, hawliau'r henoed, hawliau'r anabl, hawliau anifeiliaid a hawliau lleiafrifoedd dynol o bob rhywogaeth. Treiddiodd y brwdfrydedd dros arddel hawliau o theatrau'r Cenhedloedd Unedig a'r seneddau Ewropeaidd i gynteddau Llywodraeth Cymru a'r ddeddfwrfa Gymreig. Yn yr hinsawdd hon, gwelodd y mudiad iaith yng Nghymru ei gyfle, a daeth ieithwedd hawliau yn dra ffasiynol wrth i ymgyrchwyr lunio'r moddion i drin llesgedd y Gymraeg a grymuso'i siaradwyr.

O ddogfennaeth swyddogol i hysbysebion teledu, bu Comisiynydd y Gymraeg (y ddau ddeiliad) yn esbonio Safonau'r Gymraeg gan gyhoeddi'n hyderus, 'mae gen ti hawl'.[1] Cynhaliwyd diwrnod hawliau'r Gymraeg ac achlysuron eraill i ddathlu dyfodiad hawliau ieithyddol y Cymry.[2] Gafaelodd y gred mai wrth arddel hawliau y mae dwyn y maen i'r wal ym mhwyllgorau'r Coleg Cymraeg Cenedlaethol hefyd. Cyhoeddwyd mai 'sicrhau bod hawl gan bob myfyriwr i addysg uwch cyfrwng Cymraeg o'r radd flaenaf' fyddai prif genhadaeth y Coleg.[3] Yn enw'r egwyddor hon y byddai'r Coleg yn diwallu'r angen am raddedigion cymwys ar gyfer y gweithle dwyieithog. Hynny, wrth gwrs, yn y ffydd y deuai'r freuddwyd o filiwn o siaradwyr Cymraeg yn ffaith:

Mae cyswllt cyflogwyr a diwallu anghenion y byd gwaith yn thema amlwg ... ac yn debygol o fod yn rhan bwysig o waith y Coleg yn ystod y cyfnod nesaf. Mae hyn hefyd yn berthnasol i strategaeth Llywodraeth Cymru parthed sicrhau miliwn o siaradwyr Cymraeg erbyn 2050 – a'r gofyn felly i gynllunio gweithlu yn effeithiol a gofalus.[4]

Ailadroddwyd yr hawl i addysg trwy gyfrwng y Gymraeg yng nghyhoeddiadau mwyaf diweddar y Coleg Cymraeg Cenedlaethol, er, y tro hwn, yng nghyd-destun cyfrifoldeb ehangach y sefydliad dros addysg ôl-orfodol, gan gynnwys addysg bellach a phrentisiaethau. Yn ôl y strategaeth ddiweddaraf, un o'r blaenoriaethau fydd 'cefnogi a chyfrannu at gynlluniau ac ymestyn cyfleoedd astudio neu hyfforddi drwy gyfrwng y Gymraeg, gan sicrhau bod gan bawb yr hawl i ddysgu a defnyddio'r Gymraeg'.[5]

Ymddengys mai 'hawl' yw allweddair yr oes, a'r hyn a olygir wrth yr hawl i 'addysg uwch cyfrwng Cymraeg' a'i oblygiadau i brifysgolion fel gweithleoedd dwyieithog, ynghyd â'u cyfraniad i greu gweithleoedd dwyieithog, fydd ffocws y cyfraniad hwn. Holir beth yw ystyr yr hawl arbennig yma, ac ai hawl foesol, rethregol, neu gyfreithiol ydyw, neu ai dim ond dyhead heb ddeddf yn sylfaen iddi? Yna, ystyrir sut y gall hawl i gael addysg uwch yn y Gymraeg, o'i gwireddu, gyfrannu at wireddu'r syniad o brifysgolion fel gweithleoedd dwyieithog sy'n cynhyrchu graddedigion dwyieithog i ddiwallu anghenion sectorau economaidd yn y Gymru gyfoes. Ond, yn gyntaf, awn at wreiddiau'r dynfa hon at syniadaeth hawliau.

Hawliau a'r Gymraeg

Tywalltwyd galwyni o inc a llosgwyd ambell i gannwyll wrth i rai o'n meddylwyr praffaf geisio cymhwyso eu taerineb dros ddyfodol y Gymraeg o fewn model hawliau. Hoeliodd Gwion Lewis ei faner ar bolyn hawliau, gan fynnu y dylid cael datganiad statudol i'r perwyl fod 'gan bobl Cymru yr hawl i ddefnyddio'r Gymraeg, cyn belled ag y bo hynny'n rhesymol o dan yr

Cynnig dros ysgwydd?

amgylchiadau'.[6] Dan ddylanwad ysgolheigion fel Kymlicka, ymddengys mai cyfuniad o hawl unigolyddol a chasgliadol oedd ganddo mewn golwg, sef fod gan 'bobl Cymru', fel grŵp, yr hawl i ddefnyddio'r Gymraeg, ond, wrth reswm, y defnyddid yr hawl honno gan siaradwyr unigol yn eu bywydau beunyddiol.[7] Dilyn y trywydd casgliadol/cyfuniadol a wnaeth Huw Lewis yntau, a mabwysiadu syniadaeth Denise Réaume wrth iddo awgrymu mai 'yr hawl i sicrwydd ieithyddol' ar gyfer siaradwyr y Gymraeg fel grŵp sy'n cynnig y geiriad gorau.[8] Iddo ef, byddai'r fath hawl yn creu'r amodau lle y gallai'r Gymraeg ffynnu a goroesi, os dyna ddymuniad ei siaradwyr (safbwynt glasurol ryddfrydol).

Nodwedd amlwg fformiwlâu o'r fath yw eu cyffredinedd haniaethol. Nid yw 'sicrwydd ieithyddol' yn ymadrodd technegol, 'term of art', fel y mae, dyweder, hawddfraint neu hawlfraint yn dermau cyfreithiol. Ac y mae unrhyw hawl, 'cyn belled ag y bo hynny'n rhesymol o dan yr amgylchiadau', yn cadw'r twrneiod mewn gwaith. Dirgelwch fyddai, er enghraifft, hyd a lled y fath hawl, y gofyniad neu'r dyletswydd a osodai ar unrhyw un, ac o dan ba amgylchiadau y byddai mynnu defnyddio Cymraeg yn afresymol. Hynny hyd nes y ceid dehongliad barnwrol ar bethau. Ac o gofio mai cylchdaith o fewn system gyfreithiol Lloegr yw Cymru o hyd, ai doeth fyddai ymddiried y gorchwyl o ddehongli a gosod y terfynau yn nwylo barnwyr Ei Mawrhydi?[9] Barnwch chi.

Ffrwyth ymgais i osod hawliau penodol ar gyfer y Gymraeg o fewn fframwaith athronyddol ar hawliau ieithyddol neu gyfritheg hawliau dynol a geir yn nifer o'r ysgrifau hyn. Adeiladu pont rhwng y lleol a'r allanol, er mwyn rhoi dilysrwydd syniadol annibynnol i achos y Gymraeg. Ond bu saernïo theori normadol a rhoi mynegiant cysyniadol i hawliau ieithyddol cyffredinol, heb sôn am eu hymgnawdoli mewn offerynnau cyfreithiol, yn drech na'r arbenigwyr.[10] Chwiliwyd yn ddyfal am ffurf o ymadroddi a allai gwmpasu hawliau ieithyddol at bob achlysur. Ond mewn cyffredinedd gall ystyr fynd ar goll, a defnyddir geiriau cysurus ond amwys am hawliau nad oes ganddynt wreiddiau mewn realaeth. Am bob un sy'n grediniol mai mewn hawliau dynol y ceir achubiaeth, y mae eraill sy'n amau gwerth honiadau iwtopaidd ac awdurdod deallusol y cenhadon rhyddfrydol.[11]

Y mae tensiynau yn llifo drwy'r trafodaethau ar hawliau ieithyddol, megis rhwng hawliau ieithyddol unigol a chyffredinol (a'r problemau a ddaw os cydnabyddir hawliau ieithyddol siaradwyr pob iaith), a hawliau ieithyddol penodol a chasgliadol (sef cydnabod hawliau ieithyddol rhai grwpiau ieithyddol penodol mewn modd na fydd yn tanseilio hawliau unigol ar yr un pryd).[12] Y mae amgylchiadau ieithoedd a'u siaradwyr yn amrywio'n sylweddol. Nid yr un yw sefyllfa'r Rwsieg yng Ngwlad Pŵyl a sefyllfa'r Wyddeleg yng Ngweriniaeth Iwerddon, neu sefyllfa Bengali yng Nghymru a sefyllfa Inuit yng Nghanada. Gall hawliau iaith olygu'r un peth â hawliau cenedlaethol mewn un cyd-destun, hawliau i oroesi fel lleiafrif sefydlog mewn un arall, a mynegiant o amlddiwylliannedd mewn un arall.[13] A cheir is-destun gwleidyddol ym mhob sefyllfa ieithyddol bron.

Y mae i gymunedau ieithyddol eu hanes hefyd, a gall hanes bwyso'n drwm ar bethau. Bydd anghyfiawnderau a gormes y gorffennol yn elfen bwysig o'r achos dros hawliau ieithyddol.[14] Gwelir hyn amlaf yng nghyswllt ieithoedd fel y Gymraeg, iaith frodorol a ddisodlwyd gan iaith arall, ac iaith sy'n cael ei hystyried fel dioddefwr mewn termau hanesyddol. Nid apêl at ddwyieithrwydd neu amlddiwylliannedd neu un arall o gysyniadau poblogaidd yr oes fu'r ysbrydoliaeth ar gyfer y mudiad iaith yng Nghymru (ni ddefnyddiodd Dafydd Iwan y gair dwyieithrwydd yn un o'i ganeuon), ond yr angen i wneud yn iawn am anghyfiawnderau'r gorffennol ac i sicrhau parhad y genedl Gymraeg.[15] Mae cyfiawnder hanesyddol yn thema gyson mewn unrhyw drafodaeth ar hawliau ieithyddol penodol. Er hynny, nid yw'r defnydd o hanes bob amser yn fater syml. Yn nwyrain Ewrop, er enghraifft, ceid hanes o newid ffiniau, o lanw a thrai ymerodraethau ac o fudo poblogaethau, weithiau o dan orfodaeth. Mae'r alwad am gyfiawnder hanesyddol yn medru arwain at gors bur dywyll mewn rhai amgylchiadau.[16]

Anaml y bydd y drafodaeth athronyddol ar hawliau ieithyddol yn troi o gwmpas hawliau ieithyddol cyffredinol (*universal rights*), sef hawliau ieithyddol ar gyfer siaradwyr pob iaith. Mae'r ieithoedd hynny y mynegir pryder amdanynt yn aml yn ieithoedd sydd dan bwysau a'u siaradwyr mewn cyflwr o wendid neu anfantais.

Byddant yn ieithoedd lleiafrifol, neu'n ieithoedd di-wladwriaeth. Ac wrth gynnal y drafodaeth trwy brism hawliau dynol, fe'i gwneir yn nhermau hawliau'r gwan yn erbyn y cryf, hawliau'r unigolyn yn erbyn awdurdod neu hawl y lleiafrif yn erbyn y mwyafrif. Dyna natur y bwystfil. Pwy erioed ddadleuodd dros hawliau pobl heterorywiol neu hawliau'r corfforol abl?

Daw hynny â ni at broblem arall sy'n codi yn yr ymson ar hawliau, sef y gwrthdaro rhwng hawliau. Gall y gydnabyddiaeth o hawliau ieithyddol unigolion neu grwpiau penodol ymyrryd â hawliau ieithyddol unigolion neu grwpiau eraill neu gymryd blaenoriaeth ar hawliau eraill.[17] Lle ceir hawliau'n cystadlu yn erbyn ei gilydd, mae'n rhaid i un hawl fod yn ddigon pwysig i gyfiawnhau'r flaenoriaeth ar yr hawl arall neu i greu'r ddyletswydd ar eraill.[18] Gwahaniaethir rhwng hawliau absoliwt a hawliau amodol. Er enghraifft, er y datgenir yr hawl i ryddid mynegiant mewn nifer o offerynnau rhyngwladol, nid yw'r hawl honno yn absoliwt.[19] Hawl amodol ydyw, yn ddarostyngedig i'r hawl i, er enghraifft, amddiffyn enw da rhag enllib os defnyddir yr hawl i ryddid mynegiant i ledaenu celwyddau athrodus.

Mae blaenoriaethu hawliau a'u gosod yn nhrefn eu pwysigrwydd yn y sylweddoliad o'r gofynion y maent yn eu gosod yn weithred wleidyddol a chanddi elfen gref o oddrychedd.[20] Neu, fel y mynegodd Dworkin, y mae rhai hawliau yn trympio hawliau eraill yn yr un modd ag y mae'r brenin yn trympio'r jac mewn gêm o gardiau.[21] Ac wrth roi gwerth ar hawl, mae'r prisio yn gofyn am ddealltwriaeth o'r gost, y gofyniad neu'r cyfyngiad a osodir ar eraill, ac o'r hawliau eraill a gaiff eu trympio a'u darostwng. Natur y gofyniad, y pris sydd i'w dalu, sy'n dangos gwir natur ac ansawdd yr hawl a fynnir. Nid oes y fath beth â hawl ddi-gost. Mae gan bob hawl ei phris, ei gofyniad a'i dyletswydd. Dychwelwn at hyn eto maes o law.

Gweld hawliau ieithyddol fel hawliau yn wyneb grym a wnaeth Emyr Lewis wrth resymegu hawliau ieithyddol yng nghyd-destun y Gymraeg.[22] Yn hytrach na diffinio hawliau iaith fel modd i rymuso siaradwyr unigol, daeth at y pwnc o safbwynt anghyfartaledd grym. Iddo ef, crëir hawliau ar gyfer siaradwyr y Gymraeg, ond nid Saesneg, oherwydd anghyfartaledd grym y Gymraeg yn erbyn y Saesneg. Fel y mae hawliau dynol cyffredinol yn amddiffyn yr unigolyn yn erbyn grym gwladwriaethol, oherwydd anghyfartaledd grym, dadleuodd mai'r un yw'r ddadl dros freinio ieithoedd sydd dan anfantais yn erbyn ieithoedd grymus. Cymhwysodd Lewis ei ddadl ymhellach gan ddadlau y dylid breinio'r Gymraeg hyd yn oed mewn ardaloedd lle mae'r Gymraeg yn iaith y mwyafrif, gan fod y Saesneg yn ddigon gwydn fel na ellir mewn difri honni ei bod yn cael ei hamddifadu mewn unrhyw ffordd.[23] Nid hawliau ieithyddol cyffredinol sydd ganddo mewn golwg, ond hawliau ar gyfer iaith benodol.

Ceir cefnogaeth i'r math hwn o ddadl ymysg meddylwyr eraill yn y maes.[24] Clywyd o dro i dro'r galw am gydnabod hawliau penodol i leiafrifoedd ieithyddol, yr hyn a eilw Kymlicka yn 'group-differentiated rights'.[25] Mynnodd Greer fod angen hawliau ychwanegol ar rai grwpiau i'w galluogi i ddefnyddio eu hawliau dynol sylfaenol yn llawn.[26] Mae'n rhaid wrth fesurau er lles y lleiafrif pan fo'r diwylliant neu'r grŵp lleiafrifol yn cael ei roi dan anfantais o'i gymharu â'r grŵp dominyddol. Ffordd o unioni'r cam, o wastatáu'r ddysgl, yw creu hawliau neilltuol ar gyfer y lleiafrif. Rhesymegir bod sicrhau gwir gydraddoldeb yn gofyn am ffurf o wahaniaethu cadarnhaol o blaid y grŵp lleiafrifol. Ar yr un pryd, cydnabyddir yr angen i daro cydbwysedd rhesymol rhwng breinio'r grŵp lleiafrifol a pharhau i barchu hawliau'r mwyafrif, a thrwy hynny anrhydeddu hawliau cyffredinol. Yn ogystal, o'r cyfeiriad arall, mae'n rhaid parchu hawliau unigol aelodau o'r grŵp lleiafrifol nad ydynt yn arddel hunaniaeth y grŵp lleiafrifol, sef eu hawl i fod yn unigolion gwahanol ac i ddewis eu hiaith, a'u rhyddid i ddiffinio eu hunaniaeth.[27]

O droi am ennyd o'r corstir damcaniaethol i dir caled ymarferol, rhaid gofyn, a ymgnawdolodd y syniad o hawliau ieithyddol mewn offerynnau rhyngwladol, cyfraith ryngwladol hyd yn oed? Do a naddo yw'r ateb anfoddhaol.[28] Ceir digon o offerynnau rhyngwladol sy'n gwarchod lleiafrifoedd ieithyddol rhag gwahaniaethu annheg, neu ddarpariaethau sy'n gwarantu iddynt y rhyddid i ddefnyddio iaith, gan gynnwys yn y gweithle wrth iddynt geisio am swyddi. Dyma gyfraniad pwysicaf y Cenhedloedd Unedig o ran cynnal hawliau ieithyddol.[29] O ran creu hawliau ieithyddol mwy positif eu natur, yr ymgais fwyaf cofiadwy oedd yr hyn y ceisiwyd ei

Cynnig dros ysgwydd?

gyflawni ym Marcelona, pan gyhoeddwyd y Datganiad Cyffredinol ar Hawliau Ieithyddol o dan nawdd y Cenhedloedd Unedig yn 1996 (sef Datganiad Barcelona). Ond ofer oedd y gobaith y deuai'n rhan o'r gyfraith ryngwladol, ac ni chafodd ei fabwysiadu gan Gynulliad Cyffredinol y Cenhedloedd Unedig (nid oes ganddo rym cyfreithiol). O safbwynt perthnasedd y Gymraeg i addysg uwch, ceid ynddo ddarpariaeth a roddasai'r hawl i gymunedau ieithyddol benderfynu'r graddau y byddai eu hiaith yn bresennol fel cyfrwng a phwnc astudiaeth ar bob lefel o addysg, gan gynnwys addysg ôl-orfodol.[30] Diddorol yw nodi mai'r bwriad oedd rhoi'r hawl i gymunedau ieithyddol (sef hawl grŵp), a mwy diddorol fyth fyddai'r drafodaeth i bennu pa gorff neu endid a ellid ei arddel fel llais y gymuned honno.

O droi at y sefydliadau Ewropeaidd, gwelwn fod y darlun yn fwy cymhleth. Symol fu cyfraniad yr Undeb Ewropeaidd dros achos hawliau ieithyddol dros y blynyddoedd.[31] Tueddiad clwb y gwladwriaethau oedd cydnabod ac anrhydeddu ieithoedd swyddogol yr aelod-wladwriaethau gan adael llonydd i bolisïau ieithyddol mewnol y gwladwriaethau mewn perthynas â ieithoedd rhanbarthol neu leiafrifol. Yn syml, yr arwyddair oedd peidier ag ymyrryd.[32] Weithiau ceid ambell i gydnabyddiaeth o werth amlieithrwydd, megis yn Erthygl 3, Cytundeb yr Undeb Ewropeaidd, lle ceir sôn am barchu amrywiaeth ieithyddol, neu Erthygl 21, y Siartr Hawliau Sylfaenol, sy'n atal gwahaniaethu ar sail iaith neu pan fo unigolyn yn aelod o leiafrif cenedlaethol, neu Erthygl 22 y cyfryw siartr sydd eto'n sôn am barchu amrywiaeth ieithyddol.[33] Yn ogystal, ar 15 Gorffennaf 2008, cymeradwyodd Cyngor yr Undeb Ewropeaidd y cynnig i enwi'r Gymraeg fel iaith gyd-swyddogol yr Undeb. Yn ddiweddarach, penderfynodd Senedd Ewrop y gall siaradwyr y Gymraeg a rhai ieithoedd rhanbarthol eraill gyfathrebu â Senedd Ewrop yn eu hiaith eu hunain. Rhoddwyd hawl i ohebu â'r Senedd Ewropeaidd a chael ateb yn Gymraeg, ond ni ellid defnyddio'r Gymraeg yn llafar yn ystod sesiynau llawn y senedd neu mewn cyfarfodydd pwyllgor. Wrth gwrs, mae Brexit bellach wedi rhoi terfyn ar ddatblygiad y Gymraeg fel un o ieithoedd y sefydliad hwn.

Yn fwy perthnasol o ran y drafodaeth hon oedd dyfarniad Llys Cyfiawnder yr Undeb Ewropeaidd yn achos *Anita Groener v Minister for Education and the City of Dublin Vocational Educational Committee.*[34] Dyfarnwyd bod gofyniad am wybodaeth o'r Wyddeleg ar gyfer swydd darlithio yn Nulyn yn gydnaws â pholisi domestig ar gyfer hyrwyddo'r iaith genedlaethol a'i fod, o dan yr amgylchiadau, yn cael ei gymhwyso mewn modd cymesur ac anwahaniaethol. Dyma gynsail defnyddiol iawn i'r rhai sy'n wynebu gwrthwynebiad i wneud y Gymraeg yn angenrheidiol ar gyfer swyddi, gan gynnwys swyddi mewn prifysgolion. Heb nifer digonol o staff sy'n medru'r Gymraeg, go brin y ceir darpariaeth a fydd yn meithrin graddedigion dwyieithog y dyfodol. Dychwelaf at hyn eto.

O ran cyfraniad Cyngor Ewrop i gydnabod hawliau ieithyddol, mae'r darlun ychydig yn fwy addawol.[35] Mae un offeryn sy'n cynnig mwy o fanylder, sef y Siartr Ewropeaidd ar gyfer Ieithoedd Lleiafrifol a Rhanbarthol.[36] Hawliau ieithyddol yw ffocws y siartr, ac mae'n gosod mesurau penodol er budd ieithoedd lleiafrifol brodorol Ewrop, a hynny yn seiliedig ar y syniad bod yr hawl i ddefnyddio iaith ranbarthol neu leiafrifol mewn bywyd cyhoeddus a phreifat yn ffurf ar hawl ddynol.[37] Mae'r siartr yn rhestru dyletswyddau ieithyddol y gall gwladwriaethau ymrwymo iddynt a'u gweithredu i hyrwyddo iaith/ieithoedd rhanbarthol neu leiafrifol, a hynny ym meysydd addysg, y gyfraith, gweinyddiaeth gyhoeddus, diwylliant, y cyfryngau a bywyd economaidd a chymdeithasol.

Bu llawer o bendroni dros y ffaith mai ieithoedd hanesyddol, traddodiadol Ewrop a warchodir, ac nid ieithoedd 'mudwyr'.[38] Ond, yn bwysicach o safbwynt ei heffaith a'i hawdurdod, nid yw'r siartr yn creu rhwymedigaethau cyfreithiol na hawliau unigolyddol y medrir eu gorfodi mewn llys barn. Y gorau y gellir ei ddweud yw ei bod yn gytundeb rhyngwladol (*treaty*) a, chan hynny, bod ganddi rywfaint o rym gwleidyddol yn gefn iddi.[39]

O ddiddordeb penodol i ni yma, mae Erthygl 8 y siartr yn ymwneud ag addysg, o addysg feithrin hyd at addysg i oedolion, yn yr iaith ranbarthol neu leiafrifol. Mae Erthygl 8, paragraff 8.1.e. yn ymwneud ag addysg uwch trwy gyfrwng iaith leiafrifol yn ogystal ag astudio iaith leiafrifol fel pwnc.[40] Mae adroddiad esboniadol y siartr yn ganllaw i weithredu ymarferol ac, o ran addysg, mae'n annog gwladwriaethau i 'sicrhau bod yr adnoddau angenrheidiol ar gael parthed cyllid, staff a deunyddiau dysgu'.[41]

Yr hyn sydd fwyaf perthnasol i ni yma yw'r darpariaethau sy'n sôn am iaith leiafrifol neu ranbarthol fel cyfrwng addysg uwch, sef Erthygl 8.1.e, paragraffau i a iii. Parthed addysg uwch trwy gyfrwng y Gymraeg, y mae'r Deyrnas Unedig wedi mabwysiadu paragraff 8.1.e.iii fel ymrwymiad, sef i 'annog a/neu ganiatáu' yn hytrach na pharagraff 8.1.e.i, sef i 'sicrhau'.[42] Yn ôl un awdurdod, y mae'r ymrwymiad ym mharagraff e.iii. yn briodol pan nad oes gan wladwriaeth fawr o reolaeth ar ei phrifysgolion, megis gyda phrifysgolion preifat.[43] Yn yr achosion hynny, math o anogaeth yw'r cyfan y gellir ei ddisgwyl.[44] Yn gryno, ymddengys nad yw ymrwymiad y Deyrnas Unedig ar gyfer addysg uwch trwy gyfrwng y Gymraeg yn briodol nac yn ddigonol.[45]

Ni ddichon i ni golli gormod o gwsg ar gownt y diffygion hyn. Ond yn wyneb yr ymrwymiadau minimalistig a diffyg dannedd cyfreithiol y siartr, gellir dweud yn blaen nad yw'r siartr yn creu unrhyw hawl i addysg uwch trwy gyfrwng y Gymraeg.

Safonau fel hawliau

Efallai nad oes llawer o fudd o chwilio am yr ateb i'r cwestiwn a oes hawl i addysg uwch trwy gyfrwng y Gymraeg yng nghyffredinedd yr offerynnau rhyngwladol a'r ymsonau cymhleth, amwys ac amodol sy'n sail iddynt. Mae gan Gymru ei deddfwrfa ddatganoledig sy'n meddu ar yr awdurdod i ddeddfu ar gyfer addysg uwch ac ar gyfer y Gymraeg, ac y mae wedi gwneud hynny.[46] Teg edrych tuag adref.

Y ddeddfwriaeth sydd fwyaf perthnasol i'r drafodaeth hon yw Mesur y Gymraeg (Cymru) 2011.[47] Gyda degawd wedi pasio ers creu'r ddeddf, cyhoeddodd Pwyllgor Diwylliant, y Gymraeg a Chyfathrebu, Cynulliad Cenedlaethol Cymru ei hadroddiad, *Cefnogi a hybu'r Gymraeg*, yn 2019.[48] Ffrwyth ymgynghoriad oedd hwn ar lwyddiannau a methiannau'r Mesur mewn ymateb i fwriad Llywodraeth Cymru i ddiwygio'r Mesur ar y pryd.[49] Roedd effaith ac effeithiolrwydd Safonau'r Gymraeg wrth hyrwyddo'r defnydd o'r Gymraeg yn cael lle blaenllaw yn yr adroddiad.

Nid peth hawdd oedd gosod y safonau yn y glorian a hwythau eto yn eu plentyndod. Er i'r ddeddf a genhedlodd y safonau dderbyn bendith frenhinol ar ddechrau 2011, hir fu'r beichiogrwydd o ran y llunio, yr ymgynghori a chymeradwyo'r cynnwys, cyn geni'r safonau cyntaf. Ac mae'r gwaith o lunio a gosod safonau ar gyfer yr holl sectorau yn parhau i fynd rhagddo. Roedd sefydlu'r system safonau ynghyd â swydd y Comisiynydd fel rheoleiddiwr a chanddo sancsiynau cyfreithiol lle ceid methiant â chydymffurfio, yn torri tir newydd. Bwriadwyd i'r safonau fod yn fodd o roi ar waith yr egwyddorion sylfaenol a gyhoeddwyd yn adrannau agoriadol y ddeddfwriaeth, sef fod y Gymraeg yn iaith swyddogol yng Nghymru, ac na ddylid trin y Gymraeg yn llai ffafriol na'r Saesneg.[50]

Pan grëwyd y ddeddfwriaeth, hawliwyd y byddai'r safonau yn creu hawliau a chyfleoedd newydd i siaradwyr y Gymraeg, ac y byddai gorfodi'r safonau yn ffurf o hybu a hyrwyddo, gan hybu newid agweddau tuag at y Gymraeg. Droeon, fe bwysleisiwyd yr angen am newid diwylliant ieithyddol sefydliadol cyn y ceid cynnydd yn y defnydd o'r Gymraeg. Roedd y safonau i weithredu fel arfau a fyddai'n hybu newid mewn diwylliant ieithyddol, a thrwy hynny yn grymuso siaradwyr yr iaith wrth iddynt fynnu defnyddio'r gwasanaethau a grëid gan y safonau.[51]

Er mwyn cydymffurfio â'r dyletswyddau yn y safonau, bu'n rhaid i nifer o sefydliadau fuddsoddi mewn adnoddau (megis arwyddion/cyhoeddiadau dwyieithog), cyflogi pobl sy'n siarad Cymraeg (i ateb y ffôn yn Gymraeg, er enghraifft) ac addasu eu gweithdrefnau (megis sicrhau cyfieithwyr mewn cyfarfodydd neu gyfieithu papurau i'r Gymraeg). Am y tro cyntaf i rai sefydliadau, daeth y Gymraeg yn bwnc i'w gymryd o ddifri. Nid bod y safonau wedi derbyn cymeradwyaeth unfrydol o'r dechrau. Mynnai rhai y byddai'r safonau yn rhoi gormod o bwyslais ar reoleiddio ar draul hyrwyddo. Dywedwyd bod hyrwyddo'r Gymraeg yn dasg a esgeuluswyd, a barn Colin Williams oedd bod yna ormod o reoleiddio yn y Mesur.[52] Mewn ymateb i'r feirniadaeth, bwriad Llywodraeth Cymru yn 2017 oedd diwygio'r ddeddfwriaeth a chreu Comisiwn y Gymraeg.

Efallai y bu gormod o ddoethinebu am y tensiwn honedig rhwng hybu a rheoleiddio, fel petai'r pwyslais ar un yn sicr o amddifadu'r llall, fel rhyw 'zero-sum game', ys dywed yr economegwyr. Ffurf o hybu yw rheoleiddio, sef hybu ymddygiad priodol a chreu amodau ffafriol trwy brosesau cyfreithiol. Antithesis ffug sy'n gosod hyrwyddo a rheoleiddio yn erbyn ei gilydd, ac nid yw hybu neu hyrwyddo, yn absenoldeb elfen o reoleiddio, yn debygol o fod yn effeithiol lle mae elfen o wrthwynebiad neu gyndynrwydd i newid ymddygiad, neu hen arferion ac agweddau negyddol yn hirymaros. Er y ceir ewyllys da tuag at y Gymraeg bellach, y mae yna wrthwynebiad iddi hefyd. Gall ewyllys da olygu cefnogaeth iach neu oddefgarwch cyndyn. Y mae'r profiad gyda deddfwriaeth cydraddoldeb (ar sail hil, anabledd neu rywioldeb) yn dangos gallu'r ddeddf i newid agweddau a rhagfarnau, neu, os nad eu newid, i'w gwneud yn esgymun.[53] Ac o safbwynt gorfodi cydymffurfiaeth â safonau, yr hyn sy'n hanfodol yw bod siaradwyr y Gymraeg yn deall y drefn a'u hopsiynau lle ceir ymyrraeth â'u hawliau ieithyddol, neu fethiant i weithredu'r safonau. Eglurder y drefn, ei hygrededd, ei hannibyniaeth, cymhwysedd y rheoleiddiwr, tryloywder ac atebolrwydd yw'r rhinweddau pwysicaf mewn cyfundrefn reoleiddio.[54]

Y cwestiwn a erys yw, a yw'r safonau yn creu gwir hawliau? Roedd y geiriau hawl a hawliau yn britho'r adroddiad *Cefnogi a hybu'r Gymraeg*. Daethpwyd i'r casgliad bod y 'fframwaith presennol yn rhoi sicrwydd i sefydliadau, yn ogystal â hawliau cadarn i siaradwyr y Gymraeg', a'i fod yn rhoi 'hawliau nad oeddent yn bodoli o'r blaen i siaradwyr Cymraeg'.[55] Nid yw pawb mor argyhoeddedig fod safonau yn creu hawliau gwironeddol. Yn nwylo'r Comisiynydd yn unig y mae'r gallu i ymchwilio a chymryd camau lle ceir methiant o ran cydymffurfio gyda'r safonau, neu ymyrraeth gyda'r rhyddid i ddefnyddio'r Gymraeg. Nid yw'r ddeddfwriaeth yn rhoi'r grym yn nwylo siaradwyr, fel unigolion neu grwpiau, i gymryd camau ffurfiol yn erbyn sefydliadau a'u gorfodi i gydymffurfio â'r gofynion yn y ddeddfwriaeth.[56] I'r purydd, nid oes ond un hawl gyfreithiol i ddefnyddio'r Gymraeg, a honno yw'r hawl i'w defnyddio mewn llys barn.[57] I Ddeddf yr Iaith Gymraeg 1967 y mae'r diolch am honno'n wreiddiol, er mai yn Neddf yr Iaith Gymraeg 1993 y'i gwelir bellach, sydd o hyd yn berthnasol i'r llysoedd barn ac i gyrff eraill nad ydynt yn dod o dan awdurdod Senedd Cymru a'i deddfau, Mesur 2011 yn yr achos hwn.[58] Ymddengys fod awduron *Cefnogi a hybu'r Gymraeg* wedi eu hargyhoeddi gan ddadl ddyfeisgar Diarmait Mac Giolla Chriost, sef, gan fod safonau yn creu dyletswyddau, y mae safonau iaith yn ffurf ar hawliau o fewn y model Hohfeldaidd o hawliau cyfreithiol.[59]

Beth a olygir wrth Hohfeldaidd? Diffinio hawliau cyfreithiol oedd byrdwn ysgrifau'r cyfreithegwr Wesley Newcomb Hohfeld.[60] Mewn ymateb i ddefnydd afradlon a llac o'r gair 'hawl', dangosodd fod cyfatebiadau cyfreithiol yn tarddu o wir hawliau cyfreithiol. Eglurodd y gydberthynas a'r gwrthbwynt sydd rhwng, er enghraifft, hawl a dyletswydd (hynny yw, mae hawl y naill yn creu dyletswydd ar y llall), neu rym/awdurdod ac atebolrwydd (mae grym yn un yn creu atebolrwydd yn y llall). Gwahaniaethodd rhwng yr hawl (*claim-right*) sy'n gosod dyletswyddau neu ofyniad ar arall (rhwymedigaeth oedd dewis air Dafydd Jenkins), a'r hawl sy'n golygu rhyddid rhag ymyrraeth.[61] Nid yw'r hawl sy'n golygu rhyddid yn creu gofyniad ar arall, ond ni ellir ymyrryd â'r rhyddid hwnnw. Er enghraifft, mae gan y Cymry ryddid i addoli yn Gymraeg. Cânt wneud hynny yn eu capeli, os mynnent. Ond nid oes unrhyw ofyniad ar y wladwriaeth nac unrhyw awdurdod arall yn hynny, megis gofyniad i gynnal a chadw eu capeli adfeiliedig. Rhoi diffiniad technegol i'r hyn yw'r hawl gyfreithiol, yn anad dim, a wnaeth Hohfeld, a thrwy hynny sicrhau mwy o bendantrwydd mewn disgwrs ar hawliau.

Mae syniadaeth Hohfeld yn perthyn i draddodiad ehangach mewn cyfreitheg, sef positifistiaeth. Mae positifistiaeth gyfreithiol yn dadlau mai creadigaeth prosesau ffurfiol yw'r gyfraith, ac nad ydyw gwerthoedd moesol neu fetaffisegol ynddynt eu hunain yn gyfreithiau (er gall y gwerthoedd hynny roddi'r ysbrydoliaeth ar gyfer llunwyr y gyfraith).[62] I'r positifist, mae'n rhaid gwahaniaethu rhwng y gyfraith fel set o reolau sydd yn gynnyrch proses gydnabyddedig, a'i gynnwys. Try egwyddor yn gyfraith pan fo'n tarddu o ffynhonnell awdurdodol, megis y ddeddfwrfa neu ddyfarniadau barnwrol. Os nad ydyw egwyddor yn cael ei fynegi mewn statud neu gynsail barnwrol, sef, os nad oes ganddo gartref cyfreithiol, nid cyfraith yw.[63] I'r positifist, y mae'r hawl nad ydyw yn hawl mewn ffynhonnell gyfreithiol, ac y medrir ei gorfodi mewn tribiwnlys neu lys barn, yn dwyn i gof yr hen ddihareb nad ydyw cytundeb llafar yn werth y papur y'i hysgrifennwyd arno.

Gan gymhwyso dadleuon Hohfeld, safbwynt Mac Giolla Chriost oedd gan fod y safonau yn gosod dyletswyddau, a'r dyletswyddau hynny yn rhai cyfreithadwy, hyd yn oed os yn nwylo'r Comisiynydd y mae'r gallu i weithredu a gorfodi, yna gellir eu harddel fel hawliau (*claim-rights*) ieithyddol. Ac os derbynnir y ddadl bod safonau yn creu hawliau (ac mi wnawn hynny am y tro), beth am addysg uwch cyfrwng Cymraeg? Wrth archwilio'r safonau am hawl (yn ôl y diffiniad uchod) i addysg uwch cyfrwng Cymraeg, bydd y cwestiynau hyn yn ganllawiau buddiol:

- Beth yw'r ddyletswydd/hawl?
- Pwy sy'n derbyn y budd?
- Ar bwy y mae'r ddyletswydd yn disgyn?
- A yw'r ddyletswydd yn gyfreithadwy?
- A oes sancsiynau lle ceir methiant?

Hawl (gyfreithiol) i addysg uwch trwy gyfrwng y Gymraeg?

Mae'r safonau ar gyfer sefydliadau addysg uwch bellach wedi eu gosod (daethant i rym yn hanner cyntaf 2018).[64] Mae mwyafrif y safonau yn ymwneud â derbyn gwasanaethau trwy gyfrwng y Gymraeg. Rhestrir y gwasanaethau penodol y disgwylir eu derbyn, megis dogfennaeth, ymatebion ar y ffôn ac arwyddion a phosteri. Ond nid yw gwasanaethau ynddynt eu hunain yn cwmpasu holl weithgareddau, neu hyd yn oed brif weithgareddau'r sefydliadau addysg uwch, ac nid yw'r pwyslais ar safonau fel gwasanaethau yn debygol o newid diwylliant ac ymddygiad sefydliadol tuag at y Gymraeg. Rhaid creu'r amgylchiadau lle gall y Gymraeg fod yn rhan greiddiol o ddiwylliant sefydliadau addysg uwch er mwyn iddynt weithredu fel gweithleoedd dwyieithog. Dyma'r cwestiwn: a yw'r safonau yn eu ffurf bresennol yn ysgogi'r prifysgolion i fod yn weithleoedd lle hybir y defnydd o'r Gymraeg gan weithlu a chanddynt sgiliau ieithyddol cymwys?

Ymysg y safonau perthnasol o safbwynt y Gymraeg o fewn y gweithle addysg uwch, un o'r mwyaf arwyddocaol yw safon 145, sydd yn ymddangos ymysg y safonau gweithredu. Yr hyn sy'n ofynnol yma yw bod sefydliad, wrth hysbysebu swydd newydd, yn asesu'r angen am allu yn y Gymraeg ar gyfer y swydd. Gellir dod i'r casgliad bod y Gymraeg yn hanfodol neu'n ddymunol, neu fod angen ei dysgu gan y deiliad newydd, neu ei bod yn ddianghenraid. Cymerwn gysur yn y ffaith fod rhaid o leiaf ystyried y Gymraeg wrth benodi. Ond nid yw hynny'n golygu bod yn rhaid i sefydliadau sicrhau bod cwota neu leiafswm o staff yn ddwyieithog, a thrwy hynny gynllunio ar gyfer gweithle lle defnyddir y Gymraeg. Mae safonau 134–44 hefyd yn crybwyll sgiliau Cymraeg y gweithlu, ac yn creu gofynion ar sefydliadau i ddarparu hyfforddiant i'r gweithwyr mewn gwahanol dasgau a dyletswyddau gweinyddol. Ond nid oes unrhyw sôn ynddynt am yr hyn yw pennaf swyddogaeth y prifysgolion.

I annog y newid sylfaenol mewn diwylliant ieithyddol, mae'n rhaid i'r safonau ddylanwadu ar yr hyn yw'r busnes creiddiol. Ystyriwn y safonau yng nghyd-destun addysg uwch gan gofio yr hyn yw'r prif a phriod waith.[65] Yn gryno, addysg, ymchwil a ffurfiau eraill o ysgolheictod yw'r prif weithgaredd a'r rheswm dros fodolaeth y prifysgolion.[66] Wrth fwrw golwg ar y rhestr hir o safonau, boed yn safonau cyflenwi gwasanaethau, safonau gweithredu neu safonau llunio polisi, gwelir bod rhai safonau yn ceisio mynd at graidd y bywyd academaidd. Er enghraifft, mae safonau 88 ac 89 yn ymwneud â chyfleoedd dysgu sy'n agored i'r cyhoedd ac yn gofyn iddynt gael eu cynnig yn Gymraeg. Mae safonau 90 a 90A yn rhoi'r hawl i fyfyrwyr gyflwyno gwaith ysgrifenedig, fel rhan o asesiad neu arholiad, yn Gymraeg, ac yn atal sefydliadau rhag trin y gwaith a gyflwynir yn Gymraeg yn llai ffafriol na'r gwaith ysgrifenedig a gyflwynir yn Saesneg. Mae safonau 92 a 92A yn caniatáu i'r myfyrwyr fynegi dewis am lety (neu ran o lety) a gaiff ei neilltuo ar gyfer siaradwyr Cymraeg, ac yn gofyn i sefydliadau hybu'r dewis hwnnw.

Mae geiriad safon 93 yn sicrhau'r hawl i diwtor personol sy'n siarad Cymraeg. Yn draddodiadol, aelod o'r staff academaidd fyddai'n cyflawni'r swyddogaeth fugeiliol bwysig hon. Byddai'r tiwtor personol wrth law i gynghori ar faterion academaidd ynghyd â bod yn glust ar gyfer gofidiau eraill, megis cyflwr llety, neu amgylchiadau personol a allai darfu ar gynnydd academaidd y myfyriwr. Bellach, ceir gwahaniaeth rhwng rôl y 'mentor academaidd' (ymadrodd sydd wedi disodli'r 'tiwtor personol'), academydd sy'n cynghori ar faterion addysgiadol yn unig, a swyddogion sy'n cynnig cyngor a chefnogaeth ar faterion yn ymwneud â lles yn gyffredinol. Ar gyfer y materion hynny, darperir cefnogaeth gan wasanaethau lles neu staff weinyddol y prifysgolion, pobl nad ydynt yn academyddion. Dyna a ddisgwylir wrth 'diwtor personol' yn safon 93. Afraid dweud nad yw hynny'n rhoi unrhyw bwysau ar adrannau academaidd i roi cyngor academaidd i fyfyrwyr trwy gyfrwng y Gymraeg, neu ychydig o gyfleoedd dysgu yn yr iaith iddynt hefyd. Beth yw'r ymadrodd Cymraeg am *cop out*, dywedwch?

O dan restr y safonau llunio polisi, mae safon 104 yn dod â ni yn agosach at weithgarwch academaidd. Sonnir ynddo am orfod ystyried y Gymraeg wrth gynllunio academaidd. Serch hynny, braidd yn amwys yw'r geiriad, ac nid yw hi'n glir a yw'r gofynion yn y safon yn creu cyfleoedd i ddysgu trwy gyfrwng y Gymraeg neu beidio. Beth yn union yw'r gofyniad i 'ystyried' effaith ar y Gymraeg wrth lunio neu addasu cwrs? Hyd yma, ni fu'n rhaid i Gomisiynydd y Gymraeg na thribiwnlys y Gymraeg roddi diffiniad awdurdodol o ystyr a gofyniad y safon. Ond nid oes yna unrhyw safon sydd, mewn geiriau plaen diamwys, yn rhoi'r *hawl i addysg uwch trwy gyfrwng y Gymraeg*.

O'r holl wasanaethau cyfrwng Cymraeg y gellir eu disgwyl gan ein prifysgolion dan y safonau statudol, nid yw'r gwasanaeth pwysicaf, sef addysg, yn un ohonynt. Nid oes raid inni boeni ymhellach am ein cyfres o gwestiynau positifistaidd. Yr ydym yn cwympo ar y glwyd gyntaf. Pam hynny? Ai oherwydd nad yw Llywodraeth Cymru am osod y cyfrifoldebau a'r dyletswyddau ar sefydliadau addysg uwch y byddai'r fath safon yn esgor arnynt? Petai yna safon iaith yn datgan dyletswydd a thrwy hynny yr hawl i addysg uwch yn y Gymraeg, byddai awdurdod y ddeddf yn gefn i waith ac uchelgais y Coleg Cymraeg Cenedlaethol hefyd, ac yn creu'r cydbwysedd iawn rhwng hyrwyddo a rheoleiddio yng nghyd-destun cenhadaeth y Coleg. Dywedaf eto, mae yna ddigon o hyrwyddo ar waith – y gwendid yw'r diffyg mewn gorfodaeth gyfreithiol, gwendid y gallai safon iaith dan y Mesur ei liniaru'n sylweddol.

Dychwelwn am ennyd at y rhyngwladol. Cymharer y sefyllfa yng Nghymru â'r drefn yng Ngwlad y Basg. Mae Erthygl 15, Deddf yr Iaith Fasgeg 1982 yn rhoi hawl gyfreithiol i dderbyn addysg ar bob lefel yn y Fasgeg a'r Sbaeneg, gan gynnwys addysg uwch. Sefydlwyd Prifysgol Gwlad y Basg yn 1980 i weithredu'r hawl i addysg uwch yn yr iaith Fasgeg. Dros amser, arweiniodd hynny at gynnydd sylweddol mewn darpariaeth addysgol yn yr iaith, yn nifer y darlithwyr a fedrai'r iaith fel cyfrwng addysg uwch, ac mewn polisïau sefydliadol a roddai ystyriaeth i anghenion yr iaith wrth gyllido a chynllunio. Rhwng 1997 a 2010, gwelwyd cynnydd o 20 y cant i 45 y cant o fyfyrwyr prifysgolion Gwlad y Basg yn astudio trwy gyfrwng y Fasgeg.[67] Nid bod pethau'n fêl i gyd yno mwy nag yn unman arall, wrth gwrs, a cheir y tyndra cyfarwydd rhwng cynnal ysgolheictod yn y Fasgeg a hybu presenoldeb academaidd rhyngwladol.[68] Ond y gyfraith, a'i holl awdurdod, sydd wedi grymuso'r iaith Fasgeg fel iaith ysgolheictod.[69] A'r gyfraith ddomestig, nid y gyfraith ryngwladol neu egwyddor haniaethol ac amwys a luniwyd gan gynllunwyr ieithyddol, yw'r sylfaen i'r hawl gyfreithiol.

Yn ogystal â'r gymhariaeth ddefnyddiol â Gwlad y Basg, mae'n anodd diystyru arwyddocâd yr amharodrwydd i ymrwymo i'r ddarpariaeth briodol yn Siartr Ewrop ar gyfer Ieithoedd Rhanbarthol a Lleiafrifol, sef Erthygl 8.1.e.i, gan sicrhau bod addysg uwch ar gael yn y Gymraeg, ynghyd ag absenoldeb unrhyw safon i'r perwyl hwnnw dan Fesur y Gymraeg 2011. Cyd-ddigwyddiad, efallai, ond yr un yw'r canlyniad. Nid oes yna unrhyw offeryn cyfreithiol neu ymrwymiad ffurfiol mewn na chyfraith ddomestig na chytundeb rhyngwladol i gydnabod 'hawl i addysg uwch Cyfrwng Cymraeg', heb sôn am 'o'r radd flaenaf'.

Cynnig dros ysgwydd?

Y Gymraeg a'r bywyd academaidd

Efallai y bydd rhai darllenwyr yn gofyn, ac o drosi'r idiom Saesneg, ai datrysiad sy'n chwilio am broblem yw hyn? Gwireddwyd dyheadau llawer pan sefydlwyd y Coleg Cymraeg Cenedlaethol.[70] Wele sefydliad sy'n arwain y gwaith o newid yr ethos ieithyddol yn ein sefydliadau addysg uwch yn y gred bod gan brifysgolion gyfraniad pwysig at adferiad y Gymraeg.[71] Os felly, pa ddiben llunio safon iaith deddfwriaethol pan fo llu o bolisïau a gynhyrchir gan y Coleg Cymraeg Cenedlaethol, y Cyngor Cyllido Addysg Uwch a/neu Lywodraeth Cymru yn creu dyletswyddau neu hyd yn oed osod targedau ar y sefydliadau addysg uwch i ddatblygu cyfleoedd i astudio trwy gyfrwng y Gymraeg?

Do, gwellhaodd pethau o'i gymharu â'r sefyllfa druenus a fodolai ar wawrddydd datganoli, a chafwyd cynnydd yn y niferoedd sy'n derbyn cyfran o'u haddysg uwch trwy gyfrwng y Gymraeg ers sefydlu'r Coleg Cymraeg Cenedaethol yn 2011.[72] Tra astudiai 3,005 o fyfyrwyr llawn-amser o leiaf rywfaint o'u cwrs drwy gyfrwng y Gymraeg yn 2010–11, bellach mae hynny wedi dyblu.[73] Dengys ystadegau swyddogol Llywodraeth Cymru ar gyfer 2017–18 fod tua 5 y cant o fyfyrwyr yn sefydliadau addysg uwch Cymru wedi derbyn rhywfaint o'u haddysg trwy gyfrwng y Gymraeg (sef tua 6,405 o fyfyrwyr o gyfanswm o 129,595 o fyfyrwyr oedd wedi eu cofrestru mewn sefydliadau addysg uwch yng Nghymru). Dim ond tua 2 y cant, neu 2,575, oedd yn derbyn o leiaf deugain credyd (sef traean o'r ddarpariaeth flynyddol) trwy gyfrwng y Gymraeg (cynnydd o 1,500 ers 2010). Roedd y nifer sy'n astudio eu gradd yn gyfan gwbl trwy gyfrwng y Gymraeg yn 730 o fyfyrwyr, sef tua 0.5 y cant.[74]

Os stori o gynnydd fu stori'r degawd diwethaf, roedd hynny'n gynnydd o'r lefel isel iawn a fodolai cyn sefydlu'r Coleg Cymraeg Cenedlaethol.[75] A chan gofio cyfraniad disgwyledig y prifysgolion i'r ymgyrch i greu'r miliwn o siaradwyr erbyn canol y ganrif, nid yw'r cynnydd wedi bod yn ddigonol nac yn ddigon cyflym i ddiwallu'r angen am raddedigion dwyieithog a fedr wasanaethu trwy gyfrwng y Gymraeg yng ngweithleoedd Cymru. Wrth gwrs, ceir amrywiadau ymhlith y prifysgolion o ran niferoedd myfyrwyr ac ystod y ddarpariaeth cyfrwng Cymraeg. Ond siomedig yw'r ystadegau'n genedlaethol.

Dychwelwn am ennyd at fater y gweithlu academaidd o fewn y prifysgolion. Gwelwyd peth cynnydd mewn staff academaidd ym mhrifysgolion Cymru sy'n medru dysgu trwy gyfrwng y Gymraeg rhwng 2011/12 (895) a 2017/18 (1,090). Ond nid oedd y niferoedd sy'n dysgu ac yn cyfrannu i'r ddarpariaeth cyfrwng Cymraeg wedi cynyddu dim ers 2011, sef tua 635 o aelodau staff trwy Gymru gyfan.[76] Mae hyn yn syndod o gofio'r buddsoddiad fu mewn swyddi dysgu cyfrwng Cymraeg yn y prifysgolion gan y Coleg Cymraeg Cenedlaethol, unai yn rhannol neu yn llwyr, yn y cyfnod hwn. Dyma brawf pellach o ddiffyg cynllunio o ran anghenion y Gymraeg yn y gweithle academaidd, er gwaetha'r ymdrechion i ddarbwyllo â'r cymorth ariannol a gaed o gronfeydd y Coleg Cymraeg Cenedlaethol.

Mae ffyniant addysg uwch cyfrwng Cymraeg yn wynebu cyfres o heriau eraill. Dyna argyfwng allforio talent i ddechrau. Soniwyd droeon am duedd nifer sylweddol o fyfyrwyr o Gymru i fynychu prifysgolion Lloegr.[77] Dyma duedd sydd ar gynnydd, gyda chyfundrefn cyllido myfyrwyr Llywodraeth Cymru, sy'n cynnig yr un telerau o ran cefnogaeth ariannol i fyfyrwyr Cymru boed hwy yn astudio yn eu gwlad eu hunain neu dros y ffin, ynghyd â phropaganda swyddogol y rhwydwaith Seren sy'n eu hannog i ymgyrraedd tua'r 'prifysgolion gorau', a hynny yn Lloegr fel arfer.[78]

Rhwng 2013 a 2018, cynyddodd y myfyrwyr o Loegr ym mhrifysgolion Cymru tra lleihaodd y myfyrwyr o Gymru ynddynt. Ym mhrifysgolion Aberystwyth, Bangor a Chaerdydd, ceid mwy o fyfyrwyr o Loegr nag o Gymru yn ymrestru ar y cyrsiau gradd yn 2017–18. Ym Mhrifysgol Abertawe, De Cymru, Y Drindod Dewi Sant, Glyndŵr a Met Caerdydd, fodd bynnag, roedd mwy o fyfyrwyr o Gymru nag o Loegr yn ymrestru ynddynt. Bydd hi'n syndod i lawer fod y myfyrwyr o Gymru yn fwy niferus na'r myfyrwyr o Loegr yn Abertawe, ond y gwrthwyneb sy'n wir yn Aberystwyth a Bangor. Ymddengys fod Abertawe yn denu nifer sylweddol o fyfyrwyr o'r cymunedau ôl-ddiwydiannol sydd o'i chwmpas. Ac ym Mhrifysgol Caerdydd, roedd cyfanswm o 12,860 o fyfyrwyr o Loegr wedi ymrestru ar y cyrsiau gradd, tra 10,765 oedd y nifer yno o Gymru.[79]

Cynnig dros ysgwydd?

Os bychan, yn ystadegol, yw'r dynfa i Gymru o blith ieuenctid Lloegr, mawr yw'r dynfa i Loegr o blith ieuenctid Cymru. Dyma'r gyfnewidfa aflan. Yn 2017–18, roedd tua 2 y cant o ddisgyblion Lloegr, 15,475 ohonynt, yn cychwyn eu blwyddyn gyntaf ym mhrifysgolion Cymru, tra oedd 26 y cant, sef 11,630 o fyfyrwyr o Gymru wedi ymrestru yn y flwyddyn gyntaf mewn prifysgolion yn Lloegr. Nid syndod bod 5,000 yn llai o fyfyrwyr o Gymru ym mhrifysgolion Cymru yn 2017–18 nag a oedd yn 2013–14.[80] Y mae hyn yn ein harwain at argyfwng yr allforio talent, y 'brain drain', sy'n andwyo'r economi Gymreig yn ei chyfanrwydd yn ogystal â lleihau'r nifer o raddedigion yng Nghymru sy'n medru'r Gymraeg yn y gweithle.[81] Dywedwyd llawer am hyn eisoes, a digon yw atgoffa'r darllenydd am y gydberthynas rhwng allforio myfyrwyr a graddedigion dwyieithog a'r diffyg sgiliau Cymraeg ymhlith gweithleoedd Cymru, ac yn enwedig yn y sector addysg.[82] Mae'r manteision o gadw pobl ifanc Cymru ym mhrifysgolion Cymru, a sicrhau bod gwaith iddynt fel graddedigion yng Nghymru yn hysbys i bawb.

Gwn hefyd nad oes cysur i'w gael o'n cymharu ein hunain â'r Albanwyr. Ond yn yr Alban, mae'r galw gan fyfyrwyr Albanaidd am le yn un o'r prifysgolion yno yn fwy na'r llefydd sydd ar gael iddynt.[83] Yn 2017–18, sicrhaodd 29,830 o fyfyrwyr o'r Alban le yn eu blwyddyn gyntaf mewn prifysgol, gyda 28,970 ohonynt yn dewis astudio yn yr Alban (sef tua 97 y cant o'r cyfanswm). Mae'r ystadegau o flwyddyn i flwyddyn yn cadarnhau bod tua 95 y cant o fyfyrwyr Albanaidd yn gyson yn dewis aros yn eu gwlad i dderbyn eu haddysg uwch. Yr un yw'r patrwm yn Lloegr, gyda thua 95 y cant o'i myfyrwyr yn dewis eu prifysgol yn Lloegr.[84]

Un o heriau mawr yr Alban yw sicrhau bod ei myfyrwyr yn cael lle yn ei phrifysgolion yn ôl eu dymuniad.[85] Nid yw tri ym mhob deg o ddarpar fyfyrwyr yr Alban yn llwyddo i gael lle yn un o brifysgolion y wlad, a hynny, yn bennaf, oherwydd bod y llywodraeth yng Nghaeredin yn talu ffioedd y myfyrwyr Albanaidd sy'n astudio yn yr Alban. Oherwydd baich y polisi hwn ar bwrs y wlad, gorfu i'r llywodraeth yno gyfyngu ar y gwariant wrth roddi cap ar y niferoedd a all fanteisio ar y cynllun. Ar y llaw arall, mae'n rhaid i fyfyrwyr o Loegr ac o Gymru sy'n dewis astudio yno dalu'r ffioedd trwy eu cynlluniau ariannu neu fenthyg cenedlaethol.[86]

Croesawodd prifysgolion yr Alban tua 5,000 o fyfyrwyr o Loegr i'w blwyddyn gyntaf yn 2017–18 (aeth 2,000 ohonynt i Brifysgol Caeredin), a hynny gyda breichiau agored oherwydd y fantais ariannol iddynt hwy, ac i economi'r wlad, o'u derbyn.[87] Cystal hefyd nodi bod yr Alban yn allforio llawer o raddedigion ei phrifysgolion (y Saeson yn dychwelyd i Loegr, o bosibl), er mai dim ond Llundain sy'n llwyddo'n well i gadw ei graddedigion o holl ranbarthau'r Deyrnas Unedig.[88]

O droi at y rhai sy'n dewis aros yng Nghymru, her arall i ddatblygiad ysgolheictod yn y Gymraeg yw'r 'cylch diffyg defnydd', sef y cylch problemus sy'n tarddu o'r gyd-ddibyniaeth rhwng creu darpariaeth a'r galw amdani.[89] Heb ddigon o alw am y cyfleoedd presennol i ddysgu trwy gyfrwng y Gymraeg, nid oes ysgogiad i sefydliadau greu neu ddatblygu'r ddarpariaeth. Ymhlith y llu o ffactorau a restrir i esbonio'r diffyg defnydd hwn, enwir gan amlaf ddiffyg deunyddiau dysgu, diffyg hyder ymhlith myfyrwyr a staff, a diffyg ymwybyddiaeth yn gyffredinol.[90] Ond mae'r diffyg defnydd o'r cyfleoedd presennol yn mynnu archwiliad mwy manwl a systemig o effaith ac effeithiolrwydd polisïau ac ymyraethau ar ymddygiad ieithyddol.

Fel y dadleuodd Elias a Griffith mewn erthygl dreiddgar, y mae gor-bwysleisio rhesymoldeb ac awtonomi'r unigolyn wrth iddynt wneud penderfyniadau a dewisiadau ieithyddol yn anwybyddu llu o ffactorau eraill sy'n pwyso arnynt.[91] Gan dynnu ar fethodolegau'r gwyddorau ymddygiadol, dadleuant fod ymdrechion marchnata a hyrwyddo'r Gymraeg wedi canolbwyntio ar newid ymddygiad trwy ddwyn perswâd a dylanwadu ar benderfyniadau unigolyddol, ond heb roddi sylw digonol i'r cyd-destun y gwneir y penderfyniadau hynny ynddo. Galwant am 'ystyried ymddygiad bodau dynol mewn perthynas â'r cyd-destun y lleolir yr ymddygiad hwnnw' ynddo, gan gymryd ystyriaeth fwy cyflawn o 'bensaernïaeth dewis' a'r cyfanfyd y mae'r siaradwr yn trigo ynddo.[92] O'r gorau, gellir dehongli eu papur fel apologia dros ddifaterwch cyffredinol siaradwyr Cymraeg mewn perthynas â chyfleoedd i ddefnyddio'r iaith, ond mae ganddynt bwynt dilys.

O gymhwyso eu dadleuon i'r mater hwn, nid yw datgan, 'mae gen ti hawl', gan ddisgwyl bod hynny'n ddigon i ysbrydoli neu sbarduno'r siaradwr Cymraeg, yn ddigon. Ac nid yw cydnabyddiaeth resymegol o werth y Gymraeg fel sgil yn y gweithle yn arwain, o anghenraid, at benderfyniad i gaffael neu i ddatblygu'r sgil trwy ymgymryd â chyfleoedd mewn addysg a hyfforddiant yn Gymraeg.[93] Yn y cyfanfyd academaidd, mae nifer o ffactorau cymhleth yn dylanwadu ar feddylfryd y siaradwr Cymraeg. Gadewch inni ystyried un ffactor amlwg sy'n cyfrannu at yr hinsawdd anffafriol tuag at y Gymraeg mewn addysg uwch, ac yn peri i rai amau mai cynnig dros ysgwydd yw'r cynnig hwnnw i astudio trwy gyfrwng y Gymraeg mewn nifer o achosion.

Un ochr i'r geiniog academaidd yw addysg. Yr ochr arall yw ymchwil. Y mae pob prifysgol o bwys ar draws y byd yn ymwneud ag ymchwil ac, i'r goreuon, eu hymchwil sy'n eu diffinio ac yn rhoi iddynt fri a gogoniant. Ystyriwch gynghreiriau'r prifysgolion, boed yn enw'r *Times*, Quacquarelli Symonds neu Shanghai. Y prifysgolion gorau, uchaf eu bri, yw'r rhai lle y mae ymchwil yn greiddiol i'w cenhadaeth. Ac y mae ieuenctid Cymru, fel ym mhob man arall, yn rhoi sylw manwl i gynnwys y cynghreiriau hyn wrth ddewis eu pynciau a'u prifysgol.[94]

Yn y Deyrnas Unedig, ceir mecanwaith ffurfiol i fesur ansawdd ymchwil. Y mae'r fframweithiau rhagoriaeth ymchwil yn adolygiadau cyfnodol (bob saith mlynedd fel arfer) a gynhelir gan gynghorau cyllido addysg uwch y Deyrnas Unedig i fesur ansawdd ymchwil y prifysgolion.[95] Rhoddir graddau i'r cyflwyniadau a wneir gan sefydliadau i unedau sy'n cynrychioli meysydd academaidd penodol (neu 'unedau asesu'). Bydd gan bob uned asesu banel o arbenigwyr a fydd fel beirniaid eisteddfodol yn cloriannu'r cyflwyniadau a wneir, fesul sefydliad, ac yn eu graddio. Ond yn wahanol i feirniadaeth eisteddfodol, ni cheir eglurhad dros y penderfyniadau a wneir fesul sefydliad nac unigolion. Bydd y graddau a roddir yn pennu faint o gyllid ymchwil y bydd sefydliadau addysg uwch yn eu derbyn gan eu cyngor cyllido cenedlaethol. Byddant hefyd yn cyfrannu at osod sefydliadau a'u hadrannau yn eu lle yn yr amrywiol gynghreiriau a gyhoeddir yn flynyddol. Mae'r rheolau'n dueddol o newid yn gyson, ond ar gyfer yr ymarferiad yn 2021–2, rhoddir pwysoli o 60 y cant ar gyfer y cyhoeddiadau ymchwil, neu'r allbynnau, a gyflwynir gan sefydliadau i'r unedau penodol. Y rhain yw'r llyfrau, erthyglau, papurau academaidd a ffurfiau eraill o gyhoeddi ffrwyth ymchwil. Caiff effaith neu ardrawiad yr ymchwil bwysoli o 25 y cant o'r radd a ddyfernir, sy'n adlewyrchu'r pwysigrwydd a roddir bellach ar ddangos budd yr ymchwil i ddefnyddwyr y tu allan i'r byd academaidd. Bydd adrannau academaidd y sefydliadau yn cyflwyno nifer o astudiaethau achos, yn ddibynnol ar faint yr adran a'r nifer o staff sydd ynddi, i ddangos eu bod yn bodloni'r elfen hon. Bydd y 15 y cant sy'n weddill yn ystyried y diwylliant ymchwil, sef pethau fel y grantiau ymchwil a ddyfarnwyd a'r nifer o fyfyrwyr a gwblhaodd eu doethuriaeth o fewn yr uned yn ystod cyfnod yr asesiad.

Wrth raddoli'r tair elfen, y cynllun marcio yw bod pedair seren yn cynrychioli ymchwil o'r safon uchaf a gydnabyddir ledled y byd, tair seren yn radd am ymchwil o safon rhagoriaeth ryngwladol, dwy seren am ymchwil a gydnabyddir yn rhyngwladol, ac un seren am ymchwil o safon a gydnabyddir yn genedlaethol. Y mae ymchwil nad yw o safon genedlaethol yn cael ei ddyfarnu yn annosbarthedig, ac felly yn derbyn gradd o ddim (ac felly, o reidrwydd, yn ddiwerth o ran yr ymarferiad). Bydd pob un o'r cyhoeddiadau unigol a gyflwynir yn cael gradd rhwng dim a phedwar, gan gyfrannu at y proffil terfynol. Nid yw'r radd a roddir i gyhoeddiadau unigol yn cael eu cyhoeddi, ac nid oes perygl o achosi embaras i unigolion, ond po fwyaf y bydd cyhoeddiadau unigol yn derbyn marc o, dyweder, dair neu bedair, yr uchaf fydd y radd gyfansawdd a roddir i'r adran gan sicrhau'r safle gorau iddi yn yr hierarchaeth teilyngdod. Ar gyfer yr ymarferiad a gynhaliwyd yn 2014, a chyn hynny, disgwyliwyd i academyddion gyflwyno eu pedwar allgynnyrch ymchwil gorau a gyhoeddwyd yn y cyfnod penodedig. Erbyn hyn, mae'n rhaid i bob adran gyflwyno o leiaf 2.5 o gyhoeddiadau ar gyfartaledd ar gyfer pob unigolyn sydd ar delerau staff ymchwil o fewn adran academaidd.[96]

Gellir pori drwy ddata a chanlyniadau'r ymarferiadau ymchwil hyn ar wefannau penodol.[97] Ynddynt, o graffu a phori ychydig, gellir darganfod y nifer o gyhoeddiadau Cymraeg eu hiaith a gyflwynwyd gan adrannau academaidd o fewn pob sefydliad (mae'n rhaid wrth ymchwil dyfal drwy restr yr allbynnau, gan nad yw'r ffaith fod y cyhoeddiad yn Gymraeg yn cael ei nodi'n ffurfiol).

Cynnig dros ysgwydd?

Dyma ffrwyth arolwg o'r cyhoeddiadau academaidd cyfrwng Cymraeg a gyflwynwyd gan sefydliadau Cymru ar gyfer ymarferiad 2014, a hynny mewn pump o ddisgyblaethau y gellir disgwyl y byddai cyhoeddi trwy gyfrwng y Gymraeg yn weithgaredd cyson. Nid yw allbynnau adrannau Cymraeg Cymru wedi eu cynnwys, gan y byddai'r adrannau hynny yn amlwg yn cyhoeddi yn Gymraeg beth bynnag. Ffyniant y Gymraeg fel cyfrwng ymchwil mewn disgyblaethau eraill fu'r diddordeb yn yr arolwg cryno a ganlyn:[98]

Fframwaith Rhagoriaeth Ymchwil 2014: arolwg allbynnau

Hanes (uned asesu 30)

Sefydliad	Nifer yr allbynnau a gyflwynwyd	Nifer yr allbynnau yn yr iaith Gymraeg	Canran yr allbynnau yn yr iaith Gymraeg
Abertawe	73	0	0
Aberystwyth	54	2	4
Bangor	46	1	2
Caerdydd	59	1	2
De Cymru	34	0	0
Cyfanswm	266	4	1.5

Y Gyfraith (uned asesu 20)

Sefydliad	Nifer yr allbynnau a gyflwynwyd	Nifer yr allbynnau yn yr iaith Gymraeg	Canran yr allbynnau yn yr iaith Gymraeg
Abertawe	89	1	1
Aberystwyth	57	0	0
Bangor	24	0	0
Caerdydd	85	0	0
Cyfanswm	255	1	0.5

Daearyddiaeth (uned asesu 17)

Sefydliad	Nifer yr allbynnau a gyflwynwyd	Nifer yr allbynnau yn yr iaith Gymraeg	Canran yr allbynnau yn yr iaith Gymraeg
Abertawe	106	0	0
Aberystwyth	127	0	0
Caerdydd	48	0	0
Y Drindod Dewi Sant	43	0	0
Cyfanswm	324	0	0

Cynnig dros ysgwydd?

Drama, Cerddoriaeth, Celfyddydau Perfformio (uned asesu 35)

Sefydliad	Nifer yr allbynnau a gyflwynwyd	Nifer yr allbynnau yn yr iaith Gymraeg	Canran yr allbynnau yn yr iaith Gymraeg
Aberystwyth	100	12	10
Bangor	52	1	2
Caerdydd	52	0	0
De Cymru	59	0	0
Cyfanswm	263	13	5

Gwleidyddiaeth (uned asesu 21)

Sefydliad	Nifer yr allbynnau a gyflwynwyd	Nifer yr allbynnau yn yr iaith Gymraeg	Canran yr allbynnau yn yr iaith Gymraeg
Abertawe	35	0	0
Aberystwyth	97	0	0
Caerdydd	50	1	2
Cyfanswm	182	1	0.5

Mae'r data yn cadarnhau mai ychydig gyhoeddi o bwys yn y Gymraeg a wnaed gan academyddion mewn disgyblaethau ac eithrio'r Gymraeg hyd yma. Pam hynny? Ceir cyndynrwydd i ymhél ag ymchwil sy'n wrthodedig yng ngolwg y byd academaidd rhyngwladol, ac, yn bwysicach, aelodau'r paneli sy'n graddio'r cynnyrch yn yr ymarferiadau ymchwil. Nid yw'r cyhoeddiadau a gyflwynir i'r ymarferiadau ymchwil yn adlewyrchu'r holl ymchwil a gyflawnir, wrth gwrs. Bydd rhai cyhoeddiadau yn y Gymraeg na chânt bresenoldeb yn y gêm. Mae dros gant o erthyglau wedi eu cyhoeddi yn *Gwerddon* ers ei sefydlu yn Ebrill 2007.[99] Ond er y dystiolaeth fod y cylchgrawn yn cyfrannu'n werthfawr i genhadaeth y

Coleg Cymraeg Cenedlaethol, a bod cryn ddarllen ar y cynnwys yn ôl data 'ergydion' y cylchgrawn (y nifer sy'n cael mynediad i'r cynnwys ar y rhyngrwyd), nid yw eto wedi llwyddo i gaffael presenoldeb sylweddol yn y cyflwyniadau a wneir i'r fframweithiau rhagoriaeth ymchwil.

Yr ymarferion asesu ymchwil sy'n gyrru strategaethau ymchwil y prifysgolion.[100] Mae'r rheolau ar gyfer yr ymarferiad diweddaraf (a gynhaliwyd yn ystod 2021, gyda'r canlyniadau yn cael eu cyhoeddi yn 2022) yn rhoi'r sicrwydd y bydd ymchwil a gyflwynir drwy gyfrwng y Gymraeg yn cael ei ddyfarnu ar sail gyfartal ag ymchwil trwy gyfrwng y Saesneg.[101] Cafwyd sicrwydd cyffelyb yn y canllawiau ar gyfer yr ymarferiad yn 2014, a chyn hynny.[102] Ond prin oedd yr effaith ar ymddygiad y sefydliadau a'u hymchwilwyr. Tystiolaeth un academydd profiadol rai blynyddoedd yn ôl oedd bod ymdeimlad yn y gymuned academaidd yng Nghymru mai peth annoeth yw dibynnu ar gyhoeddiadau academaidd gyda phwyslais Cymreig neu Gymraeg.[103]

Ni ellir gorbwysleisio pwysigrwydd yr ymarferiadau ymchwil a'u dylanwad ar y diwylliant academaidd. A dyma fy nadl: heb bresenoldeb ystyrlon i'r Gymraeg mewn bywyd academaidd yn ei holl agweddau, ymylol fydd y ddarpariaeth addysgol, ac ni fydd myfyrwyr yn cael eu cymell i astudio trwy gyfrwng y Gymraeg a thrwy hynny ymbaratoi ar gyfer defnyddio'r Gymraeg yn eu gweithleoedd pan fyddant wedi graddio.

Beth y gellir ei wneud? Gall Llywodraeth Cymru, trwy'r Coleg Cymraeg Cenedlaethol, ysgogi newid drwy gynnig grantiau neu ysgoloriaethau i ymchwilwyr sy'n cyhoeddi eu hymchwil yn Gymraeg. Gan fod creu incwm ymchwil yn un o flaenoriaethau'r sector, gall hynny weithredu fel abwyd i ymchwilwyr ac i sefydliadau arddel y Gymraeg fel cyfrwng ymchwil. Ond y mae ymchwil sy'n arwain at gynnyrch o'r safon uchaf yn cymryd blynyddoedd i'w gwblhau. Pan ddaw canlyniadau a chyflwyniadau'r ymarferiad ymchwil cyfredol i'r golwg, a fydd pethau wedi gwella o ran presenoldeb y Gymraeg fel cyfrwng allbynau ymchwil ers ymarferiad 2014? Cawn ni weld. *Plus ça change.*

Cynnig dros ysgwydd?

Casgliadau

Mae toriadau mewn cyllidebau yn anorfod yn yr hinsawdd economaidd bresennol.[104] Dim ond fframwaith cyfreithiol cadarn a all liniaru effeithiau'r dirwasgiad ar ddysg yn y Gymraeg. Nid yw'r safonau iaith yn eu ffurf bresennol, mwy nag yw'r offerynnau rhyngwladol y soniwyd amdanynt, yn creu hawl i addysg uwch trwy gyfrwng y Gymraeg. Os ydym o ddifri am osgoi'r Gymraeg yn cael ei thrin yn llai ffafriol na'r Saesneg ganddynt, mae'n rhaid cael safonau iaith sy'n berthnasol i fusnes creiddiol y prifysgolion. Heb safonau ac awdurdod y gyfraith yn grymuso cenhadaeth y Coleg Cymraeg Cenedlaethol, mae'n annhebygol y gwelir newid diwylliant ieithyddol gwirioneddol a fydd yn sicrhau bod y Gymraeg yn cael ei phriod le yn y bywyd academaidd.[105] Mae'n rhaid wrth hynny cyn y bydd y prifysgolion yn cyfrannu'n ystyrlon at greu a chynnal y gweithle dwyieithog.

Dylid llunio safonau iaith fydd yn creu dyletswydd statudol ar brifysgolion i ddarparu cyfleoedd dysgu trwy gyfrwng y Gymraeg. Man cychwyn fyddai safonau (sef dyletswyddau cyfreithiol) i ddarparu elfen benodedig o'r addysg uwch trwy gyfrwng y Gymraeg. Yn y lle cyntaf, gellid llunio safon iaith fyddai'n rhoi dyletswydd ar bob adran academaidd i ddarparu traean o unrhyw raglen radd israddedig trwy gyfrwng y Gymraeg. Gallai Comisiynydd y Gymraeg lunio rhaglen ac amserlen weithredu, mewn ymgynghoriad â'r Coleg Cymraeg Cenedlaethol, a fyddai'n gorfodi'r sefydliadau i gynyddu'r ddarpariaeth. Ni fyddai'n ddisgwyliedig fod pob cwrs ym mhob sefydliad ar gael trwy gyfrwng y Gymraeg yn gyfan gwbl, wrth gwrs. Dylid hefyd osgoi dyblygu drwy gydweithio a rhannu adnoddau wrth roi'r safon statudol ar waith. Ond mae'n rhaid wrth ysgogiad cyfreithiol cyn y gwelir gwir gynnydd.

Petai yna ddyletswydd = hawl, wedi ei osod mewn safon dan y ddeddf, siawns y byddai datblygu capasiti dwyieithog y gweithlu yn flaenoriaeth. Yna, ceid safonau gweithredu a llunio polisi er mwyn sicrhau nifer digonol o ddarlithwyr sy'n medru dysgu trwy gyfrwng y Gymraeg ac yn gwneud hynny fel rhan o'u priod waith. O ganlyniad, gallai agweddau tuag at ymchwil a chyhoeddi trwy gyfrwng y Gymraeg mewn pynciau ac eithrio'r Gymraeg newid hefyd. Mae Llywodraeth Cymru eisoes wedi cymryd camau i ddenu graddedigion mewn rhai meysydd yn ôl i Gymru drwy gynnig cymhellion ariannol iddynt ymgymryd â graddau meistr.[106] Dylid hefyd sicrhau cyllid blynyddol i gomisiynu cynnyrch ymchwil trwy gyfrwng y Gymraeg, gan osod targedau ar sefydliadau fel bo cyfran o'u hymchwil yn cael ei gyhoeddi yn Gymraeg. Byddai hyn yn esgor ar adnoddau a fyddai'n gwella ansawdd y ddarpariaeth addysgol ac argyhoeddi'r myfyrwyr sy'n buddsoddi cymaint yn eu haddysg fod y prifysgolion o ddifri, ac nad cynnig dros ysgwydd yw'r cynnig i astudio trwy gyfrwng y Gymraeg.[107]

Er mai pwnc a phroblem benodol fu dan sylw, onid oes yma foeswers ac iddi arwyddocâd ehangach? Er y rhethreg o blaid y Gymraeg, a'r cysur yn y mynych gyfeiriadau at hawliau, ac at safonau fel hawliau, fe welwn yn fuan yr hafn rhwng geiriau a gweithredoedd. Nid oes ystyr i ymadroddion fel 'sicrwydd ieithyddol' neu 'statws swyddogol' os nad ydynt yn ymgnawdoli yn hawliau pendant, ymarferol a gorfodol. Nid bod hawliau a safonau cyfreithiol yn cynnig yr atebion i gyd, wrth gwrs. Efallai mai deuparth y gwaith yw newid y gyfundrefn gyllido sy'n rhoi'r un fargen i fyfyrwyr Cymru p'un a ydynt yn astudio yng Nghymru neu yn Lloegr, nes bod yr alltudiaeth academaidd yn costio gormod iddynt o'i gymharu ag aros yn eu gwlad eu hunain. Beth am gynnig bargen Albanaidd i fyfyrwyr sydd yn astudio o leiaf 2/3 o'u gradd yng Nghymru trwy gyfrwng y Gymraeg? Gall hawliau a dyletswyddau cyfreithiol hefyd gyfrannu at y datrysiad wrth hybu'r Gymraeg fel iaith gweithredu, iaith gweithle ac iaith dysg yn y prifysgolion.

Erys yr her a'r cyfle i lunio safonau statudol sy'n rhoi hawliau cadarn i fyfyrwyr dderbyn addysg uwch cyfrwng Cymraeg o'r radd flaenaf a, thrwy hynny, eu paratoi i fod yn raddedigion dwyieithog cymwys ar gyfer y gweithle yng Nghymru.

Nodiadau

[1] Gweler ymateb negyddol rhai ymgyrchwyr i hyn: *Golwg360*, 'Geraint Jones 2: Comisiynydd yn "gwneud dim" i'r iaith' (2017), *http://golwg360*.

cymru/newyddion/249406-clip-sain-cyfweliad-geraint-jones-2-comisiynydd-y-gymraeg-yn-gwneud-dim-ir-iaith (cyrchwyd 30 Gorffennaf 2021).

2 *http://www.comisiynyddygymraeg.cymru/Cymraeg/Fy%20hawliau/Pages/Mae-gen-i-hawl.aspx* (cyrchwyd 30 Gorffennaf 2021); *Golwg360*, 'Dathlu Diwrnod Hawliau'r Gymraeg: Hybu, hyrwyddo a chael hwyl' (2021), *https://golwg.360.cymru/newyddion/cymru/2026563-dathlu-diwrnod-hawliau-gymraeg-hybu-hyrwyddo-chael* (cyrchwyd 30 Gorffennaf 2021).

3 Coleg Cymraeg Cenedlaethol, *Cynllun Academaidd y Coleg Cymraeg Cenedlaethol – Tuag at 2020 a thu hwnt* (Caerfyrddin: Coleg Cymraeg Cenedlaethol, 2017), t. 1.

4 Coleg Cymraeg Cenedlaethol, *Cynllun Academaidd y Coleg Cymraeg Cenedlaethol*, t. 12.

5 Coleg Cymraeg Cenedlaethol, *Gosod Llwybrau Llwyddiant: Cynllun Strategol y Coleg Cymraeg Cenedlaethol 2020/21–2024/25* (Caerfyrddin: Coleg Cymraeg Cenedlaethol, 2020), t. 19.

6 Gwion Lewis, *Hawl i'r Gymraeg* (Talybont: Y Lolfa, 2008), t. 108.

7 Ceir trafodaeth o hawliau ieithyddol lleiafrifol, a rhai o'r cymhlethdodau a gyfyd gyda'r syniad o hawliau grŵp yn Will Kymlicka (gol.), *The Rights of Minority Cultures* (Rhydychen: Oxford University Press, 1995).

8 Gweler Huw Lewis, 'Y Gymraeg a'r Hawl i Sicrwydd Ieithyddol', yn Simon Brooks a Richard Glyn Jones (goln), *Pa Beth yr Aethoch Allan i'w Achub?* (Llanrwst: Gwasg Carreg Gwalch, 2013), tt. 188–207. Hefyd, er enghraifft, Denise G. Réaume, 'The Group Right to Linguistic Security: Whose Rights, What Duties?', yn Judith Baker (gol.), *Group Rights* (Toronto: University of Toronto Press, 1994), tt. 119–41.

9 Trafodir y sefyllfa gyfansoddiadol yn R. Gwynedd Parry, 'Is breaking up hard to do? The case for a separate Welsh jurisdiction', *The Irish Jurist*, 57 (2017), 61–93.

10 Gweler Robert Dunbar, 'Minority Language Rights in International Law', *International and Comparative Law Quarterly*, 50 (2001), 90–120, 119.

11 Ceir trafodaeth o safbwynt yr amheuwr gan Marie-Bénédicte Dembour, *Who Believes in Human Rights? Reflections on the European Convention* (Caergrawnt: Cambridge University Press, 2006). Safbwynt ceidwadol sy'n amheus o hawliau dynol, ac yn enwedig hawliau sy'n creu dyletswyddau (claim-rights) a geir hefyd yn Roger Scrutton, *How to be a Conservative* (Llundain: Bloomsbury, 2014), tt. 69–78.

12 Gweler Padraig Ó Riagain and Niamh Nic Shuibhne, 'Minority Language Rights', *Annual Review of Applied Linguistics*, 17 (1997), 11–29.

13 Gweler Will Kymlicka ac Alan Patten, 'Language Rights and Political Theory', *Annual Review of Applied Linguistics*, 23 (2003), 3–21.

14 Ceir trafodaeth o hanesyddiaeth gan Francesco Francioni, 'Reparation for Indigenous Peoples: Is International Law Ready to Ensure Redress for Historical Injustices?', yn Federico Lenzerini (gol.), *Reparation for Indigenous Peoples* (Rhydychen: Oxford University Press, 2008), tt. 27–45.

15 Y mae cywiro anghyfiawnderau hanesyddol fel sail i hawliau ieithyddol yn cael ei drafod gan Will Kymlicka, 'Language Policies, National Identities, and Liberal-Democratic Norms', yn Colin Williams (gol.), *Language and Governance* (Caerdydd: University of Wales Press, 2007), tt. 505–15.

16 Gweler sylwadau Will Kymlicka, 'Justice and security in the accommodation of minority nationalism', yn Stephen May, Tariq Modood a Judith Squires (goln), *Ethnicity, Nationalism and Minority Rights* (Caergrawnt: Cambridge University Press, 2004), tt. 144–75.

17 Gweler, ymhellach, Jeremy Waldron, 'Rights in Conflict', *Ethics*, 99/3 (1989), 503–19.

18 Joseph Raz, *The Morality of Freedom* (Rhydychen: Clarendon Press, 1986), t. 166.

19 Gweler Confensiwn Ewropeaidd ar Hawliau Dynol (1950), erthygl 10.

20 Gweler Waldron, 'Rights in Conflict', 503–19.

21 Ronald Dworkin, *Taking Rights Seriously* (Caergrawnt, MA: Harvard University Press, 1977), t. 192.

22 Emyr Lewis, 'Hawl Pwy i Beth?', yn E. Gwynn Matthews (gol.), *Hawliau Iaith: Cyfrol Deyrnged Merêd* (Astudiaethau Athronyddol 4) (Talybont: Y Lolfa, 2015), tt. 18–40.

23 Lewis, 'Hawl Pwy i Beth?', t. 36.

24 Gweler Joshua Castellino, 'Affirmative Action for the Protection of Linguistic Rights: An Analysis of International Human Rights; Legal Standards in the context of the Protection of the Irish Language', *Dublin University Law Journal*, 25/1 (2003), 1–43.

25 Gweler Will Kymlicka, *Multicultural Citizenship: A Liberal Theory of Minority Rights* (Rhydychen: Clarendon Press, 1995), t. 6.

26 Gweler Steven Greer, 'Being "realistic" about Human Rights', *Northern Ireland Legal Quarterly*, 60/2 (2009), 147–61, 150.

27 Kymlicka, *Multicultural Citizenship: A Liberal Theory of Minority Rights*, tt. 108–16.

28 Gweler trafodaeth Fernand de Varennes, 'Linguistic Identity and Language Rights', yn Marc Weller (gol.), *Universal Minority Rights: A Commentary on the Jurisprudence of International Courts and Treaty Bodies* (Rhydychen: Oxford University Press, 2007), tt. 253–323; hefyd Fernand de Varennes, 'Language Rights as an Integral Part of Human Rights – A Legal Perspective', yn Matthias Koenig a Paul de Guchteneire

(goln), *Democracy and Human Rights in Multicultural Societies* (Aldershot: Ashgate, 2007), tt. 115–25; hefyd, Xabier Arzoz, 'Language Rights as Legal Norms', *European Public Law*, 15/4 (2009), 541–74.

[29] Gweler Datganiad Cyffredinol ar Hawliau Dynol (Cenhedloedd Unedig, 1948), Erthygl 2; Cyfamod Rhyngwladol ar Hawliau Sifil a Gwleidyddol 1966, Erthyglau 26 a 27; Datganiad Cenhedloedd Unedig ar Hawliau Personau sydd yn Perthyn i Leiafrifoedd Cenedlaethol neu Ethnig, Crefyddol a Ieithyddol 1992, Erthyglau 1, 2 a 4; Confensiwn CU ar Hawliau'r Plentyn 1990, Erthygl 29.

[30] Datganiad Cyffredinol ar Hawliau Ieithyddol (Cenhedloedd Unedig, 1996), Erthyglau 24 a 25.

[31] Ceir trosolwg gan Iñigo Urrutia a Iñaki Lasagabaster, 'Language Rights as a General Principle of Community Law', *German Law Journal*, 8/5 (2007), 479–500.

[32] Ceir trafodaeth feirniadol o'r meddylfryd hwn yn Michael Hornsby and Timofey Agarin, 'The End of Minority Languages? Europe's Regional Languages in Perspective', *Journal on Ethnopolitics and Minority Issues in Europe*, 11/1 (2012), 88–116.

[33] Gweler trafodaeth Eduardo D. Faingold, 'Language rights in the European Union and the Treaty of Lisbon', *Language Problems & Language Planning*, 39/1 (2015), 33–49.

[34] *Anita Groener v Minister for Education and the City of Dublin Vocational Educational Committee*, ECJ (1989) Case C-379/87.

[35] Gweler Confensiwn Ewropeaidd ar Hawliau Dynol (1950), Erthyglau 9 a 10; Confensiwn Fframwaith ar gyfer Gwarchod Lleiafrifoedd Cenedlaethol (1998), Erthyglau, 5, 6, 9, 10, 11, 12, 14.

[36] Rwyf wedi trafod gwahanol agweddau ohoni yn y gorffennol. Er enghraifft, R. Gwynedd Parry, 'History, Human Rights and Multilingual Citizenship: Conceptualising the European Charter for Regional or Minority Languages', *Northern Ireland Legal Quarterly*, 61 (2010), 329–48; R. Gwynedd Parry, 'Article 4 – Existing Regimes of Protection' and 'Article 5 – Existing Obligations', yn Alba Nogueira, Eduardo J. Ruiz Vieytez a Iñigo Urrutia (goln), *Shaping Language Rights: a Commentary on the European Charter for Regional or Minority Languages in light of the Committee of Experts' evaluation* (Strasbourg: Council of Europe Publishing, 2012), tt. 145–72.

[37] *Siartr Ewrop ar gyfer Ieithoedd Rhanbarthol neu Leiafrifol*, Rhagymadrodd.

[38] *Siartr Ewrop ar gyfer Ieithoedd Rhanbarthol neu Leiafrifol*, Rhan I, Erthygl 1.

[39] Robert Dunbar, 'The Council of Europe's European Charter for Regional or Minority Languages', yn Kristin Henrard a Robert Dunbar (goln),

Synergies in Minority Protection (Caergrawnt: Cambridge University Press, 2008), tt. 155–85.
40 Mae darpariaethau eraill o fewn y siartr sy'n ymwneud ag astudio iaith leiafrifol fel pwnc, fel Erthygl 7, Adran 7, paragraffau 1.f ac 1.g, sy'n ymwneud â dysgu ac astudio iaith ranbarthol neu leiafrifol, ac astudiaeth ac ymchwil ar ieithoedd rhanbarthol neu leiafrifol mewn prifysgolion.
41 Gweler Adroddiad Esboniadol y Siartr, paragraff 87.
42 Gweler Gwefan Cyngor Ewrop, *https://www.coe.int/en/web/conventions/full-list/-/conventions/treaty/148/declarations?p_auth=adpW1NPl* (cyrchwyd 30 Gorffennaf 2021).
43 Gweler Jean-Marie Woehrling, *The European Charter for Regional of Minority Languages: A Critical Commentary* (Strasbourg: Council of Europe Publishing, 2005), tt. 154–5.
44 Gweler hefyd Lewis, *Hawl i'r Gymraeg*, tt. 56–60.
45 Gweler R. Gwynedd Parry, *Cymru'r Gyfraith: Sylwadau ar Hunaniaeth Gyfreithiol* (Caerdydd: Gwasg Prifysgol Cymru, 2012), tt. 129–34.
46 Derbyniodd bosibiliadau datganoli ar gyfer llunio cyfeiriad Cymreig i addysg uwch sylw gan Gareth Elwyn Jones, 'The Welsh Universities and Devolution', *The Welsh Journal of Education*, 14/1 (2007), 21–42.
47 Mae Deddf Addysg Uwch (Cymru) 2015 yn gosod dyletswydd ar sefydliadau addysg uwch Cymru i ystyried blaenoriaethau polisi Llywodraeth Cymru wrth iddynt baratoi eu cynlluniau ffioedd a mynediad i'w cymeradwyo. Ymysg y materion y mae'n rhaid eu cynnwys yn y cynlluniau ffioedd a mynediad, y mae adran 6 y ddeddf yn crybwyll cyfleoedd cyfartal, a darparu'n benodol ar gyfer myfyrwyr sy'n dod o grwpiau sydd heb gynrychiolaeth ddigonol. Caiff myfyrwyr sy'n astudio trwy gyfrwng y Gymraeg eu cynnwys yma gan eu bod yn cael eu tan gynrychioli mewn addysg uwch.
48 Cynulliad Cenedlaethol Cymru, *Cefnogi a hybu'r Gymraeg*, Adroddiad Pwyllgor Diwylliant, y Gymraeg a Chyfathrebu (Caerdydd: Comisiwn Cynulliad Cenedlaethol Cymru, 2019).
49 *Taro'r cydbwysedd iawn: cynigion ar gyfer Bil y Gymraeg*, Llywodraeth Cymru Rhif: WG32353 (Hawlfraint y Goron, 2017).
50 Mesur y Gymraeg (Cymru) 2011, Adrannau 1 a 3.
51 Ceir trosolwg o'r Mesur gan Colin Williams, 'Legislative Devolution and the Enactment of the Official Status of Welsh in Wales', yn Inigo Urrutia et al. (goln), *Cultural Rights and Democratisation* (Paris: Institut Universitaire Varenne, 2015), tt. 183–2013.
52 Colin Williams, 'The Lightening Veil: Language Revitalization in Wales', *Review of Research in Education*, 38 (2014), 242–72, 265.
53 Gweler trafodaeth Sue Ashtiany, 'The Equality Act 2010: Main Concepts', *International Journal of Discrimination and the Law*, 11 (2011), 29–42.

[54] *https://www.nrc.gov/docs/ML1413/ML14135A076.pdf.*
[55] Cefnogi a hybu'r Gymraeg, tt. 7, 11.
[56] Cefnogi a hybu'r Gymraeg, t. 14.
[57] Deddf yr Iaith Gymraeg 1993, Adran 22.
[58] Ceir trafodaeth o lwyddiant yr hawl gyfreithiol yn Adran 22, Deddf yr Iaith Gymraeg 1993 yn Catrin Fflûr Huws, 'The Welsh Language Act 1993: A Measure of Success?', *Language Policy*, 5 (2006), 141–60.
[59] Diarmait Mac Giolla Chriost, *The Welsh Language Commissioner in Context: Roles, Methods and Relationships* (Caerdydd: University of Wales Press, 2016), tt. 47–51.
[60] Wesley N. Hohfeld, *Fundamental Legal Conceptions, As Applied in Judicial Reasoning and Other Legal Essays* (New Haven: Yale University Press, 1919).
[61] Efallai mai Dafydd Jenkins oedd y cyntaf i drafod syniadau Hohfeld yn y Gymraeg: gweler Dafydd Jenkins, 'Hawl yn y Gyfraith', *Efrydiau Athronyddol*, LVII (1994), 61–74, 68–9.
[62] Perthynas astrus yw honno rhwng cyfraith a moesoldeb, ac nid pawb sy'n cytuno â'r gwahaniad taclus rhwng y ddau. Gweler, er enghraifft, Tony Honoré, 'The Necessary Connection between Law and Morality', *Oxford Journal of Legal Studies*, 22/3 (2002), 489–95.
[63] Fel y dywedodd H. L. A. Hart: 'the laws of any country will be the general orders backed by threats which are issued by the sovereign or subordinates in obedience to the sovereign'. Gweler H. L. A. Hart, *The Concept of Law* (Rhydychen: Clarendon, 1961), t. 25.
[64] Rheoliadau Safonau'r Gymraeg (Rhif 6) 2017, *https://senedd.wales/laid%20documents/ sub-ld10872-em/sub-ld10872-em-w.pdf.*
[65] Nid dyma'r lle i ddwys ystyried effaith neo-ryddfrydiaeth a phreifateiddio ar genhadaeth gyfoes y prifysgolion. Am hynny rhaid troi at, er enghraifft, John Smyth, *The Toxic University: Zombie Leadership, Academic Rock Stars, and Neoliberal Ideology* (Llundain: Palgrave Macmillan, 2017).
[66] Oes modd rhagori ar eiriau'r saint? 'If then a practical end must be assigned to a University course, I say it is that of training good members of society': John Henry Newman, *The Idea of a University: Defined and Illustrated* (Washington: Regnery Publishing, 1999), tt. 160–1.
[67] Gweler Jan D. ten Thije et al., 'Toolkit for Translational Communication in Academia in Europe', yn Nel de Jong et al. (goln), *Papers of the Anéla 2012 Applied Linguistics Conference* (Utrecht: Eburon Academic Publishers, 2012), tt. 367–88, 377.
[68] Jasone Cenoz, 'Bilingual educational policy in higher education in the Basque Country', *Language, Culture and Curriculum*, 25/1 (2012), 41–55.

[69] Gweler, ymhellach, sylwadau Xabier Arzoz, 'Basque-medium Legal Education in the Basque Country', yn Xabier Arzoz (gol.), *Bilingual Higher Education in the Legal Context: Group Rights, State Policies and Globalisation* (Leiden: Martinus Nijhoff, 2012), tt. 135–66; gweler hefyd Xabier Arzoz, 'Making a Minority Language a Higher Education Language: the Teaching of Law through the Basque Language', yn Emőd Veress (gol.), *Multilingualism and Law* (Cluj-Napoca: Sapientia University Publishing, 2016), tt. 67–92.

[70] Bu galw am sefydliad o'r fath trwy gydol yr ugeinfed ganrif. Gweler, er enghraifft, ysgrifau Saunders Lewis yn *Barn*, Rhagfyr 1964.

[71] Gweler Colin Baker, 'Language Planning: a Grounded Approach', yn J-M Dewaele, A. Housen a L. Wei (goln), *Bilingualism: Beyond Basic Principles* (Clevedon: Multilingual Matters, 2003), tt. 88–111.

[72] Cawn ddarlun o'r sefyllfa bryd hynny gan Dafydd Glyn Jones, 'Problem Prifysgol', *Y Traethodydd*, CLIII/645 (Ebrill 1998), 71–6; hefyd 'Coleg Ffedral Cymraeg ym Mhrifysgol Cymru', *Y Traethodydd*, CLIII/646 (Gorffennaf 1998), 138–44; 'Rhagor am y Coleg Ffederal Cymraeg', *Y Traethodydd*, CLIV/648 (Ionawr 1999), 30–5; 'Y Sefydliad Amwys', *Y Traethodydd*, CLVI/656 (Ionawr 2001), 41. Casglwyd nifer o'i ysgrifau ar y pwnc yn y gyfrol, *Problem Prifysgol a Phapurau Eraill* (Llanrwst: Gwasg Careg Gwalch, 2003).

[73] *Gosod Llwybrau Llwyddiant: Cynllun Strategol y Coleg Cymraeg Cenedlaethol 2020/21– 2024/25*, t. 9.

[74] Ystadegau Llywodraeth Cymru, 2017–18, Llywodraeth Cymru, *https:// statscymru.llyw.cymru/Catalogue/Education-and-Skills/Post-16-Education-and-Training/Higher-Education/Welsh-Medium/studentsinwaleswithteachingthroughthemediumofwelsh-by-institution* (cyrchwyd 30 Gorffennaf 2021).

[75] Gweler Colin H. Williams, *Language Revitalization, Policy and Planning in Wales* (Caerdydd: University of Wales Press, 2000), t. 134.

[76] Bwletin Ystadegol Llywodraeth Cymru, *Welsh Language in Higher Education, 2017/18*, 25 July 2019, t. 18, *https://gov.wales/sites/default/files/statistics-and-research/2019-07/welsh-language-higher-education-institutions-september-2017-august-2018-942.pdf*.

[77] Dengys ymchwil Wynn fod ffactorau cymdeithasegol sy'n gysylltiedig â hunaniaeth yn dylanwadu ar benderfyniad rhai pobl ifanc i fudo o'r bröydd Cymraeg: Lowri Cunnington Wynn, '"Beth yw'r ots gennyf i am Gymru?" Astudiaeth o allfudo a dyheadau pobl ifanc o'r bröydd Cymraeg', *Gwerddon*, 28 (2019), 43–63.

[78] Llywodraeth Cymru, 'Rhwydwaith Seren', *https://llyw.cymru/rhwydwaith-seren?_ga=2.187622312.1088640627.1590615434-1083485755.1590615434* (cyrchwyd 30 Gorffennaf 2021).

79 HESA, 'Higher Education Student Statistics: UK, 2017/18 – Where students come from and go to study', *https://www.hesa.ac.uk/news/17-01-2019/sb252-higher-education-student-statistics/location* (cyrchwyd 30 Gorffennaf 2021).
80 Ymchwil y Senedd, *https://seneddymchwil.blog/2019/01/24/penawdau-syn-deillio-or-data-sydd-newydd-eu-rhyddhau-ar-niferoedd-y-myfyrwyr-ym-mhrifysgolion-cymru/* (cyrchwyd 30 Gorffennaf 2021).
81 BBC News, 'More graduates leave Wales than arrive, report says', *https://www.bbc.co.uk/news/uk-wales-politics-40999314* (cyrchwyd 30 Gorffennaf 2021).
82 Wales Online, 'Brain drain alarm as many who study in Wales leave', *https://www.walesonline.co.uk/news/wales-news/brain-drain-alarm-many-who-2037230* (cyrchwyd 30 Gorffennaf 2021).
83 UCAS, 'Scottish students celebrate as university p\laces are confirmed', *https://www.ucas.com/corporate/news-and-key-documents/news/scottish-students-celebrate-university-places-are-confirmed* (cyrchwyd 30 Gorffennaf 2021).
84 HESA, 'Higher Education Student Statistics: UK, 2017/18'.
85 *The Times*, 'Scottish students "squeezed" out of university places', *https://www.thetimes.co.uk/article/scottish-students-squeezed-out-of-university-places-59p7wvcnh* (cyrchwyd 30 Gorffennaf 2021).
86 *The Telegraph*, 'SNP cap on university places attacked after more than 14,000 Scots miss out', *https://www.telegraph.co.uk/politics/2020/01/01/snp-cap-university-places-attacked-14000-scots-miss/* (cyrchwyd 30 Gorffennaf 2021).
87 BBC News, 'Row over cap on English students at Scottish universities', *https://www.bbc.co.uk/news/uk-scotland-52884134* (cyrchwyd 30 Gorffennaf 2021).
88 *Scottish Financial News*, 'Scotland trailing London in battle to retain graduates – Grant Thornton', *https://www.scottishfinancialnews.com/article/scotland-trailing-london-in-battle-to-retain-graduates-grant-thornton* (cyrchwyd 30 Gorffennaf 2021).
89 Ceir trafodaeth o hyn gan Catrin Fflûr Huws, 'Yr Iaith Gymraeg fel Model ar Gyfer Torri'r Cylch Diffyg Defnydd mewn Cyd-Destun Ieithoedd Lleiafrifol', *Gwerddon*, 8 (2011), 7–27.
90 Gweler, ymysg eraill, Glenys Williams, 'Legal Education in Welsh – an Empirical Study', *Law Teacher*, 39/3 (2005), 259–76.
91 Gweler Osian Elias a Gwenno Griffith, '"Mae hergwd cyn bwysiced â hawl": newid ymddygiad a pholisi'r iaith Gymraeg', *Gwerddon*, 29 (hydref 2019), 59–80.
92 Elias a Griffith, '"Mae hergwd cyn bwysiced â hawl"', 68.

[93] Ceir trafodaeth o hyn ymysg pethau eraill gan Jennifer Cann, 'Higher Education's Contribution to the Maintenance and Revitalisation of Minority Official Languages: The Cases of Wales and New Brunswick', *The Welsh Journal of Education*, 13/1 (2004), 95–117, 113.

[94] Gweler Catherine Dilnot, 'The relationship between A-level subject choice and league table score of university attended: the "facilitating", the "less suitable", and the counter-intuitive', *Oxford Review of Education*, 44 (2008), 118–37.

[95] Cafwyd adolygiadau yn 1986, 1989, 1992, 1996, 2001, 2008, 2014 a 2021. Bydd canlyniadau ymarferiad 2021 yn cael eu cyhoeddi yn 2022.

[96] Mae rheolau pellach sy'n sicrhau tegwch i academwyr ar ddechrau eu gyrfa, neu i rai sydd wedi cymryd saib o'u gyrfa oherwydd, er enghraifft, magu plant, fel y gellir eu cynnwys.

[97] Ar gyfer yr ymarferiad yn 2014, gweler *https://www.ref.ac.uk/2014/* (cyrchwyd 30 Gorffennaf 2021).

[98] Parthed addysg (Uned Asesu 25) – dim ond Caerdydd gyflwynodd waith i'w asesu yn yr ymarferiad, ac o'r 78 o allbynnau a gyflwynwyd, nid oedd un wedi ei gyhoeddi yn y Gymraeg.

[99] Aled Gruffydd Jones, 'Gwerddon: gwyrddlasu anialdir? Rhai sylwadau ar hanes e-gyfnodolyn academaidd Cymraeg', *Gwerddon*, 28 (2019), 6–20.

[100] Ceir dadansoddiad o ddylanwad yr asesiadau hyn ar fywyd yr academydd cyfraith gan Fiona Cownie, *Legal Academics: Culture and Identities* (Rhydychen: Hart, 2004). Ceir rhagor o drafodaeth o swyddogaeth ysgolion cyfraith yn A. Bradney, *Conversations, Choices and Changes: The Liberal Law School in the Twenty-First Century* (Rhydychen: Hart, 2003).

[101] 'REF 2019/01 January 2019: Guidance on submissions', *https://www.ref.ac.uk/media/1092/ref-2019_01-guidance-on-submissions.pdf*:

> Para 218. Institutions that wish to submit outputs produced in the medium of Welsh are welcome to do so. Such outputs will be assessed equitably, as described in paragraphs 285 and 286.
> Para 285. For research outputs in a language other than English (including outputs submitted in the medium of Welsh), a short abstract in English should be provided to describe the content and nature of the work (maximum 100 words). A separate field for each output in REF2 will be available for this. Panels will use this abstract to identify appropriate assessment, including (where required) external specialist advisers to whom the work may be referred. The abstracts themselves will not form the basis for assessment. Work may be referred to external specialist advisers only where panel

members and assessors are unable to assess an output in the language in which it is submitted.

Para 286. In the case of research outputs in the medium of Welsh, the specialist adviser(s) will normally be paired with a designated panel member with whom they will discuss the advice provided. If a sub-panel receives a substantial volume of research outputs in the medium of Welsh, the specialist adviser(s) will be invited to attend one or more of the panel meetings during the assessment phase. These provisions are made in recognition of the particular legal status of the Welsh language in Wales.

[102] Gweler HEFCW, *Welsh Medium Mainstreaming Strategy* (Caerdydd: HEFCW, 2006), para. 2.3.7.

[103] Thomas Watkin, 'Dysg yn y Gyfraith yn y Gymru Gyfoes – y Cyfleoedd a'r Peryglon', Darlith Cymdeithas y Cyfreithwyr, Eisteddfod Genedlaethol Cymru, Eryri a'r Cyffiniau (2005), 14.

[104] 'Covid-19 and the Higher Education Sector in Wales', Canolfan Llywodraethiant Cymru, Prifysgol Caerdydd (Mai 2020).

[105] Neu, 'its rightful place in academic life', fel y mynnodd Leighton Andrews yn ei gyfrol *Ministering to Education: a Reformer Reports* (Aberteifi: Parthian, 2014), t. 283.

[106] Llywodraeth Cymru, 'Bwrsariaethau newydd ar gyfer ôl-raddedigion yng Nghymru', *https://llyw.cymru/bwrsariaethau-newydd-ar-gyfer-ol-raddedigion-yng-nghymru* (cyrchwyd 30 Gorffennaf 2021).

[107] Mae sicrhau ansawdd y ddarpariaeth a pheidio â bodloni ar rywbeth salach yn cael ystyriaeth gan Wilson McLeod. Meddai ef: 'There must be an unapologetic insistence on academic rigour and excellence, and vigorous resistance to any culture or special pleading. That is to say, there should be no room at all for excuses for things being second-best because they are done through Gaelic or Irish, or treating Gaelic- or Irish-medium academic projects as sacred cows of some kind that cannot be judged by general standards of quality. Delivering courses through Gaelic or Irish cannot be seen as an end in itself, a project effectively immune to criticism with regard to its conceptualisation, management, or academic quality': gweler Wilson Mcleod, 'Lessons from Gaelic-medium Higher Education in Scotland', yn Caoilfhionn Nic Phaidin a Donla ui Bhraonain (goln), *University Education in Irish: Challenges and Perspectives* (Dublin: Dublin City University, 2004), tt. 43–51, 49.

13

Y sŵn yn y Senedd: profiad a phryder aelodau o'r Senedd am wneud cyfraniadau trwy'r iaith Gymraeg

Delyth Jewell

Yng nghyd-destun unrhyw drafodaethau am bolisïau neu arferion iaith Gymraeg, mae'n bwysig ystyried rôl y Senedd. Sefydliad sydd wedi sefyll ers 1999 yw hi, deddfwrfa sy'n sylfaen i'r genedl Gymraeg, a ddylai fod â'r Gymraeg – a pholisïau dwyieithog – wrth ei chalon. Ond er gwaetha'r cynnydd a welwyd yn ystod y blynyddoedd diwethaf o ran fframweithiau polisi a'r cymorth sydd ar gael i aelodau ddysgu a defnyddio'r iaith Gymraeg, mae gostyngiad wedi bod yn y nifer o weithiau y defnyddir y Gymraeg gan aelodau yn ystod trafodion swyddogol y Senedd. Mae'r anghysondeb hwn yn cyferbynnu â'r newidiadau deddfwriaethol a gyflwynwyd ac a basiwyd ar lawr y Senedd sydd i fod i hwyluso'r defnydd o'r Gymraeg ym mhob cwr o'n gwlad.[1] Pwrpas y bennod hon fydd ceisio deall rhagor am y rhesymau sydd y tu ôl i'r anghysondeb hwn, ac ymdreiddio i rai o'r penderfyniadau a'r ystyriaethau gwahanol y mae'n rhaid i aelodau o'r Senedd eu gwneud wrth gyflawni'r rhan gyhoeddus o'u gwaith. Hynny yw, ystyrir eu defnydd o'r Gymraeg wrth siarad mewn dadleuon, gofyn cwestiynau a chraffu ar waith y llywodraeth: y pethau a wneir yn siambr ac ystafelloedd pwyllgor y Senedd ei hun.

Hoffwn wneud pwynt pwysig yn y cyswllt hwn: er gwaethaf elfen berfformiadol gwaith aelod o'r Senedd, mae'n bwysig nodi nad llwyfan genedlaethol yw'r Senedd yn unig; mae hi hefyd yn weithle. Trwy gydol y bennod hon, byddaf i'n ceisio ystyried ochr bersonol dewisiadau ieithyddol, sy'n ddimensiwn nas adroddir yn aml mewn cyd-destun gwleidyddol. Nid yw'r penderfyniadau y mae aelodau o'r Senedd yn eu gwneud am iaith yn cael eu gwneud oherwydd iaith ffafriedig y gynulleidfa neu'r wasg yn unig (er bydd y bennod hon yn dangos bod y rhain hefyd yn ffactorau pwysig). Mae hi hefyd yn fater o ddewis personol ar lefel hynod sylfaenol, sydd yn yr un modd yn cael ei effeithio gan ystod eang o ffactorau emosiynol, ymarferol a seicolegol.

Mae casgliadau'r bennod wedi'u seilio ar ymchwil ansoddol a gynhaliwyd trwy gyfres o gyfweliadau unigol ag aelodau o'r bumed Senedd. Cynhaliwyd pob un o'r cyfweliadau yn ystod misoedd Mai a Mehefin 2021, yn sgil pandemig COVID-19. Mae'r bennod hefyd yn ystyried rhai o'm profiadau i fy hun, gan fy mod i wedi gweithredu fel aelod o'r Senedd ers 2019, ac felly roeddwn yn gyd-Seneddwraig i'r aelodau yr oeddwn i'n cyfweld â nhw.

Y Gymraeg yn y Senedd

Cyn ystyried canlyniadau'r cyfweliadau, dylid amlinellu cyd-destun gostyngiad y defnydd o'r Gymraeg yn nhrafodion y Senedd a nodwyd uchod. Noda adroddiad blynyddol y cynllun ieithoedd swyddogol 2019–20 fod canran y cyfraniadau Cymraeg yn nhrafodion y Cyfarfod Llawn (h.y. yn siambr y Senedd) wedi gostwng o 20 y cant yn 2017–18 i 16 y cant yn 2019–20. Roedd y ffigyrau cyffelyb ar gyfer trafodion pwyllgorau hyd yn oed yn fwy ysgytwol: aethant o 8 y cant yn 2017–18 i 6 y cant yn 2019–20.[2] Noder nad oedd y comisiwn yn casglu'r ystadegau cyn 2017, felly nid oes modd eu cymharu â Chynulliadau (fel y'u gelwyd ar y pryd) blaenorol.

Yn Ionawr 2018, cyhoeddodd Cymdeithas yr Iaith ddata yr oeddent wedi ei dadansoddi eu hunain o'r defnydd a wnaed o'r Gymraeg gan aelodau'r Senedd rhwng Mai 2016 a diwedd 2017.[3] Beirniadwyd aelodau'r Senedd gan Gymdeithas yr Iaith am y ffaith bod y Gymraeg wedi'i defnyddio am 12 y cant o'r amser yn unig yn ystod yr adeg honno, a dywedodd Osian Rhys, arweinydd Cymdeithas yr Iaith ar y pryd, fod hyn yn 'destun pryder'.[4]

Daeth y pwnc i'r golwg eto yn 2021, wedi etholiadau'r Senedd, pan gyhoeddwyd llythyr agored gan Cynog Dafis yn Golwg a oedd yn pwyso ar aelodau o'r Senedd newydd a oedd yn medru'r Gymraeg i ddewis defnyddio'r Gymraeg yn eu gwaith cyhoeddus.[5] Yn y llythyr, dywed y cyn-AS:

> Yr argraff sy gen i fodd bynnag – heb unrhyw ystadegau i brofi'r pwynt – yw mai ymylol, ac yn sicr nid normal, yw'r defnydd ohoni. Yn gyffredin fe glywn ni siaradwyr Cymraeg rhugl yn optio am y Saesneg, y *lingua franca* ryngwladol honno y mae ei lledaeniad yn erydu'r defnydd cymdeithasol o'r Gymraeg o ddydd i ddydd ac o flwyddyn i flwyddyn.[6]

Cyfeiria Cynog at uchelgais Llywodraeth Cymru i gyrraedd 1 miliwn o siaradwyr Cymraeg erbyn y flwyddyn 2050 fel rheswm i ysgogi'r aelodau newydd i gynyddu'u defnydd o'r iaith, ac mae'n gofyn: 'ble sy'n well i gychwyn y broses, gan osod esiampl i'r genedl gyfan, na'r Senedd genedlaethol ... Senedd lle mae'r amgylchiadau'n ddelfrydol?'[7]

Bydd y bennod hon yn tynnu ar nifer o'r un pwyntiau a drafodir yn y llythyr, wrth gwrs, gan gynnwys effaith targed 1 miliwn o siaradwyr fel fframwaith seicolegol i ddewisiadau iaith deddfwyr, ynghyd â'r cysyniad o ddangos esiampl i'r genedl. Oherwydd, nid gweithle yn unig yw'r Senedd, mae hi hefyd yn berfformdy, a dyma ydy un o'r tensiynau anochel sy'n cynnal y drafodaeth hon. Bydd aelodau o'r Senedd yn perfformio'u dyletswyddau cyhoeddus tra'u bod yn gweithio yn y Senedd, ond bydd nifer o ffactorau yn chwarae rhan yn y broses. Bydd y bennod hon yn archwilio'r dimensiwn personol hwn ac yn ystyried a ydy'r amgylchiadau a elwir yn 'ddelfrydol' yn llythyr Cynog Dafis wir yn ddigonol i hybu'r defnydd o'r Gymraeg bob amser.

Wrth reswm, ac er gwaetha'r ystadegau a nodir uchod fel cefndir, nid myfyrdod ar ffigyrau fydd y bennod hon, ond ymchwiliad i deimladau personol aelodau, y ffactorau gwahanol sy'n dylanwadu ar eu dewisiadau iaith, a'r ffyrdd y mae'r cymorth sydd ar gael yn y Senedd yn helpu ac weithiau'n rhwystro'r defnydd o'r Gymraeg.

Methodoleg

Yn ystod gwanwyn 2021, estynnais wahoddiad i groestoriad o aelodau'r bumed Senedd a oedd naill ai'n siarad neu'n dysgu'r Gymraeg, i gyfrannu i'r ymchwil hwn. Gan fod cyfartaleddau y nifer o siaradwyr Cymraeg ym mhob un o'r pleidiau yn wahanol, gwahoddais groestoriad cynrychiadol gan geisio sicrhau cydbwysedd trawsbleidiol yn y cyfweliadau. Cynhaliwyd y cyfweliadau gan ddefnyddio'r platfform Zoom. Bûm yn siarad â dau aelod o'r Blaid Lafur, dau o'r Blaid Geidwadol a thri o Blaid Cymru. Nid unffurfiaeth a welwyd yn y cyfraniadau, chwaith: roedd bron i hanner y rhai y cyfwelwyd â nhw yn eu hystyried eu hunain yn ddysgwyr, a sicrheais fod cynrychiolaeth o wahanol ranbarthau yng Nghymru, er mwyn ceisio cael adlewyrchiad teg o gefndiroedd gwahanol, ynghyd â'r ystyriaethau gwahanol sydd i aelodau yn dibynnu ar faint o Gymraeg a siaredir yn eu hetholaethau.

Cynhaliwyd y rhan fwyaf o'r cyfweliadau trwy'r Gymraeg, ond cynhaliwyd dau ohonynt trwy'r iaith Saesneg, ac un yn ddwyieithog. Ymatebodd pawb i'r ymarfer yn onest gan fynegi dymuniad i helpu datgelu mwy am y pwnc cymhleth hwn. Er mwyn craffu'n fanwl ar yr ymatebion, ni enwir yr ASau yn y gwaith hwn.

O ran cynnwys y cwestiynau: tra oeddwn i'n penderfynu ar derfynau'r ymchwil hwn roeddwn i'n awyddus iddo gwmpasu ysgogiad yr unigolion, eu hymwybyddiaeth o'u cynulleidfaoedd tra byddant yn gweithio, rhwystrau posibl sydd wedi tarfu ar eu hyder, ynghyd â ffactorau pleidiol wleidyddol ac amgylchiadau damweiniol, megis COVID-19. Gofynnwyd yr un cwestiynau i bob un o'r cyfweledigion, a oedd yn fras yn dilyn y pynciau canlynol: polisi ac arfer; dylanwad y targed 1 miliwn o siaradwyr; ffactorau a dylanwadau personol; cynulleidfa a chyfrifoldeb; ffactorau pleidiau gwleidyddol; newidiadau i batrymau gwaith yn sgil COVID-19.

Cymhellion yr aelodau i siarad Cymraeg

Un o'r pethau mwyaf creiddiol y dymunwn ei ganfod oedd beth sy'n ysgogi aelodau o'r Senedd i ddefnyddio'r Gymraeg yn eu gwaith. Cyn troi at y rhwystrau i'r Gymraeg, roeddwn i am ystyried yr ochr gadarnhaol. Pa ffactorau, felly, sy'n gwneud aelodau o'r Senedd yn fwy tebygol o ddefnyddio'r iaith?

I rai, roedd targed Llywodraeth Cymru o gyrraedd 1 miliwn o siaradwyr Cymraeg erbyn y flwyddyn 2050 yn gymhelliad pwysig.[8] Amlygwyd patrwm diddorol yma, gyda'r cyfweledigion sy'n eu hystyried eu hunain yn ddysgwyr yn fwy tebygol o ddweud bod y targed hwn yn cael effaith ar eu dewisiadau iaith. Dywedodd un: 'It does influence what I'm doing because I think the only way we're going to hit that target is by example, so it does require second language speakers like me to use it more, and to demonstrate that we're using it.'

I'r gwrthwyneb, roedd barn y cyfweledigion a oedd yn rhugl yn y Gymraeg yn fwy cymysg. Cytunai rhai o'r cyfweledigion rhugl fod y darged yn bwysig gyda mwy nag un yn dweud bod cyfrifoldeb arnom fel unigolion i gefnogi'r ymgyrch. Ond bu ymateb aelodau eraill i'r cwestiwn am faint effaith y targed ar eu dewisiadau ieithyddol yn eu gwaith yn gwbl groes i'r uchod. Dywedodd un aelod mai am resymau ymarferol, a hefyd 'chwaeth bersonol, dim oherwydd rhyw agendau [allanol]' y mae'n defnyddio'r Gymraeg.

Mae'n rhaid, wrth gwrs, ystyried gwleidyddiaeth bleidiol yma, a'r posibilrwydd bod aelodau o rai pleidiau'n fwy tebygol o gofleidio targed llywodraeth o liw arbennig fel ysgogiad i'w dewisiadau nag eraill. Ond dylid nodi nad oedd y rhaniadau barn uchod bob amser yn dilyn trywyddau pleidiol. Er hyn oll, pwynt a nodwyd gan siaradwyr rhugl a dysgwyr ill dau oedd yr angen i ddangos bod yr iaith Gymraeg yn iaith fyw. Dywedodd un aelod: 'Dwi isio dangos i'r byd bod na bobol yn byw eu bywydau drwy'r Gymraeg, a dim rhyw iaith ffals fel Lladin neu rywbeth ydy o, ond bod hi'n iaith sydd yn iaith fyw iawn, a bod e'n beth hollol naturiol i mi i siarad Cymraeg.' Adleisiodd hyn ymateb aelod arall, 'So for us, in the chamber and elsewhere, we just need to demonstrate that this is not a pretty add-on, it's [not] a tourist attraction in Wales, it's just part of the day-to-day [life]. We have two languages, and we use them both.' Mae'r ddau ddyfyniad hyn, sy'n cyfleu safbwynt nifer o'r cyfweledigion, yn awgrymu bod ymwybyddiaeth aelodau o'u dyletswyddau yn ffactor pwysig i'r rhai sy'n medru'r Gymraeg, boed i'r ymwybyddiaeth hon gael ei fframio gan darged penodol y llywodraeth neu beidio. Siaradodd pob un o'r cyfweledigion am eu balchder o allu siarad yr iaith, eu hymdeimlad o ddyletswydd, a'u hymwybyddiaeth o'r ffaith eu bod yn fodelau rôl.

Ar un lefel, wrth gwrs, mae hyn yn cyflwyno tensiwn newydd, sef i ba raddau y teimla aelodau eu bod yn perfformio yn y siambr a phwyllgorau, ac felly'n defnyddio'r iaith mewn ffordd berfformiadol. Dywedodd un aelod wrthyf yn benodol:

> There's also the demonstration effect to your constituents about where you stand on the language. Listen, that's partly why I do it: partly I do it to not be provocative with the vocal minority who are against the Welsh language, but actually to be assertive within my own constituency on: 'you've elected somebody who supports the Welsh language, I use it actively, here it is on a clip from the Senedd.'

Â hwn yn groes i eiriau aelod arall a esboniodd: "Dio ddim just amdan defnyddio'r Gymraeg just er mwyn dangos bod rhywun yn medru. Mae oherwydd bod na dyna [sic] sy'n naturiol, a dyna sydd yn haws i neud hefyd. Dwi'n gwybod bod fi'n mynegi fy hun yn well yn Gymraeg nag ydw i yn Saesneg.'

Mae peryg, wrth gwrs i ddefnydd o'r iaith ddyfod yn arwynebol os ydy hi'n berfformiadol yn unig. Amlygwyd y peryglon hyn gan brofiad un aelod mewn pwyllgor:

> Roedd sesiwn cyhoeddus o'r pwyllgor wedi [gorffen], ac roedden ni'n mynd mewn i sesiwn preifat, ac … roedd y cyfieithwyr yn [gadael], heb ofyn de, ti'n gwybod, wnaethon nhw just cymryd yn ganiataol byddai'r sesiwn breifat yn mynd i just troi i'r Saesneg, a nesh i godi'r pwynt, 'wel, dwi eisiau siarad Cymraeg yn y sesiwn breifat hefyd, achos mae hwn dal yn rhan o'r pwyllgor'.

Pwysleisiodd yr aelod hwn nad ailadroddwyd yr ymarfer hwn a bod cyfieithwyr yn aros am gyfarfodydd preifat pwyllgorau hefyd os oes angen. Serch hynny, dylai pawb sy'n gweithio i'r Senedd fod yn ymwybodol o'r berygl hon, yn ogystal â'r rheini sy'n gosod polisïau ac ymarferion ieithyddol.

Fel y nodwyd uchod, prif ffocws y bennod hon yw ceisio deall mwy am ffactorau fel y rhain sy'n rhwystro aelodau rhag defnyddio'r Gymraeg yn amlach yn y Senedd ac sydd felly wedi arwain at y gostyngiad a drafodwyd ar ddechrau'r bennod. Trown yn awr, felly, at y rhwystrau hyn yn fanylach.

Diffyg hyblygrwydd ym mholisïau'r Senedd

Cyfeiriodd Cynog Dafis yn ei lythyr cyhoeddus at yr 'amgylchiadau ... delfrydol' sy'n bodoli yn y Senedd ar gyfer siarad Cymraeg; hynny yw, y cyfieithu ar y pryd sy'n rhan annatod o'r Senedd ers ei sefydliad. Roedd nifer o'r cyfweledigion yn cytuno â'r pwynt:

> [Mae'n] hawdd i siarad Cymraeg yn y Senedd, ondife, ti ddim yn teimlo allan ohoni neu bod ti'n achosi trwbwl, neu bod ti yn teimlo'n hurt neu'n gwneud i bobl eraill deimlo'n anghyfforddus drwy fynnu bod ti'n siarad Cymraeg ... mae'n bwysig deud fod cyfieithu ar y pryd yn annaturiol o ffantastig ac mae'n cael ei weithredu yn ffantastig yn y Senedd.

Ond nid oedd pawb yn gytûn ar y pwynt hwn. Dywedodd un aelod:

> Pan nesh i gyrraedd y Senedd o'n i'n siomedig iawn achos dydy y Senedd ddim yn fan gwaith dwyieithog. Man gwaith Saesneg ydy o, ac mae'r Gymraeg yn rhyw add-on ... mae rhywun yn teimlo bod nhw'n bod yn niwsans weithiau achos bod chi eisiau siarad Cymraeg neu da chi eisiau'r papurau yn Gymraeg, da chi eisiau cyfieithu ar y pryd ... 'dy hynny ddim yn iawn.

Yn amlwg, mae yna wahaniaeth barn yma. Codwyd pwynt pwysig gan rai yn y cyfweliadau, sef bod yna ddiffyg hyblygrwydd yn y polisïau iaith sy'n cael eu gweithredu. Dywedodd un aelod fod ysbryd y polisi yn un da, ond bod problemau weithiau yn y ffordd y mae'r polisi'n cael ei weithredu. Gwnaeth yr aelod sylw pwysig, sef 'dyw dwyieithrwydd ddim yn ddu a gwyn', rhywbeth a ategwyd gan aelod arall a ddisgrifiodd ei hunan fel 'messily bilingual'. Ni fydd dwyieithrwydd unrhyw ddau berson byth yr un peth, ac mae angen creu polisïau ac ymarferion iaith sy'n hyblyg er mwyn adlewyrchu hynny. Aeth yr aelod cyntaf ymlaen i ddweud bod angen estyn gorwelion y polisi swyddogol i 'adlewyrchu realiti dwyieithrwydd yr aelodau', trwy ganiatáu i aelodau wneud mwy o ddewisiadau unigol (er enghraifft, gyda phapurau pwyllgor) yn lle gorfod dewis rhywbeth rhagderfynedig. Yn wir, yn ystod y cyfweliadau, rhannodd nifer o aelodau eu profiadau am adegau pan effeithwyd eu gwaith gan y diffyg hyblygrwydd hwn. Digwyddodd y rhan fwyaf o'r achosion hyn mewn pwyllgorau. Er enghraifft, gofynnodd un aelod am bapurau pwyllgor yn ddwyieithog – hynny yw, yn groes i'r arfer – er mwyn galluogi'r aelod i ddarllen y manylder yn Saesneg yn ogystal â gofyn cwestiynau yn y Gymraeg. Gwrthodwyd y cais am resymau technegol yn ymwneud â diffyg lle ar y rhyngrwyd. Ategodd yr aelod: 'Mae dwyieithrwydd pawb yn wahanol. Ond mae'r gyfundrefn yn tybio bod dwyieithrwydd yn rhywbeth set, safonol. A dyw e ddim.'

Gall amseru derbyn papurau pwyllgor hefyd fod yn broblem, fe ymddengys, gyda sawl person yn nodi nad yw papurau Cymraeg pwyllgorau bob amser ar gael mor gynnar â'r fersiynau Saesneg. Soniodd un aelod am sefyllfa barhaol lle nad oedd papurau Cymraeg pwyllgor arbennig ar gael tan y dydd Llun, tra oedd y papurau Saesneg ar gael ar y dydd Gwener, rhywbeth a fyddai'n amlwg yn cynnig mantais i aelodau a oedd yn paratoi at y cyfarfodydd pwyllgor trwy gyfrwng y Saesneg. Roedd yn rhaid i'r aelod dan sylw, i'r gwrthwyneb, addasu ei amserlen ar ddechrau'r wythnos er mwyn gwneud y gwaith paratoi. Gall ffactorau ymarferol, felly, gael effaith sylweddol ar y defnydd o'r Gymraeg yn y Senedd.

Cyfyngiadau amser

Ffactor ymarferol arall a nodwyd sawl gwaith yn y cyfweliadau oedd cyfyngiadau amser yn sgil defnyddio'r Gymraeg. Mae bod yn aelod o'r Senedd yn golygu lefelau uchel o straen a galwadau sy'n cystadlu am eich amser. Ar gyfer unrhyw aelod nad yw'n siaradwr iaith gyntaf, bydd paratoi cyfraniadau yn yr iaith Gymraeg yn cymryd llawer mwy o amser a chynllunio ymlaen llaw. Fel y dywedodd un aelod:

> For me to ... speak a little bit of Welsh in the chamber is easy, [but] to do a whole speech needs a bit of work ... If I address [the Senedd] in Welsh, I probably need to do it properly, so I'll need to think a little bit through it rather than, on an English speech I can often just get up and wing it, without worrying about vocabulary and grammar and so on.

Roedd hyn yn bwnc amlwg a gododd mewn sawl cyfweliad, gyda mwy nag un aelod yn sôn am yr her o gyfieithu nodiadau Saesneg i'r Gymraeg. Rhaid imi, ar y pwynt hwn, nodi rhywbeth o'm profiadau fy hunan fel aelod o'r Senedd. Weithiau mae'n rhaid i mi hefyd gymryd mwy o amser i ymarfer cyfraniadau yn Gymraeg er mwyn ymgyfarwyddo â'r geiriau a sicrhau na fyddaf i'n baglu drostynt wrth siarad yn y siambr, sef rhywbeth na fydd yn digwydd gyda chyfraniadau Saesneg. Mae'n rhaid imi felly neilltuo rhagor o amser gerbron wrth ysgrifennu ac ymarfer fy nghyfraniadau Cymraeg.

Mae aelodau o'r Senedd yn aml, wrth gwrs, yn gweithio ar y cyd â thîm o ymchwilwyr wrth iddynt baratoi areithiau a chyfraniadau. Soniodd sawl aelod am yr effaith ar eu hamser os ydy'r gwaith a baratoir iddynt mewn iaith wahanol i'r iaith yr hoffen nhw ei defnyddio yn y siambr. Roedd sawl aelod yn awyddus i amlygu'r pwynt isod: 'Weithiau mae iaith dy ymchwilydd di yn dylanwadu ar sut wyt ti'n gofyn y cwestiwn, pethau mor elfennol â hynna, a ti'n 'mod, os oes da ti ddim o'r amser i gyfieithu fe dy hunan.' At hynny, cyfeiriodd sawl aelod at eu bwriad i gyflogi aelodau staff newydd a oedd yn medru'r Gymraeg er mwyn hwyluso'r sefyllfa hon. Dywedodd un ohonynt y byddai cael siaradwr Cymraeg arall yn ei swyddfa yn ei annog i chwilio am gyfleoedd i ddefnyddio'r Gymraeg yn fwy rheolaidd.

Er hynny, nodwyd pwynt llawer llai amlwg gan nifer o'r cyfweledigion, sef bod cyfyngiadau amser yn y siambr, ynghyd â realiti cyfieithu ar y pryd, yn golygu nad ydy aelodau yn gallu eu mynegi eu hunain mor gyflawn yn y Gymraeg ag y byddent yn Saesneg. Codwyd y mater hwn gan sawl aelod ac mae eu dadleuon yn drawiadol. Dywedodd un:

> Mae cyfyngiadau amser ar gyfraniadau yn y Senedd yn broblematig i fi o safbwynt y defnydd o'r Gymraeg. Achos bob tro mae rhywun yn gweud wrtho fi 'mae gen ti munud i gyfrannu nawr' … wel dwi'n carlamu wrth gwrs achos dwi eisiau cael lot mewn, ac os oeddwn i'n siarad Saesneg, swn i'n cael e gyd mewn, ti'n mod. Ond achos bod fi'n siarad Cymraeg, dwi'n ymwybodol bod rhywun yn trio cyfieithu, so, naill ai dwi'n carlamu ac mae'r cyfieithiad yn dioddef, ac felly mae'r ergyd a chael yr ymateb dwi eisiau a'r dealltwriaeth gan y gweinidog o ran beth fi'n gofyn [yn dioddef], ac o ganlyniad mae ansawdd fy nghyfraniad i yn y Senedd yn wannach, neu dwi'n siarad yn arafach, ac yn *conscious* bod y cyfieithydd yn trio cyfieithu, a mae hynna'n rhoi fi off.

Mae'r dyfyniad uchod yn codi sawl pwynt pwysig: sef, yn gyntaf, ymwybyddiaeth y siaradwr o'r ffaith eu bod yn cael eu cyfieithu wrth siarad, ac felly'r ffaith bod rhai aelodau yn arafu'r hyn maen nhw'n ei ddweud er mwyn helpu'r cyfieithwyr; ac yn ail, y ffaith bod siarad Cymraeg ffurfiol yn tueddu i gymryd mwy o amser na Saesneg. Fel y nododd aelod arall:

> Pryd ti'n areithio yn y Gymraeg, ac yn enwedig i fod yn deg i'r sawl sy'n cyfieithu, ti'n cymryd saib bach rhwng *paragraphs*. Hynny yw, mae'n cymryd tua tri munud yn hirach i ddweud, i draddodi'r un un araith yn y Gymraeg ag yw hi yn y Saesneg, ond ti ddim yn cael dim amser ychwanegol i ddweud yr un peth … Swn i'n gallu deud mwy yn y Saesneg, na dwi i yn y Gymraeg, nawr. O'n i'n dewis dweud llai yn y Gymraeg.

Ond y pwynt pwysicaf yw bod hyn wedi effeithio ar ansawdd cyfraniadau'r aelod i'r dadleuon. Aeth yr aelod ymlaen i ddweud nad yw hi bob amser yn bosibl mynegi'r un manylder yn Gymraeg 'os wyt ti'n cadw i amser', gan nodi ei bod hi'n 'cymryd [yn] hirach i ddweud yr un peth yn y Gymraeg'. Awgrymodd y ddau aelod hyn, yn gwbl annibynnol ar ei gilydd, y dylai'r Senedd ganiatáu mwy o amser ar gyfer cyfraniadau yn y Gymraeg:

> Dwi yn meddwl … [dylai] unrhyw un sy'n cyfrannu yn Gymraeg yn y siambr … cael bach *extra* o amser, fel bod ni ddim o dan yr un pwysau a dim mor ddibynnol ar gyfieithiad sy'n carlamu ac sydd ddim yn gallu wir cyfleu beth ni'n trio gweud … mae eisiau … cyfnod hirach … So yn lle munud, munud ac ugain eiliad, just i gymryd y *pressure off*.

Rwy'n siŵr y bydd y syniad hwn yn un dadleuol oherwydd mae terfyniadau amser ar siarad yn y Senedd yn faes lle mae cyfartaledd wedi bod yn bwysig erioed, ond eto, credaf ei fod yn bwynt teg iawn gan fod mynegiant yn cymryd amser hirach mewn un o'r ieithoedd swyddogol nag yn y llall. Mae hi'n bosib iawn y byddai cyflwyno newid o'r fath yn annog mwy o aelodau i ddefnyddio'r Gymraeg yn amlach yn y siambr, ac i deimlo'n fwy cyfforddus wrth wneud hynny.

Hyd yma, mae'r bennod wedi trafod rhwystrau y gallai'r Senedd fel sefydliad geisio eu datrys. Nawr, trown at rai ffactorau sydd y tu hwnt i reolaeth y sefydliad.

Natur cyfieithu: gwahaniaeth a gwahanrwydd

Mae penodau eraill yn y gyfrol hon yn ymdrin â heriau cyfieithu, ac er gwaethaf ymdrechion cyfieithwyr proffesiynol o'r safon uchaf, bydd gwagle a gwahanrwydd yn cael eu creu. Mynegodd rhai aelodau bryderon am effaith eu hymwybyddiaeth o'r ffaith eu bod yn cael eu cyfieithu ar eu mynegiant yn y siambr, a hefyd eu ffydd yn y broses o gyfieithu cyfraniadau. Mae un aelod bellach wedi dod i'r casgliad: 'Os dwi eisiau dweud rhywbeth trawiadol, fi'n deud e yn y Saesneg … os ti eisiau bwrw'r targed, mae'n rhaid i ti ddeud o yn Saesneg, dyna ydy realiti'r peth.' Soniodd aelod arall ei fod e'n amau weithiau nad yw'r cyfraniadau sydd wedi'u cyfieithu 'ddim yn lando'r un ergyd o ran y cwestiwn', a bod rhai gweinidogion nad ydynt yn siarad Cymraeg yn gallu dianc rhag craffiadau treiddgar o achos y bwlch rhwng yr hyn mae'r aelod yn ei ofyn a'r ffordd y mae'n cael ei gyfieithu. Weithiau, mae ystyr neu rym llawn y pwynt yn cael ei golli yn y cyfieithiad. Awgrymodd e hefyd: 'O'n i just yn teimlo weithiau bod rhai o'r rhai oedd yn gwrando ar y cyfieithiad yn fwy *amenable* i fod yn gwrando ar gyfieithiad ac ateb y cwestiwn, na rhai eraill.'

Haen arall i hyn oll ydy'r ffordd mae mynegiant rhai aelodau yn newid oherwydd eu hymwybyddiaeth o'r ffaith bod cyfieithwyr yn trin eu geiriau. Soniodd mwy nag un aelod am y profiad o orfod newid y geirfa maen nhw'n ei defnyddio yn y siambr oherwydd eu bod yn poeni am sut byddai'r cyfieithwyr yn medru cyfieithu'r pwynt i'r Saesneg. Dywedodd un, 'Mae just gormod o ... niwl pan fi'n siarad yn Gymraeg yn aml iawn, a wedyn mae'n rhwyddach i fi yn aml – yn enwedig os fi ddim yn *convinced* bod [y gweinidog] yn gallu gwrando yn llawn [ar y cyfieithiad] ... mae just yn rhwyddach weithiau i siarad Saesneg.' Nododd yr aelod hwn fod ei sefyllfa'n groes i'r aelodau nad ydynt yn siarad Cymraeg yn y siambr oherwydd bod y broses o siarad Cymraeg yn un amlhaenog. Esboniodd y gall aelodau sy'n siarad Saesneg wneud eu pwynt heb yr un cymhlethdodau a dryswch.

Mae hyn yn amlwg yn ffactor a fyddai'n effeithio ar effeithiolrwydd gwaith aelod o'r Senedd. Fel y dywedodd un, os nad ydyn nhw'n llwyddo i fynegi dadl yn dda wrth siarad yn y Senedd, maen nhw wedi methu yn eu gwaith. Hawdd yw deall, yn fy marn i, pam y byddai hyn yn gwneud rhai o'r aelodau yn llai parod i gymryd risg trwy ddefnyddio'r Gymraeg wrth ymdrin â gweinidog neu aelod arall nad yw'n gallu deall y pwynt yn yr iaith wreiddiol.

Codwyd diffygion cyfieithu mewn cyd-destun arall hefyd, sef ceisio cyfleu pwyntiau yn y siambr mewn ffyrdd na ellir eu cyfieithu'n effeithiol i'r rheini nad ydynt yn siarad Cymraeg fel mamiaith. Nododd un aelod:

> Yn enwedig os ti'n trio dweud rhywbeth emosiynol, neu rywbeth sy'n llawn eironi, neu hyd yn oed *sarcasm* yndife, da nhw ddim yn cyfieithu'n dda iawn ti'n weld, so – a fi'n euog o hyn yn hunan – os o'n i eisiau bod yn sarcastig neu'n eironig, o'n i'n siarad yn Saesneg, ti'n mod. Achos mae'n amhosib cyfieithu eironi, mae rhai jôcs ddim yn cyfieithu.

Soniodd aelodau hefyd am natur a llif dadleuon neu drafodaethau pwyllgor, a fel y caiff Saesneg ei 'normaleiddio' weithiau fel iaith y ddadl, neu'r *lingua franca* y cyfeiriodd Cynog Dafis ati yn ei lythyr: 'wna i ofyn fy nghwestiwn cyntaf yn Gymraeg, mae'r ateb yn dod nôl yn Saesneg, mae rhywun arall yn dod â supplementary arall yn Saesneg, a wedyn fi just yn mynd gyda llif y sgwrs'.

Fe gofiwn fod aelodau o'r Senedd yn gorfod meddwl ar eu traed, ys dywed y Sais, ac ymateb i gyfraniadau ac ymyriadau, ac nid darnau gosod yw eu cyfraniadau ar bob achlysur. Ond roedd gan un cyfweledig awgrym pwysig i aelodau sy'n fwy rhugl: 'If you want to normalise Welsh speaking, then you need to have more people speaking it more of the time.' Canys bydd ymateb aelodau eraill i gyfraniadau yn y Gymraeg yn cael effaith ar batrwm iaith y Senedd. A dyma fydd pwnc yr adran nesaf.

Ymateb disgwyliedig cynulleidfa'r siambr: hyder ac ofn

Os ydy unrhyw un am siarad Cymraeg yn y gweithle, a gweithle, wedi'r cyfan, ydy'r Senedd, mae'n rhaid iddynt deimlo'n gyfforddus. Ond yn ystod y cyfweliadau, mynegodd nifer o'r aelodau deimladau dwys a niferus am y teimladau sydd ganddynt yng nghyd-destun dewisiadau iaith, gan gynnwys brwdfrydedd a balchder, ond hefyd straen, euogrwydd, ofn, embaras a diffyg hyder. Soniodd un aelod am brofiad cynnar lle cywirwyd ei eirfa yn gyhoeddus, a oedd wedi effeithio'n arw ar ei hyder wrth siarad Cymraeg. Dywedodd, 'There's nothing more damaging to your confidence in a language, either people not understanding you or making fun when you get something the wrong way around.'

Yn ddi-os, mae magu awyrgylch cefnogol i siaradwyr Cymraeg, gan gynnwys dysgwyr, yn hollbwysig, ac mae hyn yn faes lle mae'r Senedd wedi buddsoddi amser ac adnoddau, gan gynnwys gwersi i ddysgwyr.[9] Ond mae awyrgylch cefnogol hefyd yn dibynnu ar barodrwydd siaradwyr Cymraeg rhugl i ddangos amynedd a chefnogaeth. Fel y dywedodd un aelod: 'Bod yn garedig i ddysgwyr ydy'r peth ... Mae 'na agwedd nawddoglyd a mae 'na agwedd feirniadol hefyd, ti'n 'mod, y bobl yna sydd yn mynnu cywiro dy gam-dreiglo di ... Y pwynt sylweddol yw, 'da ni gyd yn ddysgwyr.' Ac nid dysgwyr yn unig sy'n teimlo pryder am eu geirfa. Soniodd nifer o'r aelodau – dysgwyr a siaradwyr rhugl ill dau – am deimladau o ddifyg hyder am eu Cymraeg ar adegau, yn enwedig wrth ymdrin â geiriau technegol. Dywedodd un:

> Ambell waith mewn amgylchedd ffurfiol, fel y Senedd ... mae 'na ddiffyg hyder ... i ddefnyddio'r Gymraeg. Oherwydd ambell waith mae 'na ambell i ddadl, yn enwedig dadl pwyllgor ... lle mae 'na dermau technegol yn y Saesneg, a mae'n anodd iawn wedyn i gyfieithu rheina i'r Gymraeg, ac mae'n rhwyddach fallai i rywun fel ni i ddefnyddio'r Saesneg yn lle'r Gymraeg.

Gofynnais i'r cyfweledigion a ddylai'r Senedd – ac, yn arbennig, a ddylai aelodau o'r Senedd – annog pobl i fod yn barod i ddefnyddio Cymraeg sy'n amherffaith, er mwyn ceisio'i normaleiddio ac ymladd yn erbyn y straen y mae rhai'n ei deimlo am berffeithrwydd iaith. Roedd gwahaniaeth barn ymysg yr aelodau am y syniad. Tra bod rhai yn awyddus iawn, mynegodd eraill deimladau o anesmwythder:

> Mi allen i siarad Cymraeg a defnyddio'r termau yna yn Saesneg, ond i fi, mae hynna'n bach o *Wenglish*, ti'n mod, a fallai fod bach o *chip* ar fy ysgwydd ynglyn â chywirdeb ieithyddol a rhyw bethau fel 'na, fi ddim yn gwybod. Sy'n eitha od, wedyn, achos dwi'n penderfynu ddim defnyddio'r iaith! Ond un ffactor yw hwnna mewn lot o bethau.

Fel y dywedodd aelod arall, 'ryn ni eisiau perffeithrwydd, yndyni, yn anffodus'. Mynegodd nifer o'r aelodau pa mor bwysig yw dangos cynefinder â dysgwyr, ond roedd hi'n ymddangos nad oedden nhw mor barod i ddangos yr un cynefinder i'w hunain, sy'n gallu bod yn hunandrechol: 'Ryn ni eisiau defnyddio bob gair yn y Gymraeg ... a dwi'n credu mae hynna fallai ambell waith yn rhoi ni *off* defnyddio'r Gymraeg yn y lle cyntaf.'

Cydnabu ambell aelod eu bod yn llawer fwy parod i ddefnyddio'r Gymraeg mewn cyfraniadau byr yn y siambr, megis datganiadau 90 eiliad, neu mewn cwestiynau lle na fydd yn rhaid iddynt ymwneud ag ymyriadau, yn hytrach na defnyddio, yng ngeiriau un o'r cyfweledigion, 'on-the-spot Cymraeg'. Awgrymwn i fod hynny'n fan cychwyn da ar gyfer dysgwyr, neu ar gyfer unrhyw aelod nad yw'n gwbl hyderus yn eu geirfa. Ond fel y dywedodd un aelod wrthyf: '[it] really does fall down on Welsh speakers being tolerant, friendly, and helpful'. Ac mae hynny yr un mor wir am y gefnogaeth y maen nhw'n ei dangos i'w hunain ag y maen nhw'n ei dangos i eraill.

Pwysigrwydd cyhoeddusrwydd

Mae nifer o adrannau blaenorol y bennod hon wedi canolbwyntio ar faterion personol, goresgyn rhwystrau a pholisïau strwythurol y Senedd. Mae'r her olaf i'w thrafod yn cwympo y tu hwnt i reolaeth y Senedd a'i haelodau, sef y derbyniad a gaiff cyfranwyr (neu beidio) yn y cyfryngau. Soniodd rhai o'r cyfweledigion fod y cyfryngau iaith Gymraeg (megis S4C a Radio Cymru) wedi cynnig mwy o gyfweliadau iddynt am eu bod yn gallu siarad Cymraeg, ond nid efelychwyd hyn yn y cyfryngau Saesneg. Ymhellach, mynegodd yr aelodau hyn bryder bod y cyfryngau ond yn cysylltu â nhw am gyfweliadau cyfrwng Cymraeg, gan droi at aelodau eraill am gyfweliadau Saesneg. At hynny, y ffactor a gododd amlaf yn y cyfweliadau, yn enwedig ymysg aelodau o'r gwrthbleidiau, oedd amharodrwydd newyddiadurwyr a'r cyfryngau i roi sylw a phlatfform i gyfraniadau o'r Senedd a oedd wedi cael eu traddodi yn Gymraeg. Dywedodd un aelod profiadol:

> 'Da nhw ddim yn gwrando, ti'n mod, rhai o'r [newyddiadurwyr], dyn nhw ddim yn boddran rhoid y clogs [offer cyfieithu] ymlaen pan wyt ti'n siarad Cymraeg ac felly dwyt ti ddim yn cael dy ddyfynnu o gwbl, neu os ti yn siarad Cymraeg yn y siambr, wel weithiau os dyn ni eisiau [bod] ar *Wales Today* neu rywbeth, wel mae'n dod drosodd yn drwsgl, ti'n mod, achos y cyfieithu sy'n dod drosodd ac ati.

Mynegodd nifer o'r aelodau y pwysau a deimlant i fod yn y cyfryngau, a'r siom maent wedi ei phrofi wrth weld eu cyfraniadau'n cael eu hanwybyddu ar drail cyfraniadau eraill a oedd yn Saesneg.

Fel y dywedodd un aelod, 'ein busnes ni ydy bod yn y wasg, ti'n mod, nid i fod yn eirwyr'. Ac aeth un aelod mor bell â dweud bod angen i gomisiwn y Senedd gymryd camau i 'roi pwysau ar y darlledwyr yng Nghymru i fod yn llawer iawn fwy parod i ddefnyddio *clips* Cymraeg sydd wedi cael eu is-deitlo yn Saesneg'. Dyma, fel y pwysleisiwyd yn y cyfweliad, ydy'r arfer erbyn hyn gyda fideos byr o'r Senedd ar y cyfryngau cymdeithasol.

Ymddengys fod twf y cyfryngau cymdeithasol wedi cael effaith, hefyd, ar barodrwydd aelodau i ddefnyddio'r Gymraeg yn y siambr yn enwedig: '[A]ll of us are probably aware now, much more aware, that every time we say something in the Senedd, even though it might not be likely to be picked up on mainstream broadcast material, we will broadcast it ourselves.' Ymhellach, roedd aelodau'n cydnabod bod ymateb tebygol eu hetholwyr i'w cyfraniadau yn cael effaith ar ba iaith y maent yn ei defnyddio. Dywedodd un aelod, 'I do tend to "audience" it'; tra cydnabyddodd aelod arall: 'Mae 'na duedd i ddefnyddio'r Saesneg er mwyn cipio cynulleidfa fwy eang.' Roedd sawl aelod hefyd yn ymwybodol bod y pandemig wedi cael effaith ar hyn, gan fod mwyfwy o bwyslais wedi bod ar gysylltu ag etholwyr trwy'r cyfryngau cymdeithasol yn sgil y pandemig:

> So if there is something – let's say I'm asking for a response on a key bit of information on Coronavirus from the First Minister – and I recognise that for most of my constituents when I put that out on video, they are going to be first language English ... I will, unless there's a good reason not to, ask that in English, [because] it is of the most utility to my constituents.

Serch hynny, roedd hi'n amlwg o'r cyfweliadau bod rhai aelodau yn awyddus i allu cyfathrebu â'u hetholwyr yn yr iaith sydd fwyaf adnabyddus iddynt. Ymddengys fod cyfran y siaradwyr Cymraeg sydd mewn etholaeth neu ranbarth yn effeithio ar ddefnydd aelodau unigol o'r iaith Gymraeg. Mae hyn yn gwneud synnwyr, wrth gwrs, gan mai pwrpas gwaith AS, wedi'r cyfan, ydy cynrychioli eu hetholwyr. Dywedodd un aelod a oedd yn cynrychioli ardal â chyfran gymharol uchel o siaradwyr Cymraeg: 'Dwi eisiau cadw mor agos at brofiadau fy etholwyr, er mwyn i fi fedru cyfleu hynny', ond roedd y gwrthwyneb yn wir i aelod arall a oedd yn cynrychioli ardal â demograffeg ieithyddol hollol wahanol. Aeth mor bell â dweud, 'there are some issues which I would like to do in Welsh, but I know that if I did it, nobody would watch, read the broadcast that I do of it on social media and so on'.

Dengys y dadleuon uchod sut y mae darllediad cyfraniadau yn y Senedd, boed hynny yn y prif gyfryngau neu yn y cyfryngau cymdeithasol, yn effeithio dewis rhai aelodau i siarad Cymraeg neu beidio. Os ydy comisiwn y Senedd, ac ymgyrchwyr iaith Gymraeg, yn awyddus i weld cynnydd yn y defnydd o'r Gymraeg yn y Senedd, amlyga hyn fod rhaid rhoi pwysau ar newyddiadurwyr a darlledwyr yng Nghymru i newid sut y maent yn trin cyfraniadau cyfrwng Cymraeg.

Newidiadau i batrymau gwaith

Fel y nodwyd ar ddechrau'r bennod hon, cynhaliwyd y cyfweliadau yng nghanol pandemig COVID-19 yng ngwanwyn 2021, felly roedd nifer o'r aelodau yn myfyrio ar y newidiadau a welwyd i batrymau gwaith yn sgil y cyfnodau clo. Awgrymodd nifer ohonynt fod cyfrannu yn y Gymraeg dros Zoom yn y sesiynau hybrid neu arlein wedi 'newid pethau', oherwydd nid oedd yr aelodau yn 'gweld pobl yn ffidlan efo'u headphones ac yn gwneud *fuss*'. Yn hytrach, dywedodd un aelod wrthyf fod siarad yn Gymraeg gyda'r cyfieithiad yn teimlo'n 'hollol naturiol' dros Zoom, a bod angen canfod ffyrdd o ymgorffori hyn yn y ffordd mae'r Senedd yn gweithio. Dywedodd y byddai pwyllgorau yn enwedig yn elwa o allu parhau trwy ddefnyddio Zoom.

Nododd rhai aelodau eraill hefyd ei bod hi'n sylweddol haws edrych ar 'notes on screen, or putting the ten difficult words that I have in a contribution up there on screen, to remind me', yn hytrach na gorfod cyfieithu pwyntiau 'yn fy mhen, ar fy nhraed, yn y siambr, pan rwyt ti dan y *spotlight* bach mwy'. Yn amlwg, bydd cyfle nawr i gyfundrefn y Senedd geisio efelychu'r newidiadau hyn a dysgu o'r profiadau yn y cyfnod sydd i ddod.

Crybwyllodd nifer o'r cyfweledigion hefyd rai newidiadau ehangach yr hoffen nhw i'r Senedd eu mabwysiadu. Awgrymodd un aelod y gellid creu sesiynau cynorthwyol i gyd-fynd â'r fframweithiau 'ardderchog' sydd ar gael yn barod:

> [T]he translation services that are available, the support with Welsh language tuition for different levels, is really excellent ... the challenge is ... trying to help people understand how ... to use Welsh in different settings in the chamber, and to encourage them along in doing that.

Soniodd yn arbennig am sesiynau lle y gallai aelodau mwy profiadol rannu cyngor ac awgrymiadau am bwyntiau megis yr angen i gynllunio ymlaen llaw er mwyn cael amser i gyfieithu nodiadau neu gasglu geirfa.

I aelod arall a deimlai'n llai gobeithiol am y newidiadau sydd ar y gweill, ni fydd gweddnewid yn niferoedd y cyfraniadau Cymraeg nes bydd 'parthau gwaith' yn cael eu creu yn y comisiwn, lle y 'mae y gweinyddu mewnol yn digwydd yn Gymraeg'. Dywedodd yr aelod y byddai newid o'r fath, efallai gyda rhai pwyllgorau neu yn y gwasanaeth ymchwil, yn magu hyder yn y Gymraeg yn y sefydliad, ac fel canlyniad, yn raddol, bydd 'yr holl sefydliad [yn troi'n] sefydliad sydd yn wironeddol ddwyieithog', yn lle sefydliad sydd gyda Saesneg fel 'y norm a'r Gymraeg yn chydig bach'.

Casgliadau ac awgrymiadau

Amcan y bennod hon oedd ceisio deall mwy am y gostyngiad yn nefnydd y Gymraeg gan aelodau o'r Senedd. Tra bod rhai o'r rhwystrau a drafodwyd yn rhai cyson, megis diffyg hyder a natur y broses gyfieithu, a thra bod rhwystrau eraill yn rhai sy'n bodoli ers sefydliad y Senedd, fel cyfyngiadau amser, mae rhai datblygiadau megis twf yn y defnydd o'r cyfryngau cymdeithasol yn amlwg yn effeithio fwyfwy ar ddewisiadau ieithyddol aelodau.

Roedd hi'n amlwg o bob un o'r cyfweliadau bod aelodau o'r Senedd sy'n medru siarad Cymraeg yn awyddus i allu defnyddio'r iaith, ond bod newidiadau y mae angen eu hystyried a allai hwyluso'r defnydd hwnnw o'r iaith. Soniwyd, er enghraifft, am ddiffyg hyblygrwydd polisïau'r Senedd, am yr angen i ddarparu papurau pwyllgor mewn ffurfiau mwy hyblyg ac i bapurau fod ar gael i aelodau yn y ddwy iaith ar yr un pryd. Dylid ystyried yn enwedig effaith y terfyniadau amser ar gyfraniadau yn y Senedd er mwyn sicrhau y gall aelodau fod yn hyderus am ergyd a manylder yr hyn y maen nhw'n ei ddweud.

Daeth hi'n amlwg o'r cyfweliadau bod angen gwelliant sylweddol yn y ffordd y mae darlledwyr a'r cyfryngau yng Nghymru yn trin cyfraniadau seneddol cyfrwng Cymraeg, a bod angen iddynt wneud mwy i wir adlewyrchu natur ddwyieithog ein deddfwrfa a'n gwleidyddiaeth. Ymddengys fod angen rhoi mwy o bwysau ar ddarlledwyr a newyddiadurwyr i roi platfform i gyfraniadau o'r ddwy iaith, naill ai o'r Senedd ei hun neu o rywle arall. Wedi'r cyfan, mae ennyn sylw o'r pwys mwyaf i'r swydd y mae aelod o'r Senedd yn ei gwneud.

Ond efallai'r pwyntiau mwyaf trawiadol oedd y rhai a wnaed gan aelodau am eu diffyg hyder, a'r straen a roddir arnynt i dderbyn y gwawd a dderbyniant, ynghyd â'r ofn y mae rhai yn ei deimlo am gael eu beirniadu am wneud camgymeriad. Mae hyder yn amlwg yn ffactor nid yn unig i ddysgwyr, ond i siaradwyr rhugl hefyd, ac mae angen canfod ffyrdd o annog aelodau i deimlo llai o bwysau am bob un gair o'u Cymraeg. Gall pwysau perffeithrwydd iaith olygu bod llai a llai o'r Gymraeg yn cael ei siarad yn y Senedd.

Mae gobaith ar y gorwel hefyd oherwydd ers imi gynnal y cyfweliadau, mae rhai o'r aelodau a gyfrannodd at yr ymchwil hwn wedi dweud eu bod bellach yn rhoi mwy o ystyriaeth i wneud cyfraniadau yn y Gymraeg. Dywedodd un aelod wrthyf fod y ffaith fy mod i, fel siaradwraig rhugl, hefyd yn gorfod ymarfer fy nghyfraniadau Cymraeg ymlaen llaw wedi rhoi'r hyder i'r aelod hwnnw ddefnyddio'r Gymraeg yn fwy. Awgryma hyn fod dangos cefnogaeth a rhannu profiadau yn hollbwysig, sy'n atgyfnerthu'r awgrym gan un aelod i greu cyrsiau cynefino i gynorthwyo aelodau i ddeall mwy am realiti defnyddio'r Gymraeg yn y Senedd.

Yn ystod y cyfweliadau, bu aelodau'n mynegi ystod eang o emosiynau, o benderfyniad i euogrwydd, ac o herfeiddiwch i falchder a syndod am yr hyn yr oedden nhw'n ei ddarganfod am eu hysgogiadau eu hunain. Dengys hyn pa mor gymhleth ydy'r pwnc hwn, ac efallai mai'r hyn y dylid ei gofio ydy bod dwyieithrwydd pob un ohonom yn wahanol. Mae angen, wrth gwrs, i'r realiti hwn gael ei adlewyrchu yn yr adnoddau a'r gefnogaeth sydd ar gael i siaradwyr Cymraeg yn y Senedd, ond dylid hefyd bendroni'r pwynt yng nghyd-destun ein disgwyliadau o eraill a hefyd ohonom ni ein hunain.

Unigolion yw'r cyfweledigion, ac mae'n rhaid inni gofio'r ystyriaethau haenog y maent yn eu gwneud er mwyn cyfathrebu â'r cyhoedd. Mae natur berfformiadol eu gwaith yn amlwg yn cael effaith ar hyn, ac ni allwn ddianc o'r ffaith ychwaith mai'r unigolion hyn sydd hefyd yn gosod tôn a chyfraith gwlad. Eu penderfyniadau nhw sy'n rheoli'r opsiynau a'r dewisiadau ieithyddol sydd ar gael i bawb arall yn y wlad. Erys tensiynau ynghylch nifer o'r ffactorau hyn, a byddai'n ffôl a gwrthgynhyrchiol ceisio cuddio'r tensiynau wrth gloi'r bennod. Ond gobeithiaf y bydd y gwaith hwn yn arwain at drafodaeth bellach o'r hyn sydd angen ei newid er mwyn annog rhagor o ASau i ddefnyddio'r Gymraeg yn eu gwaith.

Nodiadau

[1] Yn 2011, daeth Mesur y Gymraeg (Cymru) i rym a basiwyd gan y Cynulliad yn 2010. Gosododd y Mesur fframwaith cyfreithiol ar gyfer hawliau siaradwyr Cymraeg yng Nghymru a gosododd safonau ar gyrff cyhoeddus. Sefydlodd hefyd rôl Comisiynydd y Gymraeg.

[2] Senedd Cymru, *Cynllun Ieithoedd Swyddogol: Adroddiad Blynyddol 2019–20* (Caerdydd: Senedd Cymru, 2020), *https://senedd.wales/media/pwgfq2lb/ols-adroddiad-blynyddol-2019-20.pdf*, t. 16.

[3] Cymdeithas yr Iaith Gymraeg, 'Defnydd o'r Gymraeg yn y Cynulliad', *https://issuu.com/cymdeithas/docs/defnydd_y_gymraeg_yn_y_cynulliad_te_82e01ec6221615* (cyrchwyd 27 Gorffennaf 2021).

[4] 'Defnyddio'r Gymraeg "dim ond 12% o'r amser" yn y Cynulliad', *https://golwg.360.cymru/newyddion/cymru/509748-defnyddior-gymraeg-amser-cynulliad* (cyrchwyd 27 Gorffennaf 2021).

5 'Siaradwyr Cymraeg y Senedd yn optio am y Saesneg', *https://golwg.360. cymru/cylchgrawn/2051154-siaradwyr-cymraeg-senedd-optio-saesneg* (cyrchwyd 27 Gorffennaf 2021).
6 'Siaradwyr Cymraeg y Senedd yn optio am y Saesneg'.
7 'Siaradwyr Cymraeg y Senedd yn optio am y Saesneg'.
8 Mae Llywodraeth Cymru wedi mabwysiadu targed o gyrraedd 1 miliwn o siaradwyr Cymraeg yng Nghymru erbyn y flwyddyn 2050 ers 2017 pan gyhoeddwyd eu cynllun, *Cymraeg 2050*: Llywodraeth Cymru, *Cymraeg 2050: Miliwn o siaradwyr* (Caerdydd: Llywodraeth Cymru, 2017), *https://senedd.wales/laid%20documents/gen-ld11108/gen-ld11108-w.pdf*.
9 Yn ôl gwasanaeth ymchwil y Senedd, mae comisiwn y Senedd yn cyflogi tîm o diwtoriaid sy'n darparu gwersi Cymraeg i aelodau o'r Senedd, staff cymorth yr aelodau, a staff y comisiwn. Mae'r ddarpariaeth ar gael i ddysgwyr a hefyd i aelodau rhugl sydd eisiau mireinio'u sgiliau iaith. Mae dosbarthiadau ffurfiol yn cael eu cynnig, ac mae'r gwersi yn dilyn gwerslyfrau safonol. Cynigir hefyd sesiynau un-i-un, ac mae cymorth ad hoc ar gael er mwyn helpu aelodau i baratoi at areithiau.

Mynegai

Alban, Yr 235–6, 244
Arolygiaeth Gofal Cymru 112, 116, 120
Association of Language Testers in Europe 26, 181

Bil y Gymraeg (2018) 29–30
Boal, Augusto 82
Brexit 223
Bwrdd Iechyd Prifysgol Betsi Cadwaladr 11, 38–52, 170
Bwrdd yr Iaith Gymraeg 55, 56, 57, 58, 59, 60, 61, 62, 66, 68–70, 73, 144, 190, 197, 198

Canada 189, 190, 220
CBAC 120, 131
Cenhedloedd Unedig, Y 89, 114, 217, 222–3
Coleg Cymraeg Cenedlaethol, Y 1, 2, 3, 9–10, 27, 29, 120, 159, 162, 201, 211–12, 217–18, 231, 233, 234, 242, 243
Comisiynydd y Gymraeg 3, 4, 5, 13–14, 15, 19, 22, 25, 26, 27, 28–9, 30, 31, 55, 56, 58, 61, 68–9, 70–2, 73, 75, 76, 77, 158, 162, 169, 172, 174, 177–96, 203, 207, 212, 217, 226, 227, 229, 231, 243
Common European Framework of Reference for Languages / Fframwaith Cyfeirio Cyffredin Ewrop 130, 181, 209
COVID-19 16, 132, 139, 150, 153, 167, 172–3, 180, 195, 213, 256, 258, 270, 271
Cyfieithu 1, 10, 12, 13, 20, 31, 32, 39, 51, 81–106, 149–50, 151, 152, 154, 157–74, 189, 194, 202–3, 205, 213, 263, 264–7, 269, 271–2
  Cyfatebiaeth ddeinameg 102
  Cyfatebiaeth ffurfiol 102
  Cyfieithu ar y pryd 10, 12, 32, 39, 81–106, 150, 160, 164, 166, 169, 172–3, 202, 261, 263–4
  Cyfieithu crynhoi 89
  Cyfieithu iaith arwyddion 86
  Cyfieithu olynol / cydolynol 89
  Cyfieithu uniongyrchol 86, 89
  Domestigeiddio / Cartrefoli 84, 166

Estroneiddio / Estronoli 84, 166
Isdeitlo 86, 164, 166, 168–9
Makaton 124
Skopos 166
Cyngor Defnyddwyr Cymru 37
Cyngor Gweithredu Gwirfoddol Cymru 23
Cyngor Gwynedd 48, 192
Cyngor Hil Cymru 123
Cyngor Llyfrau Cymru 151, 168, 192
Cyngor Sir Abertawe 170
Cyngor Sir Caerdydd 170
Cyngor Sir Caerfyrddin 170
Cyngor Sir Ceredigion 170
Cyngor Sir Conwy 162, 170
Cyngor Sir Rhondda Cynon Taf 162
Cyngor Sir Ynys Môn 66, 193
Cymdeithas Cyfieithwyr Cymru 10, 88, 100–1, 162, 169, 173
Cymdeithas yr Iaith 256
Cymraeg Byd Busnes 30
Cymraeg Clir 193
Cymraeg Gwaith 13, 29, 72, 76, 77, 121, 129–42, 211
Cymraeg i Oedolion 13, 55, 129–42, 181, 183, 211
Cymraeg Proffesiynol 1–3, 5
Cynlluniau iaith 4, 18, 40, 51, 56–7, 59, 60–1, 62, 63–4, 66, 69, 70, 76, 121, 178, 181, 186, 191, 197–8, 199, 200, 201, 204, 206, 213
Cynllunio ieithyddol 1, 2, 4, 6, 19, 22, 31, 38, 47, 55, 57–77, 160, 173–4, 189, 198, 200, 201, 202, 203, 207, 212, 213, 214
Cynllunio caffael 56–7
Cynllunio corpws 57
Cynllunio statws 57

'Cynnig Rhagweithiol' 36, 46, 47, 49, 51
Cynnig Gofal Plant Cymru 117–18

Deddf Cydraddoldeb (2010) 185
Deddf Llysoedd Cymru (1942) 90
Deddf Plant (1989) 114
Deddf yr Iaith Gymraeg (1967) 81, 90, 104–5, 191, 227
Deddf yr Iaith Gymraeg (1993) 18, 40, 59, 81, 178, 191, 197, 227
Dewis iaith 15, 36, 37, 39, 41, 44, 49–50, 81, 90, 105, 161, 169, 189–90, 199, 202, 209

Eisteddfod Genedlaethol, Yr 113
Eisteddfod yr Urdd 144
Estyn 75, 137, 184

Fishman, Joshua 159–160

Ffederasiwn y Busnesau Bach 30–1
Fframwaith Rhagoriaeth Ymchwil 237–42

Ganolfan Dysgu Cymraeg Genedlaethol, Y 13, 26, 39, 55, 58, 61, 71–2, 75, 76, 77, 121, 129–42, 182–3
Gofal Cymdeithasol Cymru 123
Gouadec, Daniel 165–6, 169, 172
Gwasanaeth Caffael Cenedlaethol 20
Gwasanaeth Iechyd, Y 11, 35–52, 178
Gwerddon 241–2

Hawliau ieithyddol 14, 25, 31, 70, 106, 160, 179, 189, 191, 207, 212, 217–44

Mynegai

Helo Blod 30, 146
Hohfeld, Wesley Newcomb 228, 229
Hyfforddiant 2, 5, 6, 7, 10, 11–12, 13, 14, 29, 39, 40, 48, 55, 56, 57, 58, 59–61, 62–6, 68, 69–75, 76–7, 87–8, 98, 105–6, 118–21, 122, 123, 124, 129–42, 144, 154, 157–74, 183–4, 186, 201, 207, 208, 210, 230, 237

Kade, Otto 86
Kymlicka, Will 219, 222, 245, 246

Llyfrgell Genedlaethol Cymru 192
Llysoedd Cymru / y llys 12, 81–3, 86–106, 224, 227, 229
Llywodraeth Cymru 3, 4, 5, 7, 8, 9, 18, 20, 23, 29, 30, 40, 42, 51, 56, 57, 58, 59, 61, 68, 70–2, 75, 77, 117, 118, 119, 121, 125, 131, 141, 144, 145–6, 154–5, 160, 162, 168, 169, 170, 171, 177, 178, 184, 189, 191–2, 193–4, 208, 217–18, 225, 226, 231, 233, 234, 242, 244, 257, 259
Llywodraeth y Deyrnas Unedig / Llywodraeth San Steffan 21, 23, 87, 178

Menter a Busnes 30
Mentrau Iaith 13, 30, 143–56
Mentrau Iaith Cymru 143–4, 148
Mesur y Gymraeg 4, 17, 18, 25, 39, 40, 47, 56, 59, 69, 158, 171, 177, 178, 191, 198–9, 208, 225–6, 228, 232, 274
Mudiad Meithin 12–13, 111–25

Nida, Eugene 102

Pöchhacker, Franz 85–6
Positifistiaeth 228–9, 231
Prifysgolion 8, 11, 14, 21, 124, 162, 178, 201, 205, 208, 212, 213, 217–44
    Prifysgol Abertawe 234, 239–41
    Prifysgol Aberystwyth 2, 12, 14, 162, 197–214, 234, 239–41
    Prifysgol Bangor 124, 194, 234, 239–41
    Prifysgol Caerdydd 234, 239–41
    Prifysgol Cymru Y Drindod Dewi Sant 118, 162–3, 169, 234, 240
    Prifysgol De Cymru 234, 239, 241
    Prifysgol Glyndŵr 234
    Prifysgol Met Caerdydd 136, 234

Radio Cymru 269
Recriwtio 3, 5, 6, 11, 14, 17–32, 43, 49, 117, 118, 122–4, 169, 171, 173, 178, 180, 182, 184–8, 193, 195, 200–1, 210, 230

S4C 192, 269
Safon Uwch / Lefel A 1, 9, 119–20, 137
Safonau'r Gymraeg 3, 4–5, 7, 9, 10, 11, 13–14, 19, 21, 22, 25, 29, 30, 39, 40, 42, 43–4, 45, 47, 51, 56, 57, 59, 70, 71, 72, 76, 97, 145, 146, 149, 158, 161, 171, 177–95, 197–214, 217, 225–9, 229–32, 243
Schleiermacher, Friedrich 84
Senedd Cymru / Cynulliad Cymru 11, 14–15, 18, 55, 118,

162, 168, 170, 177, 199, 225, 228, 255–274
Senedd Ewrop 223
Sgiliau dwyieithog 3, 6, 8, 18, 19, 20, 26, 27, 28, 36, 41, 42, 43, 47–8, 51, 63, 64–5, 75, 121–2, 130, 157–8, 172, 173, 186–7, 193, 200, 201, 202, 208, 209, 211, 212, 237
Siartr Ewropeaidd, Y 224–5, 232
Strategaethau Iaith
   Cymraeg 2050: Miliwn o siaradwyr (2017) 4, 5–7, 9, 14–15, 42, 59, 111, 118, 121, 131, 144, 154, 155–6, 189, 193–4, 208, 217–18, 233, 257, 258, 259–60
   Ein Hiaith: Ei Dyfodol (2002) 59
   Iaith Fyw: Iaith Byw (2012) 59
   Iaith Pawb (2003) 56, 59, 118

Mwy na Geiriau: Cynllun Gweithredu 2019–2020 40–2, 51, 160
Strategaeth ar gyfer yr Iaith Gymraeg (1996) 59
Swyddfa Gymreig, Y 144, 154
Swyddle 11, 17–32

Technoleg iaith 7, 140–1, 167, 173, 189, 191, 193
Tribiwnlys y Gymraeg / Tribiwnlysoedd Cymru 19, 24, 178, 229, 231

Theatr fforwm 82–3, 91
Theatr Genedlaethol, Y 192

Undeb Ewropeaidd, Yr 223–4

Venuti, Lawrence 84–5

Wlpan 132